铁路轨道高聚物弹性元件刚度设计方法与应用

韦凯 王平 著

科学出版社

北京

内 容 简 介

本书阐述了作者及其课题组在铁路轨道高聚物弹性元件非线性刚度测试方法、表征模型、设计理论、老化预测及其工程应用实践等方面所取得的系统性成果。全书共 8 章,第 1、2 章介绍了高聚物宏观力学性能热转变现象、原理及其热转变过程的预测方法;第 3、4 章提出了轨道高聚物弹性元件非线性刚度测试新技术及理论表征模型,给出了反映高聚物材料非线性黏弹性动力学特征的轨道动刚度及动静刚度比的理论表达式;第 5~7 章通过实际工程案例,提出了铁路轨道高聚物弹性元件非线性刚度设计与评价的科学计算及实验室验证方法,主要包括轨道固有频率的全新定义、计算方法及试验验证,轨道插入损失的计算及实验室验证方法等;第 8 章讨论了铁路轨道高聚物弹性元件刚度失效或不达寿命的理论预测和实验室测试方法。

本书不仅理论性强,而且工程指导价值高,适合轨道工程特别是轨道减振降噪工程领域的研究、设计人员和工程技术人员阅读参考,并可兼做高等院校轨道工程、城市轨道交通工程等专业方向的博士、硕士研究生的教学用书。

图书在版编目(CIP)数据

铁路轨道高聚物弹性元件刚度设计方法与应用 / 韦凯,王平著. —北京:科学出版社,2023.3
  ISBN 978-7-03-074782-2

Ⅰ. ①铁… Ⅱ. ①韦… ②王… Ⅲ. ①轨道(铁路)–高聚物–弹性元件–刚度–设计Ⅳ. ①U213.2

中国国家版本馆 CIP 数据核字(2023)第 019619 号

责任编辑:朱小刚 / 责任校对:王萌萌
责任印制:罗 科 / 封面设计:陈 敬

科学出版社 出版
北京东黄城根北街 16 号
邮政编码:100717
http://www.sciencep.com
四川煤田地质制图印务有限责任公司 印刷
科学出版社发行 各地新华书店经销
*
2023 年 3 月第 一 版 开本:720×1000 B5
2023 年 3 月第一次印刷 印张:20 3/4
字数:410 000
定价:**260.00 元**
(如有印装质量问题,我社负责调换)

序

随着我国社会经济的快速发展，我国城市轨道交通线路里程与日俱增，已达到甚至超过世界发达国家的水平。然而近年来，尽管星罗密布的城市轨道交通线网能给都市人们带来十分便捷的交通体验，但是也会给车内乘客和沿线居民带来日益严重的振动噪声困扰，我国各大城市轨道交通的振动噪声投诉次数也在逐年递增，城市轨道管理公司也因此备受舆论压力。

为了减缓人民群众针对城市轨道交通振动噪声问题的困扰，城市轨道建设与管理部门在线路设计阶段不惜成本地采取了到目前为止所能采取的不同等级的各类减振轨道型式(包括初级的减振扣件、中级/高级的弹性轨枕和高级/特级的浮置板轨道)。但是从不少线路的实际运营效果来看，一些减振轨道不仅短期或长期减振降噪效果不太理想，而且还极有可能引发涉及线路安全的工程病害问题，如轮轨异常磨耗(包括车轮多边形磨耗或钢轨波磨等)及其次生的车辆、轨道连接零件(如车辆一系悬挂和钢轨扣件弹条等)的高频疲劳断裂问题，给城市轨道管理部门带来诸多养护维修困难。这些工程问题背后隐藏的科学问题一直困扰着从业者，亟须深入开展轨道动力学研究，进一步完善轨道减振设计方法及其测试评价标准体系。

科学上来讲，城市轨道交通的振动噪声问题是一个宽频域(从几赫兹到数千甚至上万赫兹)、低振幅(与地震加速度幅值相比偏低)的振动响应问题。以人体为例，人体敏感的振动频率范围是 4~80Hz，人耳可听声音的频率范围是 20~20000Hz。因此，要想解决城市轨道交通振动噪声的工程问题，必须首先解决城市轨道交通宽频振动响应的科学预测问题。随着高性能计算机技术的不断发展，为了准确计算城市轨道交通宽频振动响应，很多学者长期致力于轨道结构的精细化建模及其高效率算法等方面的研究工作。例如，针对轨道结构在纵向上的近似一致性和周期性等特点，应用波动理论，提出了一系列的高效计算方法，如轨道纵向近似一致性假设的 2.5 维模型和轨道纵向周期性特征的辛数学模型等。

近年来，除了轨道结构精细化模型及其高效率算法研究之外，轨道结构层间支承刚度模型研究也逐渐开始引起学者的重视。在城市轨道交通实际线路中，无论是减振轨道还是非减振轨道，都主要使用软硬程度不同的高聚物弹性元件来提供轨道结构层间甚至是整个轨道系统的支承刚度。根据高聚物弹性元件的物理力学特性，高聚物弹性元件的刚度具有随荷载大小和加载速率(即荷载频率)非线性变化的特征。然而，在传统轨道动力学理论模型中，普遍采用线性弹簧与线性粘壶并联的Kelvin-Voigt模型(简称KV模型)近似将高聚物弹性元件刚度视为线性且定频的常量刚度，无法准确反映其真实非线性且变频的变量刚度特征。另外，目前高聚物弹性元件刚度的测试标准也受此影响，仅仅形成高聚物弹性元件低频(3～5Hz)割线(即等效线性)刚度的测试标准体系，远未建立高聚物弹性元件高频(5～20000Hz)切线(即非线性)刚度的测试标准体系。显然，目前这种相对简单的理论表征模型和单一的测试指标，不能满足城市轨道交通宽频振动响应高精度的预测要求，甚至会造成理论设计与实际情况的脱节。这种情形将在速度更高的市域(郊)铁路减振轨道设计中变得更加明显。

西南交通大学韦凯教授团队从2014年起至今在国家自然科学基金委员会、四川省科学技术厅和企事业单位等课题经费的资助下，致力于轨道层间高聚物弹性元件非线性刚度的测试标准体系、理论表征方法与数值仿真技术等方面的研究，并指导了许多实际工程的减振轨道设计，积累了丰富的研究成果与实践经验。该书主要结合课题组已参加的实际工程案例，在传统轨道动力学理论基础上，通过引入高聚物的非线性力学支承行为及其测试、表征方法，全面系统地提出了轨道高聚物弹性元件非线性刚度的设计方法。该书提出的测试方法、理论模型、仿真技术及评估体系对从事城市轨道交通减振降噪设计和运营管理领域(特别是减振轨道领域)的专家、学者、技术人员等均具有实际参考价值。

该书的及时出版，对我国城市轨道交通减振降噪设计技术的提升，特别是对轨道高聚物减振产品实际使用成效的预测与评估，具有重要意义。

中国科学院院士、美国国家工程院（外籍）院士

西南交通大学首席教授

2023年2月

前　言

城市轨道交通(urban rail transit)是国际上公认的低能耗、大运量的城市交通形式，可有效缓解城市交通压力。近年来，特别是 21 世纪以来，中国城市轨道交通发展迅速，截至 2022 年底，中国已开通城市轨道交通的城市共有 62 个，其中中国内地 55 个、港澳台地区 7 个；中国内地已开通城市轨道交通运营线路 308 条，城市轨道交通线路长度共计 10291.95km，其中地铁 8012.85km(占比 77.85%)、市域快线 1223.35km(占比 11.89%)、现代有轨电车 564.75km(占比 5.49%)、轻轨 219.7km(占比 2.13%)、单轨 144.6km(占比 1.41%)、磁浮交通 57.90km(占比 0.56%)。从以上数据可以看出，尽管城市轨道交通型式多种多样，但是我国城市轨道交通目前仍以钢轮-钢轨制式的低速(100km/h 以下)地铁与轻轨型式为主，而且同样是钢轮-钢轨制式的速度 120～160km/h 的市域快线正处在高速发展的关键时期。与其他制式的城市轨道交通相比，钢轮-钢轨制式的地铁、轻轨与市域快线将带来更加严重的振动噪声扰民等环保问题。特别是在全球经济向低碳模式转变以及我国全面实施《中华人民共和国噪声污染防治法》的大背景之下，如何通过提升城市轨道交通减振降噪设计标准与科学评价体系，发展出绿色环保的城市轨道交通将成为我国未来城市交通发展的主要方向。

我国城市轨道交通经过了半个多世纪的快速发展，在减振降噪科学理论、设计方法与应用技术等领域积累了丰硕的研究成果，如日益丰富的振动噪声实测数据、门类齐全的理论预测模型、日臻完善的设计技术标准和形式多样的减振降噪产品等，并且还成功解决了不少世界罕见的减振降噪奇迹工程，已成功挤入了世界先进行列。但是，我们也应该清醒地认识到，在很多关键的减振降噪控制技术上，特别是在振动噪声控制标准、轮轨粗糙度谱线管理规范、车辆与轨道减振降噪设计精准度(主要包括理论模型的创新性、理论模型预测的准确性、科学实验/试验方法的先进性和工程设计技术的科学性等)、减振降噪新材料及新结构的原创能力等方面，还远未像我国高速铁路技术一样可以全面引领世界城市轨道交通减振降噪技术的发展。

鉴于此，本书作者在国家自然科学基金杰出青年科学基金项目(51425804)、国家自然科学基金高铁联合基金重点项目(U1434201、U1234201)、国家自然科学基金面上项目(51578468、51978583)、中央高校基本科研业务费专项资金项目

(2682015CX087)和四川省科技支撑计划项目(2014GZ0003、2021YFSY0061)等课题经费资助下，主要针对地铁、轻轨和市域快线(特别是速度更高的市域快线)所面临的轨道短期/长期减振效果不达标和减振轨道频发的次生病害(如轮轨异常磨耗、钢轨波磨、车辆一系悬挂和轨道扣件弹条异常断裂等)等工程难题，以提高减振轨道设计精准度(即轨道安全与减振并重的精准设计)为目标，从目前减振轨道(减振扣件、弹性长/短轨枕和隔离式减振垫有砟/无砟道床、离散支承的橡胶隔振器浮置板轨道等)中常用的高聚物弹性元件的物理力学特性(即在传统减振轨道设计中被严重低估或忽略的高聚物弹性元件的固有非线性刚度性能)出发，综合考虑城市轨道车辆型式(轴重、车辆悬挂参数和簧下质量等)、轨道结构特点(有砟与无砟结构型式)以及实际运营条件(主要包括温湿等外部气候条件和车速、轮轨粗糙度等车辆行驶条件)，科学制定城市轨道交通减振产品准入制度及其安全性、减振性并重的设计、测试、评价标准体系。自 2014 年至今，本书作者累计发表相关学术论文 60 余篇，授权发明专利 18 项，软件著作权 4 项，主编了国家标准《机械振动与冲击 黏弹性材料动态力学性能的表征 第 6 部分 时温等效》(待发布)，并审查或参编了国家标准《轨道交通用道床隔振垫》(GB/T 39705—2020)、中国铁道学会标准《铁路减振道床隔振元件》(待公布)、中国城市轨道交通协会标准《城市轨道交通无砟轨道用橡胶隔振垫》(待公布)、中国交通运输协会标准《轨道减振效果实验室评价技术规程》(待公布)等国内最新规范，此外还配合设计单位重点指导完成了粤港澳大湾区速度 120～250km/h 轨道交通线、中国第一条速度 160km/h 的全地下市域快线广州地铁 18/22 号线、上海市第二条建设的速度 160km/h 市域铁路(首条为机场联络线)以及广州、西安、长沙、成都等地铁车辆基地 TOD(transit-oriented development)上盖区段的轨道减振设计工作。

　　在本书出版之际，作者衷心地感谢相关企事业单位以及专业同仁的关心与帮助。感谢科技部、国家自然科学基金委员会、四川省科学技术厅、中国铁道科学研究院(高速铁路轨道技术国家重点实验室)、中国铁路设计集团有限公司(城市轨道交通数字化建设与测评技术国家工程实验室)、中铁第一勘察设计院集团有限公司、中铁二院工程集团有限责任公司、中铁第四勘察设计院集团有限公司、中铁工程设计咨询集团有限公司、中铁上海设计院集团有限公司以及广州地铁集团有限公司、广州地铁设计研究院股份有限公司、中铁第六勘察设计院集团有限公司、成都中铁惠川城市轨道交通有限公司等单位提供的各方资助与部分现场测试数据。感谢美国工程院和中国科学院翟婉明院士在全书学术思想及其结构布局等方面提出的宝贵建议。感谢同济大学肖军华教授、华东交通大学冯青松教授、北京交通大学马蒙副教授、北京市科学技术研究院城市安全与环境科学研究所张厚贵副研究员给予本书提出的宝贵修改建议。最后，感谢赵泽明博士、王显博士、谢梦博士和硕士研究生在本书数据整理与图表制作过程中付出的辛勤劳动。

限于作者水平，书中难免存在疏漏或不足之处，敬请广大读者批评指正。

韦　凯　王　平

2022 年 12 月 26 日

于西南交通大学九里堤校区

目　　录

第1章 绪 论

　　进入21世纪以来，我国城市轨道交通(特别是钢轮-钢轨制式的地铁、市域铁路)已进入了飞速发展的时代。截至目前，我国拥有了全世界运营里程最长的城市轨道交通网络。然而，随着运营时间的不断增加，轮轨系统振动病害或危害问题(特别是轮轨中频和高频振动病害或危害问题)日益突出且层出不穷。大量现场测试表明，100~1250Hz的轮轨中频和高频振动荷载是车轮滚动接触疲劳的关键诱因[1]，其中钢轨振动主频一般位于400~1600Hz以内，车轮振动将在更高频带内起着愈加突出的作用[2]。不难想象，轮轨中频和高频振动荷载长期作用，容易加剧轮轨表面粗糙程度，甚至可能形成车轮多边形或钢轨波浪形磨耗等病害(图1.1和图1.2)；另外，随着轮轨中频和高频振动荷载长期不断地通过车辆悬挂系统与轨道扣件系统分别向上与向下传递振动能量，很可能会诱发车辆一系悬挂疲劳断裂、钢轨扣件弹条异常折断、混凝土轨枕或无砟轨道板开裂/掉块等病害(图1.3)以及车内外噪声、环境振动噪声等危害(图1.4~图1.6)。如果长此以往不加以任何控制，那么当这些轮轨系统中频和高频振动病害积累到一定程度时，还可能影响列车的安全性、平稳性与乘车舒适性，现已引起我国车辆与轨道制造企业、运营管理部门以及各大研究机构的高度重视。

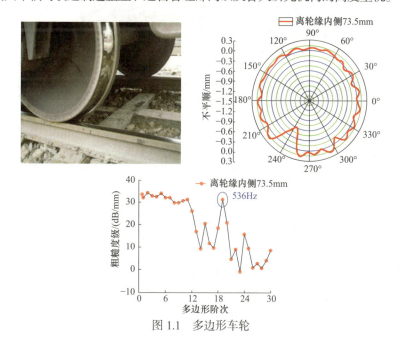

图1.1 多边形车轮

图 1.2　钢轨波浪形磨耗

图 1.3　钢轨扣件弹条折断与轨道板开裂或掉块

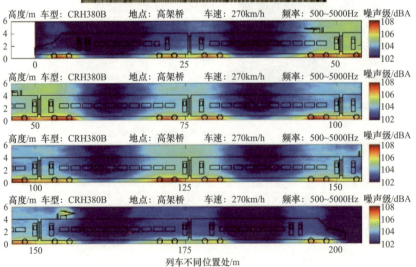

列车不同位置处/m

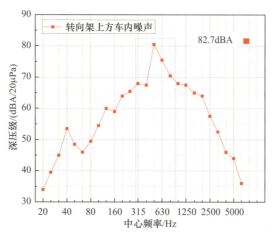

图 1.4　车辆内外噪声问题

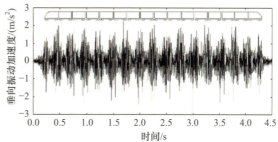

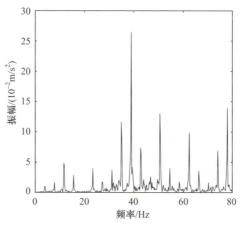

图 1.5　高铁环境振动问题

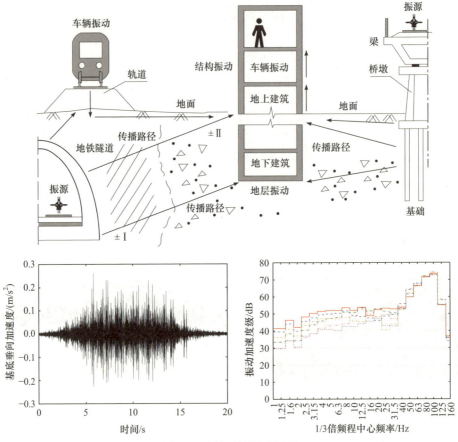

图 1.6　地铁环境振动问题

　　为了有效缓解轮轨系统中频与高频振动病害，通常情况下，会在车轮之上的车辆悬挂系统和钢轨(或轨枕、道床)之下的扣件(或其他支承)系统内布置高分子材料(又称高聚物材料)的弹性元件(图 1.7 和图 1.8)，并与其部件组合形成车辆悬挂系统与轨道系统的支承刚度。以轨道系统为例，目前比较常见的做法是，在轨道层间插入软弹性层(即低刚度的高聚物弹性元件)来尽可能地降低轨道系统的固有频率，以隔离更宽频带的振动能量。理论上讲，软弹性层所处的位置越靠下，悬浮质量越大，往往能获得越好的隔振效果，但是所需的建筑空间较大，工程建设成本将随之大幅上涨；当然，弹性层越软(即刚度越低)，轨道系统的固有频率越低，隔振频率范围越宽，减振效果就越好，但是要保证列车安全运行，轨道位移又不允许过大(即弹性层刚度不宜过低)，因此轨道系统刚度与其上方悬浮质量将受到工程制约，不同工况条件下应存在不同的合理取值范围。

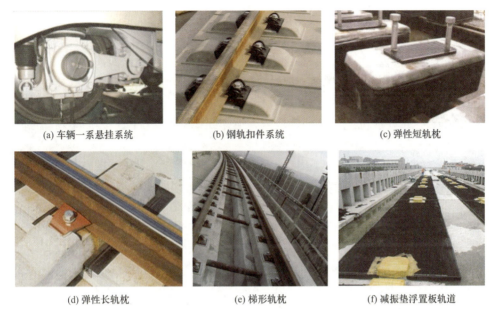

(a) 车辆一系悬挂系统   (b) 钢轨扣件系统   (c) 弹性短轨枕

(d) 弹性长轨枕   (e) 梯形轨枕   (f) 减振垫浮置板轨道

图 1.7　含高聚物弹性元件的车辆一系悬挂系统、钢轨扣件系统、弹性短/长轨枕、梯形轨枕与减振垫浮置板轨道

图 1.8　轨道减振部位及部件

　　根据软弹性层所在轨道系统部位的不同，自上而下，减振轨道可分为扣件减振、轨枕减振和道床减振三类。扣件减振可分为普通扣件减振和特殊高弹扣件减振两大类。在普通钢轨扣件中，通常会在钢轨下或扣件系统内铁垫板下设置高聚物材料的软胶垫，如国铁弹条 I～VII 型，无砟轨道 WJ 系列，城市轨道交通 DT 系列、DZ 系列及 ZX 系列扣件等。与普通钢轨扣件相比，特殊高弹扣件的减振材料也主要是高聚物材料，但是特殊高弹扣件的结构型式会有较大的变化，如"科隆蛋"式的 I～IV 型减振器、Vanguard 扣件、浮轨式扣件、LORD 扣件以及中国船舶重工集团有限公司第七二五研究所自主研发出的 GJ-III 型双层非线性减振扣件等。轨枕减振则主要是在轨枕四周及其下部铺设高聚物材料的软弹性垫层(即高聚物材料套靴与垫板)，主要分为弹性短轨枕(又称弹性支承块)、弹性长轨枕与梯形轨枕三类，其中短轨枕或长轨枕下满铺高聚物材料减振垫，梯形轨枕下离散点

铺高聚物材料减振垫。道床减振轨道(又称浮置板轨道)，主要是通过条铺或满铺高聚物材料减振垫、点铺高聚物材料隔振支座或者点铺钢弹簧隔振器(钢弹簧+液态高分子阻尼液)来悬浮道床。总之，不论是高速铁路、重载铁路还是城市轨道交通，在轨道系统内大量采用的减振材料仍主要是高聚物材料，其基本材质主要包括两大类：一类是橡胶类的天然橡胶(NR)、丁苯橡胶(SBR)、三元乙丙橡胶(EPDM)、氯丁橡胶(CR)、热塑性聚酯弹性体或聚酯橡胶(TPEE)等高聚物材料；另一类是聚氨酯类(PU)的高聚物材料。

高聚物材料是以相对分子质量很大的高分子化合物为基体，配有其他添加剂(或助剂)所构成的。基体中的大分子由若干个排列有序的单体(或单元)重复单元组成，商业化的聚合物大分子大都由 1000 个以上的单体重复构成。形成大分子时，单体呈线性或链状排列，因此也称为高分子链。高分子链的内部各个原子之间的结合是通过化学键实现的，而高分子链之间则可通过物理或化学相互交联在一起(如工程中有热塑型高聚物与热固型高聚物之分)。高聚物材料的性能随温度的变化会发生明显的转变，这种转变将影响该类材料在使用过程中的热-机械负载能力。无论是哪种类型或级别的高聚物材料，当温度升高时都会趋于变软，冷却时又会变硬。这个宏观现象可以用高分子链微观热运动行为进行合理解释。当温度较低时，高聚物材料具有类似玻璃的易碎性和较高的弹性模量，荷载作用下材料内部分子链的变形仅仅体现在分子链内的原子上，不会发生分子之间的移动；当温度升高到一定程度之后，高聚物材料开始表现出一定的韧性和易变形性，此时材料内部的分子链自身及其相互之间均能产生相对运动。通常，将这一转变过程称为玻璃化转变过程，该过程是高聚物材料的一种普遍现象，它不仅与温度有关(可简称温变特征)，还与服役荷载的加载频率(可简称频变特征)有关。随着温度的降低或服役荷载加载频率的增加，高聚物材料性能进入玻璃化转变区，此时高聚物材料的模量急剧增加，并拥有相对最高的阻尼能力；另外，温度和频率既可单独影响也可联合影响高聚物材料的力学性能，即高聚物材料的同一热-机械性能可以在较低(高)温度下或较高(低)频率下观察到(图1.9)。在这个转变过程中，温度跨度一般是 10~40℃，或者荷载频率跨度一般是 10~10000Hz(频率的跨度一般大于温度的跨度)，材料弹性模量的变化幅度可高达 10~1000 倍。另外，在服役温度一定的条件下，如果服役荷载不高或变形不大，那么高聚物材料将主要表现出线性黏弹性力学特征(即同时具有线性弹性和线性黏性的力学特征)，它的变化规律主要取决于服役荷载的加载速率或加载频率，而与荷载幅值无关；如果服役荷载较高或变形较大，那么高聚物材料将主要表现出非线性黏弹性力学特征，即具有弹性可回复的超弹性静力学特征(可简称载变特征)以及随荷载振幅非线性变化(可简称幅变特征)的黏弹性动力学特征，这两种力学特征的变化规律与服役荷载的加载速率或加载频率无关，但与荷载幅值非线性相关。需要特别说明的是，只有无定形(非晶态)高聚物材料才能具有明确的玻璃化转变温度,而结晶高聚物材料不存在玻璃化转变过程。目前我国轨道用的绝大多数高聚物材料在其服役温度环境中和其服役荷载频率范围内属于无定形(非晶态)的高聚物材料,因此在实际服役过程中,轨道高聚物材料弹性元件刚度绝非一个固定恒量,而应是随服役温度、荷载条件非线性变化的。

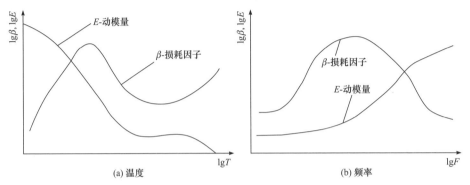

图 1.9 高聚物材料动模量与损耗因子随温度、频率非线性变化的示意图

近年来,高聚物弹性元件随温度、荷载频率和荷载幅值非线性变化(即温变、频变和载变、幅变)的刚度测试方法及其理论表征模型均取得了长足的进步,为科学设计我国轨道高聚物弹性元件刚度奠定了坚实的基础。高聚物弹性元件静刚度测试方法相对比较简单,而动刚度测试方法比较多样,可分为直接法和间接法两种,直接法主要包括力学法和正弦荷载激励法,间接法包括自由振动衰减法、振动梁法和振动杆法等,都有相应的国际标准化组织(International Standard Organization, ISO)标准可供参考。不论是什么类型的动力实验设备,都有测试荷载频率的限定要求,为了能够获取更高或更低频率的刚度值,往往需要应用时间-温度叠加(time-temperature superposition, TTS)原理(又称温频等效原理)与 WLF(Williams-Landel-Ferry)方程[3,4]来估算测量频率范围之外的刚度。在上述高聚物材料刚度科学测试的基础上,工程设计时常用唯象理论力学模型对高聚物材料刚度进行理论表征。早期常采用由胡克弹簧和牛顿粘壶两个力学元件串并而成的麦克斯韦(Maxwell)流体模型、开尔文-沃伊特(Kelvin-Voigt)固体模型、三元件标准固体模型、四元件流体或固态模型、广义 Maxwell 与广义 Kelvin-Voigt 模型等整数阶微分型本构模型进行表征。后来研究发现,这些整数阶微分型本构模型无法准确反映高聚物材料的记忆性和时间依赖性[5],于是相继出现了整数阶积分型[6]与分数阶微积分型本构模型[7,8]。与整数阶微分型或积分型模型相比,分数阶微积分型本构模型是将整数阶牛顿粘壶力学元件替换为分数阶 Abel 粘壶力学元件[9,10],该分数阶微积分型本构模型参数较少、精度较高。目前,能够有效表征高聚物材料温变与频变

动力性能的分数阶微积分本构模型主要有分数阶 Kelvin-Voigt 模型[8]、分数阶齐纳(Zener)模型(又称分数阶三元件四参数模型)[8]及其扩展模型(即四元件五参数模型，简称五参数模型)[11]。五参数模型只是在分数阶 Zener 模型中又增加了一个 Abel 粘壶元件。以上分数阶的理论模型仅能用于表征高聚物材料温变、频变非线性动力性能(即线性黏弹性动力性能)。但是我国轨道中使用的高聚物材料普遍含有添加剂(如炭黑等)，当服役列车荷载较大时，除了需表征高聚物材料随温度、频率非线性变化的力学特征之外，还需表征高聚物材料随荷载幅值非线性变化的两个独立力学特征，即 Mullins 效应(即静态软化特性)[12,13]和 Payne 效应(即动态软化特性)[14,15]。Mullins 效应一般是指当含填料高聚物材料负载大于历史上的最大负载时，在含填料高聚物材料的加载—卸载—重加载过程中，卸载应力和重加载应力要远低于加载时的应力(类似黏弹性材料或弹塑性材料的加卸载曲线)。但是，如果含填料高聚物负载小于历史上的最大负载(轮轨系统减振用高聚物材料往往属于此种情况)，Mullins 效应消失，其加卸载过程一致(即属于同一个主曲线)，属于典型的超弹性材料的力学行为，所以常采用超弹性材料的力学本构方程对其予以表征，如 Mooney-Rivlin、Neo-Hookean、Yeoh、Ogden、Arruda-Boyce 和 van der Waals 等形式的力学本构方程。Payne 效应[14]，又称 Fletcher-Gent 效应[15]，是指含填料高聚物黏弹性动态力学性能的非线性特征，即储能模量随振幅的增大而减小，而损耗模量随振幅的增大而增大。该效应已属于非线性黏弹性力学范畴，若直接采用非线性黏弹性理论对高聚物材料幅变非线性动力性能进行理论表征，难度较大，因此工程上一般建议采用与其特征类似的塑性非线性动力学模型(即库仑摩擦力学元件模型)对其进行理论表征[16,17]。非常遗憾的是，目前在我国轨道高聚物材料弹性元件的刚度设计与评价中，不仅测试刚度指标单一(如仅考虑割线刚度和单一低频 3～5Hz 动刚度等)、测试方法滞后(如未引入先进的加载速度控制的高频刚度测试方法)，而且理论表征模型粗略(如仍然普遍采用简单的 Kelvin-Voigt 模型)、预测评估方法准确度低(如无车载/有车载减振轨道固有频率及其减振效果预测精度低)。因此，如果不能很好地解决这些问题，必将严重制约我国减振轨道技术的发展，同时也无法科学精准地有效控制日益恶化的轮轨振动病害。

假设上述问题可以得到有效解决，轨道高聚物弹性元件也能够达到预期的减振效果，那么另一个值得关注的问题就是这种减振效果究竟可以维持多久，也就是高聚物弹性元件的使用寿命问题。对于满铺型的有砟/无砟道床弹性元件，一旦使用效果不达标必须更换，将带来高昂的更换成本。因此，有必要针对轨道服役特点，研究建立轨道高聚物弹性元件老化寿命的科学预测方法。高聚物材料的老化模式包括热老化、疲劳老化、臭氧老化、紫外线老化、生物老化、高能辐射和电老化等，其中对轨道高聚物弹性元件老化作用最常见且最显著的影响因素应主要是高温、氧气与服役荷载，对应的老化型式分别是热氧老化与疲劳老化。热氧老化是指在富氧环境下，高聚物材料极易与氧气发生氧化反应，使分子链断裂、降解或进一步交联网构化，材料力学性能及强度也会随之降低，这一过程在长期高温下会明显加速[18]。高温不仅来自环境，还来自高聚物材料自身的动态变形生热。实验表明，温度升高 7～10℃，高聚物材料的氧化速度就要增大 1～1.5 倍[19]。图 1.10 是某高聚物材料在热氧老化过程中动力性能的变化情况。从图 1.10 可以看出，老化初期，损耗因子与储能模量的变化并不大，但是随着热氧时间的延长，损耗因子明显降低，而储能模量明显上升。更为重要的是，温度越高，这种影响将越发显著，并基本呈非线性演变规律。除了热氧老化，长期列车动荷载作用下高聚物材料的力学性能与强度也将发生演变，其一是微观上疲劳裂纹在缓慢增长，宏观上力学强度下降;其二是宏观储能模量增加与损耗因子降低的减振性能下降，其变化情况类似于图 1.10，这里不再重复展示。因此在一定条件下，热氧老化过程与长期列车动荷载疲劳老化过程可以相互等效[20]。高聚物材料的疲劳性能指标一般有两种:第一种是疲劳寿命，即在一定温度和频率下，达到破坏时或性能失效时的动态循环周次;第二种是疲劳强度，即在规定的动态循环周次内，材料产生破坏时或性能失效时的应力值。一般情况下，轨道高聚物弹性元件上的荷载幅值并不是非常大，没有大到接近材料强度的程度，因此仅需重点研究其力学性能或减振性能失效的疲劳寿命问题，以及影响力学性能或减振性能失效的各种因素及其演变规律等。已有实验发现，高聚物材料性能失效疲劳寿命与应变/应力幅值密切相关，振幅越低疲劳寿命越长，而且往往存在一个最小临界应变或应力幅值。在临界应变或应力幅值下，不出现疲劳裂纹的增长，疲劳寿命极长;但是如果在临界应变或应力幅值上，疲劳寿命急剧缩短[21]。由此可见，列车动荷载对轨道高聚物弹性元件疲劳老化的影响主要体现在荷载幅值上。在大振幅荷载工况下，高聚物弹性元件往往同时具有超弹性和非线性黏弹性的复杂力学特征(即著名的Payne 效应)，因此建立高聚物弹性元件复杂力学性能长期演变规律的本构模拟和数值仿真方法将是一项有理论难度且有实际意义的研究课题。

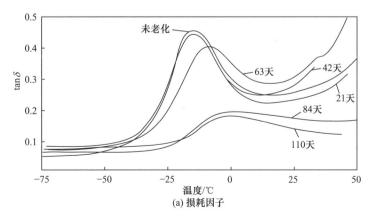

(a) 损耗因子

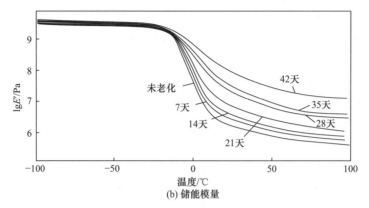

图 1.10　某高聚物材料热氧老化过程中损耗因子与储能模量的变化特征[22]

　　截至目前，国内外很少有研究轨道高聚物弹性元件热氧老化、疲劳老化的研究成果，所以这里将重点简述可以借鉴并可拓展应用的高聚物材料热氧老化、疲劳老化的相关研究成果。固态高聚物(轨道高聚物弹性元件就属于这一类)是一种典型的流变黏弹性固体材料。该类材料的力学行为具有明显的时间相关性。这种时间相关性表明该类材料存在内部时钟或特征时间，特征时间受温度、应力或应变以及热氧老化等因素的影响，使得该类材料的力学行为看似非常纷繁复杂，但是实际上却是有规律可循的[20]。正是由于该类材料存在内部时钟，所以利用短时实验来预测长时力学行为将成为一种可能。Leaderman 在研究一些高聚物材料力学行为的时间与温度的相关性时，发现了这类材料力学行为的时间-温度等效性，初步提出了时间-温度叠加原理的基本概念[23]。Williams 等研究提出了描述温度移位因子的非常著名的半经验公式，即 WLF 方程[24]。Landel 等提出了另一种描述温度移位因子的半经验公式，并认为在玻璃化转变温度下，高聚物材料的时间-温度等效性满足 Arrhenius 方程[25]。就在研究提出时间-温度叠加原理之时，通过综合考虑温度、应力对黏弹性材料行为的影响，又逐步发展出了时间-温度-应力叠加原理。Griffith 等首次同时考虑应力和温度对高聚物材料力学行为的影响，得到了一种改进的时间-温度等效形式，后来改称为时间-温度-应力叠加原理[26]。Schapery 基于不可逆热力学原理，提出了著名的单积分型非线性黏弹性本构模型，模型中增加了与应力有关的时间折算因子，反映了时间-应力等效思想[27]。金日光等认为高聚物材料的表观活化能可表示为时间、应力和温度的函数，推导出了时间-应力的等效关系，并将 WLF 方程中材料参数与表观活化能联系起来，认为时间-温度、时间-应力和温度-应力之间的等效，其实就是高聚物材料表观活化能的等效[28]。Brostow 等从分子链松弛能力的概念出发研究了时间-应力等效原理，应用自由体积理论和材料的 Hartmann 状态方程给出了应力移位因子方程[29]。Jazouli 等采用与 WLF 方程类似的推导方法，给出了一种时间-温度-应力叠加原理的表述，得到了温度-应力联合移位因子、恒应力温度移位因子和恒温度应力移位因子之间的相互关系[30]。在以上研究过程中，学者逐渐意识到，当进行高聚物材料长期力学性能加速表征研究时，必须考虑物理老化作用，特别是要考虑热氧老化作用。Struik 在研究 40 种高聚物材料蠕变、应力松弛行为之后，发现不同老化时间下的蠕变、应力松弛可以利用时间标度之间的变换进行叠加，从而首次建立了时间-老化时间等效原理[31]。Reddy 等通过引入剪切应力，拓展了时间-老化时间等效原理，提出了时间-老化时间-剪切应力叠加原理[32]。同样，Awasthi 等通过引入温度因素，提出时间-老化时间-温度叠加原理[33]。需要特别说明的是，以上所述等效原理仅适用于小应变幅条件下的线性黏弹性材料。对于大应变幅条件下的非线性黏弹性材料，不仅需要考虑疲劳损伤的影响，而且需要同时考虑疲劳损伤对材料应变能以及材料特征时间的影响，由此便有学者提出了一种时间-温度-损伤叠加原理来科学预测大应变非线性黏弹性高聚物材料的长期力学服役性能[34]。这些等效原理的提出有助于加速预测和科学表征高聚物材料长期力学性能。原本需要很长时间的力学实验，通过升高温度或加大应力并进行移位的方法，可在较短时间内完成。显然在应用这些等效原理时，对已获得的短时实验曲线进行移位并构建出科学预测的长时实验曲线是重要的步骤[35]。由此可见，移位因子的准确性将对预测结果的精确性产生重要影响。为了避免人为因素的干扰，学者提出了若干自动移位的数值算法。Hermida 等分别提出了迭代求解移位因子的算法[36,37]。Honerkamp 等提出了基于最小二乘法的移位算法[38]。尽管这些算法避免了人为干扰，但是需要对实验结果进行函数拟合。由于不同研究者会提出不同的拟合函数，而且拟合误差不可避免，所以这些不确定性的因素必然会影响移位因子的准确性。为了有所改进，Gergesova 等提出了一种封闭式的移位算法(即 GFS 算法)，实践表明该算法预测结果的误差仅为实验误差的 1/50~1/10[39]。考虑到轨道高聚物弹性元件老化以力学性能(特别是动态力学性能)或减振性能热氧+疲劳荷载耦合老化为主，那么可以尝试采用高聚物材料等效原理(如时间-温度-应力-老化时间叠加原理以及时间-温度-损伤叠加原理等，统称为广义时间-温度叠加原理)，并通过短时加速实验(即单因素扫描实验)与长时科学预测算法(即移位因子的科学计算)，研究建立轨道高聚物弹性元件动力学性能的热氧+疲劳荷载耦合老化预测方法(包括实验方法和理论预测方法)，为今后轨道高聚物弹性元件减振性能服役寿命评价提供理论依据与实验手段。

综上可知，为了科学防治轮轨系统中频与高频振动病害及危害问题，并进一步改进传统轨道动力学理论模型(主要是轨道非线性静/动力学有限元理论模型和经典车辆-轨道耦合动力学模型中轨道层间高聚物弹性元件非线性动刚度理论模型)，本书将以我国轨道中不同工艺(热塑型和热固型等)、不同材质(橡胶类和聚氨酯类等)的高聚物弹性元件为主要研究对象，综合考虑我国轨道的实际服役条件

(主要是环境温度、安装荷载、列车荷载幅值与频率等)，完善我国轨道高聚物弹性元件静、动刚度及其老化寿命预测的测试评价方法(主要包括采用加载速度控制的高频正弦激励测试法[40-43]、狭义和广义的时间-温度叠加原理+WLF 方程等)，并建立轨道高聚物弹性元件非线性刚度及其老化演变的理论表征模型，通过拓展应用非线性有限元理论与车辆-轨道耦合动力学理论，在理论与室内外实测验证(主要是无车载/有车载高聚物弹性元件减振轨道固有频率及其插入损失的室内外实测验证)的基础上，提出我国轨道高聚物弹性元件刚度的科学设计理论与测试评价方法。期望通过开展以上一系列的研究工作，发展高聚物弹性元件减振轨道的非线性静/动力学理论，提高我国减振轨道工程的计算精度和设计水平，科学规范良莠不齐的轨道高聚物弹性元件市场，避免因减振设计失当或产品质量问题而造成严重的次生病害及其高额的经济损失。

参 考 文 献

[1] Gullers P, Andersson L, Lundén R. High-frequency vertical wheel-rail contact forces—Field measurements and influence of track irregularities[J]. Wear, 2008, 265: 1472-1478.

[2] Thompson D J. Railway Noise and Vibration: Mechanisms, Modelling and Means of Control[M]. Amsterdam: Elsevier, 2009.

[3] Dooliffle A K. Studies in Newtonian flow II—The dependence of the viscosity of liquids on free space[J]. Journal of Applied Physics, 1955, 22: 1471-1475.

[4] Williams M L. The temperature dependence of mechanical and electrical relaxtions in polymers[J]. The Journal of Physical Chemistry, 1955, 59(1): 95-96

[5] 金日光, 华幼卿. 高分子物理[M]. 北京: 化学工业出版社, 1997.

[6] 杨挺青, 等. 黏弹性理论与应用[M]. 北京: 科学出版社, 2004.

[7] 陈文, 孙洪广, 李西成, 等. 力学与工程问题的分数阶导数建模[M]. 北京: 科学出版社, 2010.

[8] Mainardi F. Fractional Calculus and Waves in Linear Viscoelasticity[M]. London: Imperial College Press, 2010.

[9] Scott Blair G W. The role of psychophysics in rheology[J]. Journal of Colloid Science, 1947, 2: 21-32.

[10] Gerasimov A N. A generalization of linear laws of deformation and its application to internal friction problems[J]. Russian Journal of Prikladnaya Matematika i Mekhanika (Journal of Applied Mathematics and Mechanics), 1948, 12: 251-259.

[11] Pritz T. Five-parameter fractional derivative model for polymeric damping materials[J]. Journal of Sound and Vibration, 2003, 265: 935-952.

[12] Lion A, Kardelky C, Haupt P. On the frequency and amplitude dependence of the payne effect: Theory and experiments[J]. Rubber Chemistry and Technology, 2003, 76: 533-547.

[13] Wang M J. The role of filler networking in dynamic properties of filled rubber[J]. Rubber Chemistry and Technology, 1999, 72(2): 430-448.

[14] Payne A R. The dynamic properties of carbon black-loaded natural rubber vulcanizates. Part I[J].

Journal of Applied Polymer Science, 1962, 6 (19): 57-53.

[15] Fletcher W P, Gent A N. Non-linearity in the dynamic properties of vulcanised rubber compounds[J]. Rubber Chemistry and Technology, 1954, 27(1): 209-222.

[16] Gregory M J. Dynamic properties of rubber in automotive engineering[J]. Elastomerics, 1985, 117(11): 19-24.

[17] Austrell E, Olsson A K, Jönsson M. A method to analyse the non-linear dynamic behaviour of Carbon-Black filled rubber components using standard FE codes[C]. Proceedings of the 2nd Conference on Constitutive Models for Rubbers, 2001, 2: 231-235.

[18] Mars W V, Fatemi A. A literature survey on fatigue analysis approaches for rubber[J]. International Journal of Fatigue, 2002, 24: 949-961.

[19] 王文英. 橡胶加工工艺[M]. 北京: 化学工业出版社, 2004.

[20] 常冠军. 粘弹性阻尼材料[M]. 北京: 国防工业出版社, 2012.

[21] 梁星宇, 周木英. 橡胶工业手册. 修订版第三分册[M]. 北京: 化学工业出版社, 1998.

[22] Gen A N, Lindley P B, Thomas A G. Cut growth and fatigue of rubbers. I. The relationship between cut growth and fatigue[J]. Journal of Applied Polymer Science, 1964, 8: 455-466.

[23] Leaderman H. Elastic and Creep Properties of Filamentous Materials and Other High Polymers[M]. Washington: The Textile Foundation, 1943.

[24] Williams M L, Landel R F, Ferry J D. The temperature dependence of relaxation mechanisms in amorphous and polymers and other glass-forming liquids[J]. Journal of the American Chemical Society, 1955, 77(14): 3701-3707.

[25] Landel R F, Nielsen L E. Mechanical Properties of Polymers and Composites[M]. 2nd ed. Boca Raton: CRC Press, 1993.

[26] Griffith W I, Morris D H, Brinson H F. The accelerated characterization of viscoelastic composite materials[R]. Virginia: Virginia Polytechnic Institute, 1980.

[27] Schapery R A. Stress analysis of viscoelastic composite materials[J]. Journal of Composite Materials, 1960, 1: 228-267.

[28] 金日光, 黄惠金, 周淑梅. 关于高分子材料在应力松弛过程中应力-时间关系的研究[J]. 北京化工大学学报(自然科学版), 1996, 3(3): 31-38.

[29] Brostow W, Corneliussen R D. Failure of Plastics[M]. New York: Hanser Publisher, 1986.

[30] Jazouli S, Luo W, Bremand F, et al. Application of time-stress equivalence to nonlinear creep of polycarbonate[J]. Polymer Testing, 2005, 24: 463-467.

[31] Struik L C E. On the rejuvenation of physically aged polymers by mechanical deformation[J]. Polymer, 1997, 38(16): 4053-4057.

[32] Reddy G R K, Joshi Y M. Aging under stress and mechanical fragility of soft solids of laponite[J]. Journal of Applied Physics, 2008, 104(9): 1-5.

[33] Awasthi V, Joshi Y M. Effect of temperature on aging and time-temperature superposition in nonergodic laponite suspensions[J]. Soft Matter, 2009, 5: 4991-4996.

[34] 罗文波, 杨挺青, 安群力. 非线性粘弹体的时间-温度-应力等效原理及其应用[J]. 固体力学学报, 2001, (3): 219-224.

[35] Tian F, Luo Y S, Yin S P, et al. Dynamic viscoelastic properties of polyvinyl lchloride with

physical aging[J]. Korea-Australia Rheology Journal, 2015, 27(4): 259-266.

[36] Hermida E, Lida B, Povolo F. Analytical-numerical procedure to determine if a set of experimental curves can be superimposed to form a master curve[J]. Polymer Journal, 1994, 26(9): 981-992.

[37] Buttlar W, Roque R, Reid B. Automated procedure for generation of creep compliance master curve for asphalt mixtures[J]. Transportation Research Record: Journal of the Transportation Research Board, 1998, 1630(1): 28-36.

[38] Honerkamp J, Weese J. A note on estimating master curves[J]. Rheologica Acta, 1993, 32(1): 57-64.

[39] Gergesova M, Zupancic B, Saprunov I, et al. The closed form *t-T-P* shifting (CFS) algorithm[J]. Journal of Rheology, 2011, 55(1): 1-16.

[40] ISO. Acoustics and vibration—Laboratory measurement of vibro-acoustic transfer properties of resilient elements—Part 2: Direct method for determination of the dynamic stiffness of resilient supports for translatory motion[S]. ISO 10846-2. Genève: ISO, 2008.

[41] 韦凯, 王丰, 牛澎波, 等. 钢轨扣件弹性垫板的动态黏弹塑性力学试验及理论表征研究[J]. 铁道学报, 2018, 40(20): 115-122.

[42] Zhao Z M, Wei K, Wang P. Evaluation method of the vibration reduction effect considering the real load- and frequency-dependent stiffness of slab-track mats[J]. Materials, 2021, 14(2): 452.

[43] 何宾. 高速铁路声屏障声学设计、优化及试验研究[D]. 成都: 西南交通大学, 2017.

第 2 章　高聚物结构及热转变

非晶态(无定形)高聚物材料宏观力学行为的本质是微观高分子的热运动问题，一般用温度来体现，也就和通常说的内能是统一的，即绝对零度下热能为零，热运动消失。显然，当温度或荷载改变时，非晶态高聚物材料的微观分子运动状态将发生改变，同时非晶态高聚物材料的宏观力学性能也将随之改变；另外，荷载与温度对非晶态高聚物材料的微观分子运动状态和宏观力学性能有相似的影响规律。因此，为了实现轨道非晶态高聚物弹性元件非线性刚度的科学设计，必须首先了解一下非晶态高聚物材料的微观分子结构、分子运动特征以及宏观力学性能的热转变现象；然后，通过介绍高聚物材料领域著名的自由体积理论和 WLF方程，从机理上解释非晶态高聚物材料的热转变现象；最后，结合时间-温度叠加原理，阐释非晶态高聚物材料热转变过程的科学预测方法。

2.1　高聚物结构及热运动特征

高聚物材料是相对分子质量很大的高分子化合物。非晶态高聚物材料在外力或温度作用下宏观上既表现出弹性又表现出黏性，这种独特的黏弹性力学特征与高分子结构关系密切。换言之，如果确定了高分子微观结构及其运动方式，也就确定了其宏观力学性能。因此，只有熟悉了非晶态高聚物材料的微观分子结构及其热运动方式，才可能掌握非晶态高聚物材料宏观力学性能随不同荷载和不同温度变化的热转变规律。

2.1.1　高分子结构

高分子结构是理解高分子运动的基础。高分子结构主要包括大分子的形态特征(即分子链的形态特征)和聚集态特征(即分子链之间的形态特征)两方面的内容。由于后者的尺度比高分子链大，也称为超分子结构。与小分子化合物不同，高聚物材料的分子以链的形式存在，常称为高分子链。高分子链由许多小的结构单元(链节)构成，每个结构单元相当于一个小分子，相互之间以共价键连接形成高分子，相对分子量可达 10000 以上。高分子链有主链和侧链(支链)之分，大多数主链由碳原子以共价键形式相连接，主链上可带若干长短不等的侧基、侧链(支链)，称为支化。若高分子链间通过支链连接成三维空间网状大分子，即成为交联结构。

支化有星型、梳型、无规支化等形式，而交联有交联网等形式，如图 2.1 所示。支化与交联有本质区别。支化的高分子能够溶解，而交联的高分子是不溶的，只有当交联度不太大时，在溶剂中才能溶胀，如热固型塑料或硫化的橡胶。未经过硫化的橡胶，分子间容易滑动，受力后会产生永久变形，不能回复原状，因此没有使用价值。经过硫化的橡胶，分子间不能滑移，能够产生可逆弹性变形，所以橡胶要经过硫化变成交联结构后才能使用。交联聚合物的性能与交联度有关。交联度常用交联点之间的平均分子量或交联点密度来表示。以橡胶为例，交联度越低，弹性变形越大，硬度越小，即"软橡皮"；交联度越高，弹性变形越小，硬度越大，即"硬橡皮"。因此，可以通过控制交联度的大小来制造不同用途的橡胶制品。

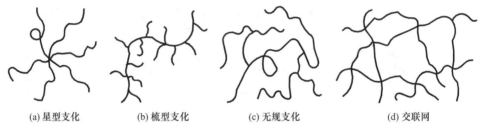

(a) 星型支化　　　　　(b) 梳型支化　　　　　(c) 无规支化　　　　　(d) 交联网

图 2.1　高分子链的支化与交联

通常按照高聚物的结构层次，把高分子链结构称为一次结构，把高分子大小、分布和形态称为二次结构，而把聚集态结构称为三次结构，三次以上结构称为高次结构，这些不同层次的结构总称为高聚物材料的微观结构。研究高聚物材料结构的目的在于了解分子内和分子链相互作用力的本质，从而了解分子运动，并由此建立结构与性能的内在联系。掌握结构与性能之间的关系，就可能进行分子设计，继而合成具有指定性能的高聚物产品，或改造现有高聚物材料的性能，使其满足使用需要[1]。

1. 分子链

对于每一种高聚物材料，高分子具有巨大的分子量和分子量的多分散性，组成高分子的链段所含的原子或基团不同，以及在空间的排布不同，便构成了每一种高聚物材料与其他高聚物材料之间的性质各有区别。分子链结构可分为近程结构和远程结构。近程结构属于高分子的化学结构，又称一级结构，主要包括构造与构型；远程结构是指高分子的大小与形态，又称二级结构，主要有构象与柔顺性。

1) 构造与构型

分子链的构造是指高分子中原子的种类与排列、取代基(指取代有机化合物中氢原子的基团，如—CH_3(甲基)、—C_2H_5(乙基))和端基(指聚合物分子链端的基团，如醇酸树脂的端基是羟基或羧基、聚酰胺的端基是氨基或羧基)的种类、单体单元的排列顺序、支链类型和长度等。分子链的构型是指分子主链上某些原子的取代基在空间的排列情况。构型是对分子中最邻近原子间相对位置的表征，也就是分子中由化学键所固定的原子在空间稳定几何排布的形式。高分子链的构型有旋光异构和几何异构两大类。旋光异构是由不对称碳原子存在于分子中而引起的异构现象，包括全同立构、间同立构和无规立构，如图 2.2(a)所示。图 2.2(a)是结构单位为—CH$_2$—C*HR—型的高分子。由于 C*原子两端的链节不完全相同，C*原子是一个不对称碳原子。这样，每一个链节就有两种旋光异构体，并在高分子链中有三种键接方式。若全部由一种旋光异构单元键接而成，则称为全同立构(立体构型)；若由两种旋光异构单元交替键接，则为间同立构；若两种旋光异构单元完全无规律键接，则为无规立构。几何异构(又称顺反异构)是指当分子链中含有不饱和双键时，由于双键不能内旋转而引起的异构现象，包括顺式异构和反式异构，如图 2.2(b)所示。例如，天然橡胶是顺式聚异戊二烯，它的空间排列的规整性不好，不易结晶，因此在室温下具有高弹性；而杜仲橡胶是反式聚异戊二烯，由于它的空间排列比较规整，易于结晶，因此在室温下不具有高弹性，是硬的。总之，分子构型不同的聚合物将具有完全不同的性能。在温度和外力等因素作用下，由于分子的热运动，高分子的构型会不断发生变化。

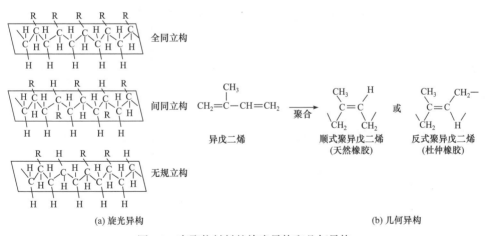

图 2.2　高聚物材料的旋光异构和几何异构

2) 构象与柔顺性

高分子链有线型和体型之分。体型高分子是线型高分子主链和主链间通过支链连接而成的三维网状结构(即高聚物材料的固化，橡胶称为硫化)。线型高分子的主链不是一条挺直的直链，而是蜷曲起来，使得整个分子呈椭圆球状或棒状，局部则呈各种形态，如梯形、锯齿形、螺旋形、片形、带形、遥爪形及无规则蜷曲等。随着条件与环境的变化，蜷曲的形态在不断地变化。这种分子链在空间的不同形态称为高分子的构象。已有资料显示，分子链呈伸直构象的概率较小，而蜷曲成各种形态构象的概率较大[2]。在外部环境(如温度或外力)的作用下，高分子的构象在不断变化，而蜷曲的分子链可以伸展拉直，又可以重新蜷曲，其蜷曲或伸展取决于分子链本身的柔顺性及外部条件。将高分子链能够不断改变其构象的性质称为柔顺性。一个高分子链能够采取的构象数越多，则表示此高分子链越柔顺；反之，高分子链能够采取的构象数越少，则表示此高分子链柔顺性越低，或者说刚性越大。高分子链的柔顺性对聚合物力学性能的影响是巨大的，正是这种影响使高聚物材料分为塑料、橡胶和纤维。

影响高分子链柔顺性的因素是长的高分子链和分子链中单键的内旋转。因此，除了分子链长短是影响柔顺性的重要因素之外，所有影响分子内旋转的因素都是影响柔顺性的重要因素。显然，高分子结构的主链结构、长度与侧基(取代基)、支链长短、交联度、分子间作用力、环境温度等对分子链本身的柔顺性均有重要影响。其中，分子间作用力是分子成为凝结聚集状态(液态和固态)的根本原因。由于高分子链总不能单独存在(高聚物不能成为气态存在)，而总是处于凝聚状态，分子间的相互作用力就不能不影响分子的内旋转。分子相互作用力越大，分子的内旋转越困难，分子链的柔顺性就越低。分子间作用力大小与分子有无氢键、极性大小有关，极性越大，分子间作用力越大，分子进行内旋转需要克服的外阻力也越大，同时需要克服的内阻力也大，因此分子链呈刚性。值得一提的是，如果不考虑分子间的作用力，仅依据分子内旋转位垒(即阻力)的大小判断分子链的柔顺性，往往容易得出错误的结论。例如，尼龙66的高分子链自身内旋转还是容易的(即内旋转位垒小)，但因分子中间形成了氢键，产生结晶，使分子的内旋转受到较大的阻力，分子柔性表现不出来，而是呈刚性。另外，当高分子结构确定后，对分子链柔顺性影响最大的是温度。通常情况下，所说的高分子链的柔顺性是常温下所显示的柔顺性。当温度变化时，高分子链的柔顺性随之变化。温度升高，分子的热运动能增加，当分子的热运动能增加到和分子内旋转的各种位垒相当或超过各种位垒时，分子的内旋转就开始进行或变得更容易。降低温度，分子的热运动能也随之减少，当分子的热运动能低于所有构象的位垒时，分子的内旋转被冻结。因此，升高温度可以提高分子链的柔顺性[3]。工程实践表明，高聚物材料分子链的柔顺度决定了高聚物材料宏观力学性能。

2. 聚集态

高聚物材料的分子链在空间的排列和堆砌称为聚集态，也称为超分子结构、三级结构或者更高级结构。高聚物材料的聚集态结构取决于组成它的大分子的化学组成。立体结构和分子形态，也强烈地依赖于它所处的外界条件。高分子之间的作用力是经典的范德瓦耳斯力(包括静电力、诱导力和色散力)和氢键力。大分子链中的结构单元(一般指分子链段,不是原子,也不是整条分子链)有序排列的聚集态称为晶态(值得注意的是,由于外界条件不同,其有序程度也有一定差异),无序排列则为非晶态或无定形态。普通的结晶高聚物常是半晶态的,一般具有良好的力学性能和固定的熔点,而非晶态高聚物的力学性能却不如晶态,无固定的熔点,但有较好的柔顺性。高聚物材料的晶态与非晶态难以绝对划分。在晶态结构中,存在非晶态;而在非晶态中,多数也会有晶态。在晶态区,相邻有规律排列的分子链段(可能是同一个分子的不同链段,也可能分属不同分子的链段)构成一个结晶单元;而在非晶态区中,分子链是毫无规律排列的,各分子链之间相互贯通,也可以相互缠绕。

2.1.2　高分子微观热运动

高聚物材料的宏观力学性能除了与微观分子结构有关,还与微观分子运动形态有关。不同的微观分子运动形态,也会显现出不同的宏观力学行为。只有通过对分子运动的理解,才可能建立高聚物材料内微观分子结构与其宏观力学性能之间的内在联系。与低分子的化合物相比,高聚物材料的分子运动主要有以下三方面的特点[1]。

1. 高分子运动单元的多重性

高分子运动单元具有多重性或多尺度性。不同外部条件下,既可以是大分子的整体运动,也可以是分子链内链段、链节、侧基和支链等结构单元的运动。当高分子链的质量重心发生相对移动时,高分子链会像小分子一样发生整体运动。将这种大分子的整体运动称为布朗运动。另外,即使高分子链质量重心不动,它还可能出现其他四种更小尺度的运动方式,统称为微布朗运动。例如,在分子主链上可能会出现一部分链段通过单键的内旋转而相对另一部分链段运动(即链段运动),或者出现比链段还小的链节、侧基、末端基运动(即结构单元运动),或者出现在平衡位置附近的原子振动(即原子振荡),抑或出现高聚物晶区内的晶型转变、晶型缺陷运动、折叠链“手风琴”式运动(即晶区运动)等。其中,高分子链段的运动极其重要,它是非晶态高聚物材料从玻璃态到橡胶态(又称高弹态)的转变过程,而且高分子链段的运动也是高聚物材料耗能的主要原因,即便橡胶硫化后分子链间不产生相对滑移,但是此时链段的运动依然存在,因此其耗能也较大。

2. 高分子运动的时间依赖性

在一定的温度与外力作用下,高聚物材料从一种平衡状态通过分子运动过渡到与外部环境相适应的另一种平衡状态总是需要一定的时间,这段时间称为松弛时间,这种现象则称为时间依赖性或松弛特性。高聚物分子运动时间依赖性的原因是整个分子链、链段、链节等运动单元需要克服内摩擦力,不可能瞬时到达新的平衡状态。一般情况下，高聚物材料的松弛时间较长，分子间作用力大、黏度大。当外力作用时间很短时，观察不到大分子的整体运动，而只能观察到链段、链节或侧基等高分子结构的运动。另外，如果高分子运动单元的大小不同，松弛时间也不相同，有的可能很快完成，有的可能几个月甚至几年。

3. 高分子运动的温度依赖性

环境温度的变化对高聚物材料的分子运动也有非常大的影响。温度升高，一方面会提高高分子运动单元的热运动能量，另一方面会使体积膨胀，增加分子之间的距离，继而增大运动单元的活动空间，使松弛过程加快，松弛时间减小。另外，由于高分子运动单元的多重性，不同尺度运动单元的运动能力对温度的依赖性不同。低温时，只有高分子链上的链节、侧基等结构单元发生松弛，而升温后，将相继产生链段和大分子的整体运动。

2.1.3　非晶态高聚物材料宏观热转变

鉴于本书主要关注的是非晶态高聚物材料的真实宏观动力性能及其对轮轨动力响应的影响机制，因此这里将通过介绍不同温度和不同荷载频率下某非晶态高聚物材料动力性能指标(储能模量和损耗因子)的非线性变化特征，揭示非晶态高聚物材料微观热运动与宏观热转变之间的科学关系。

在外部动作用力(即动载幅度与动载频率)不变的情况下，随着温度由低到高，或者随着荷载频率由高到低，微观上高分子的流动性增加且运动形式发生改变，宏观上非晶态高聚物材料的动力性能将经历玻璃态、玻璃化转变区、橡胶态、黏流转变区和黏流态五种状态[1-3]。由于非晶态高聚物材料动力性能随温度降低与随荷载频率升高的非线性变化规律相似，这里仅给出非晶态高聚物材料温变动力性能非线性变化示意图，如图 2.3 所示。

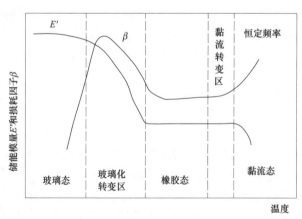

图 2.3　非晶态高聚物材料动力性能(储能模量与损耗因子)随温度非线性变化的一般特征

1. 玻璃态

对于处于玻璃态的非晶态高聚物材料，当外部动能不足以克服分子间的引力时，分子处于"冻结"状态，几乎不能运动，只有链内原子的键长、键角改变，以及某些侧基、支链和小链节的运动，即只有分子链的构型变化而没有构象的改变，链段运动的松弛时间几乎为无穷大。这样的运动基本上是在原地振动，材料变形很小(一般仅为 0.1%～1%，若大于 5%，材料便可能破坏)，且具有可逆性，材料表现出胡克弹性力学行为，基本遵守胡克定律，这样的变形常称为普通弹性变形。此时，材料具有很高的刚度，储能模量很大(一般情况下，弹性模量达 10^3～10^4MPa，剪切模量达 100MPa 以上)，而损耗因子却很小，均在 0.1 以下，并且储能模量随温度的变化也不明显，在动态力学曲线上表现为一平坦段。正因为在玻璃态，材料质硬而脆，类似于坚硬的玻璃，故称为玻璃态。另外，在玻璃态，不能耗散能量，而将能量作为位能储存起来，外力除去后，储存的能量又被释放出去，重新返回外界。处在玻璃态的非晶态高聚物材料只在很低的荷载频率下才会出现大的能耗。

2. 玻璃化转变区

随着温度的升高，非晶态高聚物材料在宏观上进入玻璃态和橡胶态之间的过渡区，称为玻璃化转变区。玻璃化转变不是热力学的相变，而是一个松弛过程，在玻璃化转变区内，分子链开始"解冻"。根据 Fox 和 Flory 自由体积理论(详见 2.2 节)[1,2]，大分子的自由体积也开始"解冻"，分子的运动空间变大，运动变得活跃起来，出现了链段的运动，这是产生阻尼作用的主要运动形式。因体系的黏度还很大，分子的内摩擦力仍然较大，机械能通过分子内摩擦而转化为热能，因而链段的运动具有不可逆性，除去外力后，链段不能完全回复到原来的状态，产生永久变形，高聚物链段表现出黏性行为。外力作用到黏性成分上的那部分机械能被转化成热能消耗掉，这就是高聚物材料的内耗或阻尼。在玻璃化转变区内，内耗达到最大，因此玻璃化转变区对非晶态高聚物减振材料十分重要，是非晶态高聚物减振材料的主工作区。

在玻璃化转变区内，非晶态高聚物材料的宏观力学性能将发生很大的变化，如图2.3所示。储能模量随温度升高而迅速降低三四个数量级(变化曲线呈反S状)，而且损耗因子能够达到一个极大值，即阻尼峰值，此时所对应的温度称为玻璃化转变温度，常用 T_g 表示。经过玻璃化转变温度之后，损耗因子迅速下降。有效阻尼的工作温度范围就是玻璃化转变区的温度范围，对于均聚物，一般为 20～30℃。通常情况下，玻璃化转变区的中点温度就是玻璃化转变温度 T_g。在高聚物动态力学性能的温度谱中，也可取损耗模量顶峰对应的温度作为玻璃化转变温度 T_g。需要特殊说明的是,尽管玻璃化转变区变形迅速增加,链段的滑移会留下永久变形,但是这个分子链并未滑动,因此材料仍保持宏观的完整形态。

根据以上分析可知,非晶态高聚物材料的阻尼作用主要发生在玻璃化转变区。因此,玻璃化转变温度 T_g 所处的位置及宽度范围,应尽量和材料的工作温度相吻合,或者处于工作温度的中间。另外,在玻璃化转变区内,非晶态高聚物材料既有较明显的链段运动,又有较大的分子内摩阻力或内黏聚力,故才有较显著的黏滞阻尼作用效果。当然,大分子之间、大分子与填料之间以及填料与填料之间的摩擦力确实也能因相互摩擦生热而提供一定的摩擦阻尼作用,但是与链段运动提供的黏滞能耗相比,要小一些。

3. 橡胶态

继续升高温度,非晶态高聚物材料将进入橡胶态。在橡胶态,分子链的运动更加自由,不断改变其构象,从蜷曲状态变为伸展状态,但仍以链段运动为主,不是整个分子链的运动,未出现分子链的滑移,变形具有可逆性。处于橡胶态的非晶态高聚物材料柔软而具有弹性,宏观上的变形很大,受较小的力就可发生很大的变形,除去外力后拉直的分子链重新回复到原来的蜷曲状态,变形可回复,无永久变形。在橡胶态,非晶态高聚物材料的刚性和最大能量只有在较高频率下才能出现,换言之,在橡胶态,只有相应提高频率才能获得较高的阻尼性能。

4. 黏流转变区和黏流态

在黏流转变区内,对于非晶态高聚物材料,不仅链段在运动,而且整条分子链出现了相对滑移,高分子链开始出现流动,变形迅速增加且不可逆。在此情形下,相应的温度称为流动温度 T_f。其后,非晶态高聚物材料进入黏流态,高分子链沿外力方向取向呈平行排列。非晶态高聚物材料将像黏稠的液体一样,可发生黏性流动,内耗急剧增加,而模量却很小。处于黏流态的非晶态高聚物材料虽有很高的损耗因子,但因其力学强度很低,不能直接作为固态阻尼材料使用,不过在某些场合可将其填充到固态聚合物内部,以大幅提高阻尼性能。

2.2　高聚物热运动的玻璃化转变理论

玻璃化转变是非晶态高聚物材料的一种普遍现象。尽管目前国内外学者已经提出了许多理论(如自由体积理论、热力学理论和动力学理论)来解释这个现象,但是非常遗憾的是,至今尚无完善的理论可以做出完全符合实验事实的正确解释。

热力学理论的中心思想是找出构象的配分函数，从而计算构象熵，并计算出在构象熵为零时的二级玻璃化转变温度 T_g。动力学理论是从玻璃化转变的松弛现象去考虑动力学方程，如 Aklonis-Kovacs 提出的有序参数模型理论，该理论考虑到了时间、热历史等复杂因素，可以解释实验时间对 T_g 的影响规律，但无法把分子结构与 T_g 相联系。目前被人们普遍接受的理论是自由体积理论，因此这里重点介绍该理论。

2.2.1　自由体积理论及 WLF 方程

为了认识非晶态高聚物材料宏观力学性能热转变现象背后的科学机理，下面重点介绍自由体积理论与 WLF 方程。

1. 自由体积理论

自由体积理论最初是由 Fox 和 Flory 提出的。他们认为液体或固体物质的整个体积在某热力学温度(T)下由两部分组成(式(2-1))：一部分为分子本身所占据的体积(V_{occ})；另一部分为未被占据的体积，即以"孔穴"的形式分散于整个物质之中，称为自由体积(V_f)。

$$V(T)=V_{occ}(T)+V_f(T) \tag{2-1}$$

自由体积为分子运动提供了空间，使分子链能调整其构象发生转动或移动。自由体积理论认为，当高聚物材料冷却时，自由体积逐渐减小，分子运动的空间逐渐减小，到某一温度时，自由体积将达到最低值，这时高聚物材料进入玻璃态。在玻璃态下，大分子的链段运动被冻结，自由体积也被冻结，并保持恒定值。因此，对任何高聚物材料而言，玻璃化转变温度就是自由体积达到某一临界值的温度。在这个临界值下，已经没有足够的空间进行分子链构象的调整了。高聚物材料的玻璃态也可视为等自由体积状态，或视为高聚物材料大分子链段的运动被冻结或解冻的温度。

高聚物材料体积随热力学温度变化的曲线如图 2.4 所示。在图 2.4 中，实线代表高聚物材料的总体积(即高聚物材料体积与自由体积之和)随热力学温度的变化情况，虚线代表高聚物材料所占据体积随热力学温度的变化情况，阴影部分是自由体积。在玻璃化转变温度以下，高聚物材料的体积只是由分子膨胀造成的，包括分子振动幅度的增加和键长的变化等，其过程可用式(2-2)表示；当达到玻璃化转变温度时，仍然仅有分子的膨胀(见式(2-3))，但是分子热运动已具有足够的能量，而且自由体积也开始解冻而参加整个膨胀过程，因此链段获得了足够的运动能量和必要的自由空间，从冻结进入运动；当经过玻璃化转变温度后，分子所占空间与自由空间共同开始膨胀，如式(2-4)所示。

$$V(T < T_g) = V_{occ}(T=0) + V_f(T=0) + \left(\frac{dV_{occ}}{dT}\right)T \tag{2-2}$$

$$V(T = T_g) = V_{occ}(T=0) + V_f(T=0) + \left(\frac{dV_{occ}}{dT}\right)T_g \tag{2-3}$$

$$V(T > T_g) = V(T_g) + \left(\frac{dV_{occ}}{dT} + \frac{dV_f}{dT}\right)(T - T_g) \tag{2-4}$$

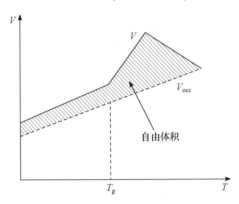

图 2.4　高聚物材料体积与热力学温度的关系[4]

显然，在玻璃化转变温度以上，高聚物材料的自由体积可表示为

$$V_f(T > T_g) = V_f(T_g) + \left[\left(\frac{dV_{occ}}{dT} + \frac{dV_f}{dT}\right) - \frac{dV_{occ}}{dT}\right](T - T_g) \tag{2-5}$$

若以玻璃化转变温度点高聚物材料的总体积为参考，可得到玻璃化转变温度以上高聚物材料的自由体积分数：

$$\frac{V_f(T > T_g)}{V(T = T_g)} = \frac{V_f(T_g)}{V(T = T_g)} + \frac{\left[\left(\dfrac{dV_{occ}}{dT} + \dfrac{dV_f}{dT}\right) - \dfrac{dV_{occ}}{dT}\right]}{V(T = T_g)}(T - T_g) \tag{2-6}$$

并可将其简化为

$$f(T \geqslant T_g) = f_g + \alpha_f(T - T_g) \tag{2-7}$$

式中，f_g 为玻璃化转变温度点高聚物材料的自由体积分数；α_f 为玻璃化转变温度以上高聚物材料自由体积分数的膨胀系数。

应当指出的是，关于自由体积的概念，存在若干定义，容易引起混乱，使用时必须注意。下面介绍比较常用的 WLF 方程自由体积的定义。

2. WLF 方程

WLF 方程是从液体黏度的 Doolitte 方程出发推导的[5]。Doolitte 方程把液体的黏度与自由体积联系起来，即

$$\eta = A\exp[B\times V(T)/V_f(T)] \tag{2-8}$$

式中，η为高聚物材料的黏度；A、B为常数；$V(T)$为高聚物材料的总体积(为热力学温度的函数)见 P27；$V_f(T)$为高聚物材料的自由体积(也为热力学温度的函数)。

当$T>T_g$(橡胶态)时，对式(2-8)取对数，得到

$$\ln\eta(T) = \ln A + \frac{B\times V(T)}{V_f(T)} \tag{2-9}$$

当$T=T_g$时，式(2-9)变为式(2-10)：

$$\ln\eta(T_g) = \ln A + \frac{B\times V(T_g)}{V_f(T_g)} \tag{2-10}$$

将式(2-9)与式(2-10)相减可得式(2-11)：

$$\ln\frac{\eta(T)}{\eta(T_g)} = B\times\left[\frac{V(T)}{V_f(T)} - \frac{V(T_g)}{V_f(T_g)}\right] = B\times\left[\frac{1}{f(T)} - \frac{1}{f(T_g)}\right] \tag{2-11}$$

式中，$f(T)$为橡胶态的自由体积分数；$f(T_g)$为玻璃化转变温度点的自由体积分数(即式(2-7)中的f_g)。

将式(2-7)代入式(2-11)可得式(2-12)：

$$\ln\frac{\eta(T)}{\eta(T_g)} = B\times\left[\frac{V(T)}{V_f(T)} - \frac{V(T_g)}{V_f(T_g)}\right] = B\times\left[\frac{1}{f_g + \alpha_f(T-T_g)} - \frac{1}{f_g}\right] \tag{2-12}$$

通过将自然对数化成常用对数可得式(2-13)：

$$\log\frac{\eta(T)}{\eta(T_g)} = -\frac{B}{2.303 f_g}\times\frac{T-T_g}{f_g/\alpha_f + (T-T_g)} \tag{2-13}$$

若令$C_1 = B/2.303 f_g$，$C_2 = f_g/\alpha_f$，即得到以高聚物材料玻璃化转变温度为参考温度的 WLF 方程：

$$\log\frac{\eta(T)}{\eta(T_g)} = \frac{-C_1(T-T_g)}{C_2 + (T-T_g)} \tag{2-14}$$

通常$B\approx 1$，$f_g=0.025(2.5\%)$，$\alpha_f=4.8\times10^{-4}\mathrm{K}$，于是可得到$C_1$和$C_2$的数值为

$$C_1 = \frac{B}{2.303 f_g} = \frac{1}{2.303\times 0.025} \approx 17.37, \quad C_2 = f_g/a_f = 0.025/(4.8\times10^{-4}) \approx 52.08\mathrm{K}$$

$$\tag{2-15}$$

需要特殊说明的是，WLF 方程只适用于高聚物材料的链段运动，一般适用于玻璃化转变温度以上的 100 K。

综上，自由体积理论简单明了，可以解释非晶态高聚物玻璃化转变的许多实验事实，或预测有关效应，因此是非常简便实用的。当然，自由体积理论也存在一定的不足，例如：冷却速度不同，T_g 并不相同，因此 T_g 时的自由体积分数也不一样；自由体积理论认为 T_g 以下的自由体积不变，而实际上 T_g 以下的自由体积也会发生变化。

2.2.2 时间-温度叠加原理

在温度与外力作用下，高聚物材料的热运动过程实际上就是一个力学松弛过程，即从一种平衡状态过渡到另一种平衡状态的过程。这个过程是通过高分子链的热运动实现的，因此松弛过程对温度与振动频率有强烈的依赖关系。另外，对于大多数高聚物材料，同一个力学松弛现象可在较高的温度下于较短的时间内观察到，也可在较低温度下于较长时间内观察到，即温度和频率之间存在着一定的等效关系。换句话说，温度不变而振动频率增加时，高聚物材料动力性能的变化与振动频率不变而降低温度时具有相同的效果。对于非晶态高聚物材料，温度降低 5~7℃，和振动频率增加 10 倍时的效果非常相似(高频下例外)。例如，在减振降噪领域内，当振动频率从 20Hz 增加至 20000Hz 时，相当于温度向下移动 15~20℃。

从不同振动频率下高聚物材料储能模量与损耗因子随温度的变化曲线(图 2.5)可以清楚地看出振动频率与温度的等效关系。例如，在图 2.5 中，振动频率(f_1)和热力学温度(T_1)下 A 点所对应的储能模量与损耗因子，可在振动频率(f_2)和热力学温度(T_2)下得到。因此，降低温度(升高温度)可以借延长外力作用时间(缩短外力作用时间)来得到同样的动态力学性能。这种等效关系可以借助一个转换因子 $\alpha(T)$ 来实现，即只要将两条曲线之一沿横坐标平移 $\log\alpha(T)$，就可将这

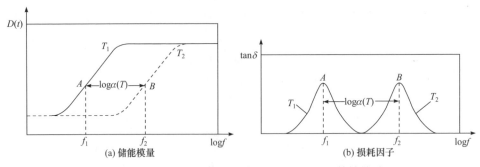

图 2.5　高聚物材料储能模量与损耗因子的温频等效关系

两条曲线完全重叠。若以玻璃化转变温度 T_g 为参考温度，则基于时间-温度叠加原理的预测公式为

$$E'(f,T)=\left(\frac{\rho\ T}{\rho_g\ T_g}\right)\times E'[f\ \alpha(T),T_g] \tag{2-16}$$

$$E''(f,T)=\left(\frac{\rho\ T}{\rho_g\ T_g}\right)\times E''[f\ \alpha(T),T_g] \tag{2-17}$$

式中，T 为实验热力学温度，K；T_g 为玻璃化转变温度，K；f 为实验频率，Hz；$f\alpha(T)$ 为折算频率或归化频率，可用 f_r 表示，Hz；ρ 为材料在实验温度 T 下的密度，kg/m^3；ρ_g 为材料在玻璃化转变温度 T_g 下的密度，kg/m^3；$\alpha(T)$ 为温度转换因子(shift factor)或温度转换系数，它是温度的函数，并与松弛时间有关，如式 (2-18)所示：

$$\alpha(T)=\frac{\tau(T)}{\tau(T_g)} \tag{2-18}$$

式中，$\tau(T)$ 和 $\tau(T_g)$ 分别为指定温度 T 和 T_g 时的松弛时间。因为松弛时间和黏度 η 有关，所以可以将转换因子 $\alpha(T)$ 表达式变为

$$\alpha(T)=\frac{\tau(T)}{\tau(T_g)}=\frac{\eta(T)}{\eta(T_g)}\times\frac{T_j\rho(T_g)}{T\rho(T)}\approx\frac{\eta(T)}{\eta(T_g)} \tag{2-19}$$

若将式(2-19)代入式(2-14)，那么以玻璃化转变温度 T_g 为参考温度的 WLF 方程将变为

$$\log\alpha(T)=\frac{-C_1(T-T_g)}{C_2+(T-T_g)} \tag{2-20}$$

对于不同的高聚物材料，当选择 T_g 作为参考温度时，C_1 和 C_2 具有近似的普适性，但实际上，不同高聚物材料 C_1 和 C_2 的实验值还是有差异的。另外，在很多场合，采用的参考温度并不总是玻璃化转变温度，这时的 C_1 和 C_2 可采用如下方法进行换算。

由于不同参考温度下 WLF 方程形式不变，只是参数 C_1 和 C_2 不同。因此，当以 T_s 代替 T_g 作为参考温度($T_s=T_g+\Delta$)时，WLF 方程变为式(2-21)：

$$\log\alpha'(T)=\frac{-C_1'(T-T_s)}{C_2'+(T-T_s)} \tag{2-21}$$

令式(2-20)中的 $T=T_s$，则如式(2-22)所示：

$$\log \alpha(T_s) = -\frac{C_1(T_s - T_g)}{C_2 + (T_s - T_g)} \tag{2-22}$$

根据高聚物材料松弛时间与转换因子的关系(式(2-17))，得知在时间轴上的水平转换因子 $\alpha(T)$ 等于温度 T 时的松弛时间和参考温度下的松弛时间之比，于是得到式(2-23)和式(2-24)：

$$\log \alpha(T) = \log \frac{\tau(T)}{\tau(T_g)} = -\frac{C_1(T - T_g)}{C_2 + (T - T_g)} \tag{2-23}$$

$$\log \alpha(T_s) = \log \frac{\tau(T_s)}{\tau(T_g)} = -\frac{C_1(T_s - T_g)}{C_2 + (T_s - T_g)} \tag{2-24}$$

将式(2-23)与式(2-24)相减，得到式(2-25)：

$$\log \frac{\tau(T)}{\tau(T_s)} = -\frac{C_1(T - T_g)}{C_2 + (T - T_g)} - \left[-\frac{C_1(T_s - T_g)}{C_2 + (T_s - T_g)} \right] \tag{2-25}$$

同样，根据高聚物材料松弛时间与转换因子的关系(见式(2-18))，式(2-20)可变换为式(2-26)：

$$\log \alpha'(T) = \log \frac{\tau(T)}{\tau(T_s)} = -\frac{C_1'(T - T_s)}{C_2' + T - T_s} \tag{2-26}$$

显然，式(2-25)与式(2-26)相等，都等于 $\log[\tau(T)/\tau(T_s)]$，于是可得式(2-27)：

$$-\frac{C_1'(T - T_s)}{C_2' + T - T_s} = -\frac{C_1(T - T_g)}{C_2 + T - T_g} - \left[-\frac{C_1(T_s - T_g)}{C_2 + (T_s - T_g)} \right] \tag{2-27}$$

将式(2-27)整理，便可得到式(2-28)：

$$-\frac{C_1'(T - T_s)}{C_2' + (T - T_s)} = -\frac{C_1 C_2}{C_2 + \Delta} \times \frac{T - T_g - \Delta}{C_2 + (T - T_g)} \tag{2-28}$$

再进一步整理，得到式(2-29)：

$$-\frac{C_1'(T - T_s)}{C_2' + (T - T_s)} = -\frac{C_1 C_2}{C_2 + \Delta} \times \frac{T - (T_g + \Delta)}{(C_2 + \Delta) + \left[T - (T_g + \Delta) \right]} \tag{2-29}$$

由于 $T_s = T_g + \Delta$，式(2-29)可以变为式(2-30)：

$$-\frac{C_1'(T - T_s)}{C_2' + (T - T_s)} = -\frac{C_1 C_2}{C_2 + \Delta} \times \frac{T - T_s}{(C_2 + \Delta) + (T - T_s)} \tag{2-30}$$

由式(2-30)可以得到

$$C_1' = \frac{C_1 C_2}{C_2 + \Delta} \tag{2-31}$$

$$C_2' = C_2 + \Delta \tag{2-32}$$

式(2-31)和式(2-32)表示出了选用不同参考温度时两个常数间的换算关系。WLF 方程在一般情况下所采用的参考温度($T_g + \Delta$)的适用温度区间在参考温度上下 50K。

按照式(2-28)和式(2-29)，当 $\Delta = 50K$ 时，WLF 方程中两个新的参数分别如下：

$$C_1' = \frac{17.44 \times 51.6}{51.6 + 50} = 8.86$$

$$C_2' = 51.6 + 50 = 101.6(\text{K})$$

这就是很多文献中使用的数据。以上推导是基于温度为热力学温标进行的，根据热力学温标与摄氏温标的换算关系，通过计算可知，摄氏温标下的 C_1 和 C_2 与热力学温标下的 C_1 和 C_2 是相同的。同理也可计算不同温标下 C_1 和 C_2 的换算关系，如华氏温标 C_1' 和 C_2' 与热力学温标 C_1 和 C_2 的换算关系如式 (2-33)所示：

$$C_2' = \frac{9}{5} C_2, \quad C_1' = C_1 \tag{2-33}$$

综上所述，WLF 方程常用的表达式有以下几种形式：

(1) 当采用热力学温标(K)、以玻璃化转变温度 T_g 为参考温度时，在 $T_g \sim T_g + 100℃$ 范围内，大多数非晶态高聚物材料都可取 $C_1 = 17.44$，$C_2 = 51.6K$，已列入 ISO 4664-1 和 GB/T 9870.1—2006 标准中，其表达式为

$$\log \alpha(T) = \frac{-17.44(T - T_g)}{51.6 + (T - T_g)}$$

如仍采用热力学温标，而 $C_1 = 8.86$，$C_2 = 101.6K$，则对于所有非晶态高聚物材料都可找到一个参考温度 T_0 通常落在玻璃化转变温度上约 50(℃)处，在 $T \approx T_g \pm 50℃$ 温度范围内，WLF 方程为

$$\log \alpha(T) = \frac{-8.66(T - T_g)}{101.6 + (T - T_g)}$$

选用热力学温标的 D. I. Jones 经验公式中，$C_1 = 12$，$C_2 = 291.7K$，WLF 方程为

$$\log \alpha(T) = \frac{-12(T - T_g)}{291.7 + (T - T_g)}$$

有时也采用 A. D. Nachif 经验公式，$C_1 = 9$，$C_2 = 175K$，WLF 方程为

$$\log \alpha(T) = \frac{-9(T - T_g)}{175 + (T - T_g)}$$

(2) 如选用华氏温标(℉)，在 D. I. Jones 的经验公式中，C_1=12，C_2=525℉，WLF 方程即成为 Jones 的常用经验公式，已列入 ASTM E755 标准中，其表达式为

$$\log \alpha(T) = \frac{-12(T - T_g)}{525 + (T - T_g)}$$

(3) 如选用摄氏温标，C_1 和 C_2 与选用热力学温标时相同，即 C_1=17.44，C_2 = 51.6℃。

(4) 针对不同的高聚物材料，C_1 和 C_2 可有各种形式，如 C_1=8.031、C_2=107.7K，C_1=7.9、C_2=102K 等。由于高聚物材料性质各自不同，最好根据具体的高聚物材料分别选用相应的 C_1 和 C_2，这样使 WLF 方程的结果会更精确。

WLF 方程中的 C_1 和 C_2 还可通过作图法来求解，有如下两种方法。

方法一：将 WLF 方程(式(2-20))倒置，得到其变形形式，如式(2-34)所示：

$$-\frac{1}{\log \alpha(T)} = \frac{C_2}{C_1} \frac{1}{T - T_g} + \frac{1}{C_1} \tag{2-34}$$

通过 $-1/\log \alpha(T)$ 对 $-1/(T-T_g)$ 作图，由其直线的斜率 C_2/C_1 和截距 $1/C_1$，可求出 C_1 和 C_2，这是常用的图解法。

方法二：WLF 方程也可写成另一种变形形式，如式(2-35)所示：

$$-\frac{T - T_g}{\log \alpha(T)} = \frac{T - T_g}{C_1} + \frac{C_2}{C_1} \tag{2-35}$$

以 $-(T-T_g)/\log \alpha(T)$ 对 $T-T_g$ 作图，通过直线的斜率 $1/C_1$ 和截距 C_2/C_1 也可求出 C_1 和 C_2。

2.2.3　玻璃化转变温度的影响因素

玻璃化实际上是一种宏观现象，玻璃化转变温度则是链段开始运动(或被"冻结")的温度点。理论上讲，如果说玻璃化转变只与高聚物材料的化学结构有关，那么同一种高聚物不管其所处的物理状态如何都应有同样的玻璃化转变温度。但是实际上，它们所处的物理状态不同，如结晶度不同、热处理历史不同、测试方法不同等，得到的玻璃化转变温度也不相同。由于高分子自身结构的复杂性，加上环境的影响，不可能使所有结构相同的分子都处于相同的物理状态，所有链段都起相同的作用，这就反映在宏观上 T_g 的不固定性。

从微观上讲，玻璃态转变及其玻璃化转变温度是由高分子链段运动引起的主转变(即 α 转变)，其他基团或混入的小分子以及分子链上键长、键角、侧基、支

链、链节等的运动同样会产生一个或数个次级转变，包括 β 转变、γ 转变等，又称二级转变、三级转变等，会在不同温度下出现，形成内耗(一般出现在玻璃态，只在 1Hz 以下或者更低的频率才能测出)。对于实际黏弹性的高聚物材料，真正有意义的是 α 转变，内耗作用主要由 α 转变贡献，α 转变的链段运动又是通过主链单键的内旋转来实现的，所以玻璃化转变温度与高分子链的柔顺性、分子间作用力有关。

总之，玻璃化转变温度是表征黏弹性高聚物材料宏观力学特性转变的重要参数，是和分子运动有关的现象，而分子运动又和分子结构密切相关，所以大分子的化学结构和影响分子链运动特性的内外因素都将影响高聚物材料的玻璃化转变温度。

1. 分子结构的影响

分子结构是影响高聚物材料玻璃化转变温度的最重要因素，主要包括主链结构、取代基或侧链以及交联与结晶。

一般情况下，柔性链的 T_g 低，刚性链的 T_g 高。环状结构含量越多，或者主链中含有共轭双键(分子链将不能内旋转)、苯环、芳杂环、离子键等，分子链的刚性越大，高聚物材料的 T_g 越高。就取代基或侧链而言，不对称取代基的极性越大，内旋活化能及分子间作用力越大，则 T_g 越高。极性基团越多，T_g 越高，但由于静电斥力作用，过多的极性基团又将导致分子距离增大，T_g 反而下降。取代基能生成氢键，使高分子链间作用力增强，所以 T_g 升高。非极性取代基的体积越大，内旋空间位阻也越大，T_g 越高。不过，体积大的取代基具有较好的柔顺性，导致分子堆积松散，T_g 降低。若主链的碳原子是对称取代，则链的柔顺性增加，T_g 下降。全同立构烯类高聚物材料的 T_g 较低，间同立构的较高；在顺反异构中，反式 T_g 较高。

结晶或交联密度的增加，增强了分子链内的作用力，从而限制了大分子的运动，使 T_g 升高，转变区移向高温，损耗峰值降低，储能模量却随之增加。结晶高聚物的 T_g 值比非晶态高聚物材料高。为了保证良好的黏滞阻尼性能，一般不希望太多的交联，但是适度的交联将有助于提高材料的稳定性、耐溶剂性和耐水性。除了以上化学交联，也可能出现物理交联，主要通过范德瓦耳斯力和氢键使分子适度交联。

2. 共聚共混的影响

由两种或两种以上单体生成的高聚物材料称为共聚物，它属于一种化学合成物。按照键接方式，可分为交替共聚物、无规共聚物、嵌段共聚物和接枝共聚物。若以 A、B 两种单体为例，可以合成的不同共聚物如图 2.6 所示。

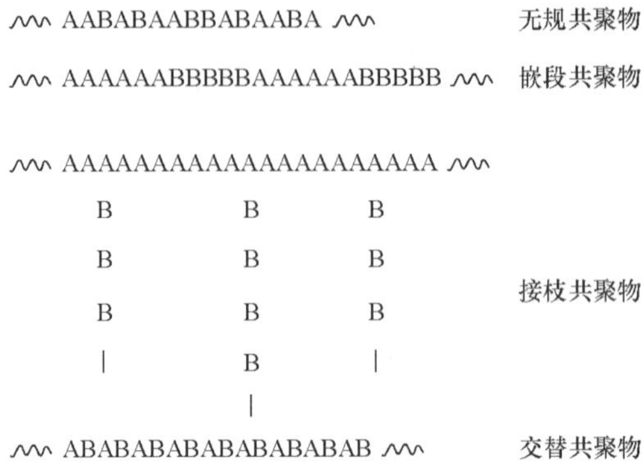

∼∼ AABABAABBABAABA ∼∼　　　　　　无规共聚物

∼∼ AAAAAABBBBBAAAAAABBBBB ∼∼　　嵌段共聚物

∼∼ AAAAAAAAAAAAAAAAAAAAAAA ∼∼
```
      B          B          B
      B          B          B
      B          B          B                接枝共聚物
      |          B          |
                 |
```
∼∼ ABABABABABABABABAB ∼∼　　　　交替共聚物

图 2.6　共聚物的类型

共聚对 T_g 的影响取决于共聚方法(无规、交替、接枝或嵌段)、共聚物组成及共聚单体的化学结构。通常,无规共聚物由于两种组分的序列长度都很短,不能形成各自的链段,故只能出现一个 T_g。交替共聚物可以看成由两种单体组成一个单体单元的均聚物,因此也只能有一个 T_g。接枝共聚物和嵌段共聚物存在一个 T_g 还是两个 T_g,主要取决于两种均聚物的热力学相溶性,若两组分完全达到热力学相溶,则只出现一个 T_g;若不相溶,则由于两组分各自在分子链中的序列长度较长,能分别形成各自独立运动的链段,发生相分离,形成两相体系,故可出现两个 T_g。这两个 T_g 往往比较接近但又不完全等于两组分各自均聚物的 T_g。

共混是指共同混合,是一种物理方法。大多数共混物是宏观均相而微观相分离的,属于非均相体系。少数热力学完全互溶的共混物只有一个 T_g,介于各均聚物 T_g 之间。然而,绝大多数热力学互不相溶的共混物,呈微观相分离状态,每一相有各自的 T_g,两个 T_g 之间存在一个低谷。

总之,共聚和共混常用来调节玻璃化转变温度,获得所需的玻璃化转变温度范围,尤其是利用高 T_g 的高聚物与低 T_g 的高聚物共聚或共混,可得到 T_g 范围较宽的黏滞阻尼材料。

3. 增塑剂的影响

加入增塑剂会使分子间的作用力减弱,增大分子链段的运动空间,因而玻璃化转变温度 T_g 下降,玻璃化转变区变宽,硫化胶的硬度和模量下降。增塑剂影响程度与种类及其加入量有关。对于不同种类的增塑剂,若增塑剂在高聚物材料中的溶解度有限或增塑剂具有缔合倾向,则转变区和内耗峰就会变宽。增塑剂也是调整玻璃化转变温度常用的方法。通常,增塑作用降低玻璃化转变温度更容易、更有效[5]。

4. 外界条件的影响

玻璃化转变温度除了与高分子结构自身有关，还与温度变化速率、荷载频率以及材料围压有关。一般情况下，环境温度变化速率越快、动荷载频率越高、围压越大，高聚物材料的 T_g 也就越高。

2.3 高聚物玻璃化转变温度的测量方法

如前所述，玻璃化转变温度是比选和预测高聚物材料宏观力学性能的一个最重要的参数，所以如何测量这一参数自然也是很重要的。由于高聚物材料在发生玻璃转化时伴有一系列物理性质的变化，如光学性质(折射率)、介电性质、比容、力学性质、溶解性质以及各种热性能的变化，因此可以利用高聚物材料这些物理性能在玻璃化转变温度附近的变化特征，测定玻璃化转变温度。目前，测量玻璃化转变温度的方法有很多，原则上，所有在玻璃化转变过程中发生显著变化或突变的物理性质均可用来测量玻璃化转变温度，主要分为静态测量法与动态测量法两大类。静态测量法包括利用体积变化的方法(如比容法等)、利用热力学性质变化的方法(如热容法等)、利用静力学性质变化的方法(如温度-变形曲线法或模量-温度曲线法)和折光指数变化法(如折射率法等)。动态测量法包括利用动力学性质变化的方法(如自由振动法等)和利用电磁性质变化的方法(如核磁共振波谱法)。各种测量玻璃化转变温度的方法所用的频率范围不同，因而对同一高聚物材料测得的结果也不同，但是它们之间有一定的换算关系[6]。

2.3.1 静态测量法

静态测量法主要包括利用体积变化的方法、利用热力学性质变化的方法、折光指数变化法和利用静力学性质变化的方法。

1. 利用体积变化的方法

由于高聚物材料在玻璃态和橡胶态的热膨胀系数不同，自由体积占有分数不同，因此可以通过膨胀计直接测量高聚物材料体积或比容随温度的变化，来估计玻璃化转变温度。这是被广泛接受的一种测量玻璃化转变温度的经典方法。

2. 利用热力学性质变化的方法

测量高聚物材料加热或冷却过程中热效应的变化，也是测量玻璃化转变温度最便捷的方法之一，如差热分析(differential thermal analysis, DTA)法、差示扫描热分析(differential scanning calorimetry，DSC)法。其中，DSC 法是利用热容法测定高聚物材料玻璃化转变温度最通用的方法，利用试样和参比物在程序升温或降温的相同环境中，用补偿器测量使两者的温度差为零所必需的热量对温度(或时间)的依赖关系。高聚物材料在玻璃化转变时，虽然没有吸热和放热现象，但比热容发生了突变，在 DSC 曲线上表现为基线向吸热方向偏移，产生一个台阶。通常将产生玻璃化转变前后的温度中间值定义为 T_g。

3. 折光指数变化法

折光指数又称折射率或折光率，它是指光在真空中的传播速度与在某介质中传播速度之比，也称为绝对折光指数。该实验方法正是利用高聚物材料在玻璃化转变温度前后折光率的变化，找出导致这种变化的玻璃化转变温度。

4. 利用静力学性质变化的方法

该方法主要有温度-变形曲线或模量-温度曲线，也称为热机械分析(thermomechanical analysis，TMA)法。TMA 法是在程序控温条件下，给试件施加一定量的负荷(恒力)，试样随温度(或时间)的变化而发生变形，用特定的方法测定这种变形过程，以温度对变形或温度对模量作图，得到温度-变形曲线或模量-温度曲线。施加给试件的恒力可以是压缩力、拉伸力或弯曲力等。

2.3.2　动态测量法

动态测量法有利用高聚物材料动力学性质变化的方法，如自由振动法、强迫共振法、强迫非共振法等，也有利用高聚物材料电磁性质变化，如核磁共振(nuclear magnetic resonance，NMR)和电子顺磁共振(electron paramagnetic resonance，EPR)的方法。利用电磁性质变化的方法主要是利用高聚物导电性和介电性质在玻璃化转变区的变化特征，来测量玻璃化转变温度。其中，核磁共振法是研究固态高聚物分子运动的一种重要方法，它通过观察质子状态的核磁共振谱线的宽度变化率，来确定玻璃化转变温度。利用动力学性质变化的方法主要是根据玻璃化前后高聚物材料能耗(损耗模量或损耗因子)的峰值变化特征，来估计玻璃化转变温度。下面重点介绍利用动力学性质变化的方法。

高聚物材料动力性能的测试方法及其测量指标多种多样，部分测试方法已形成标准。其中，最具代表性的成套标准是 ISO 于 2019 年发行的《塑料——动态力学性能的测定》(ISO 6721: 2019)和《硫化橡胶或热塑性塑料——动态性能测定》(ISO 4664: 2019)。《塑料——动态力学性能的测定》(ISO 6721: 2019)由12 部分组成，它们分别是：第 1 部分：一般规则；第 2 部分：扭摆法；第 3 部分：弯曲振动——共振曲线法；第 4 部分：拉伸振动——非共振法；第 5 部分：弯曲振动——非共振法；第 6 部分：剪切振动——非共振法；第 7 部分：扭振——非共振法；第 8 部分：纵波振动和剪切振动——波传播法；第 9 部分：拉伸振动——声脉冲传播法；第 10 部分：利用平行板振荡流变仪的复剪切黏度；第 11 部分：玻璃化转变温度；第 12 部分：压缩振动——非共振法。《硫化橡胶或热塑性塑料——动态性能测定》(ISO 4664: 2019)由两部分组成，第一部分是通用指南，第二部分是低频扭摆法。

国内也有类似的测试规范，主要包括 1990 年颁布的《粘弹阻尼材料强迫非共振型动态测试方法》(GJB 981—90)、1996 年发布的《声学 声学材料阻尼性能的弯曲共振测试方法》(GB/T 16406—1996)、1999 年发布的《阻尼材料 复模量图示法》(GB/T 17809—1999)和 2000 年发布的《阻尼材料 阻尼性能测试方法》(GB/T 18258—2000)。《粘弹阻尼材料强迫非共振型动态测试方法》(GJB 981—90)规定了一种能够直接测得黏弹性阻尼材料动态力学性能的测试方法以满足黏弹性阻尼材料研制及产品质量控制的需要。《声学 声学材料阻尼性能的弯曲共振测试方法》(GB/T 16406—1996)规定了测定声学材料阻尼性能的弯曲共振方法，它适用于均匀和分层均匀的声学材料，其测量结果可为声学结构设计和噪声振动控制设计提供依据，也可用于评价各种复合结构试样的振动阻尼效果。它的实验方法可测试 10~1000Hz 频率，储能模量的测量下限为 0.5MPa，损耗因子的测量范围为 0.01~0.1。《阻尼材料 复模量图示法》(GB/T 17809—1999)规定了黏弹性阻尼材料复模量的图形表示方法。该方法适用于宏观均质、线性和热流变性简单的黏弹性阻尼材料，它的复模量可以是剪切模量、弹性模量、体积模量，也可以是纵向波传播模量或拉梅模量。该图示法适用于大多数黏弹性阻尼材料，而且具有足够的精度。《阻尼材料 阻尼性能测试方法》(GB/T 18258—2000)规定了采用悬臂梁共振法测定材料振动阻尼特性的方法。它的测定量包括材料的损耗因子、弹性模量和剪切模量。该标准适用于在结构振动、建筑声学和噪声控制等方面应用的材料，并可在 50~5000Hz 的频率范围及材料的有效使用温度范围内进行测量。

下面重点介绍强迫非共振法——正弦荷载激振法、弯曲共振曲线法、自由梁共振法、共振衰减法、扭摆法、振动簧片仪法、敲击法、波传播法、力学法等几种常用方法。

1. 强迫非共振法——正弦荷载激振法

强迫非共振法——正弦荷载激振法是首先通过对长方形或圆柱形等标准形状的高聚物材料试样进行正弦激励(荷载可以是力或位移，也可以是速度或加速度)，使其出现受迫振动，并产生相应的动态变形，然后通过采集试样上的动荷载、动变形以及它们之间的相位角，即可计算出所测试样的储能模量与损耗因子，根据损耗因子随温度的变化规律，损耗因子峰值对应的温度即玻璃化转变温度。按照不同的变形模式，可以得到不同变形模式的动态力学参数，如拉伸、弯曲、剪切复模量及其对应的损耗因子。一般情况下，不同变形模式的损耗因子是不同的，如剪切变形的损耗因子最大，而体积变形的损耗因子最小。此外，在利用强迫非共振法——正弦荷载激振法测量高聚物材料动态力学行为时,常有两种测量方案：其一是温度保持恒定，进行频率扫描，测得指定温度下不同频率的动力性能；其二是频率恒定，改变温度进行测量，测得指定频率下不同温度的动力性能，而且在进行变温测量时，宜从最低温度开始测量。

强迫非共振法——正弦荷载激振法使用的主要仪器是动态黏弹谱仪(也称为动态热机械分析(dynamic mechanical analysis，DMA)仪)。该装置能够将各种不同受力状态集成在一起，只是采用各自不同的夹具而已。当利用该装置对高聚物进行动力性能测试时，需要对试样进行特殊处理。试样可以用专门的模具模压制备或注射模塑制备，也可以直接从产品上截取再经适当加工制备。另外，在测试完成后，需要将试样剖开检查，观察有无气泡等缺陷。如果有，那么测试结果作废，应重新制样另测。在测量之后，可以利用以下公式计算高聚物材料的动态力学特征[7]。

1) 拉伸受力模式

拉伸储能模量的近似值 E'_{ta} 的计算公式为

$$E'_{ta} = \frac{\Delta F_A}{s_A} \times \frac{L_a}{bd} \cos \delta_{Ea} = \frac{k_a L_a}{bd} \cos \delta_{Ea} \tag{2-36}$$

式中，ΔF_A 为测量的动态应力幅值，N；s_A 为测量的动态位移幅值，m；L_a 为试样夹具间长度，m；b 和 d 分别为试样宽度和厚度，m；k_a 为测量的复刚度值，N/m；δ_{Ea} 为测量的力与位移的相位差，(°)。

修正后，拉伸储能模量 E'_t 的计算公式为

$$E'_t = \frac{k(L_a + l)}{bd} \cos \delta_{Ea} \tag{2-37}$$

式中，k 为修正的复刚度值，N/m；l 为修正的长度，m。

修正后，拉伸损耗因子的计算公式为

$$\tan \delta_t = \tan \delta_E = \frac{\tan \delta_{Ea}}{1 - \dfrac{k_a}{k_\infty \cos \delta_{Ea}}} \tag{2-38}$$

式中，k_∞ 为钢试样测出的刚度(钢试样的刚度至少是被测高聚物试样的 100 倍)，N/m；δ_E 为修正的力与位移的相位差，(°)。

拉伸损耗模量的近似值 E''_t 的计算公式为

$$E''_t = E'_t \tan \delta_t \tag{2-39}$$

2) 弯曲受力模式

弯曲储能模量的近似值 E'_{fa} 的计算公式如下。

对于夹持试样：

$$E'_{fa} = \frac{\Delta F}{s_A} \times \frac{L_a^3}{2bd^3} \times \left[1 + \frac{d^2}{L_a^2} \times \frac{E'}{G'}\right] \cos\delta_{fa} = \frac{k_a L_a^3}{2bd^3} \times \left[1 + \frac{d^2}{L_a^2} \times \frac{E'}{G'}\right] \cos\delta_{fa} \quad (2\text{-}40)$$

对于简单支承试样：

$$E'_{fa} = \frac{\Delta F}{s_A} \times \frac{2L_a^3}{bd^3} \times \left[1 + \frac{d^2}{4L_a^2} \times \frac{E'}{G'}\right] \cos\delta_{fa} = \frac{2k_a L_a^3}{bd^3} \times \left[1 + \frac{d^2}{4L_a^2} \times \frac{E'}{G'}\right] \cos\delta_{fa} \quad (2\text{-}41)$$

式中，方括号内各项构成弯曲过程中剪切变形的效应。对于各向同性的玻璃态或半结晶性高聚物或橡胶，E'/G' 值分别是 2.7 和 3.0；对各向异性材料应用较高的 E'/G' 值，能从动态弹性模量和动态剪切模型估算出来。一般情况下，推荐以剪切变形的修正项数值不超过 0.1 来选取 L_a/d 的比值。经过修正后，弯曲储能模量 E'_f 的计算公式为

$$E'_f = E'_{fa} \times \frac{(L_a + l)^3}{L_a^3} \quad (2\text{-}42)$$

修正后，弯曲损耗因子的计算公式为

$$\tan\delta_f = \frac{\tan\delta_{fa}}{1 - \left(\dfrac{k_a}{k_\infty \cos\delta_{fa}}\right)} \quad (2\text{-}43)$$

3) 剪切受力模式

剪切储能模量的近似值 G'_{sa} 的计算公式为

$$G'_{sa} = \frac{\Delta F}{s_A} \times \frac{L}{A} \times \left[1 + \frac{L^2}{h^2} \times \frac{G'}{E'}\right] \cos\delta_{Ga} = \frac{k_a L}{A} \times \left[1 + \frac{L^2}{h^2} \times \frac{G'}{E'}\right] \cos\delta_{Ga} \quad (2\text{-}44)$$

式中，方括号内各项说明弯曲对试样变形的贡献。h 是试样加载方向的高度，m；A 是试样黏结面积，m²。

修正后，剪切损耗因子的计算公式为

$$\tan\delta_s = \frac{\tan\delta_{Ga}}{1 - (k_a/k_\infty)\cos\delta_{Ga}} \quad (2\text{-}45)$$

剪切损耗模量的计算公式为

$$G''_s = G'_s \tan\delta_s \quad (2\text{-}46)$$

目前，现代的各种动态黏弹谱仪都配备专用的测量软件，可以自动输出包括数据表、温度谱曲线或频率谱曲线和主曲线等测量结果。以上内容主要来自 ISO

6721-4: 2019(拉伸非共振法)、ISO 6721-5: 2019(弯曲非共振法)、ISO 6721-6: 2019(剪切非共振法)等。强迫非共振法——正弦荷载激振法可以直接测量材料自身的动态力学性能，还可获取分子结构和分子运动的相关信息。

2. 弯曲共振曲线法

1) 测试原理

弯曲共振曲线法也称为悬臂梁法、半功率法、3dB 法、Oberst 法、复模量法等。在一般情况下，将黏弹性材料覆于金属试条上(可使用厚度 1～3mm 的冷轧钢板，也可使用铝条)，制成自由阻尼梁型式或约束阻尼梁型式的复合试样。另外，试样一般采取垂直安装方式，上端使用刚性夹具固定，下端自由可被施加恒定的激振力，并在靠近试样固定点的适当位置进行测试。

在应用弯曲共振曲线法测试时，常采用一种测量支架(典型的测量支架是B&K 的 3930 实验架)，如图 2.7 所示。将该实验支架置于温度控制箱内，可测量不同温度下高分子阻尼材料的动态力学性能。

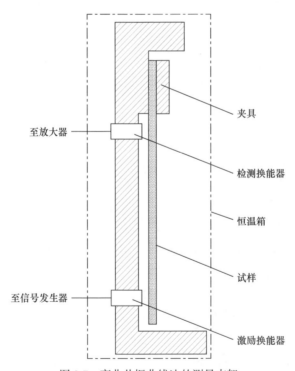

至放大器

夹具

检测换能器

恒温箱

试样

至信号发生器

激励换能器

图 2.7　弯曲共振曲线法的测量支架

2) 测试过程

弯曲共振曲线法的测量过程是：首先在试样自由端施加由低频到高频的激振

荷载，并在靠近固定端适当位置测出试样的幅频曲线或传递函数曲线，来得到试样系统的模态共振频率；然后，依据振幅为 0.707 共振振幅(相当于下降 3dB)的截止频率宽度(又称共振峰宽度、半功率带宽或 3dB 带宽)，计算出试样系统的损耗因子和弹性模量。为了得到黏弹性材料自身的弹性模量和损耗因子，需要在测试之前测出金属基板的弹性模量与损耗因子。因此，由两次测得的数据，不难推算出试样系统中黏弹性材料自身的弹性模量和损耗因子。

3) 试样制备

(1) 试样类型。

实验试样分为均质单板试样和复合试样两种类型。复合试样又分为单面涂敷(工程上常用的自由阻尼结构型式)、双面涂敷和夹心三明治结构(约束阻尼结构)三种结构型式，不同的结构型式有不同的计算公式。当采用铝条或被测黏弹性材料本身有较高的刚度时，如纤维增强塑料，可以不必涂覆于钢试条上，但应在试样两端粘贴铁磁性薄片，以便能够用磁性激振器对其进行激励和检测，但应注意铁磁性薄片的附加质量应小于试样质量的 1%，粘贴位置和端点的距离应不大于试样长度的 2%。

(2) 试样尺寸与质量。

将黏弹性材料涂敷于钢或铝条上的试样也称为阻尼梁。该阻尼梁的长短与所关心的频率宽度有关，厚度则应保证其挺直且具有一定的韧性。通常情况下，阻尼梁的长度与厚度之比不应小于 50，宽度不小于 10mm，厚度为 1～3mm(多采用 1mm)。阻尼梁的根部应该保留 20～25mm 无待测材料，以便于夹持，也可加工成加厚的金属根部，根部厚度不应小于复合层的厚度。另外，当 $(l/b) \times (d/b) \geqslant 0.06$ 时，为弯曲振动模态，不产生扭曲和翘曲等模态，此时测量误差小，离散性也小，所测得的数据与强迫非共振法测得的数据一致性良好。

4) 弯曲共振曲线法的计算公式

(1) 均质悬臂梁试样(均质单板)。

均质悬臂梁试样的弯曲储能模量、弯曲损耗因子和弯曲损耗模量可以用式 (2-47)～式(2-49)计算：

$$E'_f = \left[4\pi(3\rho)^{1/2} l^2 / h \right]^2 (f_i / k_i^2)^2 \tag{2-47}$$

$$\tan\delta_f = \Delta f_i / f_i \tag{2-48}$$

$$E''_f = E'_f \tan\delta_f \tag{2-49}$$

式中，E'_f 为弯曲储能模量，Pa；E''_f 为弯曲损耗模量，Pa；$\tan\delta_f$ 为弯曲损耗因子(无量纲)；ρ 为试样材料的密度，kg/m³；l 为试样自由长度，m；h 为试样厚度，m；f_i 为第 i 阶共振频率，Hz；Δf_i 为第 i 阶共振峰的宽度；k_i^2 为第 i 阶共振时的数值计算因子。具体计算公式如下：

$$i = 1时，\ k_i^2 = 3.52$$

$$i = 2时，\ k_i^2 = 22.0$$

$$i > 2时，\ k_i^2 = (i-0.5)^2\pi^2$$

(2) 复合试样。

① 金属单面涂敷阻尼材料的悬臂梁复合试样(Oberst 梁)。

复合试样的损耗因子、阻尼材料的弯曲模量和损耗因子可按式(2-50)～式 (2-52)计算：

$$\eta = \Delta f_{ci}/f_{ci} \tag{2-50}$$

$$E_f' = E_{fo}' \frac{(u-v) + \sqrt{(u-v)^2 - 4T^2(1-u)}}{2T^3} \tag{2-51}$$

$$\tan\delta_f = \eta_c \frac{1+MT}{MT} \times \frac{1+4MT+6MT^2+4MT^3+M^2T^4}{3+6T+4T^2+2MT^3+M^2T^4} \tag{2-52}$$

式中

$$u = (1+DT)(f_{ci}/f_i)^2, \quad v = 4+6T+4T^2, \quad M = E_f'/E_{fo}'$$

D 为密度比($D=\rho/\rho_0$)；T 为厚度比($T=h/h_0$)；ρ 为阻尼材料的密度，kg/m³；ρ_0 为金属基板的密度，kg/m³；h 为阻尼层厚度，m；h_0 为金属基板厚度，m；η 为复合试样损耗因子(无量纲)；f_{ci} 为复合试样第 i 阶共振频率，Hz；f_i 为金属基板第 i 阶共振频率，Hz；Δf_{ci} 为金属基板复合试样第 i 阶共振峰的宽度；E_f' 为阻尼材料的储能弯曲模量，Pa；E_{fo}' 为金属基板的储能弯曲模量，Pa；$\tan\delta_f$ 为阻尼材料的损耗因子(无量纲)。

② 金属双面涂敷阻尼材料的悬臂梁复合试样(Oberst 梁)。

阻尼材料的弹性模量和损耗因子可按式(2-53)和式(2-54)进行计算：

$$E_2 = E_1\left[(f_{si}/f_{oi})^2(1+2DT)-1\right]\big/(8T^3+12T^2+6T) \tag{2-53}$$

$$\beta_2 = \eta\left[1+E_1/(8T^3+12T^2+6T)E_2\right] \tag{2-54}$$

式中，E_1 为金属基板的弹性模量，Pa；E_2 为阻尼层的弹性模量，Pa；f_{si} 为复合试样第 i 阶共振频率，Hz；f_{oi} 为金属基板第 i 阶共振频率，Hz；D 为阻尼层和金属层的密度比；T 为阻尼层和金属层的厚度比；β_2 为阻尼层的损耗因子(无量纲)；η 为复合试样的损耗因子(无量纲)。

③对称夹心梁试样。

黏弹性阻尼材料的剪切模量 G 及损耗因子 β 可分别按式(2-55)式(2-56)进

行计算:

$$G=\frac{\left[(A-B)-2(A-B)^2-2(A\eta)^2\right]E_1h_1h_2\xi^2/l^2}{(1-2A+2B)^2+4(A\eta)^2} \tag{2-55}$$

$$\beta=A\eta\left[A-B-2(A-B)^2-2(A\eta)^2\right] \tag{2-56}$$

式中

$$A=(f_{ci}/f_i)^2(2+\rho h_2/\rho_0 h_1)(B/2),\quad B=1\Big/\left[6(1+h_2/h_1)^2\right]$$

β 为阻尼材料的剪切损耗因子; η 为夹心复合试样剪切损耗因子; h_1 为钢板厚度, m; h_2 为阻尼层厚度, m; ξ 为试样特征值; l 为试样长度, m。弯曲共振曲线法采用的测试标准有 ISO 6721-3: 2019 和 GB/T 18258—2000 等。

5) 适用条件

弯曲共振曲线法的优点是可以测得较高频率下的动态力学性能数据,缺点是只能测得离散的共振状态下的数据,而且不能测定大型试件和厚板。另外,弯曲共振曲线法主要不适用以下四种情况:不均匀且非线性的阻尼材料、阻尼层几何尺寸不规整(即断面不恒定)情形、高频且大振幅情形、高温环境。

3. 其他方法

除了强迫非共振法和弯曲共振曲线法,还包括自由梁共振法、共振衰减法、扭摆法、振动簧片仪法、敲击法和波传播法、力学法(该方法与强迫非共振的正弦激励法类似,是本书中重点介绍的方法之一,详见第 4 章)等。

1) 自由梁共振法

自由梁共振法是用两根细线将试样在其振动节点处水平悬挂,测量出共振曲线,由此计算出其弹性模量和损耗因子,如图 2.8 所示。自由梁共振法可测量损耗因子较小的刚硬挺直材料,但随共振点变动,需改变悬挂点位置,因此变温测量工况花费的试件多。采用的标准有 ISO 6721-3B: 2019 和 GB/T 16406—1996 等。

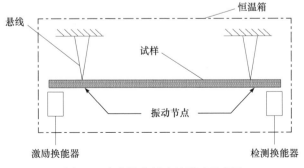

图 2.8　自由梁共振法的测试示意图

2) 共振衰减法

在共振频率下，激励阻尼试样，然后突然撤去激励，测出试样自由振动振幅降至指定振幅所需的试件，并按式(2-57)计算共振衰减率：

$$D = \frac{\Delta dB}{\Delta t} = \frac{60}{T_{60}} \tag{2-57}$$

式中，D 为衰减率，dB/s；ΔdB 为试样自由振动振幅降低的分贝数，dB；Δt 为降至 ΔdB 所需要的时间，s；T_{60} 为余响时间或混响时间，即试样自由振动衰减 60dB 所需要的时间，s。

3) 扭摆法

扭摆法又称机械频谱法，属于非破坏的实验法，可测量剪切模量和阻尼衰减，方法简便，温度范围宽。测试的模量范围为 104～1010Pa，频率为 0.01～100Hz。扭摆法的测试标准有 ISO 6721-2:2019 和 ASTM D2235 等。

4) 振动簧片仪法

振动簧片仪法是通过测试贴敷阻尼材料前后的簧片振幅来估算阻尼材料的损耗因子 $\tan\delta$。测试时，先将未贴敷阻尼材料的簧片固定在振动器中间，并在簧片一端放置加速度计，继而通过低频振动器测试簧片振幅 A_0（每 3～5min 读 1 次），再重复以上步骤测试贴敷阻尼材料的簧片振幅 A，最后可通过 $(1/A) - (1/A_0)$ 和 $\tan\delta$ 的正比关系，来估算阻尼材料的损耗因子 $\tan\delta$ [8,9]。

5) 敲击法

敲击法是最简单的实验方法，是一种纯定性的方法，通过比较金属(如锤子)敲击复合阻尼试样(如阻尼钢板)后的音调高度与音响持续时间来分别评估高聚物的刚度与阻尼。一般情况下，敲击法可在声学室内进行，如在小型声学室内，先将涂敷高聚物的钢板用金属线悬挂起来，再用硬塑料敲击钢板，然后用声压计记录声音峰值。另外，通过加热或冷却试样，来测定不同温度的高聚物材料的刚度与阻尼[10,11]。

6) 波传播法

波传播法是通过测定声波在试样中的传播速度或传播时差及衰减系数，来估算试样的动态弹性模量和损耗因子[12]。波传播法适用于测量损耗因子小于 0.1 的情形，测量的频率范围为 0.5×10^6～5×10^6Hz，动态模量范围为 0.01～200GPa。

当衰减系数较小时，材料储能弹性模量 E' 及损耗模量 E'' 可分别按式(2-58)和式(2-59)计算：

$$E' = \frac{\omega^2}{k^2}\rho = C^2\rho \tag{2-58}$$

$$E'' = \frac{2aC}{\omega}E' = \frac{2aC^3}{\omega} \tag{2-59}$$

式中，ω 为声波角频率($\omega=2\pi f$)；k 为声波传播常数($k=\omega/C$)；a 为衰减系数
($a=\omega E''/(2CE')=\omega\tan\delta/(2C)$)；$\rho$ 为材料密度，kg/m^3。

从以上关系式可知，材料的模量与其声波的平方和密度成正比，即声波越大，模量也越大，密度越大，模量也越大；材料的衰减系数与其声波成反比，而与损耗因子成正比；材料的损耗模量与其衰减系数、声速的三次方以及密度成正比。

7) 力学法

尽管该测试方法类似于强迫非共振的正弦激励法，但是动态热机械分析仪属于专业设备，不仅单价较高，而且需要专人管理与操作，因此应用成本较高。另外，绝大多数的动态热机械分析仪主要用于测试小比例高聚物材料试样的动态力学性能。如果要测试大比例或原比例高聚物产品(如原比例的轨道高聚物弹性元件)的动态力学性能，其价格将十分昂贵。与价格昂贵的动态热机械分析仪相比，本书提出的一种力法测试方案只是在我国轨道高聚物弹性元件刚度测试规范基础上，增加一个温度控制箱而已，不仅测试成本较低，测试流程简便，而且测试精度也能满足工程设计要求(已获批两项发明专利：《轨道用胶垫参数测量方法及装置》(ZL201610057354.9)和《测试弹性垫板摩擦阻尼性能的方法、装置及测试设备》(ZL201710770538.4))。该方法主要是在高聚物弹性元件低频、变温动态力学性能(储能模量与损耗因子)测试基础上，应用高聚物材料领域经典的时间-温度叠加原理和 WLF 方程，间接测试高聚物弹性元件变频且变温的动态力学性能(储能模量与损耗因子)。另外，本书除了介绍这种测试方法，还参照 ISO 标准 10846-2: 2008[13]，建立了一套等加载速度控制的高聚物弹性元件高频动刚度直接测量的方法，首次在国内轨道高聚物弹性元件动刚度测试中实现了该国际规范测量技术。上述两种轨道高聚物弹性元件动刚度测试方法详见第 4 章。

参 考 文 献

[1] 高俊刚, 李源勋. 高分子材料[M]. 北京: 化学工业出版社, 2002.

[2] 何曼君, 陈维孝, 董西侠. 高分子物理[M]. 上海: 复旦大学出版社, 2000.

[3] 赵旭涛, 刘大华. 合成橡胶工业手册[M]. 2 版. 北京: 化学工业出版社, 2006.

[4] Paul C H, Timothy P L. Polymer Chemistry[M]. 2nd ed. Boca Raton: CRC Press, 2007.

[5] William M L, Landel R F, Ferry J D. The temperature dependence of relaxation mechanisms in amorphous polymers and other glass-forming liquids[J]. Journal of the American Chemical Society, 1955, 77: 3701-3707.

[6] Brueggemann W H, Meteer C L. Moldable sound control composite[J]. Modern Plastics, 1972, 49(10): 94-96, 92.

[7] ISO. EN ISO 6721-1～6: 2019. Plastics—Determination of dynamic mechanical properties—Part 1～6[S]. Genève: ISO, 2019.

[8] Sperling L H, Chiu T W, Gramlich R G, et al. Synthesis and behavior of prototype "Silent Paint" [J]. Journal of Paint Technology, 1974, 46(588): 47-53.

[9] Glauz R D. Transient analysis of a vibrating reed[J]. Journal of Polymer Science Part A: Polymer Chemistry, 1963, 1(5): 1693-1700.

[10] Grates J A, Thomas D A, Hickey E C, et al. Noise and vibration damping with latex interpenetrating polymer networks[J]. Journal of Polymer Science, 1975, 19(6): 1731-1734.

[11] Sperling L H, Thomas D A. Applied Research and Engineering on Coatings for Noise Damping[R]. Bethlehem: Lehigh Univ Bethlehem pa Materials Research Center, 1975.

[12] 刘植榕, 汤华远, 郑亚丽. 橡胶工业手册(修订版)第八分册[M]. 北京: 化学工业出版社, 1992.

[13] ISO. EN ISO 10846-2. Acoustics and vibration—Laboratory measurement of vibro-acoustic transfer properties of resilient elements—Part 2: Direct method for determination of the dynamic stiffness of resilient supports for translatory motion[S]. Genève: ISO, 2008.

第3章　高聚物力学性能及理论表征模型

高聚物材料在作为工程材料使用时,特别是作为承载功能的工程材料使用时,总是要求具有足够的力学性能。对于本书所讨论的轨道高聚物弹性元件,它基本上属于一种各向同性的非晶态高聚物材料。这类材料在轨道实际使用过程中主要表现出三大典型的力学性能,即超弹性(载变)、线性(温变/频变)与非线性(幅变)黏弹性的力学性能,在设计与评价时常采用高聚物材料唯象力学模型对其进行理论表征。本章所介绍的高聚物材料的唯象理论力学模型,只能帮助人们近似地反映高聚物弹性元件的宏观力学行为,基本上能够满足工程设计与应用评价等方面的需求,但是无法从微观机理上解释高聚物微观结构与宏观力学性能的内在联系。如需探究微观机理问题,需要参考高聚物材料的微观高分子结构理论,可参见相关的文献,这里不再详述。

3.1　高聚物超弹性力学特征及理论模型

超弹性力学行为是非线性弹性力学行为的一个分支。非线性弹性力学特征是指非线性弹性变形完全可逆的力学特征。换言之,在加载和随后卸载的过程中,完全遵从相同的应力-应变关系,即加卸载非线性曲线完全相同。非线性弹性又包括超弹性与次弹性两种,两者的区别在于是否考虑应变率或应变历史的影响,前者不考虑,后者考虑。

3.1.1　高聚物超弹性力学特征

在某高聚物材料的加载和随后卸载的过程中(这里以某高聚物材料的单轴拉伸或压缩情况为例,如图 3.1 所示),如果所施加的最大荷载未超过历史上的最大荷载,并且在加载速率极低时,高聚物材料往往遵从相同的非线性应力-应变关系,也就是从 O 点到 A 点,再从 A 点沿原路径回到 O 点。因此,在一个加载循环 OAO 后,高聚物材料的状态和未加载之前相同。如果进行重复加载,那么高聚物材料依然遵从相同的加载路径 OA[1]。

这种可逆性意味着,如果荷载缓慢地卸除,外荷载所做的机械功将被全部收回,这种功可以看成储存在变形体中某种形式的能量。这种能量称为应变能。在单轴拉伸或压缩情况下,单位体积的应变能又称应变能密度或应变比能,可用非线性应力-应变曲线的面积表示，如图 3.1 和式(3-1)所示。

$$U(\varepsilon) = \int_0^\varepsilon \sigma \mathrm{d}\varepsilon \tag{3-1}$$

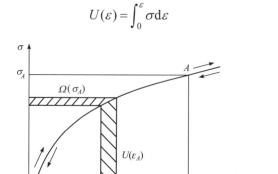

图 3.1　某高聚物材料单轴拉伸或压缩应力-应变曲线

另外，在非线性应力-应变关系曲线中，还可以表征出高聚物材料单位体积的余能或余能密度，它可以表示为

$$\Omega(\sigma) = \int_0^\sigma \varepsilon \mathrm{d}\sigma \tag{3-2}$$

显然，应变能密度和余能密度分别是应变矢量和应力矢量的函数，两者之间的关系可由式(3-3)给出：

$$U + \Omega = \sigma\varepsilon \tag{3-3}$$

对于超弹性材料，它的应力(应变)可以作为应变能(余能)的梯度而导出，见式(3-4)和式(3-5)：

$$\sigma = \frac{\partial U(\varepsilon)}{\partial \varepsilon} \tag{3-4}$$

$$\varepsilon = \frac{\partial \Omega(\sigma)}{\partial \sigma} \tag{3-5}$$

总之，凡是材料非线性应力-应变关系满足式(3-4)和式(3-5)的非线性弹性材料均为超弹性材料，又可称为 Green 材料。

3.1.2　超弹性力学模型简介

超弹性力学模型是超弹性材料的一个弹性势能函数，该函数可以表示为主伸长比(λ)或应变张量不变量(I)的标量函数[2]。

若采用主伸长比表示超弹性力学模型，则其可写为

$$W = f(\lambda_1, \lambda_2, \lambda_3) \tag{3-6}$$

式中，λ_1、λ_2、λ_3 为材料的三个主伸长比，它与材料主应变(ε)的关系为

$$\lambda_i = 1 + \varepsilon_i \tag{3-7}$$

若采用应变张量不变量表示超弹性力学模型，则其可写为

$$W = f(I_1, I_2, I_3) \tag{3-8}$$

式中，I_1、I_2、I_3 为右 Cauchy-Green 的三个应变张量不变量，它与材料的主伸长比之间的关系满足：

$$
\begin{aligned}
I_1 &= \lambda_1^2 + \lambda_2^2 + \lambda_3^2 \\
I_2 &= \lambda_1^2 \lambda_2^2 + \lambda_2^2 \lambda_3^2 + \lambda_1^2 \lambda_3^2 \\
I_3 &= \lambda_1^2 \lambda_2^2 \lambda_3^2
\end{aligned}
\tag{3-9}
$$

若材料为不可压缩材料，则

$$I_3 = \lambda_1^2 \lambda_2^2 \lambda_3^2 = 1 \tag{3-10}$$

此时，应变能函数可表示为

$$W = f(I_1, I_2) \tag{3-11}$$

在表征其超弹性力学特征时一般作为不可压缩体处理。下面重点介绍几种常用的不可压缩体的超弹性力学模型。

1948 年，Rivlin 最早推导了应变能函数的一般形式[3,4]，认为各向同性不可压缩材料的应变能函数等于以下各项之和：

$$W(I_1, I_2) = \sum_{m=0, n=0}^{\infty} C_{mn} (I_1 - 3)^m (I_2 - 3)^n \tag{3-12}$$

式中，W 为应变能函数；C_{mn} 为材料常数且满足 $C_{00} = 0$；I_i 为应变张量不变量（$i = 1 \sim 3$）。

若取 $C_{10} = C_1$，$C_{mn} = 0(m \neq 1, n \neq 0)$，则有

$$W(I_1) = C_1(I_1 - 3) \tag{3-13}$$

于是，式(3-12)的应变能函数一般形式就退化为 Treloar 提出的 neo-Hookean 材料模型[5]。

若取 $C_{10} = C_1$，$C_{01} = C_2$，其他 $C_{mn} = 0$，则有

$$W(I_1, I_2) = C_{10}(I_1 - 3) + C_{01}(I_2 - 3) \tag{3-14}$$

式(3-14)正是以往轨道高聚物弹性元件超弹性力学性能研究中常用的超弹性力学模型，即经典的 Mooney-Rivlin 模型[6]。

尽管以上两个理论预测公式比较简单易用，但是有时与实验不符，尤其在处

理双轴拉伸和纯剪切问题时，预测效果比较差。

其后，在式(3-6)和式(3-12)的应变能函数一般形式的基础上，又相继提出了多种推广形式，如 Biderman 针对橡胶制品提出的四项展开式[7]：

$$W(I_1, I_2) = C_{10}(I_1 - 3) + C_{01}(I_2 - 3) + C_{11}(I_1 - 3)(I_2 - 3) \tag{3-15}$$

1951 年，Isihara 等提出了三项式方程[8]：

$$W(I_1, I_2) = C_{10}(I_1 - 3) + C_{01}(I_2 - 3) + C_3(I_1 - 3)^2 \tag{3-16}$$

Valanis 等在 1967 年建议将式(3-6)取为分离型式[9]，即

$$W = W(\lambda_1) + W(\lambda_2) + W(\lambda_3) \tag{3-17}$$

1972 年，Ogden[10]将式(3-6)中 W 更具体地表示为

$$W = \sum_{n=1}^{N} \frac{\mu_n}{\alpha_n}(\lambda_1^{\alpha_n} + \lambda_2^{\alpha_n} + \lambda_3^{\alpha_n} - 3) \tag{3-18}$$

式中，μ_n 为材料常数；α_n 为无量纲待定系数且不限于整数、正数或负数。为了与应变张量不变量表示的应变能函数相一致，要求 $\sum \alpha_n \mu_n = 2\mu^0$，其中 μ^0 是初始剪切模量。这里，如果只取 $n = 1$、$\alpha_1 = 2$，或者只取 $n = 1$ 和 2、$\alpha_1 = 2$、$\alpha_2 = -2$，那么式(3-18)便退化为 neo-Hookean 模型和 Mooney-Rivlin 模型。

1993 年，Yeoh 提出了另一个经典的应变能函数，它是基于 I_1 的应变能函数拟合方式，如式(3-19)所示。该模型可较好地反映材料在大变形状态下的应力-应变特征[11]。

$$W(I_1) = C_1(I_1 - 3) + C_2(I_1 - 3)^2 + C_3(I_1 - 3)^3 \tag{3-19}$$

我国学者王寿梅等在 2002 年通过推导不可压缩非线性弹性体的本构方程，提出了一种三阶的多项式模型[12]，见式(3-20)：

$$\begin{aligned} W(J_1, J_2) = &C_{10}(J_1 - 3) + C_{01}(J_2 - 3) + C_{20}(J_1 - 3)^2 + C_{11}(J_1 - 3)(J_2 - 3) \\ &+ C_{02}(J_2 - 3)^2 + C_{30}(J_1 - 3)^3 + C_{21}(J_1 - 3)^2(J_2 - 3) + C_{40}(J_1 - 3)^4 \end{aligned} \tag{3-20}$$

式中，J_1、J_2、J_3(应变张量不变量都是 3 个，如 J_1、J_2、J_3，而对应超弹性材料 $J_3 = 1$，因此式(3-20)中对应系数项被消去)为 Green-Lagrange 的三个应变张量不变量，它与右 Cauchy-Green 的三个应变张量不变量的关系满足：

$$\begin{aligned} I_1 &= 3 + 2J_1 \\ I_2 &= 3 + 4J_1 + 4J_2 \\ I_3 &= 1 + 2J_1 + 4J_2 + 8J_3 \end{aligned} \tag{3-21}$$

2012 年，李忱从张量函数出发，详细地推导了正交各向异性材料、横观各向同性材料、各向同性材料中的应变张量不变量形式，并且推导了超弹性材料的三次、二次非线性本构关系，再根据其积分关系推导出其应变能函数。其中，李忱推导的各向同性不可压缩超弹性材料的应变能函数如式(3-22)所示。对于超弹性材料，

尽管这种推导方法与前面先假设应变能函数再求导本构方程的方法是完全等价的，但是李忱提出的方法更直接，也更能反映材料的物理本质。

$$
\begin{aligned}
W(I_1, I_2) = {} & \delta_1 (I_1 - 3) + \delta_2 (I_1 - 3)^2 + \delta_3 (I_2 - 3) + \delta_4 (I_1 - 3)^3 + \delta_5 (I_1 - 3)(I_2 - 3) \\
& + \delta_6 (I_3 - 1) + \delta_7 (I_1 - 3)^4 + \delta_8 (I_1 - 3)^2 (I_2 - 3) + \delta_9 (I_2 - 3)^2 \\
& + 2\delta_{10} (I_3 - 1)(I_1 - 3) + \delta_{11} (I_1 - 3)^5 + \delta_{12} (I_1 - 3)^3 (I_2 - 3) + \delta_{13} (I_1 - 3)(I_2 - 3)^2
\end{aligned}
$$

$$(3\text{-}22)$$

式中，δ_i 为弹性系数张量或弹性张量的函数，具体推导过程详见文献[13]；对于超弹性模型，$I_3=1$，因此对应含 δ_6、δ_{10} 的项为零。另外，式(3-22)的应变能函数可以退化得到经典的 neo-Hookean 模型、Mooney-Rivlin 模型、Isihara 等的三项式模型、Biderman 提出的四项式模型以及王寿梅等提出的三阶多项式模型等。

3.1.3　超弹性力学模型表征

为了能够在工程设计中应用上面提到的超弹性力学模型，往往需要通过均匀应变条件下的标准化实验(如单轴拉伸、等比双轴拉伸、纯剪或受限拉伸以及简单剪切实验等)以及材料主应力表达式(见式(3-23))[10]来拟合上述各种超弹性力学模型中的材料参数。

对于均匀变形的超弹性体，其主应力可表示为

$$
t_i = 2\left(\lambda_i^2 \frac{\partial W}{\partial I_1} - \frac{1}{\lambda_i^2} \frac{\partial W}{\partial I_2} \right) + p, \quad i = 1, 2, 3 \tag{3-23}
$$

式中，t_i 为真实主应力(即 Cauchy 主应力)；p 为静水压力。将式(3-23)两两相减可消去 p，于是可得到

$$
\begin{cases}
t_1 - t_2 = 2(\lambda_1^2 - \lambda_2^2)\left(\dfrac{\partial W}{\partial I_1} + \lambda_3^2 \dfrac{\partial W}{\partial I_2} \right) \\[2mm]
t_2 - t_3 = 2(\lambda_2^2 - \lambda_3^2)\left(\dfrac{\partial W}{\partial I_1} + \lambda_1^2 \dfrac{\partial W}{\partial I_2} \right) \\[2mm]
t_1 - t_3 = 2(\lambda_1^2 - \lambda_3^2)\left(\dfrac{\partial W}{\partial I_1} + \lambda_2^2 \dfrac{\partial W}{\partial I_2} \right)
\end{cases} \tag{3-24}
$$

通过主应力大小明确的标准化实验(即边界条件明确的标准化实验)，不难得到不同实验工况下超弹性材料的主应力表达式，再结合实验结果，便能够获得各类超弹性力学模型的材料参数。

1. 标准实验及其主应力表达式

这里主要介绍单轴拉伸、等比双轴拉伸、纯剪或受限拉伸以及简单剪切实验

下超弹性体的主应力表达式[14]。

1) 单轴拉伸实验

单轴拉伸时，材料仅在 x 方向受到拉力作用，其他方向自由无约束，如图 3.2(a) 所示。在图 3.2(a)中，1、2、3 表示坐标轴的 x、y、z 方向。由图 3.2(a)可知，单轴拉伸实验下，材料的主应力与主伸长比分别是

$$t_2 = t_3 = 0, \quad \lambda_1 = \lambda, \quad \lambda_2 = \lambda_3 = \lambda^{-1/2} \tag{3-25}$$

若将式(3-25)代入式(3-24)中，可得到真实拉伸主应力与主伸长比的关系，即

$$t_1 = t_1 - t_2 = 2\left(\lambda^2 - \frac{1}{\lambda}\right)\left(\frac{\partial W}{\partial I_1} + \frac{1}{\lambda}\frac{\partial W}{\partial I_2}\right) \tag{3-26}$$

此时，对应的名义应力 $\tilde{f}_1$ 是

$$\tilde{f}_1 = \frac{t_1}{\lambda} = 2\left(\lambda - \frac{1}{\lambda^2}\right)\left(\frac{\partial W}{\partial I_1} + \frac{1}{\lambda}\frac{\partial W}{\partial I_2}\right) \tag{3-27}$$

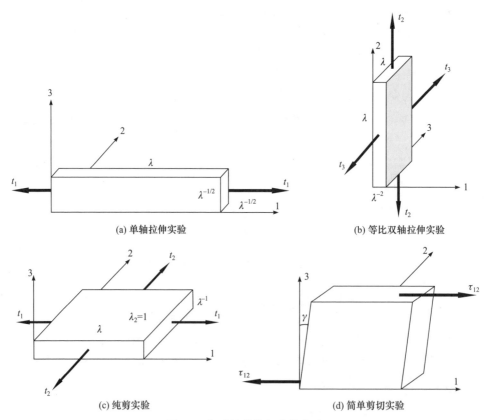

(a) 单轴拉伸实验

(b) 等比双轴拉伸实验

(c) 纯剪实验

(d) 简单剪切实验

图 3.2　超弹性体的标准化实验

2) 等比双轴拉伸实验

等比双轴拉伸时，材料在 y、z 方向上受到相同大小的拉应力作用，在 x 方向上无约束，如图 3.2(b)所示。从图 3.2(b)可以看出，在等比双轴拉伸实验下，材料的主应力与主伸长比分别是

$$t_2 = t_3, \quad t_1 = 0; \quad \lambda_1 = \lambda^{-2}, \quad \lambda_2 = \lambda_3 = \lambda \tag{3-28}$$

若将式(3-28)代入式(3-24)中，可得到真实等比双轴拉伸主应力与伸长比的关系，即

$$t_2 - t_1 = t_2 = t_3 = 2\left(\lambda^2 - \frac{1}{\lambda^4}\right)\left(\frac{\partial W}{\partial I_1} + \lambda^2 \frac{\partial W}{\partial I_2}\right) \tag{3-29}$$

此时，对应的名义应力 $\tilde{f}_2$ 是

$$\tilde{f}_2 = \frac{t_2}{\lambda} = 2\left(\lambda - \frac{1}{\lambda^5}\right)\left(\frac{\partial W}{\partial I_1} + \lambda^2 \frac{\partial W}{\partial I_2}\right) \tag{3-30}$$

3) 纯剪实验

纯剪实验可以描述为材料在 y 轴方向上被固定，无法发生变形；仅在 x 方向上，受到拉力作用，z 方向上处于无约束状态，如图 3.2(c)所示。因此，纯剪实验对应的主应力与主伸长比满足：

$$t_2 \neq t_1, \quad t_3 = 0; \quad \lambda_1 = \lambda, \quad \lambda_3 = \lambda^{-1}, \quad \lambda_2 = 1 \tag{3-31}$$

t_2 为两头夹具引起的主应力，在表征过程中可不予考虑。若将式(3-31)代入式 (3-24)中消去 t_3，则有

$$t_1 - t_3 = t_1 = 2\left(\lambda^2 - \frac{1}{\lambda^2}\right)\left(\frac{\partial W}{\partial I_1} + \frac{\partial W}{\partial I_2}\right) \tag{3-32}$$

故对应的名义应力 $\tilde{f}_1$ 为

$$\tilde{f}_1 = 2\left(\lambda - \frac{1}{\lambda^3}\right)\left(\frac{\partial W}{\partial I_1} + \frac{\partial W}{\partial I_2}\right) \tag{3-33}$$

4) 简单剪切实验

简单剪切时，材料的应力-应变状态如图 3.2(d)所示，其效果相当于纯剪+扭转的共同作用。此时应变主轴已发生偏转，但主应变状态与纯剪时相同，如式(3-31)所示。

剪应力与剪应变的关系可根据文献[4]得到，见式(3-34)：

$$\tau_{12} = 2\gamma\left(\frac{\partial W}{\partial I_1} + \frac{\partial W}{\partial I_2}\right) \tag{3-34}$$

在式(3-34)中，γ 为材料的剪应变，其与主伸长比之间的关系需要满足：

$$\lambda = \sqrt{1 + \frac{\gamma^2}{2} + \gamma\sqrt{1 + \frac{\gamma^2}{4}}}, \quad \gamma = \lambda - \lambda^{-1} \tag{3-35}$$

若将式(3-31)中的应变关系与式(3-35)代入式(3-9)中，便可得剪应变与应变不变量的关系：

$$I_1 = I_2 = \gamma^2 + 3 \tag{3-36}$$

通过观察式(3-27)、式(3-30)、式(3-33)和式(3-34)可以发现，这四种名义主应力表达式可统一表示为

$$f = A\left(\frac{\partial W}{\partial I_1} + B\frac{\partial W}{\partial I_2} \right) \tag{3-37}$$

式中，f 为标准实验的名义主应力；A 和 B 为与主伸长比或剪应变有关的系数，详见表 3.1。

表 3.1　标准实验名义主应力表达式的系数 A 和 B

标准实验	f	A	B
单轴拉伸	名义应力 $\tilde{f}_1$	$2\left(\lambda - \dfrac{1}{\lambda^2} \right)$	$\dfrac{1}{\lambda}$
等比双轴拉伸	名义应力 $\tilde{f}_2$	$2\left(\lambda - \dfrac{1}{\lambda^5} \right)$	λ^2
纯剪	名义应力 $\tilde{f}_1$	$2\left(\lambda - \dfrac{1}{\lambda^3} \right)$	1
简单剪切	剪应力 τ_{12}	2γ	1

2. 拟合方法

在表 3.1 的基础上，通过代入超弹性本构模型定义的应变能函数，便可得到待定材料参数的数学表达式，再结合实验中获取的应力和应变数据，并借助常用的最小二乘法或多目标优化法等技术手段，拟合出超弹性本构模型的待定材料参数。下面重点介绍比较常用的 Mooney-Rivlin 模型、Yeoh 模型和李忱超弹性模型材料参数的拟合方法。

1) Mooney-Rivlin 模型材料参数的拟合方法

首先，将式(3-14)代入式(3-37)，再结合表 3.1，不难得到不同标准实验工况下 Mooney-Rivlin 模型材料参数的数学表达式，见式(3-38)、式(3-39)和式(3-40)。

(1) 单轴拉伸或等比双轴拉伸实验。

对于单轴拉伸或等比双轴拉伸实验，Mooney-Rivlin 模型可统一写为

$$\frac{f}{A} = C_{10} + BC_{01} \quad \Rightarrow \quad y = C_{10} + xC_{01} \tag{3-38}$$

(2) 纯剪和简单剪切实验。

对于纯剪实验，Mooney-Rivlin 模型可写为

$$\frac{\tilde{f}_1}{2\left(\lambda - \dfrac{1}{\lambda^3}\right)} = C_{10} + C_{01} \tag{3-39}$$

对于简单剪切实验，Mooney-Rivlin 模型可写为

$$\frac{\tau_{12}}{2\gamma} = C_{10} + C_{01} \tag{3-40}$$

由式(3-39)和式(3-40)可以看出，通过实验测试只能拟合 C_{10} 和 C_{01} 之和，并不能分别拟合 C_{10} 和 C_{01}。因此，对于超弹性体的 Mooney-Rivlin 模型，只能通过单轴拉伸或者等比双轴拉伸实验来分别拟合 C_{10} 和 C_{01}。具体的拟合步骤是：首先将所有实测数据通过理论计算绘制到 (x, y) 坐标中，然后对所有点进行直线拟合，C_{10} 和 C_{01} 分别是直线方程的截距和斜率，见式(3-38)。

2) Yeoh 模型材料参数的拟合方法

由式(3-19)可知，Yeoh 模型仅是变量 I_1 的应变能函数。若将式(3-19)代入式(3-37)，四种标准实验工况的 Yeoh 模型可统一写为

$$\frac{f}{A} = C_{10} + 2C_{20}(I_1 - 3) + 3C_{30}(I_1 - 3)^2 \ \Rightarrow \ y = C_{10} + 2C_{20}x + 3C_{30}x^2 \tag{3-41}$$

由式(3-41)可以看出，若将所有实测数据通过计算绘制到 (x, y) 坐标中，便可用一条二次多项式曲线对其进行拟合，其中二次项系数、一次项系数和常数项分别为 $3C_{30}$、$2C_{20}$ 和 C_{10}，据此便不难得出 Yeoh 模型材料参数 C_{10}、C_{20} 和 C_{30}。

3) 李忱超弹性模型材料参数的拟合方法

若将式(3-42)代入式(3-57)，可得到四种标准实验工况统一的李忱超弹性模型，见式(3-42)：

$$\begin{aligned}
\frac{f}{A} = {} & \delta_1 + 2\delta_2(I_1 - 3) + B\delta_3 + 3\delta_4(I_1 - 3)^2 + \big[(I_2 - 3) + B(I_1 - 3)\big]\delta_5 + 4\delta_7(I_1 - 3)^3 \\
& + \big[2(I_1 - 3)(I_2 - 3) + B(I_1 - 3)^2\big]\delta_8 + 2B\delta_9(I_2 - 3) + 5\delta_{11}(I_1 - 3)^4 \\
& + \big[3(I_1 - 3)^2(I_2 - 3) + B(I_1 - 3)^3\big]\delta_{12} + \big[(I_2 - 3)^2 + B(I_1 - 3)(I_2 - 3)^2\big]\delta_{13}
\end{aligned} \tag{3-42}$$

显然，式(3-42)比较复杂，难以用一般函数对其进行表征。因此，这里只有采用多目标法，才能拟合出模型的材料参数，具体步骤如下。

首先，通过计算每组实测数据，便可建立如下方程组：

$$\begin{cases}
a_{10}x_1 + a_{11}x_2 + \cdots + a_{1n}x_n = y_1 \\
a_{20}x_1 + a_{21}x_2 + \cdots + a_{2n}x_n = y_2 \\
\quad\vdots \\
a_{m0}x_1 + a_{m1}x_2 + \cdots + a_{mn}x_n = y_m
\end{cases} \ \Rightarrow \ \boldsymbol{AX} = \boldsymbol{Y} \tag{3-43}$$

其中

$$A = \begin{bmatrix} a_{10} & a_{11} & \cdots & a_{1n} \\ a_{20} & a_{21} & \cdots & a_{2n} \\ \vdots & \vdots & & \vdots \\ a_{m0} & a_{m1} & \cdots & a_{mn} \end{bmatrix}, \quad X = \begin{Bmatrix} x_1 \\ x_2 \\ \vdots \\ x_n \end{Bmatrix}, \quad Y = \begin{Bmatrix} y_1 \\ y_2 \\ \vdots \\ y_m \end{Bmatrix}$$

式中，材料参数矩阵的最小二乘解可通过式(3-44)进行计算：

$$A^{\mathrm{T}}AX = A^{\mathrm{T}}Y \Rightarrow X = \left\{ A^{\mathrm{T}}A \right\}^{-1} A^{\mathrm{T}}Y \tag{3-44}$$

3. 拟合效果

下面将应用著名的 Treloar 实验数据[5]，来对比展示 Mooney-Rivlin(图中用 M-R)模型、Yeoh 模型以及李忱超弹性(图中用李忱模型)模型的实际拟合效果，如图 3.3 所示。

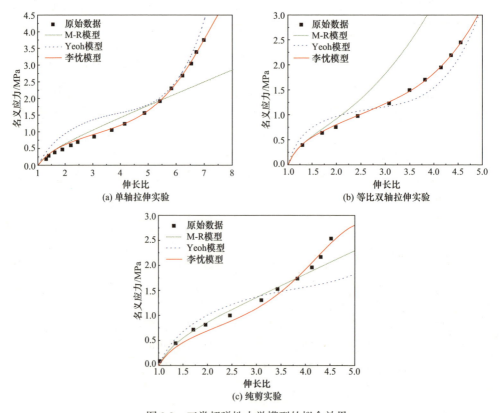

图 3.3　　三类超弹性力学模型的拟合效果

由图 3.3 可以看出，在这三类超弹性力学模型中，李忱超弹性模型的拟合效果最好，Yeoh 模型和 Mooney-Rivlin 模型的拟合效果均不太理想。其中，Mooney-Rivlin 模型仅在伸长比小于 1.75 时，各个实验工况才有较好的拟合效果；Yeoh 模型在等比双轴拉伸实验中有较好的拟合效果，但是在其他实验工况下，Yeoh 模型也仅在部分伸长比范围内能满足工程设计精度要求。因此，如果条件允许，建议应尽可能采用李忱超弹性模型对轨道高聚物弹性元件的超弹性力学性能进行理论表征。

3.2　高聚物线性黏弹性力学特征及理论模型

当服役荷载幅值不大时，非晶态高聚物材料主要表现出线性黏弹性力学特征，即同时具有理想弹性固体(线性弹性)和理想黏性液体(线性黏性)的双重特征。在静力条件下，非晶态高聚物材料表现出蠕变和应力松弛现象；在动力条件下，主要表现出动应变滞后于动应力的现象。这静、动两方面的力学现象实际上是高聚物材料与时间相关的线性黏弹性力学行为的不同表现形式而已。为了科学表征非晶态高聚物材料与时间相关的线性黏弹性力学性能，常从简化的一维力学模型出发，通过串并胡克弹簧基本元件与牛顿粘壶基本元件，来抽象地表现出非晶态高聚物材料线性黏弹性力学行为的时间相关性。目前表征高聚物材料应力-应变-时间关系的微分型本构模型主要有 Maxwell 流体模型、Kelvin-Voigt 固体模型、三元件标准固体模型、广义 Maxwell 模型与广义 Kelvin-Voigt 模型等。当然，也可以应用玻尔兹曼(Boltzmann)的线性叠加原理，通过遗传积分，建立与微分型本构方程完全等效的积分型本构模型。此外，为了更加方便地研究非晶态高聚物材料的动态线性黏弹性力学行为，常采用复数型本构模型来对其进行理论表征。

近年来，随着分数阶微积分理论的快速发展，分数阶导数线性黏弹性力学模型因其参数少、精度高等优势已开始得到广泛关注，渐有取代上述模型之势。与整数阶微分型模型相比，分数阶微积分模型只是将整数阶微分型模型中的牛顿粘壶元件替换为分数阶的 Abel 粘壶元件[15,16]。其中，Abel 粘壶元件能够高效表征介于胡克弹性固体与牛顿黏性液体之间的线性黏弹性特征。与整数阶积分型模型相比，分数阶微积分模型的数学表达式比较简单、参数也较少，便于工程应用。目前，比较常用的分数阶微积分模型主要包括分数阶 Kelvin-Voigt 模型(又称两元件三参数模型)[17]、分数阶 Zener 模型(又称三元件四参数模型)[18]和五参数模型(又称四元件五参数模型)[19]等。

3.2.1　高聚物线性黏弹性力学特征

如前所述，线性黏弹性高聚物同时具有理想弹性固体和理想黏性液体的双重特征。这里首先简要介绍理想黏弹性的基本概念，然后介绍线性黏弹性高聚物的蠕变及其回复、应力松弛的静态力学特征以及动应变滞后动应力的动态力学特征。

1. 理想黏弹性的基本概念

理想黏弹性体由理想弹性体和理想黏性体构成。理想弹性体符合胡克定律，它在受到外力作用时，其变形立刻响应(这就是线性弹性力学特征)；理想黏性体则符合牛顿流体的流动定律，它的应力与应变率或应变与应力呈线性关系，在它受到外力作用时，它的应变随时间线性发展，除去外力后应变不能回复(这就是线性黏性力学特征)。理想黏弹性体介于理想弹性体和理想黏性体之间，它产生变形时应力同时依赖应变和应变率，与时间有关，如图 3.4 所示。

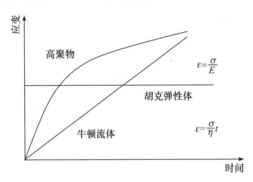

图 3.4　高聚物材料线性黏弹性力学特征与胡克弹性体、牛顿流体力学特征

对于线性黏弹性的非晶态高聚物材料，它的力学性能不仅与时间有关，根据非晶态高聚物材料的热转变特征(详见第 2 章)，它的力学性能还与温度有关。究其根源，非晶态高聚物材料之所以产生黏弹性力学特征，是因为非晶态高聚物材料内部分子中或分子间存在摩擦作用，分子运动需要时间，不可能是瞬时与外荷载达到平衡。通常情况下，将高聚物力学性能随时间变化的现象称为力学松弛。力学松弛现象有静态力学松弛现象与动态力学松弛现象之分，静态力学松弛现象主要是指蠕变及其回复和应力松弛现象，动态力学松弛现象是指动态应变滞后于动态应力的现象，简称动力滞后现象。

2. 蠕变与应力松弛

1) 蠕变

如果在时间 t_1 对高聚物材料施加一个恒定的应力 σ_0(可为拉伸应力、弯曲应力、剪切应力、压缩应力、扭转应力等模式)，则产生的应变随着时间的延长而逐渐变大；在时间 t_2 取消应力 σ_0 之后，应变回复也是逐渐完成的，这种现象称为蠕变，如图 3.5 所示。蠕变大小可以有效反映材料尺寸的稳定性和长期负载能力。

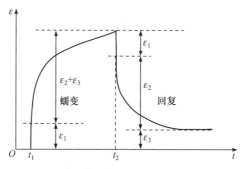

图 3.5　高聚物材料的蠕变及其回复过程

高聚物的蠕变过程包括普通弹性变形、高弹变形(又称推迟弹性变形)和塑性变形(又称黏性流动变形)三部分[2]。其中，普通弹性变形很小(即图 3.5 中的 ε_1，为 0.2%～1%)，高弹变形很大(即图 3.5 中的 ε_2)，这两种变形都是可逆的，外力除去后普通弹性变形可以立刻回复，而高弹变形可逐渐回复；而塑性变形是不可逆的，外力除去之后留下永久变形(即图 3.5 中的 ε_3)。在图 3.5 中，普通弹性变形主要源自键长、键角的变化，外力撤除后可瞬间回复，与时间无关，服从胡克定律(式(3-45))；高弹变形主要来自链段运动，使得变形与应力不能建立即时平衡，需要推迟一段时间才能回复，与时间呈指数关系(式(3-46))；而塑性变形主要来自分子之间的相对滑移，即黏性流动，其大小与时间成正比(式(3-47))。

$$\varepsilon_1 = \frac{\sigma_0}{E_1} \tag{3-45}$$

$$\varepsilon_2 = \frac{\sigma_0}{E_2}\left(1 - \mathrm{e}^{-t/\tau}\right) \tag{3-46}$$

$$\varepsilon_3 = \frac{\sigma_0}{\eta}t \tag{3-47}$$

式中，σ_0 为应力；E_1 为普通弹性模量；E_2 为高弹模量；η 为本体黏度；τ 为推迟时间。τ 表示变形推迟发生之意，与高分子链段运动的黏度 η、高弹模量 E_2 有关，即 $\tau = \eta/E_2$。τ 的物理意义为分子链从一个松弛的平衡态构象变到一个紧张的平衡态构象所需的时间。就式(3-46)而言，τ 为应力衰减到初始应力的 1/e 或约 37% 所需要的时间。

大量工程实践表明，高聚物的蠕变与高分子结构、环境温度以及外力密切相关[20,21]。

(1) 高分子结构。

线型高聚物和体型或交联高聚物具有不同的蠕变行为，线型高聚物的蠕变过程包括普通弹性变形、高弹变形和塑性变形，并会残留永久变形；而体型或交联高聚物只有普通弹性变形和高弹变形，不残留永久变形。显然，随着高聚物交联度的提高，它的蠕变速率显著下降。

(2) 环境温度。

当环境温度远低于玻璃化转变温度 T_g 时，链段几乎无法运动，也没有高弹和黏流变形，只有普通弹性变形；当温度高于玻璃化转变温度 T_g 但低于黏流温度 T_f 时，链段运动但无整链运动，黏流变形可以忽略，且普通弹性变形远远小于高弹变形；当温度高于黏流温度 T_f 时，链段运动也有整链运动，三种变形都有，但普通弹性变形所占比例很小。因此，高聚物线性黏弹性表现最明显的区域是在 $T_g \sim T_f$ 段，如图 3.6 所示。在图 3.6 中，B 区是玻璃化转变区，D 区是黏流态转变区。另外，对于理想交联的高聚物，不存在黏流态，即 $\varepsilon_3 = 0$。

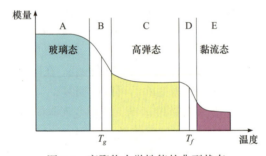

图 3.6　高聚物力学性能的典型状态

(3) 外力。

从式(3-45)～式(3-47)中可以发现，当外力作用时间很短时，高弹和黏流变形均趋于零，此时仅表现出普通弹性特征；当外力作用时间较长时，高弹和黏流变形均大于普通弹性变形；如果外力作用时间趋于无穷大，高弹变形又远小于黏流变形，此时将仅表现出黏性特征。另外，外荷载越大，蠕变会越大，蠕变速率会加快，与温度升高类似。

总之，蠕变大的材料在工程上是无法使用的，为了抑制高聚物的蠕变性，宜通过硫化或固化等对高聚物进行适当的交联。

2) 应力松弛

在一定的温度和恒定的变形下，高聚物为维持此变形所需的应力(拉伸或压缩)随时间的延长而逐渐衰减的现象称为应力松弛。例如，拉伸一块未交联的橡胶到一定程度，保持长度不变，随着时间的延长，橡胶的回弹力会逐渐减小，甚至可以减小至零，这是因为橡胶内部的应力在慢慢减小。产生应力松弛的原因是，施加到高聚物上的应力因用于克服链段及分子链运动的内摩阻力而逐渐衰减。高聚物的应力松弛曲线如图 3.7 所示。从图中可以看出，未交联高聚物的应力可能松弛到零，而交联或体型高聚物的分子链间不能产生相对滑移，无塑性变形发生，因此应力只能衰减到一个平衡值而不能松弛到零。

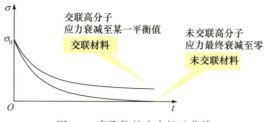

图 3.7　高聚物的应力松弛曲线

应力松弛过程中应力呈指数函数下降[22]，见式(3-48)：

$$\sigma = \sigma_0 e^{t/\tau} \tag{3-48}$$

式中，σ 为试样变形的应力；σ_0 为起始应力；t 为经历的时间；τ 为松弛时间(即分子结构重排使应力消散的时间)，$\tau = \eta/E$。

与蠕变过程一样，交联度、温度高低等因素会对应力松弛产生较大的影响，其中温度的影响最大。若温度远高于玻璃化转变温度 T_g，链段运动受到的内摩阻力较小，则应力很快就会松弛掉；若温度远低于玻璃化转变温度 T_g，相当于处在玻璃态，则由于分子内摩阻力很大，链段运动困难，因而应力松弛很慢；只有在玻璃化转变区，才有明显的应力松弛现象。

3. 动力滞回

当一个正弦荷载 $\sigma = \sigma_0 \sin(\omega t)$ 作用到高聚物时，所产生的应变为 $\varepsilon = \varepsilon_0 \sin(\omega t - \delta)$。显然，应力与应变并不同步，而且应变落后应力一个 δ 角(又称相位差、滞后角或损耗角，介于 0 和 π/2 之间)，从而造成能量损耗，如图 3.8 所示。这种

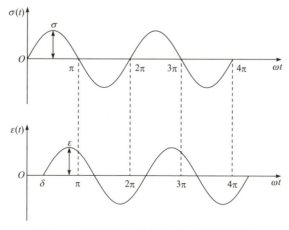

图 3.8　高聚物的应力与应变正弦时程曲线

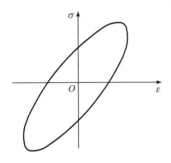

图 3.9　高聚物的应力-应变关系

应变落后应力的现象称为"滞后现象"。在直角坐标系下，高聚物的应力-应变曲线介于直线与圆形之间而呈一椭圆形，常称为迟滞回线、滞后曲线、滞后环或滞后圈，如图 3.9 所示。在 0 和 $\pi/2$ 之间，δ 角越小，应力-应变椭圆越扁，δ 角无限小时将变成一条直线(即理想弹性体)，没有能量的损耗，如图 3.10 和图 3.11 所示；δ 角增大且无限接近 $\pi/2$ 时，应力-应变关系曲线将变成圆形(即理想黏性液体)，此时的能耗最大，如图 3.12 和图 3.13 所示。

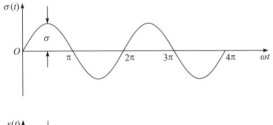

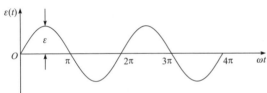

图 3.10　理想弹性体的应力与应变正弦时程曲线

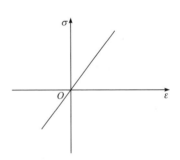

图 3.11　理想弹性体的应力-应变关系

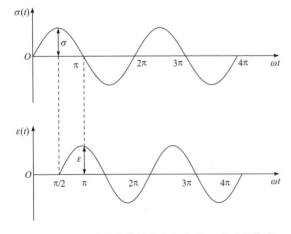

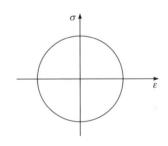

图 3.12　理想黏性液体的应力与应变正弦时程曲线　　图 3.13　理想黏性液体的应力-应变关系

高聚物在正弦荷载作用下，它的应力与应变时程曲线可表示为

$$\sigma = \sigma_0 \sin(\omega t) \tag{3-49}$$

$$\varepsilon = \varepsilon_0 \sin(\omega t - \delta) \tag{3-50}$$

式中，σ 为随时间变化的应力；σ_0 为最大的应力幅值；ω 为应力变化的角速度（$\omega = 2\pi f$，f 为振动频率）；t 为时间；ε 为随时间变化的应变；ε_0 为最大的应变幅值；δ 为应变落后于应力的相位差。

若将式(3-50)展开，可得

$$\varepsilon = \varepsilon_0 \sin(\omega t - \delta) = \varepsilon_0 \sin(\omega t) \cdot \cos\delta - \varepsilon_0 \cos(\omega t) \cdot \sin\delta \tag{3-51}$$

式(3-51)说明，应变的一部分如同一般的弹性变形，与应力同步，而另一部分则如同一般的黏性变形，与应力相位角相差 $\pi/2$。

对于高聚物，它所承受的应力与其应变也可以用复数形式表征，如

$$\sigma^* = \sigma_0 \mathrm{e}^{\mathrm{i}\omega t} \tag{3-52}$$

$$\varepsilon^* = \varepsilon_0 \mathrm{e}^{\mathrm{i}(\omega t - \delta)} \tag{3-53}$$

式中，$\mathrm{i} = \sqrt{-1}$。

由式(3-52)和式(3-53)可得到复数刚度(又称复刚度)：

$$E^* = \frac{\sigma^*}{\varepsilon^*} = \frac{\sigma_0}{\varepsilon_0} \mathrm{e}^{\mathrm{i}\delta} = \left| \varepsilon^* \right| \mathrm{e}^{\mathrm{i}\delta} \tag{3-54}$$

利用欧拉公式 $\mathrm{e}^{\mathrm{i}\delta} = \cos\delta + \mathrm{i}\sin\delta$，可得

$$E^* = \frac{\sigma_0}{\varepsilon_0}(\cos\delta + \mathrm{i}\sin\delta) = \left| E^* \right|(\cos\delta + \mathrm{i}\sin\delta) = E' + \mathrm{i}E'' \tag{3-55}$$

$$\left| E^* \right| = \sqrt{(E')^2 + (E'')^2} \tag{3-56}$$

$$\beta = \tan\delta = E'' / E' \tag{3-57}$$

式中，E^*、E' 和 E'' 分别为复数模量、储能模量和损耗模量；β(或 $\tan\delta$)为损耗因子。如果高聚物的黏弹性是线性的，同时应力与应变又是正弦的，那么迟滞回线为一椭圆，其长轴的斜率等于复模量[23]，应力与应变相位差的正切值就等于损耗因子。由式(3-55)～式(3-57)可以看出，在反映高聚物黏弹性的储能模量、损耗模量、复模量和损耗因子四个参数中，只要知道其中任意两个参数，便可得到其他两个参数。所以，一般情况，常用储能模量与损耗因子反映高聚物线性黏弹性的动态力学特征。

在周期荷载作用下，外力对高聚物做功，高聚物也对外做功，但两部分功并不相等，其差值就是消耗掉的热能。这部分消耗掉的能量等于滞后圈的面积，因此滞后圈的面积也可作为黏弹性材料阻尼大小的量度[24](图 3.14)，可按照式(3-58)

进行计算。显然根据式(3-58)同样可得，当 δ 角等于零时，能耗也为零；当 δ 角等于 $\pi/2$ 时，能耗最大。

$$\Delta W = \int_0^{\frac{2\pi}{\omega}} \sigma \mathrm{d}\varepsilon = \pi\sigma_0\varepsilon_0 \sin\delta = \pi\varepsilon_0^2 E' \tan\delta = \pi\varepsilon_0^2 E'' \tag{3-58}$$

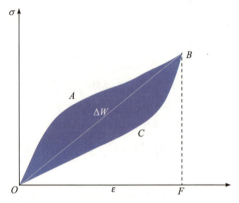

图 3.14　周期荷载作用下高聚物所做的功

3.2.2　高聚物线性黏弹性力学模型

下面重点介绍高聚物材料线性黏弹性力学模型中微分型、积分型、复数型和分数阶微积分型的力学模型。微分模型能够直观反映线性黏弹性材料的流变特性，而积分或分数阶微积分模型能够直接反映线性黏弹性材料的记忆特性。因此，现代线性黏弹性材料的理论表征模型更多采用的是积分或分数阶微积分模型。

1. 微分型力学模型

若以拉压模式为例，图 3.15 中的胡克弹簧元件与牛顿粘壶基本力学元件模型的计算公式分别为

$$\sigma = E\varepsilon \tag{3-59}$$

$$\sigma = \eta\dot{\varepsilon} \tag{3-60}$$

式中，ε 为拉伸或压缩应变；$\dot{\varepsilon}$ 为拉伸或压缩应变率，s^{-1}；E 为弹性模量，Pa；η

(a) 弹簧元件　　　　　　　　　　　　(b) 粘壶元件

图 3.15　胡克弹簧元件与牛顿粘壶元件

为粘壶的黏度系数，Pa·s。

下面简要介绍 Maxwell 流体模型、Kelvin-Voigt 固体模型、三元件标准固体模型、广义 Maxwell 模型与广义 Kelvin-Voigt 模型的微分型、积分型与复数型本构方程。这些模型的基本假设是：①具有连续性、均匀性和各向同性等前提，并多限于小应变的情形；②在外界因素作用前，没有初始应力和变形，并假设从时间为零起考虑线性黏弹性体受外部荷载作用，因此时间零以前的应力和应变均认作零[22-25]。这种外部响应过程常用一个阶跃函数表示：

$$H(t)=\begin{cases}0, & t<0 \\ 1, & t>0\end{cases} \tag{3-61}$$

1) Maxwell 流体模型

Maxwell 流体模型由一个胡克弹簧元件和一个牛顿粘壶元件串联而成，主要用于描述线性黏弹性流体的应力松弛，如图 3.16 所示。

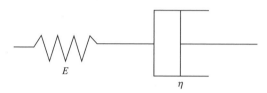

图 3.16　Maxwell 流体模型

模型受力时，两个元件的分应力与总应力相等 $\sigma=\sigma_1=\sigma_2$，而总应变则等于两个元件的应变之和（$\varepsilon=\varepsilon_1+\varepsilon_2$），总应变率也等于两个元件应变率之和，即

$$\dot{\varepsilon}=\dot{\varepsilon}_1+\dot{\varepsilon}_2 \tag{3-62}$$

将式(3-59)对时间求导后与式(3-60)一起代入式(3-62)，可得

$$\dot{\varepsilon}=\frac{\dot{\sigma}}{E}+\frac{\sigma}{\eta} \tag{3-63}$$

或写作

$$\sigma+p_1\dot{\sigma}=q_1\dot{\varepsilon} \tag{3-64}$$

式(3-63)或式(3-64)就是 Maxwell 流体模型的应力-应变-时间关系式，即 Maxwell 流体模型的微分型本构方程。在式(3-64)中，$p_1=\eta/E=\tau$，$q_1=\eta$，它们表示高聚物材料的物理力学性能，即反映高聚物材料的物性特征。如果这些参数是已知的，那么就可用式(3-63)或式(3-64)来分析蠕变增长、蠕变回复以及应力松弛过程，如图 3.17 所示。

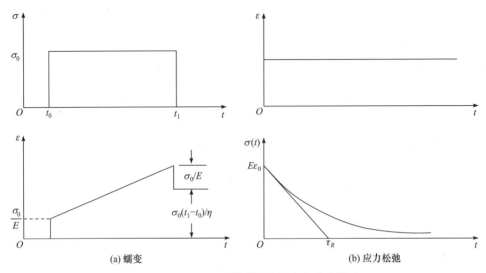

(a) 蠕变　　　　　　　　　　(b) 应力松弛

图 3.17　Maxwell 流体模型的蠕变与应力松弛

(1) 蠕变。

如图 3.17(a)所示，在阶跃应力 σ_0 作用下，Maxwell 流体模型总应变为胡克弹簧应变和牛顿粘壶应变之和，即

$$\varepsilon(t)=\frac{\sigma_0}{E}+\frac{\sigma_0}{\eta}t \tag{3-65}$$

式(3-65)是由式(3-63)导出的，即将 $t>t_0$ 时的 $\dot{\sigma}=0$ 代入式(3-63)后积分，得到

$$\varepsilon(t)=\frac{\sigma_0 t}{\eta}+C \tag{3-66}$$

由初始条件 $\varepsilon(t_0)=\sigma_0/E$ ，不难得到 $C=\sigma_0/E$ 。

因此，从突加恒应力 σ_0 作用下 Maxwell 流体模型的应变-时间关系式(式(3-65)或式(3-66))可知，当 Maxwell 流体模型有瞬时弹性变形之后，应变随时间呈线性增加，如图 3.17(a)所示。显然，在一定的应力作用下，Maxwell 模型可以产生渐近且不断增大的变形，这正是流体特征。所以，常用 Maxwell 模型表征流体材料。

若在 $t=t_1$ 时，卸除外部应力，则原有外部应力 σ_0 作用下的稳态流动将终止，弹性部分立即消失(这与实际情况不同)，即瞬时弹性回复为 σ_0/E ，余留在材料中的永久变形为 $\sigma_0(t_1-t_0)/\eta$ ，如图 3.17(a)所示。

(2) 应力松弛。

如图 3.17(b)所示，在阶跃应变 ε_0 作用下，若将 $t>0$ 时的 $\dot{\varepsilon}=0$ 代入式(3-63)后，可得齐次常微分方程，它的解是

$$\sigma(t)=Ce^{-t/p_1} \tag{3-67}$$

由初始条件 $t>0$ 时的 $\sigma_0=E\varepsilon_0$，可得 $C=E\varepsilon_0$。

式(3-67)可描述 Maxwell 流体模型的应力松弛过程，如图 3.17(b)所示。由式(3-67)可知，突加应变便有瞬时应力响应值 $E\varepsilon_0$，而且在恒定应变 ε_0 作用下，应力不断减小，随着时间无限延长，应力逐渐衰减到零。这一松弛过程的应力变化率为

$$\dot{\sigma}(t)=-\frac{\sigma(0)}{p_1}e^{-t/p_1} \tag{3-68}$$

式(3-68)表示变形固定时应力随时间的变化率。当 $t\to 0^+$ (即应力松弛开始的时刻)时，应力松弛的变化率最大；当 $t\to +\infty$ (即应力松弛结束的时刻)时，应力 $\sigma\to 0^+$；当 $t=p_1=\eta/E$ (即松弛时间 τ)时，应力 $\sigma=\sigma_0/\mathrm{e}=0.37\sigma_0$。由此可见，当达到松弛时间时，应力已经衰减大半。总之，松弛时间 τ 既与黏性系数有关，也与弹性模量有关，这也说明松弛过程是弹性行为和黏性行为共同作用的结果。显然，黏度越小，应力松弛时间越短；弹性模量越大，应力松弛时间也越短。

2) Kelvin-Voigt 固体模型

Kelvin-Voigt 固体模型由一个胡克弹簧元件和一个牛顿粘壶元件并联而成，主要用于描述黏弹性固体的蠕变现象，如图 3.18 所示。该模型是传统轨道动力学理论模型中轨道层间常用的支承模型。

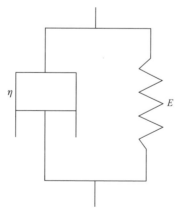

图 3.18　Kelvin-Voigt 固体模型

由于 Kelvin-Voigt 固体模型是由胡克弹簧元件与牛顿粘壶元件并联得到的，Kelvin-Voigt 固体模型的总应变等于弹性元件和黏性元件各自产生的应变 ($\varepsilon=\varepsilon_1=\varepsilon_2$)，而总应力等于弹性元件和黏性元件应力之和 ($\sigma=\sigma_1+\sigma_2$)。

由式(3-59)和式(3-60)可直接写出 Kelvin-Voigt 固体模型的运动方程：

$$\sigma = E\varepsilon + \eta\dot{\varepsilon} \tag{3-69}$$

或写为

$$\sigma = q_0\varepsilon + q_1\dot{\varepsilon} \tag{3-70}$$

式中，$q_0 = E$ 和 $q_1 = \eta$ 为反映高聚物材料的力学特征参数(即分别是模量与黏度)。

(1) 蠕变。

在恒定应力 σ_0 作用下，由式(3-69)可得

$$\varepsilon(t) = Ce^{-t/\tau} + \sigma_0/E \tag{3-71}$$

根据蠕变的初始条件 $t = 0$ 时的 $\varepsilon(0) = 0$，由式(3-71)可求得 $C = -\sigma_0/E$。

于是，Kelvin-Voigt 固体模型的蠕变表达式为

$$\varepsilon(t) = \frac{\sigma_0}{E}(1 - e^{-t/\tau}) \tag{3-72}$$

由式(3-72)可知，应变随着时间延长而逐渐增加，当 $t \to +\infty$ 时，$\varepsilon \to \sigma_0/E$，如同一种弹性固体，所以 Kelvin-Voigt 模型常被称为 Kelvin-Voigt 固体模型。显然，Kelvin-Voigt 固体模型没有瞬时弹性变形，而是按照 $\dot{\varepsilon} = \sigma_0 e^{-t/\tau}/\eta$(即式(3-72)求导)的变化率发生变形，并随时间增加逐渐趋向 σ_0/E。若以 $t = 0$ 时的应变率(即 $\dot{\varepsilon}(t \to 0^+) = \sigma_0/\eta$)发生变形，则当 $t = \tau = \eta/E$ 时，应变即可达到 σ_0/E，如图 3.19 所示。因此，通常 τ 又称 Kelvin-Voigt 固体模型的延迟时间或延滞时间。

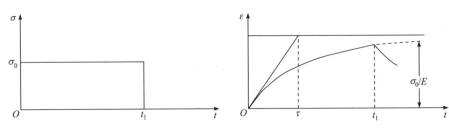

图 3.19 Kelvin-Voigt 固体模型的蠕变过程

当 $t = t_1$ 时，卸除应力 σ_0，此时应变为

$$\varepsilon(t) = \frac{\sigma_0}{E}(1 - e^{-t_1/\tau}) \tag{3-73}$$

当 $t \geqslant t_1$ 时，由式(3-69)可以得到 Kelvin-Voigt 固体模型回复过程的方程 $E\varepsilon + \eta\dot{\varepsilon} = 0$，其解为

$$\varepsilon(t) = Ce^{-t/\tau}, \quad t \geqslant t_1 \tag{3-74}$$

根据初始条件(3-73)，利用 $t = t_1$ 时的应变连续条件，有

$$Ce^{-t/\tau} = \frac{\sigma_0}{E}(1 - e^{-t_1/\tau}) \tag{3-75}$$

由此可求出 C 再代回式(3-74)，便可得到蠕变回复过程的应变-时间关系式：

$$\varepsilon(t) = \frac{\sigma_0}{E}(e^{t_1/\tau} - 1)e^{-t/\tau} \tag{3-76}$$

式(3-76)描述的是 $t = t_1$ 时卸除应力 σ_0 后 $t \geqslant t_1$ 的蠕变回复过程，如图 3.19 所示。当 $t \to +\infty$ 时 $\varepsilon \to 0^+$，体现出弹性固体的特征，只不过是一种滞弹性回复过程。值得注意的是，虽然 $t \geqslant t_1$ 时应力为零，但是线性黏弹性材料的应变并不为零，它与时间有关且依赖于加载历程，这恰恰可说明线性黏弹性材料是有记忆的。

(2) 应力松弛。

Kelvin-Voigt 固体模型不能体现应力松弛过程，因为牛顿粘壶发生变形需要时间，有应变率 $\dot{\varepsilon}$，才有应力 σ，所以当应变维持常量时，牛顿粘壶并不受力，全部应力由弹簧元件承受，即 $\sigma = E\varepsilon_0$。

如前所述，Maxwell 流体模型能较好地描述高聚物材料的应力松弛，但不宜反映高聚物材料的蠕变过程；Kelvin-Voigt 固体模型可以有效反映高聚物材料的蠕变，但不能表示高聚物材料的应力松弛。另外，这两个模型反映的应力松弛或蠕变过程都只有一个含时间的指数函数，难以表征高聚物材料的复杂流变过程。因此，为了更好地反映高聚物材料的线性黏弹特征，常采用更多力学元件组合而成的机械模型，如三元件标准固体模型、四元件标准固体模型以及广义元件模型等。

3) 三元件标准固体模型

三元件标准固体模型可由一个 Kelvin-Voigt 固体模型和一个胡克弹簧元件串联而成，如图 3.20(a)所示，当模型中的 E_1 反映非线性弹性特征时，常称为 Poynting-Thomson 模型；也可由一个胡克弹簧元件和一个 Maxwell 流体模型并联而成，如图 3.20(b)所示，常称为 Zener 模型。

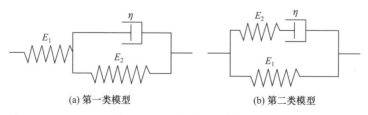

(a) 第一类模型 (b) 第二类模型

图 3.20 三元件标准固体模型

(1) 本构关系。

① 在三元件标准固体第一类模型中，应力平衡方程为

$$\sigma = E_2\varepsilon_2 + \eta\dot{\varepsilon}_2 \tag{3-77}$$

应变平衡方程可以表示为

$$\varepsilon = \varepsilon_1 + \varepsilon_2 = \varepsilon_2 + \frac{\sigma}{E_1} \tag{3-78}$$

将式(3-77)和式(3-78)联立，消去 ε_2，可求得三元件标准固体第一类模型的本构关系式：

$$\sigma + \frac{\eta}{E_1+E_2}\dot{\sigma} = \frac{E_1E_2}{E_1+E_2}\varepsilon + \frac{E_1\eta}{E_1+E_2}\dot{\varepsilon} \tag{3-79}$$

② 在三元件标准固体第二类模型中，应力平衡方程为

$$\sigma = \sigma_2 + E_1\varepsilon \tag{3-80}$$

应变平衡方程可以表示为

$$\varepsilon = \frac{\sigma_2}{E_2} + \varepsilon_3 \tag{3-81}$$

对式(3-81)两边取导数可得

$$\dot{\varepsilon} = \frac{\dot{\sigma}_2}{E_2} + \dot{\varepsilon}_3 = \frac{\dot{\sigma}_2}{E_2} + \frac{\sigma_2}{\eta} \tag{3-82}$$

将式(3-80)和式(3-81)联立，消去 σ_2，可得三元件标准固体第二类模型的本构关系式：

$$\sigma + \frac{\eta}{E_2}\dot{\sigma} = E_1\varepsilon + \frac{\eta(E_1+E_2)}{E_2}\dot{\varepsilon} \tag{3-83}$$

显然，三元件标准固体第一类和第二类模型的本构关系有相同的形式，所以两模型是等效的。它们的本构关系可统一表达为

$$\sigma + p_1\dot{\sigma} = q_0\varepsilon + q_1\dot{\varepsilon} \tag{3-84}$$

式中，p_1 表征黏弹性材料的松弛特性；q_0 代表黏弹性材料的弹性程度；q_1 反映黏弹性材料的蠕变特性。

(2) 蠕变与应力松弛。

由于三元件标准固体第一类模型类似于 Kelvin-Voigt 固体模型，不适合描述黏弹性材料的应力松弛现象。这里将以三元件标准固体第二类模型(即 Zener 模型)为例，介绍 Zener 模型描述的蠕变与应力松弛过程，如图 3.21 所示。

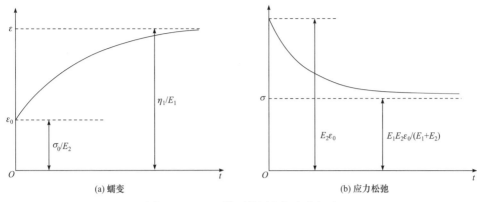

图 3.21　Zener 模型的蠕变与应力松弛

① 蠕变的模拟。

当施加一个恒定应力 $\sigma(t)=\sigma_0$，即 $d\sigma / dt=0$ 时，由 Zener 模型的本构关系表达式，可得到 ε 的一阶微分方程：

$$q_0\varepsilon+q_1\dot{\varepsilon}=\sigma_0 \tag{3-85}$$

通过求解式(3-85)，可获得 Zener 模型蠕变的计算公式：

$$\varepsilon(t)=\frac{q_1}{q_0}+\left(\frac{p_1}{q_1}\sigma_0-\frac{q_1}{q_0}\right)e^{-q_0t/q_1} \tag{3-86}$$

Zener 模型蠕变过程如图 3.21(a)所示。由图 3.21(a)可知，该模型的瞬态弹性应变为 $\varepsilon(0^+)=p_1\sigma_0 / q_1=\sigma_0 / E_2$。随着时间延长，模型蠕变逐渐增加，当 $t \rightarrow +\infty$ 时，$\varepsilon(+\infty) \rightarrow q_1 / q_0$，符合黏弹性材料的松弛特性。

② 应力松弛的模拟。

当施加一个恒定应变 $\varepsilon(t)=\varepsilon_0$，即 $d\varepsilon / dt=0$ 时，由 Zener 模型的本构关系表达式，可得到 σ 的一阶微分方程：

$$\sigma+p_1\dot{\sigma}=q_0\varepsilon_0 \tag{3-87}$$

通过求解式(3-87)，可获得 Zener 模型应力松弛的计算公式为

$$\sigma(t)=q_0\varepsilon_0+\left(\frac{q_1}{p_1}-q_0\right)\varepsilon_0e^{-t/p_1} \tag{3-88}$$

Zener 模型应力松弛如图 3.21(b)所示。由图 3.21(b)可知，该模型的瞬态弹性应力为 $\sigma(0)=q_1\varepsilon_0 / p_1=E_2\varepsilon_0$。随着时间延长，模型应力松弛逐渐减小，当 $t \rightarrow +\infty$ 时，$\sigma(+\infty) \rightarrow q_0\varepsilon_0$，符合黏弹性材料的松弛特性。

综上所述，直接采用本构方程标准形式的模型参数 p_i、q_i 要比元件变量 E、η 更为方便也更为合理。事实上，表征线性黏弹性材料时间相关力学行为和本构

关系的是由物性特征参数 p_i、q_i 和时间 t 构成的函数表达式。

4) 广义力学元件模型

应用实践表明，多个 Maxwell 流体模型并联或多个 Kelvin-Voigt 固体模型串联组成的模型，可以表述比较复杂的线性黏弹性材料的力学行为。这就是图 3.22 和图 3.23 所表示的广义 Maxwell 模型和广义 Kelvin-Voigt 模型(也称为 Kelvin-Voigt 链)。

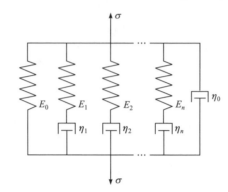

图 3.22　广义 Maxwell 模型

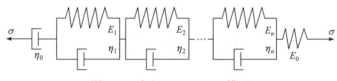

图 3.23　广义 Kelvin-Voigt 模型

(1) 松弛模量与蠕变柔量。

在进行广义 Maxwell(或广义 Kelvin-Voigt)模型微分型本构方程的推导前，需要首先了解两个重要的定义，以便加深对广义 Maxwell 模型(或广义 Kelvin-Voigt 模型)的理解。

由前面简单力学模型的蠕变与应力松弛过程可知，模型的应变或应力响应都是时间的函数，它反映了材料受简单荷载时的线性黏弹性力学行为。这里将定义另外两个重要的材料函数，即蠕变函数(又称蠕变柔量)和松弛函数(又称松弛模量)。它们也常被用来描述线性黏弹性材料与时间有关的力学行为。

① 对于线性黏弹性材料，在阶跃应力作用下，随时间变化的应变响应可表示为

$$\varepsilon(t) = \sigma_0 J(t) \tag{3-89}$$

式中，$J(t)$ 为蠕变柔量。蠕变柔量表示单位应力作用下随时间变化的应变值，一般是随时间 t 而单调增加的函数；包含弹性固体在内，蠕变柔量可以说是随时间而非减的函数。

通常情况下，可在时间域内将蠕变柔量定义为

$$\begin{cases} J_g = J, & t \to 0^+ \\ J(t) = J, & 0 < t < +\infty \text{ 且 } 0 \leqslant J_g < J(t) < J_e \leqslant +\infty \\ J_e = J, & t \to +\infty \end{cases} \tag{3-90}$$

式中，下标 g 代表玻璃态，下标 e 表示橡胶态。

② 当研究线性黏弹性材料的应力松弛时，可将阶跃应变作用下随时间变化的应力响应表示为

$$\sigma(t) = \varepsilon_0 Y(t) \tag{3-91}$$

式中，$Y(t)$ 为松弛模量，它表示单位应变作用下应力响应是随时间增加而减小的函数，一般是随时间 t 非增的函数。

同样，也可在时间域内将松弛模量定义为

$$\begin{cases} Y_g = Y, & t \to 0^+ \\ Y(t) = Y, & 0 < t < +\infty \text{ 且 } 0 \leqslant Y_e < Y(t) < Y_g \leqslant +\infty \\ Y_e = Y, & t \to +\infty \end{cases} \tag{3-92}$$

(2) 广义 Maxwell 模型(或广义 Kelvin-Voigt 模型)的微分型本构方程。

一般情况下，可采用直接代入法、微分算子法与 Laplace 变换法导出线性黏弹性体的本构方程。下面将利用微分算子推导广义 Maxwell 模型(或广义 Kelvin-Voigt 模型)的微分型本构方程。由于无论是广义 Kelvin-Voigt 模型，还是广义 Maxwell 模型，它们的本构方程都是完全相同的，下面仅以 Kelvin-Voigt 链为例进行其本构方程的推导。

设 Kelvin-Voigt 链中第 i 个 Kelvin-Voigt 单元的应变为 ε_i，其弹性模量和粘壶系数分别为 E_i 和 η_i，则该单元应力为 $\sigma_i = E_i \varepsilon_i + \eta_i \dot{\varepsilon}_i$。

若使用微分算子(记 d/dt 为 D，d^2/dt^2 为 D^2，以此类推)表示应变，可得

$$\varepsilon_i = \frac{\sigma}{E_i + \eta_i D} \tag{3-93}$$

由此，n 个 Kelvin-Voigt 链组成的广义 Kelvin-Voigt 模型的总应变为

$$\varepsilon = \sum_{i=1}^{n} \varepsilon_i = \sum_{i=1}^{n} \frac{\sigma}{E_i + \eta_i D} \tag{3-94}$$

若将式(3-94)展开并整理，可得广义 Kelvin-Voigt 模型的本构方程

$$p_0 \sigma + p_1 \dot{\sigma} + p_2 \ddot{\sigma} + p_3 \dddot{\sigma} + \cdots = q_0 \varepsilon + q_1 \dot{\varepsilon} + q_2 \ddot{\varepsilon} + q_3 \dddot{\varepsilon} + \cdots \tag{3-95}$$

写作

$$\sum_{k=0}^{m} p_k \frac{d^k \sigma}{dt^k} = \sum_{k=0}^{n} q_k \frac{d^k \varepsilon}{dt^k}, \quad n \geqslant m \tag{3-96}$$

也可写作

$$P\sigma = Q\varepsilon \tag{3-97}$$

其中微分算子为

$$P = \sum_{k=0}^{m} p_k \frac{\mathrm{d}^k \sigma}{\mathrm{d}t^k}, \quad Q = \sum_{k=0}^{n} q_k \frac{\mathrm{d}^k \varepsilon}{\mathrm{d}t^k} \tag{3-98}$$

式(3-95)～式(3-97)均可作为线性黏弹性材料统一的微分型本构方程。其中，p_k 和 q_k 是黏弹性材料的物性特征参数，通常 $p_0 = 1$。事实上，前面提到的基本力学元件模型、Maxwell 流体模型、Kelvin-Voigt 固体模型与三元件标准固体模型的本构方程都是式(3-95)的特殊情形。例如，式(3-95)左右边各取第一项，即为胡克弹簧的本构方程；式(3-95)左右边各取前两项，则为三元件标准固体模型的本构方程。

为了进一步获得广义 Kelvin-Voigt 模型(或广义 Maxwell 模型)的蠕变柔量和松弛模量，可采用 Laplace 变换法(即 $L\{f(t)\} = \int_0^{\infty} \mathrm{e}^{-st} f(t)\mathrm{d}t = F(s)$)。

若对式(3-96)进行 Laplace 变换，可得代数方程：

$$\sum_{k=0}^{m} p_k s^k \overline{\sigma}(s) = \sum_{k=0}^{m} q_k s^k \overline{\varepsilon}(s) \tag{3-99}$$

或可写作

$$\overline{P}(s)\overline{\sigma}(s) = \overline{Q}(s)\overline{\varepsilon}(s) \tag{3-100}$$

式中，s 为变换参量；$\overline{P}(s)$ 和 $\overline{Q}(s)$ 是 s 的多项式：

$$\overline{P}(s) = \sum_{k=0}^{m} p_k s^k, \quad \overline{Q}(s) = \sum_{k=0}^{n} q_k s^k \tag{3-101}$$

为了求蠕变柔量,将阶跃应力代入式(3-100),并考虑蠕变函数的定义式(3-89),可得

$$\overline{\varepsilon}(s) = \frac{\overline{P}(s)}{\overline{Q}(s)} \frac{\sigma_0}{s} = \overline{J}(s)\sigma_0 \tag{3-102}$$

其中，蠕变柔量的象函数是

$$\overline{J}(s) = \frac{\overline{P}(s)}{s\overline{Q}(s)} \tag{3-103}$$

通过 Laplace 逆变换可得蠕变柔量：

$$J(t) = L^{-1}\left[\overline{J}(s)\right] = L^{-1}\left[\frac{\overline{P}(s)}{s\overline{Q}(s)}\right] \tag{3-104}$$

为了得到松弛模量，将阶跃应变代入式(3-100)，并考虑松弛函数的定义公式 (3-91)，可得

$$\bar{\sigma}(s) = \frac{\overline{Q}(s)}{\overline{P}(s)} \frac{\varepsilon_0}{s} = \overline{Y}(s) \varepsilon_0 \tag{3-105}$$

其中，松弛模量的象函数是

$$\overline{Y}(s) = \frac{\overline{Q}(s)}{s\overline{P}(s)} \tag{3-106}$$

通过 Laplace 逆变换可得松弛模量：

$$Y(t) = L^{-1}\left[\overline{Y}(s)\right] = L^{-1}\left[\frac{\overline{Q}(s)}{s\overline{P}(s)}\right] \tag{3-107}$$

根据式(3-103)和式(3-106)，可以得到蠕变柔量和松弛模量在 Laplace 象空间中的数学关系：

$$\overline{J}(s)\overline{Y}(s) = \frac{1}{s^2} \tag{3-108}$$

进行 Laplace 逆变换后可得

$$\int_0^t J(t-\zeta)Y(\zeta) = t \tag{3-109}$$

或

$$\int_0^t J(\zeta)Y(t-\zeta) = t \tag{3-110}$$

值得注意的是，线性黏弹性材料的蠕变柔量与松弛模量之间不是互为倒数。这与纯弹性材料的模量与柔量的关系完全不同。附录 I 给出了线性黏弹性材料常用的力学模型的微分方程、蠕变柔量和松弛模量。在附录 I 中，q_0 是否为零将决定该力学模型表征的是固体还是流体。

下面讨论阶跃应力 σ_0 作用下固体($q_0 \neq 0$)或液体($q_0 = 0$)线性黏弹性材料的蠕变过程。当 $q_0 = 0$ 时，式(3-95)的左侧成为有限值 σ_0，而右侧则由于 $q_0 = 0$，剩下各项均为 ε 的各阶导数，因此 ε 的一阶导数必须不恒等于零，从而导致 $\varepsilon(+\infty)$ 的值趋于无限，其中 $\sigma(t \to +\infty) \equiv \sigma_0$。若令 $E(t \to +\infty)$ 为渐近模量，则当 $t \to +\infty$ 时，应有

$$E(+\infty) = \frac{\sigma(+\infty)}{\varepsilon(+\infty)} \tag{3-111}$$

因此，此时 $E(+\infty)$ 必须为零。这样的线性黏弹性材料显然是流体材料。反之，如果 $q_0 \neq 0$，那么当时间足够长后，ε 的各阶导数必须趋于零，最终变形稳定在

$$\sigma_0 = q_0 \varepsilon(+\infty) \tag{3-112}$$

所以有

$$E(+\infty) = q_0 \tag{3-113}$$

这样的线性黏弹性材料显然属于固体材料。

2. 积分型力学模型

前面是用微分方程描述线性黏弹性材料的力学行为，下面简要介绍如何通过遗传积分来建立与微分型本构方程完全等价的积分型本构方程。

1) 松弛时间谱与延迟时间谱

以 n 个 Maxwell 单元的广义 Maxwell 模型为例，它的松弛模量可表示为

$$Y(t) = \sum_{i=1}^{n} E_i \mathrm{e}^{-t/\tau_i} \tag{3-114}$$

式中，$\tau_i = \eta_i / E_i$ 为第 i 个 Maxwell 单元的松弛时间。当 $n \to +\infty$ 时，即并联无穷多个 Maxwell 单元，τ 将自零趋向无穷大，且 E_i 将趋于无穷小。由此，若引入一个连续函数 $R_\sigma(\tau)$，在 τ 与 $\tau + \mathrm{d}\tau$ 之间，弹性元件参量表示为 $E = R_\sigma(\tau)\mathrm{d}\tau$，则式 (3-114)的求和表达式可变成积分形式：

$$Y(t) = \int_0^\infty R_\sigma(\tau) \mathrm{e}^{-t/\tau} \mathrm{d}\tau \tag{3-115}$$

式中，新引入的连续函数 $R_\sigma(\tau)$ 是松弛时间分布函数或松弛时间谱，它是一种谱密度函数，$R_\sigma(\tau)\mathrm{d}\tau$ 表明了在松弛时间 τ 与 $\tau + \mathrm{d}\tau$ 之间 Maxwell 单元对应力松弛的贡献。

类似地，对无穷多个 Kelvin-Voigt 单元组成的 Kelvin-Voigt 链，则有

$$J(t) = \int_0^\infty R_\varepsilon(\tau)(1 - \mathrm{e}^{-t/\tau}) \mathrm{d}\tau \tag{3-116}$$

式中，$R_\varepsilon(\tau)$ 为延迟时间分布函数或延迟时间谱，$R_\varepsilon(\tau)\mathrm{d}\tau$ 表明了在延迟时间 τ 与 $\tau + \mathrm{d}\tau$ 之间 Kelvin-Voigt 单元对蠕变的贡献。

总之，在研究高聚物材料的线性黏弹力学行为时，松弛时间谱和延迟时间谱是两个非常重要的函数，它们可以用积分形式表达材料函数(即蠕变柔量与松弛模量)。不过，一般情况下，为了获得线性黏弹性材料的松弛时间谱和延迟时间谱，往往需要依靠实验结果、经验公式或分子理论来进行预测与估算[26-29]。

2) 广义 Maxwell 模型(或广义 Kelvin-Voigt 模型)的积分型本构方程

广义 Maxwell 模型(或广义 Kelvin-Voigt 模型)的积分型本构方程是基于 Boltzmann 叠加原理的遗传积分表达式。Boltzmann 叠加原理是高聚物线性黏弹性

体的一个简单但又非常重要的原理。该原理指出，高聚物的力学松弛行为是其整个历史上诸多松弛过程的线性加和的结果。高聚物的蠕变是整个负荷历史的函数，对于蠕变过程，每个负荷对高聚物变形的贡献是独立的，总的蠕变是各个负荷下蠕变的线性加和。

如前所述，可用蠕变柔量或松弛模量表示材料的黏弹性能。假设 $t=0$ 时施加一个阶跃应力 σ_0，但是随后 σ 是随时间变化的函数 $\sigma(t)$。

假设 t_1 时刻有附加应力 $\Delta\sigma_1$ 作用，那么 t_1 时刻后的总应变为

$$\varepsilon(t) = \sigma_0 J(t) + \Delta\sigma_1 J(t-t_1) \tag{3-117}$$

类似地，若有 r 个应力增量顺次在 t_i 时刻分别作用于物体，则 t_r 以后某时刻 t 的总应变为

$$\varepsilon(t) = \sigma_0 J(t) + \sum_{i=1}^{r} \Delta\sigma_i J(t-t_i) \tag{3-118}$$

或写作

$$\varepsilon(t) = \sigma_0 J(t) + \int_0^t J(t-u)\frac{\partial\sigma(u)}{\partial u}\mathrm{d}u \tag{3-119}$$

这就是基于 Boltzmann 叠加原理的遗传积分，也称为蠕变型遗传积分本构方程。利用 Stieltjes 卷积可得

$$\varepsilon(t) = \int_{-\infty}^{+\infty} J(t-u)\mathrm{d}\sigma(u) = J(t)\times\mathrm{d}\sigma(t) \tag{3-120}$$

式(3-119)也可写成另一种常用形式：

$$\varepsilon(t) = \sigma(t)J(0) + \int_0^t \sigma(u)\frac{\partial J(t-u)}{\partial u}\mathrm{d}u = \int_{-\infty}^{+\infty}\sigma(u)\mathrm{d}J(t-u) = \sigma(t)\times\mathrm{d}J(t) \tag{3-121}$$

类似地，对于应力松弛过程，Boltzmann 叠加原理能够给出与蠕变过程完全相对应的数学表达式：

$$\sigma(t) = \varepsilon_0 Y(t) + \int_0^t Y(t-u)\frac{\partial\varepsilon(u)}{\partial u}\mathrm{d}u = \int_{-\infty}^{+\infty} Y(t-u)\mathrm{d}\varepsilon(u) = Y(t)\times\mathrm{d}\varepsilon(t) \tag{3-122}$$

或可写作

$$\sigma(t) = \varepsilon(t)Y(0) + \int_0^t \varepsilon(u)\frac{\partial Y(t-u)}{\partial u}\mathrm{d}u = \int_{-\infty}^{+\infty}\varepsilon(u)\mathrm{d}Y(t-u) = \varepsilon(t)\times\mathrm{d}Y(t) \tag{3-123}$$

显然，上述积分型本构方程表明，在任意给定时刻，线性黏弹性体应变依赖于先前所发生的一切。这与弹性材料完全不同。在弹性材料中，任何时刻的应变仅依赖于该时刻作用的应力。

3. 复数型力学模型

所有线性黏弹性变形是随时间变化的，也就是说会产生运动。然而，在静态荷载作用下，线性黏弹性运动非常慢，以至于加速度和质量的乘积与其他力相比非常小。正是基于这一事实，在很多情况下会忽略惯性项。实际工程中，许多线性黏弹性材料所受外荷载的作用时间短，或会受到随时间交替变化的外部荷载作用，因此有必要研究线性黏弹性材料的动态力学性能[26-28]。下面着重介绍交变荷载作用下动态线性黏弹性力学行为的描述与表达(即复模量和复柔量)，及其与材料时间函数(松弛模量与蠕变柔量)之间的一些重要关系。

为了研究动态应力和动态应变激振荷载作用下线性黏弹性材料的动态力学行为，下面分别讨论两种情形：第一种是替代蠕变实验，将交变应力作用到线性黏弹试样上来求其动态应变；第二种是取代应力松弛实验，将交变应变施于线性黏弹试件上来求其动态应力。

1) 复模量

设应变ε随时间简谐变化，并可用复数形式表示为

$$\varepsilon(t) = \varepsilon_0 e^{i\omega t} = \varepsilon_0(\cos(\omega t) + i\sin(\omega t)) \tag{3-124}$$

式中，应变分为实部$\varepsilon_0\cos(\omega t)$和虚部$\varepsilon_0\sin(\omega t)$，它们是振动频率的函数。

将式(3-124)代入式(3-95)可得

$$\sum_{k=0}^{m} p_k \frac{d^k \sigma}{dt^k} = \sum_{k=0}^{n} q_k (i\omega)^k \varepsilon_0 e^{i\omega t} \tag{3-125}$$

解式(3-125)可得应力响应$\sigma(t)$。

在稳态谐振条件下，有

$$\sigma(t) = \frac{\sum_{k=0}^{n} q_k (i\omega)^k}{\sum_{k=0}^{m} p_k (i\omega)^k} \varepsilon_0 e^{i\omega t} = \frac{\overline{Q}(i\omega)}{\overline{P}(i\omega)} \varepsilon(t) \tag{3-126}$$

式中，$\sum_{k=0}^{m} p_k (i\omega)^k$和$\sum_{k=0}^{n} q_k (i\omega)^k$为式(3-101)，只是其中的$s$变成了$i\omega$。

令

$$\frac{\sigma(t)}{\varepsilon(t)} = \frac{\overline{Q}(i\omega)}{\overline{P}(i\omega)} \equiv Y^*(i\omega) = Y_1(\omega) + iY_2(\omega) \tag{3-127}$$

则$Y^*(i\omega)$为复模量，也可称为动态模量。复模量的物理意义表示交变应变荷载作用下的应力响应，是线性黏弹性材料动态力学性能的重要指标。显然，它只是与

频率相关的函数，而且与应力和应变的幅值无关，且不随时间而变化。复模量 $Y^*(\mathrm{i}\omega)$ 一般是复数，由实部 $Y_1(\omega)$ 和虚部 $Y_2(\omega)$ 组成。

由式(3-125)可知，在稳定谐振状态下，$\sigma(t)$ 也是时间的交变函数。因此，可假设应变与应力均为复数形式，即

$$\varepsilon^*=\varepsilon'+\mathrm{i}\varepsilon'', \quad \sigma^*=\sigma'+\mathrm{i}\sigma'' \tag{3-128}$$

将式(3-128)代入式(3-127)，有

$$\sigma'+\mathrm{i}\sigma''=(Y_1+\mathrm{i}Y_2)(\varepsilon'+\mathrm{i}\varepsilon'') \tag{3-129}$$

因此可得

$$\sigma'=Y_1\varepsilon'-Y_2\varepsilon'', \quad \sigma''=Y_2\varepsilon'+Y_1\varepsilon'' \tag{3-130}$$

这就是说，已知复应变荷载和线性黏弹性材料的复模量，便可以求出复应力响应的实部与虚部。同理，若知复应力荷载和线性黏弹性材料的复模量，可求出复应变响应的实部与虚部，即

$$\varepsilon'=\frac{Y_1\sigma'+Y_2\sigma''}{Y_1^2+Y_2^2}, \quad \varepsilon''=\frac{Y_1\sigma''-Y_2\sigma'}{Y_1^2+Y_2^2} \tag{3-131}$$

2) 复柔量

若线性黏弹性材料受到动应力为 $\sigma(t)=\sigma_0\mathrm{e}^{\mathrm{i}\omega t}$，则应变响应为

$$\varepsilon(t)=\varepsilon^*\mathrm{e}^{\mathrm{i}\omega t} \tag{3-132}$$

式中，ε^* 为复应变。

若将动应力表达式和式(3-132)代入式(3-95)，可得

$$\frac{\varepsilon(t)}{\sigma(t)}=\frac{\varepsilon^*}{\sigma_0}=\frac{\overline{P}(\mathrm{i}\omega)}{\overline{Q}(\mathrm{i}\omega)}\equiv J^*(\mathrm{i}\omega)=J_1(\omega)-\mathrm{i}J_2(\omega) \tag{3-133}$$

式中，$J^*(\mathrm{i}\omega)$ 为复柔量或动态柔量，也是与频率相关的函数。需要注意的是，为了后面便于表达线性黏弹性材料复函数的虚部与实部的关系，复柔量的虚部前面取作负号。

若动应力与动应变均为复数形式(如式(3-128))，则由式(3-133)可得

$$\varepsilon'+\mathrm{i}\varepsilon''=(J_1-\mathrm{i}J_2)(\sigma'+\mathrm{i}\sigma'') \tag{3-134}$$

显然，应变的实部与虚部分别为

$$\varepsilon'=J_1\sigma'+J_2\sigma'', \quad \varepsilon''=J_1\sigma''-J_2\sigma' \tag{3-135}$$

这就是说，若已知复应力荷载和线性黏弹性材料的复柔量，便可求出复应变响应的实部与虚部。同理，若已知复应变荷载和线性黏弹性材料的复柔量，可求出复应力的实部与虚部，即

$$\sigma'=\frac{J_1\varepsilon'-J_2\varepsilon''}{J_1^2+J_2^2}, \quad \sigma''=\frac{J_1\varepsilon''+J_2\varepsilon'}{J_1^2+J_2^2} \tag{3-136}$$

3) 复模量与复柔量的关系

由式(3-127)和式(3-133)可知，复模量与复柔量互为倒数，即

$$Y^*(\mathrm{i}\omega)=\frac{1}{J^*(\mathrm{i}\omega)} \quad 或 \quad Y_1+\mathrm{i}Y_2=\frac{1}{J_1-\mathrm{i}J_2} \tag{3-137}$$

因此可得

$$Y_1(\omega)=\frac{J_1(\omega)}{J_1^2(\omega)+J_2^2(\omega)} \quad 或 \quad Y_2(\omega)=\frac{J_2(\omega)}{J_1^2(\omega)+J_2^2(\omega)} \tag{3-138}$$

若采用 Y_1 和 Y_2 表示 J_1 和 J_2，则有

$$J_1(\omega)=\frac{Y_1(\omega)}{Y_1^2(\omega)+Y_2^2(\omega)} \quad 或 \quad J_2(\omega)=\frac{Y_2(\omega)}{Y_1^2(\omega)+Y_2^2(\omega)} \tag{3-139}$$

所以已知复模量或复柔量其中之一，就可算出另一个函数。

另外，由式(3-127)和式(3-138)可得复模量或复柔量的实部、虚部以及滞后相位差δ的关系为

$$\tan\delta=\frac{Y_2}{Y_1}=\frac{J_2}{J_1} \tag{3-140}$$

由式(3-127)可知，复模量实部 $Y_1(w)$ 对应的应力和应变是同相位的，体现能量的存储，因此常称 $Y_1(\omega)$ 为储能模量。与应变成相位差 $\pi/2$ 的应力相关的虚部 $Y_2(\omega)$，则称为损耗模量。同理，$J_1(\omega)$ 为储能柔量，$J_2(\omega)$ 为耗能柔量。滞后角的正切值 $\tan\delta$ 称为损耗因子。这些参数在高聚物线性黏弹性体的动态力学性能中有非常重要的物理意义。

显然，如果已知线性黏弹性材料的微分型本构方程，或通过式(3-127)和式(3-133)，或直接由本构方程均可得出复模量和复柔量。下面具体讨论 Maxwell 流体模型、Kelvin-Voigt 固体模型和三元件标准固体模型的复模量或复柔量。

(1) Maxwell 流体模型。

当 Maxwell 流体模型承受交变荷载 $\sigma(t)=\sigma_0\mathrm{e}^{\mathrm{i}\omega t}$ 时，其运动方程可以写为

$$\dot{\varepsilon}=\frac{\sigma_0}{E}\mathrm{i}\omega\mathrm{e}^{\mathrm{i}\omega t}+\frac{\sigma}{\eta}\mathrm{e}^{\mathrm{i}\omega t} \tag{3-141}$$

在 t_1 到 t_2 时间区间内对式(3-141)积分，有

$$\varepsilon(t_2)-\varepsilon(t_1)=\frac{\sigma_0}{E}(\mathrm{e}^{\mathrm{i}\omega t_2}-\mathrm{e}^{\mathrm{i}\omega t_1})+\frac{\sigma}{\mathrm{i}\omega\eta}(\mathrm{e}^{\mathrm{i}\omega t_2}-\mathrm{e}^{\mathrm{i}\omega t_1}) \tag{3-142}$$

进一步化简得

$$\varepsilon(t_2)-\varepsilon(t_1)=\left(\frac{1}{E}+\frac{1}{\mathrm{i}\omega\eta}\right)\left[\sigma(t_2)-\sigma(t_1)\right] \tag{3-143}$$

应变增量除以应力增量即复柔量 J^*，由式(3-143)可得

$$J^*=\frac{\varepsilon(t_2)-\varepsilon(t_1)}{\sigma(t_2)-\sigma(t_1)}=\frac{1}{E}+\frac{1}{\mathrm{i}\omega\eta} \tag{3-144}$$

因此，储能柔量 $J_1(\omega)=1/E=p_1/q_1$，耗能柔量 $J_2(\omega)=-1/(\eta\omega)=-1/(q_1\omega)$。

应力增量除以应变增量即复模量 Y^*，式(3-143)得

$$Y^*=\frac{\sigma(t_2)-\sigma(t_1)}{\varepsilon(t_2)-\varepsilon(t_1)}=\frac{1}{\dfrac{1}{E}-\dfrac{\mathrm{i}}{\omega\eta}}=\frac{E\eta^2\omega^2}{E+\eta^2\omega^2}+\mathrm{i}\frac{E^2\eta\omega}{E+\eta^2\omega^2} \tag{3-145}$$

显然

$$Y_1(\omega)=\frac{E\eta^2\omega^2}{E+\eta^2\omega^2},\quad Y_2(\omega)=\frac{E^2\eta\omega}{E+\eta^2\omega^2},\quad \tan\delta=\frac{E}{\eta\omega} \tag{3-146}$$

按照这些关系式可得到 Maxwell 流体模型的储能模量 $Y_1(\omega)$、损耗模量 $Y_2(\omega)$ 和损耗因子 $\tan\delta$ 随频率的变化规律，如图 3.24 所示。

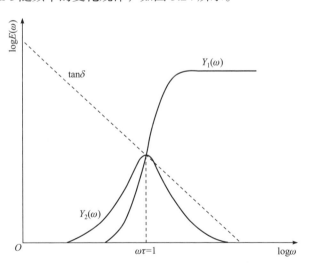

图 3.24　Maxwell 流体模型的复模量与损耗因子

定性上看，Maxwell 流体模型所表征的储能模量 $Y_1(\omega)$ 和损耗模量 $Y_2(\omega)$ 的频变曲线形状基本符合轨道高聚物弹性元件的热动态力学特征，但是 $\tan\delta$ 的频变曲线形状不符合实际。因此，单纯依靠 Maxwell 流体模型将很难准确模拟轨道高

聚物弹性元件的真实损耗因子。

(2) Kelvin-Voigt 固体模型。

当 Kelvin-Voigt 固体模型承受的交变应变为 $\varepsilon(t)=\varepsilon_0 \mathrm{e}^{\mathrm{i}\omega t}$ 时,其运动方程可写为

$$\sigma=\varepsilon_0 \mathrm{e}^{\mathrm{i}\omega t}+\mathrm{i}\omega\eta\varepsilon_0 \mathrm{e}^{\mathrm{i}\omega t} \tag{3-147}$$

于是复模量为

$$Y^*(\omega)=\frac{\sigma(t)}{\varepsilon(t)}=E+\mathrm{i}\omega\eta \tag{3-148}$$

可见,$Y_1(\omega)=E$,$Y_2(\omega)=\omega\eta$。

同理,复柔量为

$$J^*(\omega)=\frac{1}{E+\mathrm{i}\omega\eta} \tag{3-149}$$

因此

$$J_1(\omega)=\frac{q_0}{q_0^2+q_1^2\omega^2}, \quad J_2(\omega)=\frac{-q_1\omega}{q_0^2+q_1^2\omega^2}, \quad \tan\delta=\frac{q_1\omega}{q_0} \tag{3-150}$$

式(3-150)的关系如图 3.25 所示。与 Maxwell 流体模型类似,复柔量的频变曲线基本正确,但是 $\tan\delta$ 的频变曲线形状依然不对。显然,单独使用 Kelvin-Voigt 固体模型同样不能准确描述轨道高聚物弹性元件的真实损耗因子。

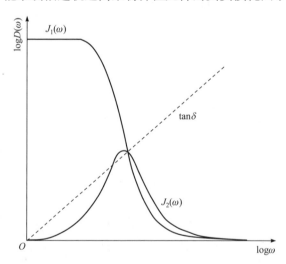

图 3.25　Kelvin-Voigt 固体模型的复柔量与损耗因子

(3)三元件标准固体模型。

如果三元件标准固体模型所承受的动态应力是 $\sigma(t)=\sigma_0 \mathrm{e}^{\mathrm{i}\omega t}$,那么若将其动态

应变响应 $\sigma(t)=\varepsilon^* e^{i\omega t}$ 代入三元件标准固体模型的本构方程，可得

$$\varepsilon^* = \frac{1+p_1(i\omega)}{q_0+q_1(i\omega)}\sigma_0 \tag{3-151}$$

因而有

$$J^*(i\omega) = \frac{\overline{P}(i\omega)}{\overline{Q}(i\omega)} = \frac{1+i\omega p_1}{q_0+i\omega q_1} \tag{3-152}$$

即

$$J_1(\omega) = \frac{q_0+p_1 q_1\omega^2}{q_0^2+q_1^2\omega^2}, \quad J_2(\omega) = -\frac{(q_1-p_1 q_0)\omega}{q_0^2+q_1^2\omega^2}, \quad \tan\delta = \frac{(q_1-p_1 q_0)\omega}{q_0+p_1 q_1\omega^2} \tag{3-153}$$

显然，当 $\omega=0$ 时，有 $J_1=1/q_0$，$J_2=0$；当 $\omega\to+\infty$ 时，得 $J_1=p_1/q_1$，$J_2=0$。也就是说，当频率为零或极高时，三元件标准固体模型的应变与应力没有相位差，体现出弹性固体的性质；而且仅在某频率下，损耗因子才出现最大值，基本符合高聚物线性黏弹性体动态力学性能的一般特征。另外，几种比较常用的线性黏弹性材料力学模型的复柔量也列入附录 I 中。

为了更好地理解三元件标准固体模型的动态力学特征，下面采用另一种推导过程与表达方式，来揭示松弛时间谱(或延迟时间谱)与复模量(或复柔量)的关系 [27]。这里首先引入与松弛时间谱或延迟时间谱有关的特征频率：

$$\begin{cases} f_\varepsilon = 1/\tau_\varepsilon = q_0/q_1 \\ f_\sigma = 1/\tau_\sigma = 1/p_1 \end{cases}, \quad 0 < f_\varepsilon < f_\sigma < +\infty \tag{3-154}$$

然后，三元件标准固体模型的本构方程可以写为

$$\left(1+\frac{1}{f_\sigma}\frac{d}{dt}\right)\sigma(t) = q_0\left(1+\frac{1}{f_\varepsilon}\frac{d}{dt}\right)\varepsilon(t), \quad q_0 = Y(\omega\to 0^+) = Y(\omega\to+\infty)\frac{f_\varepsilon}{f_\sigma} \tag{3-155}$$

在式(3-155)中，$Y(\omega\to 0^+)$ 相当于静态松弛模量 $Y(t\to+\infty)$，而 $Y(\omega\to+\infty)$ 则是玻璃态松弛模量，也是瞬时加载的松弛模量 $Y(t\to 0^+)$。

根据式(3-155)可得复模量：

$$Y^*(\omega) = Y(\omega\to 0^+)\frac{1+i\omega/f_\varepsilon}{1+i\omega/f_\sigma} = Y(\omega\to+\infty)\frac{f_\varepsilon+i\omega}{f_\sigma+i\omega} \tag{3-156}$$

于是有

$$Y'(\omega) = Y(\omega\to+\infty)\frac{\omega^2+f_\varepsilon f_\sigma}{\omega^2+f_\sigma^2}, \quad Y''(\omega) = Y(\omega\to+\infty)\frac{\omega(f_\sigma-f_\varepsilon)}{\omega^2+f_\sigma^2}, \quad \tan\delta = \frac{(f_\sigma-f_\varepsilon)\omega}{\omega^2+f_\varepsilon f_\sigma}$$

$$\tag{3-157}$$

由式(3-157)可知，三元件标准固体模型在 $\omega=\sqrt{f_\varepsilon f_\sigma}$ 时损耗因子可达到最大值 $(f_\sigma - f_\varepsilon)\big/\left(2\sqrt{f_\varepsilon f_\sigma}\right)$。图 3.26 给出了三元件标准固体模型的复模量与损耗因子随频率变化的情况。为了方便绘图，在图 3.26 中各参数均为无量纲参数，其中圆频率对数范围是 $10^{-2}\sim10^{2}$，$\alpha=1/2$，$\beta=2$，$Y(\omega\to+\infty)=1$，$Y_0=1/4$。

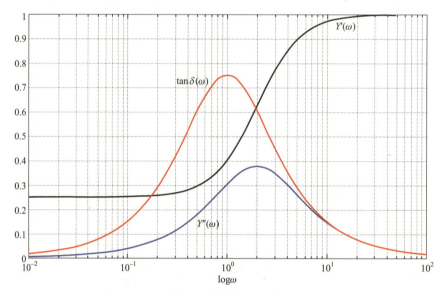

图 3.26　三元件标准固体模型的复模量与损耗因子

4) 复模量与松弛模量(或复柔量与蠕变柔量)的关系

到目前为止，已经掌握反映线性黏弹性材料力学性能的几个重要的函数：松弛模量 $Y(t)$、蠕变柔量 $J(t)$、复模量 $Y(\mathrm{i}\omega)$ (实部为储能模量 $Y_1(\omega)$，虚部是损耗模量 $Y_2(\omega)$)和复柔量 $J(\mathrm{i}\omega)$ (实部为储能柔量 $J_1(\omega)$，虚部是损耗柔量 $J_2(\omega)$)。这些函数从不同角度描述了线性黏弹性材料的静力学或动力学行为，因此它们之间必然存在一定的关系，利用这些关系可以从一个函数推导出其他函数。

(1) 由松弛模量(蠕变柔量)求复模量(复柔度)。

由线性黏弹性材料蠕变柔量 $J(t)$、松弛模量 $Y(t)$ 的 Laplace 变换和微分型方程系数之间的关系可知：

$$\overline{J}(s)=\frac{\overline{P}(s)}{s\overline{Q}(s)}, \quad \overline{Y}(s)=\frac{\overline{Q}(s)}{s\overline{P}(s)} \tag{3-158}$$

若将 Laplace 变量 s 用 $\mathrm{i}\omega$ 替代，并结合式(3-133)，则有

$$\mathrm{i}\omega\overline{J}(\mathrm{i}\omega)=\frac{\overline{P}(\mathrm{i}\omega)}{\overline{Q}(\mathrm{i}\omega)}=J^*(\mathrm{i}\omega), \quad \mathrm{i}\omega\overline{Y}(\mathrm{i}\omega)=\frac{\overline{Q}(\mathrm{i}\omega)}{\overline{P}(\mathrm{i}\omega)}=Y^*(\mathrm{i}\omega) \tag{3-159}$$

式(3-159)就是复模量与松弛模量(复柔量与蠕变柔量)的关系式。

下面将以三元件标准固体模型为例,展现复模量与松弛模量(复柔量与蠕变柔量)的关系。由式(3-159)蠕变柔量 $J(t)$ 、松弛模量 $Y(t)$ 的 Laplace 变换可得

$$J^*(\mathrm{i}\omega)=\mathrm{i}\omega\bar{J}(\mathrm{i}\omega)=J(t\to 0^+)+\left[J(t\to+\infty)-J(t\to 0^+)\right]\frac{1}{1+\mathrm{i}\omega\tau_\varepsilon} \tag{3-160}$$

$$Y^*(\mathrm{i}\omega)=\mathrm{i}\omega\bar{Y}(\mathrm{i}\omega)=Y(t\to+\infty)+\left[Y(t\to 0^+)-Y(t\to+\infty)\right]\frac{\mathrm{i}\omega\tau_\sigma}{1+\mathrm{i}\omega\tau_\sigma} \tag{3-161}$$

然后,可分别得到复柔量与复模量的实部与虚部:

$$\begin{cases} J'(\omega)=J(t\to 0^+)+\left[J(t\to+\infty)-J(t\to 0^+)\right]\dfrac{1}{1+(\omega\tau_\varepsilon)^2} \\[4mm] J''(\omega)=\left[J(t\to+\infty)-J(t\to 0^+)\right]\dfrac{\omega\tau_\varepsilon}{1+(\omega\tau_\varepsilon)^2} \end{cases} \tag{3-162}$$

$$\begin{cases} Y'(\omega)=Y(t\to+\infty)+\left[Y(t\to 0^+)-Y(t\to+\infty)\right]\dfrac{\omega\tau_\sigma}{1+(\omega\tau_\sigma)^2} \\[4mm] Y''(\omega)=\left[Y(t\to 0^+)-Y(t\to+\infty)\right]\dfrac{\omega\tau_\sigma}{1+(\omega\tau_\sigma)^2} \end{cases} \tag{3-163}$$

在式(3-162)和式(3-163)中,可定义一个新的参量 $\omega_n=\omega\tau$ 为归一化圆频率。

(2) 由复模量(复柔量)的实部、虚部求松弛模量(蠕变柔量)。

根据复模量与松弛模量(复柔量与蠕变柔量)的关系,也可由积分型本构方程直接导出如下关系。

① 复模量的实部、虚部与松弛模量的关系。

假设应力松弛过程的松弛函数可表示为一般形式:

$$Y(t)=Y_e+Y_\tau(t) \tag{3-164}$$

当 $t\to+\infty$ 时,有 $Y_\tau(t)=0$,而 $Y(t\to+\infty)=Y_e$ 为一个定值。这就是说,经过很长时间后,松弛函数达到一个稳定值。对于 $Y_\tau(t)$,则要求它是随时间单调递减的函数。

若将 $\varepsilon(t)=\varepsilon_0\mathrm{e}^{\mathrm{i}\omega t}$ 代入积分型本构方程(3-123),并考虑式(3-164),即

$$\sigma(t)=\int_{-\infty}^{t}Y(t-u)\varepsilon(u)\mathrm{d}u=Y_e\varepsilon(t)+\mathrm{i}\omega\varepsilon_0\int_{-\infty}^{t}Y_\tau(t-u)\mathrm{e}^{\mathrm{i}\omega u}\mathrm{d}u \tag{3-165}$$

令式(3-165)右端积分项中 $t-u=v$,得

$$\begin{aligned} \sigma(t)&=Y_e\varepsilon(t)+\mathrm{i}\omega\varepsilon_0\int_{-\infty}^{t}Y_\tau(v)\mathrm{e}^{\mathrm{i}\omega v}\mathrm{d}v \\[2mm] &=\left[Y_e+\omega\int_0^\infty Y_\tau(u)\sin(\omega u)\mathrm{d}u\right]\varepsilon(t)+\mathrm{i}\left[\omega\int_0^\infty Y_\tau(u)\cos(\omega u)\mathrm{d}u\right]\varepsilon(t) \end{aligned} \tag{3-166}$$

将式(3-166)和 $\sigma(t)=(Y_1+\mathrm{i}Y_2)\varepsilon(t)$ 比较实部和虚部，便可得到复模量与松弛模量的另一个重要关系式(即积分型表达式)：

$$Y_1(\omega)=Y_e+\omega\int_0^\infty\left(Y(u)-Y_e\right)\sin(\omega u)\mathrm{d}u$$

$$Y_2(\omega)=\omega\int_0^\infty\left(Y(u)-Y_e\right)\cos(\omega u)\mathrm{d}u$$

(3-167)

对式(3-167)做逆变换，可得到由复模量实部或虚部表示的松弛模量：

$$Y(t)=Y_e+\frac{2}{\pi}\int_0^\infty\frac{Y_1(\omega)-Y_e}{\omega}\sin(\omega t)\mathrm{d}\omega$$

$$Y(t)=Y_e+\frac{2}{\pi}\int_0^\infty\frac{Y_2(\omega)}{\omega}\cos(\omega t)\mathrm{d}\omega$$

(3-168)

因此，根据式(3-168)可由线性黏弹性材料复模量的虚部或实部求出线性黏弹性材料的松弛函数。其中，$Y_1(\omega\to0^+)=Y_e=Y(t\to+\infty)$。需要指出的是，式(3-167)和式(3-159)是完全等效的。

② 复柔量的实部、虚部与蠕变柔量的关系。

由复柔量与蠕变柔量的关系式(3-159)进一步展开，可写为

$$J_1-\mathrm{i}J_2=\mathrm{i}\omega\int_0^\infty J(t)\mathrm{e}^{-\mathrm{i}\omega t}\mathrm{d}t=\mathrm{i}\omega\int_0^\infty J(t)(\cos(\omega t)-\mathrm{i}\sin(\omega t))\mathrm{d}t$$

(3-169)

通过比较虚部和实部，可得

$$J_1(\omega)=\omega\int_0^\infty J(t)\sin(\omega t)\mathrm{d}t,\quad J_1(\omega)=\omega\int_0^\infty J(t)\cos(\omega t)\mathrm{d}t$$

(3-170)

这说明可用积分形式将线性黏弹性材料的静态和动态力学行为联系起来。在稳态条件下，一般线性黏弹性体的这些材料函数能够相互转换。

不过，在上述积分变换中需要考虑变换条件。例如，对于黏流体模型和Kelvin-Voigt固体模型，$Y_2(\omega)=\eta\omega$，此时式(3-174)将变为常数，做傅里叶余弦变换，由于函数不满足绝对可积条件，因而积分不收敛。类似这种积分变换不存在的情况，在没有瞬态响应的其他黏弹性材料也会发生。同样，情况也会出现在式(3-170)及其反演公式中，此时无法通过这些积分公式来换算材料函数。

考虑到材料函数的一些特性，需要对上述某些理论公式进行必要的修正。这里以式(3-170)为例，由于蠕变函数一般是随时间而单调增加的，即当 $t\to+\infty$ 时，$\mathrm{d}J(t)$ 和 $\mathrm{d}J(t)/\mathrm{d}t$ 可能不是一个有限的数值，为此引进了 η_0 和 J_e 两个参数，使得当 $t\to+\infty$ 时，满足：

$$\frac{\mathrm{d}J}{\mathrm{d}t}\to\frac{1}{\eta_0},\quad\left[J(t)-\frac{t}{\eta_0}\right]\to J_e$$

(3-171)

据此，可将式(3-159)改写为

$$J^*(\mathrm{i}\omega) - J_e + \frac{\mathrm{i}}{\eta\omega} = \mathrm{i}\omega\overline{J}(\mathrm{i}\omega) - J_e + \frac{\mathrm{i}}{\eta_0\omega}$$

$$= \mathrm{i}\omega\left[\overline{J}(\mathrm{i}\omega) - \overline{J}_e - \frac{\overline{t}}{\eta_0}\right] = \mathrm{i}\omega\int_0^\infty\left[J(t) - J_e - \frac{t}{\eta_0}\right]\mathrm{e}^{\mathrm{i}\omega t}\mathrm{d}t \tag{3-172}$$

注意到 $J^* = J_1 - \mathrm{i}J_2$，将式(3-172)右端 $\mathrm{e}^{\mathrm{i}\omega t}$ 表示为正弦和余弦后，比较虚部和实部，可得

$$J_1(\omega) = J_e + \omega\int_0^{+\infty}\left[J(t) - J_e - \frac{t}{\eta_0}\right]\sin(\omega t)\mathrm{d}t$$

$$J_2(\omega) = \frac{1}{\eta_0\omega} - \omega\int_0^{+\infty}\left[J(t) - J_e - \frac{t}{\eta_0}\right]\cos(\omega t)\mathrm{d}t \tag{3-173}$$

对于黏弹性固体，式(3-173)中的 $1/\eta_0$ 为零。由式(3-173)可得反演公式：

$$J(t) = J(0) + \frac{t}{\eta_0} + \frac{2}{\pi}\int_0^\infty\left[\frac{J_1(\omega) - J(0)}{\omega}\right]\sin(\omega t)\mathrm{d}\omega$$

$$J(t) = J(0) + \frac{t}{\eta_0} + \frac{2}{\pi}\int_0^\infty\left[\frac{J_2(\omega)}{\omega} - \frac{1}{\eta_0\omega^2}\right][1 - \cos(\omega t)]\mathrm{d}\omega \tag{3-174}$$

式中，$J(0) = J_1(0)$，可由式(3-173)计算得到。式(3-167)、式(3-168)、式(3-173)和式(3-174)是材料函数之间的理论关系式。然而，在做积分换算以及使用实验资料表示材料函数的过程中，往往有许多困难。因此，材料函数的实用表达与换算，常常使用近似的表达式。对于高聚物，一般采用其松弛时间谱 $R_\sigma(\tau)$ 和延迟时间谱 $R_\varepsilon(\tau)$ 来表示其黏弹特征。此外，这些积分表达式说明，适当的记忆函数，可以很好地描述线性黏弹性材料的动态力学性能。

4. 分数阶微积分型力学模型

众所周知，理想弹性体的应力-应变关系满足胡克定律 $\sigma(t) \sim \mathrm{d}\varepsilon(t)/\mathrm{d}t$，牛顿流体满足牛顿定律 $\sigma(t) \sim \mathrm{d}^1\varepsilon(t)/\mathrm{d}t^1$。因此，介于胡克弹性固体和牛顿黏性流体的线性黏弹性材料的本构关系可能服从 $\sigma(t) \sim \mathrm{d}^\alpha\varepsilon(t)/\mathrm{d}t^\alpha$ 且 $\alpha \leqslant 1$，这正是 Scott Blair[15] 和 Gerasimov[16] 各自独立提出的分数阶线性黏弹性本构关系。在这种分数阶线性黏弹性本构关系中，分数阶数 α 的大小与黏弹性材料的物理特性有关。

下面从幂律蠕变函数出发，介绍分数阶微积分理论在传统力学模型中的应用过程，即利用分数阶 Abel 粘壶替代整数阶牛顿粘壶的过程。然后，将以应用较广的 Zener 模型为例，讨论分数阶 Zener 模型的静态应力松弛、静态蠕变以及动态

力学行为[18]。最后，简要介绍基于 Zener 模型的高阶分数阶力学模型以及五参数分数阶力学模型。

1) 幂律函数与 Scott-Blair 模型

对于线性黏弹性实体，它的蠕变柔量能够用幂律函数来表达，如式(3-175)所示：

$$J(t) = \frac{a}{\Gamma(1+\alpha)} t^{\alpha}, \quad a > 0, \ 0 < \alpha < 1 \tag{3-175}$$

这种幂律函数可以反映绝大多数线性黏弹性材料的蠕变实验规律，并结合由 3.3.2 节第二部分定义的蠕变柔量数学公式可知，也一定存在一个相对应的延迟时间谱。

依据 Laplace 积分对和伽马函数反射公式：

$$\Gamma(\alpha)\Gamma(1-\alpha) = \frac{\pi}{\sin(\pi\alpha)} \tag{3-176}$$

可以得到基于幂律函数的延迟时间谱：

$$R_{\varepsilon}(\tau) = \frac{\sin(\pi\alpha)}{\pi} \frac{1}{\tau^{1-\alpha}} \tag{3-177}$$

根据蠕变柔量和松弛模量的 Laplace 变换关系(见 3.3.2 节第二部分)，可得到基于幂律函数的松弛模量(见式(3-178))及其对应的松弛时间谱(见(式 3-179))。

$$G(t) = \frac{b}{\Gamma(1-\alpha)} t^{-\alpha}, \quad b = \frac{1}{a} > 0 \tag{3-178}$$

$$R_{\sigma}(\tau) = \frac{\sin(\pi\alpha)}{\pi} \frac{1}{\tau^{1+\alpha}} \tag{3-179}$$

将幂律函数(3-175)代入式(3-120)，可得线性黏弹性材料的蠕变方程：

$$\varepsilon(t) = \frac{a}{\Gamma(1+\alpha)} \int_{-\infty}^{t} (t-\tau)^{\alpha} \mathrm{d}\sigma \tag{3-180}$$

根据分数阶积分式，可将式(3-180)写为

$$\varepsilon(t) = \frac{a}{\Gamma(\alpha)} \int_{-\infty}^{t} (t-\tau)^{\alpha-1} \sigma(\tau) \mathrm{d}\tau = a \cdot {}_{-\infty}I_t^{\alpha}\left[\sigma(t)\right] \tag{3-181}$$

同样，若将幂律函数(3-178)代入式(3-122)可得线性黏弹性材料的应力松弛方程：

$$\sigma(t) = \frac{b}{\Gamma(1-\alpha)} \int_{-\infty}^{t} (t-\tau)^{-\alpha} \mathrm{d}\varepsilon \tag{3-182}$$

根据分数阶微分公式，可将式(3-182)写为

$$\sigma(t) = \frac{b}{\Gamma(1-\alpha)} \int_{-\infty}^{t} (t-\tau)^{-\alpha} \dot{\varepsilon}(\tau) \mathrm{d}\tau = b \cdot {}_{-\infty}D_t^{\alpha}\big[\varepsilon(t)\big] \qquad (3-183)$$

式中，${}_{-\infty}I_t^{\alpha}$ 为起点为 $-\infty$ 的 α 分数阶积分；${}_{-\infty}D_t^{\alpha}$ 为起点为 $-\infty$ 的 α 分数阶微分。若此时将起点改为零，即可得到 Riemann-Liouville 定义、Caputo 定义或 Grünwald-Letnikov 定义的分数阶微积分公式[30]，即

$$\begin{cases} \varepsilon(t) = a \cdot {}_0I_t^{\alpha}\big[\sigma(t)\big] \\ \sigma(t) = b \cdot {}_0D_t^{\alpha}\big[\varepsilon(t)\big] \end{cases} \text{且 } a \times b = 1 \qquad (3-184)$$

式(3-184)也称为 Scott-Blair 本构方程。这个模型可以描述介于弹性固体与黏性流体之间线性黏弹性材料的力学行为。该模型的应力与应变的分数阶微分成正比，它的力学元件称为 Scott-Blair 单元、Abel 粘壶或 Spring-pot 元件(后面统一称为 Abel 粘壶)。目前，Abel 粘壶有以下三种表达方式，如图 3.27 所示。

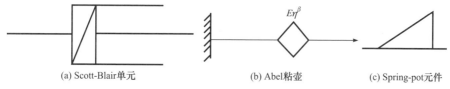

(a) Scott-Blair单元　　　　　　　　(b) Abel粘壶　　　　　　(c) Spring-pot元件

图 3.27　Scott-Blair 单元、Abel 粘壶和 Spring-pot 元件

2) 分数阶力学模型

与 3.1 节的整数阶微分型力学模型类似，分数阶力学模型只是将牛顿粘壶元件置换为 Abel 粘壶而已。因此，若掌握整数阶与分数阶力学模型的对应准则，那么将不难得到分数阶力学模型的蠕变柔量、松弛模量以及复模量(或复柔量)方程。

(1) 整数阶与分数阶力学模型的对应法则。

以分数阶数 $0 < \alpha \leqslant 1$ 为例，这种对应法则可通过以下三个 Laplace 变换对来实现[19]：

$$\delta(t) \div 1 \Rightarrow \frac{t^{-\alpha}}{\Gamma(1-\alpha)} \div s^{1-\alpha} \qquad (3-185)$$

$$t \div \frac{1}{s^2} \Rightarrow \frac{t^{\alpha}}{\Gamma(1+\alpha)} \div \frac{1}{s^{1+\alpha}} \qquad (3-186)$$

$$\mathrm{e}^{-t/\tau} \div \frac{1}{s+1/\tau} \Rightarrow E_{\alpha}\left[-\left(\frac{t}{\tau}\right)^{\alpha}\right] \div \frac{s^{\alpha-1}}{s+(1/\tau)^{\alpha}} \qquad (3-187)$$

式中，E_α 为分数阶 α 的 Mittag-Leffler(M-L)函数[30]。

(2) 分数阶微积分力学模型。

事实上，与线性黏弹性材料的整数阶微分方程相似，线性黏弹性材料的分数阶微分方程可写为

$$\left(1+\sum_{k=1}^{m} p_k \frac{\mathrm{d}^{\alpha_k}}{\mathrm{d}t^{\alpha_k}}\right)\sigma(t)=\left(q_0+\sum_{k=1}^{n} q_k \frac{\mathrm{d}^{\alpha_k}\varepsilon}{\mathrm{d}t^{\alpha_k}}\right), \quad \alpha_k=k+\alpha-1, \ n \geqslant m \quad (3\text{-}188)$$

然后，应用式(3-185)~式(3-187)的对应准则，容易得到分数阶 Maxwell 模型、分数阶 Kelvin-Voigt 模型以及分数阶 Zener 模型等。下面将简单罗列这些分数阶微积分的本构方程，及其相应的蠕变柔量(松弛模量)积分方程与复模量(损耗因子)等。

① 分数阶 Maxwell 模型。

应力-应变微分方程：

$$\sigma(t)+p_1 \frac{\mathrm{d}^\alpha \sigma}{\mathrm{d}t^\alpha}=q_1 \frac{\mathrm{d}^\alpha \varepsilon}{\mathrm{d}t^\alpha}, \quad p_1=\tau^\alpha, \ q_1=E\tau^\alpha, \ \tau^\alpha=\frac{\eta}{E} \quad (3\text{-}189)$$

材料函数积分方程：

$$\begin{cases} J(t)=\dfrac{1}{E}+\dfrac{1}{\eta}\dfrac{t^\alpha}{\Gamma(1+\alpha)} \\ Y(t)=\dfrac{q_1}{p_1}E_\alpha\left[-\left(\dfrac{t}{\tau_\sigma}\right)^\alpha\right] \end{cases} \quad (3\text{-}190)$$

复模量与损耗因子：

$$\begin{cases} Y'(\omega)=\dfrac{E^2\left[\eta\omega^\alpha\cos(\alpha\pi/2)+(\eta\omega^\alpha)^2\right]}{E^2+2\eta E\omega^\alpha\cos(\alpha\pi/2)+(\eta\omega^\alpha)^2} \\ Y''(\omega)=\dfrac{E^2\eta\omega^\alpha\sin(\alpha\pi/2)}{E^2+2\eta E\omega^\alpha\cos(\alpha\pi/2)+(\eta\omega^\alpha)^2} \\ \tan\delta=\dfrac{\eta\omega^\alpha\sin(\alpha\pi/2)}{\eta\omega^\alpha\cos(\alpha\pi/2)+(\eta\omega^\alpha)^2} \end{cases} \quad (3\text{-}191)$$

② 分数阶 Kelvin-Voigt 模型。

应力-应变微分方程：

$$\sigma(t)=q_0\varepsilon(t)+q_1\frac{\mathrm{d}^\alpha\varepsilon}{\mathrm{d}t^\alpha}, \quad q_0=\frac{\eta}{\tau^\alpha}, \ q_1=\eta, \ \tau^\alpha=\frac{\eta}{E} \quad (3\text{-}192)$$

材料函数积分方程：

$$\begin{cases} J(t) = \dfrac{1}{q_0}\left\{1 - E_\alpha\left[-(t/\tau)^\alpha\right]\right\} \\[3mm] Y(t) = q_0 + q_1 \dfrac{t^{-\alpha}}{\Gamma(1-\alpha)} \end{cases} \tag{3-193}$$

复模量与损耗因子：

$$\begin{cases} Y'(\omega) = E + \eta\omega^\alpha \cos(\alpha\pi/2) \\[2mm] Y''(\omega) = \eta\omega^\alpha \sin(\alpha\pi/2) \\[2mm] \tan\delta = \dfrac{\eta\omega^\alpha \sin(\alpha\pi/2)}{E + \eta\omega^\alpha \cos(\alpha\pi/2)} \end{cases} \tag{3-194}$$

③ 分数阶 Zener 模型。

应力-应变微分方程：

$$\left(1 + p_1 \dfrac{\mathrm{d}^\alpha}{\mathrm{d}t^\alpha}\right)\sigma(t) = \left(q_0 + q_1 \dfrac{\mathrm{d}^\alpha}{\mathrm{d}t^\alpha}\right)\varepsilon(t) \tag{3-195}$$

材料函数积分方程：

$$\begin{cases} J(t) = J(t\to 0^+) + \left[J(t\to+\infty) - J(t\to 0^+)\right]\left\{1 - E_\alpha\left[-(t/\tau)^\alpha\right]\right\} \\[2mm] Y(t) = Y(t\to+\infty) + \left[Y(t\to 0^+) - Y(t\to+\infty)\right]\left\{E_\alpha\left[-(t/\tau)^\alpha\right]\right\} \end{cases} \tag{3-196}$$

也可写为

$$\begin{cases} J(t) = \left[J(t\to+\infty) - J(t\to 0^+)\right]\displaystyle\int_0^\infty R_\varepsilon(\tau)(1 - \mathrm{e}^{-t/\tau})\mathrm{d}\tau \\[3mm] Y(t) = \left[Y(t\to 0^+) - Y(t\to+\infty)\right]\displaystyle\int_0^\infty R_\sigma(\tau)\mathrm{e}^{-t/\tau}\mathrm{d}\tau \end{cases} \tag{3-197}$$

在式(3-196)和式(3-197)中：

$$\begin{cases} J(t\to 0^+) = \dfrac{p_1}{q_1}, \quad J(t\to+\infty) = \dfrac{1}{q_0} \\[3mm] Y(t\to+\infty) = q_0, \quad Y(t\to 0^+) = \dfrac{q_1}{p_1} \end{cases}$$

也可以理解为

$$\begin{cases} J(\omega\to+\infty) = \dfrac{p_1}{q_1}, \quad J(\omega\to 0^+) = \dfrac{1}{q_0} \\[3mm] Y(\omega\to 0^+) = q_0, \quad Y(\omega\to+\infty) = \dfrac{q_1}{p_1} \end{cases}$$

因此，应力-应变微分方程中的系数也可以写为

$$p_1 = (\tau)^{\alpha}, \quad q_0 = Y(\omega \to 0^+), \quad q_1 = Y(\omega \to +\infty)(\tau)^{\alpha} \tag{3-198}$$

依据式(3-196)，可绘制出不同分数阶数的分数阶 Zener 模型的蠕变柔量 $J(t)$ 和松弛模量 $Y(t)$，如图 3.28 所示。

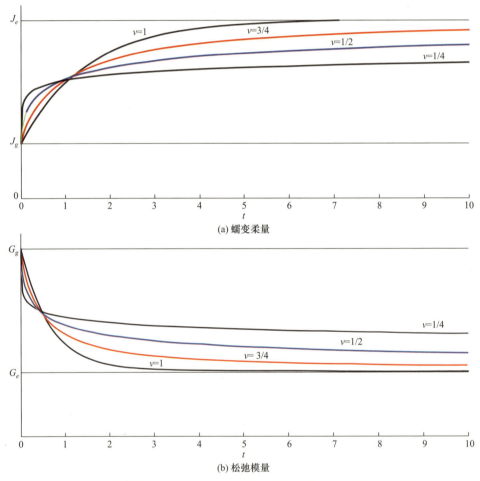

(a) 蠕变柔量

(b) 松弛模量

图 3.28　不同分数阶数情况下分数阶 Zener 模型的蠕变柔量和松弛模量

若定义 $d = Y(\omega \to +\infty) / Y(\omega \to 0^+)$，则可分别得到分数阶 Zener 模型复模量与损耗因子：

$$\begin{cases} Y'(\omega)=Y(\omega\to 0^+)\dfrac{1+(d+1)\cos(\alpha\pi/2)\omega_n^{\alpha}+d\omega_n^{2\alpha}}{1+2\cos(\alpha\pi/2)\omega_n^{\alpha}+\omega_n^{2\alpha}} \\[3mm] Y''(\omega)=Y(\omega\to 0^+)\dfrac{(d-1)\sin(\alpha\pi/2)\omega_n^{\alpha}}{1+2\cos(\alpha\pi/2)\omega_n^{\alpha}+\omega_n^{2\alpha}} \\[3mm] \tan\delta=\dfrac{(d-1)\sin(\alpha\pi/2)\omega_n^{\alpha}}{1+(d+1)\cos(\alpha\pi/2)\omega_n^{\alpha}+d\omega_n^{2\alpha}} \end{cases} \tag{3-199}$$

式中，$\omega_n=\omega\tau$ 为归一化频率。

图 3.29 在 $\alpha=0.7$、1.0 和 $d=Y(\omega\to+\infty)/Y(\omega\to 0^+)=10^3$ 的假设条件下，给出了对数坐标系下随归一化频率变化的 $Y'(\omega)/Y(\omega\to 0^+)$、$Y''(\omega)/Y(\omega\to 0^+)$ 和 $\tan\delta$。由图 3.29 可以看出，分数阶 Zener 模型的储能模量随着频率的提高而逐渐增大，但是当达到某一频率之后储能模量达到最大值且将保持不变；分数阶 Zener 模型的损耗模量和损耗因子在归一化频率的对数坐标系下有一个峰值，且呈对称分布特征[19]。显然，分数阶 Zener 模型能够较好地模拟线性黏弹性体的动态力学行为，并能够满足热动力约束条件[31]，而且特别适合描述高分

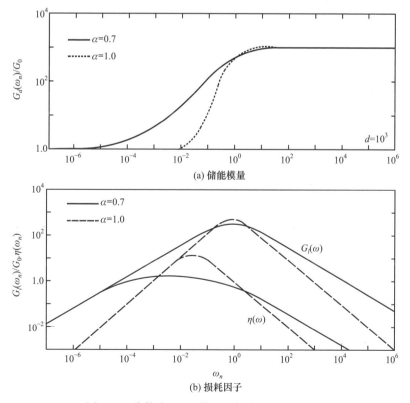

图 3.29　分数阶 Zener 模型的复模量和损耗因子

子阻尼材料[32-35]。但是，分数阶 Zener 模型无法拟合损耗模量或损耗因子峰值两侧非对称分布的情形。

④ 基于分数阶 Zener 模型的五参数模型[32]。

为了改善分数阶 Zener 模型的上述缺陷，有学者提出了五参数模型。它是在分数阶 Zener 模型的基础上，在原先 Abel 粘壶之后又串联了一个 Abel 粘壶，如图 3.30 所示。

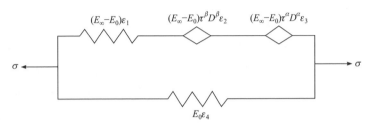

图 3.30　基于分数阶 Zener 模型的五参数模型

为了保证应力分数阶项不超过应变分数阶项，以满足热动力约束条件，可以在分数阶 Zener 模型中增加一个应变分数阶项，如式(3-200)所示：

$$\sigma(t) + p_1 \frac{\mathrm{d}^{\beta_1}}{\mathrm{d}t^{\beta_1}} \sigma(t) = q_0 \varepsilon(t) + q_1 \frac{\mathrm{d}^{\alpha_1}}{\mathrm{d}t^{\alpha_1}} \varepsilon(t) + q_2 \frac{\mathrm{d}^{\alpha_2}}{\mathrm{d}t^{\alpha_2}} \varepsilon(t) \tag{3-200}$$

式中，$\alpha_2 > \alpha_1$，且共有七个参数。通过分数阶 Zener 模型定义，可减少一个参数，即定义 $\alpha = \alpha_2$，$\alpha_1 = \beta_1 = \beta$，并满足 $\alpha > \beta$。然后，通过定义以下参数，可再减少一个参数：

$$p_1 = \tau^{\beta}, \quad q_0 = Y(\omega \to 0^+), \quad q_1 = Y(\omega \to 0^+)\tau^{\beta}$$
$$q_2 = \left[Y(\omega \to +\infty) - Y(\omega \to 0^+) \right]\tau^{\alpha} \tag{3-201}$$

显然，由式(3-201)可知，若 $\alpha = \beta$，则式(3-200)将退化为分数阶 Zener 模型；若 $\alpha > \beta$，则分数阶 Zener 四参数模型(即 $Y(\omega \to 0^+)$、$Y(\omega \to +\infty)$、α 和 τ 四个参数)就变为五参数模型(即 $Y(\omega \to 0^+)$、$Y(\omega \to +\infty)$、α、β 和 τ 五个参数)，见式(3-202)：

$$\sigma(t) + \tau^{\beta} \frac{\mathrm{d}^{\beta}}{\mathrm{d}t^{\beta}} \sigma(t) = Y(\omega \to 0^+)\varepsilon(t) + Y(\omega \to 0^+)\tau^{\beta} \frac{\mathrm{d}^{\beta}}{\mathrm{d}t^{\beta}} \varepsilon(t)$$
$$+ \left[Y(\omega \to +\infty) - Y(\omega \to 0^+) \right]\tau^{\alpha} \frac{\mathrm{d}^{\alpha}}{\mathrm{d}t^{\alpha}} \varepsilon(t) \tag{3-202}$$

通过分数阶函数的傅里叶变换，可得五参数模型的复模量：

$$Y^*(\omega) = Y(\omega \to 0^+) + Y(\omega \to 0^+)(d-1)\frac{(\mathrm{i}\omega\tau)^{\alpha}}{1+(\mathrm{i}\omega\tau)^{\beta}} \tag{3-203}$$

根据式(3-203)可得五参数模型的复模量和损耗因子[34]：

$$
\left\{
\begin{aligned}
Y'(\omega) &= Y(\omega \to 0^+) + Y(\omega \to 0^+)(d-1)\frac{\cos(\alpha\pi/2)\omega_n^{\alpha} + \cos[(\alpha-\beta)\pi/2]\omega_n^{\alpha+\beta}}{1+2\cos(\beta\pi/2)\omega_n^{\beta}+\omega_n^{2\beta}} \\
Y''(\omega) &= Y(\omega \to 0^+)(d-1)\frac{\sin(\alpha\pi/2)\omega_n^{\alpha} + \sin[(\alpha-\beta)\pi/2]\omega_n^{\alpha+\beta}}{1+2\cos(\beta\pi/2)\omega_n^{\beta}+\omega_n^{2\beta}} \\
\tan\delta &= \frac{(d-1)\left\{\sin(\alpha\pi/2)\omega_n^{\alpha}+\sin[(\alpha-\beta)\pi/2]\right\}\omega_n^{\alpha+\beta}}{1+2\cos(\beta\pi/2)\omega_n^{\beta}+\omega_n^{2\beta}+(d-1)\left\{\cos(\alpha\pi/2)\omega_n^{\alpha}+\cos[(\alpha-\beta)\pi/2]\omega_n^{\alpha+\beta}\right\}}
\end{aligned}
\right.
$$

$$(3\text{-}204)$$

为了说明新增一个 Abel 粘壶对分数阶 Zener 模型复模量与损耗因子的影响，下面给出了 $\alpha=0.7$ ， $\beta=0.7$ 、0.69、0.65、0.6 ， $d=Y(\omega \to +\infty)/Y(\omega \to 0^+)=10^3$ 情况下对数坐标系内随归一化频率变化的 $Y'(\omega)/Y(\omega \to 0^+)$ 、 $Y''(\omega)/Y(\omega \to 0^+)$ 和 $\tan\delta$ ，如图 3.31 所示。

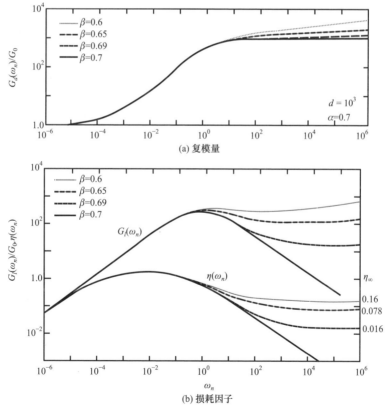

图 3.31　五参数模型的复模量和损耗因子

由图 3.31 可以看出，分数阶 Zener 模型与五参数模型动态参量之间的区别主要体现在高频处，而在低频处是完全一致的。显然，五参数模型中分数阶数 α 和 β 的差别对低频完全没有影响。在高频段，两者的区别主要体现在两方面：一是损耗模量或损耗因子的峰值宽度；二是储能模量是否存在高频极限值。总之，当 α 和 β 的差别增加时，损耗模量或损耗因子的峰值范围将逐渐加宽，高频段储能模量开始快速增长且不再收敛。

3.3　高聚物非线性黏弹性力学特征及理论模型

当服役荷载较大时，非晶态高聚物材料(特别是含添加剂的高聚物材料)将表现出明显的非线性黏弹性力学特征。在非晶态高聚物材料非线性黏弹性力学特征中主要包括非线性弹性(超弹性)和非线性黏性(类似非线性塑性)两个非线性力学特征。与非晶态高聚物材料线性黏弹性力学特征不同，上述两种力学特征是与荷载作用时间无关的，仅与荷载幅值大小有关(即载变与幅变非线性力学特征)。尽管目前已有不少学者研究建立了一些非晶态高聚物材料的非线性黏弹性本构模型(如单积分型的 Christensen 非线性黏弹性本构模型等[36,37])，但是这些理论模型在工程上的应用难度还比较大。后来研究发现，非晶态高聚物材料的非线性塑性力学特征与其非线性黏性力学特征比较类似，均会表现出变形过程不可逆、能量耗散和永久变形等力学特征。因此，为了方便工程应用，建议采用反映塑性的库仑摩擦力学元件来近似模拟填料之间或填料与高分子链之间的滑动摩擦过程(即幅变非线性力学特征)，再结合反映非晶态高聚物材料非线性弹性的超弹性力学理论模型(载变非线性力学特征)，综合反映非晶态高聚物材料非线性黏弹性力学特征。

3.3.1　高聚物非线性黏弹性力学特征

高聚物非线性黏弹性力学性能可能来自物理和几何两方面原因。本节首先介绍物理方面的原因，工程上使用的高聚物均含有添加剂，尤其是当含有炭黑等添加剂时，高聚物除了具有显著的温/频变线性黏弹性力学特征，还具有两个独立的非线性力学特征(类似于非线性弹塑性力学特征)，即 Mullins 效应(静态软化特性)[38,39]和 Payne 效应(动态软化特性)[40,41]。Mullins 效应一般是指在含填料高聚物的加载—卸载—重加载过程中，卸载应力和重加载应力要远低于加载时的应力；而且在重新加载时，随着应变的进一步增加，加载曲线将与主曲线(即一直持续加载、中间不卸载的曲线)重合。换言之，如果含填料高聚物负载小于历史上的最大负载，其服役加卸载过程一致(即同一个主曲线)。因此，往往通过增大历史负载，消除

Mullins 效应。另一个独立的力学效应是 Payne 效应[40]，又称 Fletcher-Gent 效应[41]。它是指在较大的荷载振幅作用下(对应的高聚物应变已达 1%以上)，含填料高聚物动态力学性能出现非线性特征，即储能模量随应变振幅的增大而减小，而损耗模量随应变振幅的增大而增大。准确地说，Payne 效应是含填料高聚物复模量的应变幅值相关性。这种随应变振幅增加储能模量下降的现象，可能是由于填料之间的物理作用力被破坏，而能量耗散的增加则可能是由聚集体不断破坏与重组造成的。

其次是几何方面的原因，当高聚物发生大应变或大变形(又称非小应变的有限变形)时，高聚物也可能表现出非线性黏弹性力学特征。下面通过一个不可压缩材料的拉伸实验来简要介绍这一类非线性黏弹性力学特征，如图 3.32 所示。

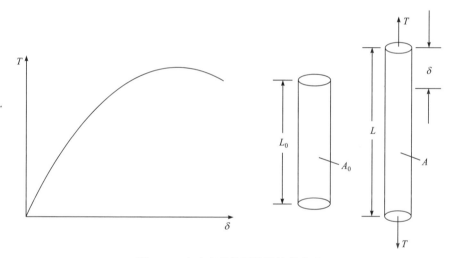

图 3.32　大应变条件下单轴拉伸实验

定义名义应力(又称工程应力)为

$$p_x = \frac{T}{A_0} \tag{3-205}$$

式中，T 为材料试件的拉力；A_0 为材料试件拉伸前的横截面积。

定义伸长比为

$$\lambda_x = \frac{L}{L_0} \tag{3-206}$$

式中，L_0 为材料试件的原长；L 为材料试件拉伸后的长度。

定义工程应变为

$$\varepsilon_x = \frac{L - L_0}{L_0} = \frac{\delta}{L_0} = \lambda_x - 1 \tag{3-207}$$

式中，ε_x 为伸长率；δ 为伸长量。由此不难得到工程应力-工程应变曲线，如图 3.33 所示。

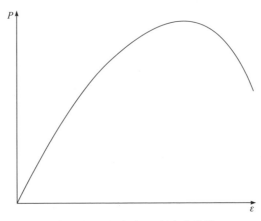

图 3.33　工程应力-工程应变曲线

　　然而，实际情况下，当试件发生大应变时，在试件长度不断增加的同时，横截面积也在不断减小，因此为了得到真实应变，需要考虑每单位当前长度应变的增量随长度的变化，于是有了对数应变(又称真实应变)，见式(3-208)：

$$e_x = \int_{L_0}^{L} \frac{\mathrm{d}L}{L} = \ln(L / L_0) = \ln \lambda_x \tag{3-208}$$

　　此时，由于假设试件是不可压缩材料，根据体积不变的基本前提，可以得到拉伸之后真实的横截面：

$$A = A_0 L_0 / L = A_0 / \lambda_x \tag{3-209}$$

　　于是，真实应力(又称为 Cauchy 应力)为

$$\sigma_x = \frac{T}{A} = \lambda_x \frac{T}{A_0} = \lambda_x p_x \tag{3-210}$$

　　由此可以得到真实应力-真实应变曲线，如图 3.34 所示。由图 3.34 可以看出，在试件长度不断增加的同时，横截面积也在不断减小，导致真实应力陡增。如果在保持拉应力不变的情况下，假如高聚物蠕变引起构件的长度不断增加，横截面也将随之不断缩小，同样会导致真实应力陡增，这类蠕变问题将变成非线性蠕变问题。若不考虑蠕变问题，则将退化为非线性超弹性问题。

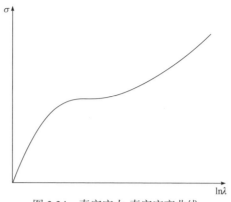

图 3.34　真实应力-真实应变曲线

3.3.2　高聚物非线性黏弹性力学模型

高聚物非线性黏弹性力学特征由非线性弹性力学特征(消除 Mullins 效应后仅为超弹性力学特征，即载变非线性力学特征)和非线性黏性力学特征(即 Payne 效应，即幅变非线性力学特征)构成。考虑到高聚物材料非线性塑性力学模型不仅可以有效反映非线性黏性力学行为，而且模型应用方便且参数较少，因此下面将介绍一种可有效反映非线性黏性力学特征的简便实用的 Berg 摩擦塑性力学模型[17]。

1. Berg 摩擦塑性力学模型简介

摩擦力随变形大小非线性变化，而且与速率大小无关，仅与速率方向相反，因此摩擦力学模型属于非线性力学模型。这里介绍的非线性库仑摩擦力学模型常被称为 Berg 摩擦塑性力学模型(以下简称 Berg 摩擦模型)。

在这个随应变振幅非线性变化的 Berg 摩擦模型中，摩擦力 F_f 的大小取决于该力学模型的位移 x，也取决于图 3.35 中状态参考点 (x_s, F_{fs})，因此它们是实

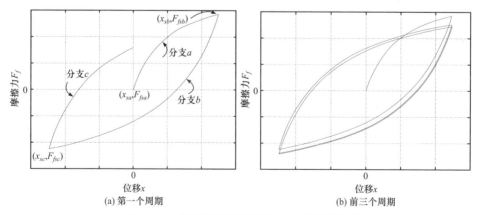

(a) 第一个周期　　　　　　　　　　　　　(b) 前三个周期

图 3.35　正弦位移激励下摩擦力与位移的关系

时更新的。为了能够描述摩擦力随位移大小与速率方向的非线性变化规律，该模型仅需要两个参数 $F_{f\max}$ 和 x_2，$F_{f\max}$ 是最大摩擦力，x_2 是当摩擦力 F_{fs} 达到 $F_{f\max}/2$ 时的位移。显然，x_2 越小，摩擦消耗的能量越多。

Berg 摩擦模型的计算可定义为以下三个公式。

当 $x = x_s$ 时：

$$F_f = F_{fs} \tag{3-211}$$

当 $x > x_s$ 或者 x 增加时：

$$F_f = F_{fs} + \frac{x - x_s}{x_2(1-a) + (x - x_s)}(F_{f\max} - F_{fs}) \tag{3-212}$$

当 $x < x_s$ 或者 x 减小时：

$$F_f = F_{fs} + \frac{x - x_s}{x_2(1+a) - (x - x_s)}(F_{f\max} + F_{fs}) \tag{3-213}$$

式中

$$a = \frac{F_{fs}}{F_{f\max}} \tag{3-214}$$

a 是摩擦力参考值，在[−1, 1]范围内变化。当然，也可将式(3-211)～式(3-213)合写为

$$F_f = F_{fs} + \frac{x - x_s}{x_2(1 - a\,\mathrm{sign}(\dot{x})) + (x - x_s)\mathrm{sign}(\dot{x})}(F_{f\max} - \mathrm{sign}(\dot{x})F_{fs}) \tag{3-215}$$

式中，$\mathrm{sign}(\dot{x})$ 为符号函数。当括号内振动速度 $\dot{x}$ 是正数时，$\mathrm{sign}(\dot{x})$ 为 1；当括号内振动速度 $\dot{x}$ 是负数时，$\mathrm{sign}(\dot{x})$ 为−1。当 $\mathrm{sign}(\dot{x})$ 为零时，该时刻的力与位移趋于状态参考点。

2. Berg 摩擦塑性力学模型特点

为揭示 Berg 摩擦塑性力学模型的特点，下面以某一确定的正弦位移激励 $x = x_0\sin(\omega t)$ 来举例说明。在加载的第一个周期内，一共有三个分支，如图 3.35(a)所示。其中，第一个分支的状态参考点是 $(x_{sa}, F_{fsa}) = (0, 0)$，此时式(3-212)变为

$$F_f = \frac{x}{x_2 + x}F_{f\max} \tag{3-216}$$

由式(3-216)可以看出，当 $x = x_2$ 时，$F_f = F_{f\max}/2$；当 $x = x_0$ 时，$F_f = x_0 F_{f\max} / (x_2 + x_0)$。随着位移的持续增加，摩擦力将无限接近 $F_{f\max}$。相反，当位移减小时，

便开始进入第二个分支。在第二个分支中，状态参考点是 $(x_{sb}, F_{fsb}) = (x_0, x_0 F_{f \max}/(x_2 + x_0))$，此时应用式(3-213)来计算位移减小情况的摩擦力，直到位移减小至 $-x_0$。在此之后，开始进入第三个分支。该分支的状态参考点是 (x_{sc}, F_{fsc})。由图 3.35(b)可以看出，在三个周期之后，该摩擦模型已达到稳定状态，并且稳定状态的力-位移曲线的中心正好在坐标原点上。此外，值得注意的是，该摩擦模型适用于任何频率。换句话说，该摩擦力学模型与频率无关，只与振幅有关。

根据第三个周期的稳定状态的力-位移曲线，可以得到稳定状态的摩擦力 F_{f0} 和该周期内摩擦消耗的能量 E_f，如式(3-217)和式(3-218)所示：

$$F_{f0} = \frac{F_{f \max}}{2x_2} \left[\sqrt{x_2^2 + x_0^2 + 6x_2 x_0} - x_2 - x_0 \right] \tag{3-217}$$

$$E_f = 2F_{f \max} \left(2x_0 - x_2(1 + a_0)^2 \ln \frac{x_2(1 + a_0) + 2x_0}{x_2(1 + a_0)} \right) \tag{3-218}$$

由式(3-217)和式(3-218)可以看出，摩擦力 F_{f0} 和摩擦消耗的能量 E_f 都是位移幅值 x_0、模型参数 $F_{f \max}$ 和 x_2 的函数。当给定模型参数 $F_{f \max}$ 和 x_2 时，摩擦力 F_{f0} 和摩擦消耗的能量 E_f 将随位移幅值的增加而分别递减式和递增式增加。当 x_0 趋于无限大时，摩擦消耗的能量 E_f 也趋于无限大，摩擦力参考值趋于 1。

3. Berg 摩擦塑性力学模型拓展

1) 黏弹性材料刚度与阻尼的定义

在周期荷载作用下，刚度 S_v 可以定义为

$$S_v = \frac{F_0}{x_0} \tag{3-219}$$

式中，F_0 和 x_0 分别为周期力-位移曲线中的最大力与最大位移。

周期荷载作用下，阻尼 D_v 可以定义为

$$D_v = \frac{E}{F_0 x_0} \tag{3-220}$$

式中，E 为每个周期消耗的能量。对于黏弹性材料，每周期内消耗的能量 $E = \pi F_0 x_0 \sin \delta$，因此 $D = \pi \sin \delta$，其中 δ 是周期力与位移的相位差。

值得注意的是，对于橡胶类高聚物，阻尼不仅来自它的线性黏弹性力学特征，在摩擦力作用下也会产生阻尼作用。

2) 摩擦力学模型刚度与阻尼的定义

根据式(3-217)式(3-220)，可分别得到该摩擦模型的刚度与阻尼：

$$S_f = \frac{F_{f0}}{x_0} = \frac{F_{fmax}}{2x_2 x_0}\left[\sqrt{x_2^2 + x_0^2 + 6x_2 x_0} - x_2 - x_0\right] \tag{3-221}$$

$$D_f = \frac{2}{a_0 x_0}\left(2x_0 - x_2(1+a_0)^2 \ln\frac{x_2(1+a_0)+2x_0}{x_2(1+a_0)}\right), \quad a_0 = \frac{F_{f0}}{F_{fmax}} \tag{3-222}$$

由式(3-221)可以看出，当 x_0 趋于 0 时，S_f 趋于 F_{fmax}/x_2；当 x_0 趋于无穷大时，S_f 趋于零。另外，由式(3-222)可知，当 x_0 趋于 0 时，D_f 趋于 0；当 x_0 趋于无穷大时，D_f 趋于 4，此时的力-位移曲线将趋于边长为 $2x_0 \times 2F_{f0}$ 的矩形。显然，无论何种激励，在每个周期内每个分支起点，其切线刚度均等于 F_{fmax}/x_2，而当 x_0 远小于或远大于起点 x_s 时，它的切线刚度均接近零。

参 考 文 献

[1] 殷有泉. 非线性有限元基础[M]. 北京: 北京大学出版社, 2007.

[2] 赵亚溥. 近代连续介质力学[M]. 北京: 科学出版社, 2016.

[3] Rivlin R S. Large elastic deformations of isotropic materials, IV. Further developments of the general theory[J]. Philosophical Transactions of the Royal Society of London, Series A, 1948, 241(835): 379-397.

[4] Rivlin R S. The hydrodynamics of non-Newtonian fluids. I[J]. Proceedings of the Royal Society A, 1948, 193(1033): 260-281.

[5] Treloar L R G. Stress-strain data for vulcanized rubber under various types of deformation[J]. Rubber Chemistry and Technology, 1944, 40: 59-70.

[6] Mooney M. A theory of large elastic deformation[J]. Journal of Applied Physics, 1940, 11: 582-592.

[7] Biderman V L. Calculations of rubber parts[J]. Rascheti na Prochnost, 1958, 40 (in Russian).

[8] Isihara A, Hashitsume N, Tatibana M. Statistical theory of rubber-like elasticity-IV (two-dimensional streching)[J]. The Journal of Chemistry Physics, 1951, 19(12): 1508-1512.

[9] Valanis K C, Landel R F. The strain-energy function of a hyperelastic material in terms of the extension ratios[J]. Journal of Applied Physics, 1967, 38(7): 2997-3002.

[10] Ogden R W. Large deformation isotropic elasticity-on the correlation of theory and experiment for incompressible rubber-like solids[J]. Philosophical Transactions of the Royal Society of London, Series A, 1972, 326(2): 565-584.

[11] Yeoh O H. Some forms of the strain energy function for rubber[J]. Rubber Chemistry and Technology, 1993, 66(5): 754-771.

[12] 王寿梅, 徐明, 李宁. 非线性弹性材料的三阶本构方程[J]. 北京航空航天学报, 2002, 28(4): 402-404.

[13] 李忱. 超弹性体非线性本构理论[M]. 北京: 国防工业出版社, 2012.

[14] 詹特 A N. 橡胶工程——如何设计橡胶配件[M]. 北京: 化学工业出版社, 2002.

[15] Scott Blair G W. The role of psychophysics in rheology[J]. Journal of Colloid Science, 1947, 2: 21-32.

[16] Gerasimov A N. A generalization of linear laws of deformation and its application to inner friction problems[J]. Russian Journal of Prikladnaya Matematika i Mekhanika (Journal of Applied Mathematics and Mechanics), 1948, 12: 251-259.

[17] Sjöberg M. Non-linear behavior of a rubber isolator system using fractional derivatives[J]. Vehicle System Dynamics, 2002, 37(3): 217-236.

[18] Mainardi F. Fractional Calculus and Waves in Linear Viscoelasticity[M]. London: Imperial College Press, 2010.

[19] Pritz T. Five-parameter fractional derivative model for polymeric damping materials[J]. Journal of Sound and Vibration, 2003, 265: 935-952.

[20] 金日光, 华幼卿. 高分子物理[M]. 北京: 化学工业出版社, 1997.

[21] 何曼君, 陈维孝, 董西侠. 高分子物理[M]. 上海: 复旦大学出版社, 2000.

[22] 赵旭涛, 刘大华. 合成橡胶工业手册[M]. 2 版. 北京: 化学工业出版社, 2006.

[23] Brueggemann W H, Meteer C L. Moldable sound control composite[J]. Modern Plastics, 1972, 49(10): 94-96, 92.

[24] Payne A R. The role of hysteresis in polymers[J]. Rubber Journal, 1964, 146(1): 36-49.

[25] Lion A, Kardelky C, Haupt P. On the frequency and amplitude dependence of the payne effect: Theory and experiments[J]. Rubber Chemistry and Technology, 2003, 76: 533-547.

[26] Ferry J D. Viscoelastic Properties of Polymers [M]. 3rd ed. New York: John Wiley & Sons Ltd, 1980.

[27] Malkin A, et al. Experimental Methods of Polymer Physics[M]. Moscow: MIR Publishers, 1983.

[28] Ward I M. Mechanical Properties of Solid Polymers[M]. 3rd ed. New York: John Wiley & Sons Ltd, 2004.

[29] Podlubny I. Fractional Differential Equations[M]. San Diego: Academic Press, 1999.

[30] Rogosin S. The role of the Mittag-Leffler function in fractional modeling[J]. Mathematics, 2015, 3: 368-381.

[31] Bagley R L, Torvik P J. On the fractional calculus model of viscoelastic behavior[J]. Journal of Rheology, 1986, 30:133-135.

[32] Rogers L. Operators and fractional derivatives for viscoelastic constitutive equations[J]. Journal of Rheology, 1983, 27: 351-372.

[33] Caputo M, Mainardi F. A new dissipation model based on memory mechanism[J]. Pure and Applied Geophysics, 1971, 91: 134-147.

[34] Pritz T. Analysis of four-parameter fractional derivative model of real solid materials[J]. Journal of Sound and Vibration, 1996, 195: 103-115.

[35] Friedrich C, Braun H. Generalized Cole-Cole behaviour and its rheological relevance[J]. Rheologica Acta, 1992, 31: 309-322.

[36] Christensen R M. Theory of Viscoelasticity, an Introduction[M]. 2nd ed. New York: Academic Press, 1982.

[37] 杨挺青. 非线性黏弹性理论中的单积分型本构方程[J]. 力学进展, 2002, 18(1): 52-60.

[38] Gregory M J. Dynamic properties of rubber in automotive engineering[J]. Elastomerics, 1985, 117: 17-24.

[39] Wang M J. The role of filler networking in dynamic properties of filled rubber[J]. Rubber

Chemistry and Technology, 1999, 72(2): 430-448.

[40] Payne A R. The dynamic properties of carbon black-loaded natural rubber vulcanizates[J]. Journal of Applied Polymer Science, 1962, 6(19): 57-53.

[41] Fletcher W P, Gent A N. Non-linearity in the dynamic properties of vulcanised rubber compounds[J]. Rubber Chemistry and Technology, 1954, 27(1): 209-222.

第4章 铁路轨道高聚物弹性元件非线性
刚度测试与表征

目前，我国铁路轨道高聚物弹性元件静、动刚度测试标准滞后(与欧洲标准、国际标准尚未接轨)、测试指标单一(从未引入非线性力学指标)、测试表征方法落后(仅采用力或位移控制的测试技术以及仅选用太过简化的理论表征模型)。具体来说，在测试指标方面，我国规范只关注轨道高聚物弹性元件的割线刚度，忽略了高聚物材料的载变非线性超弹性力学特征，而且只要求测试室温 20℃左右、3~5Hz 条件下的低频率动刚度，忽视了高聚物材料温变、频变的线性黏弹性力学特征，同时也没有考虑阻尼性能测试。在测试技术方面，因为没有引入欧洲标准或国际标准中普遍采用的等加载速度控制的高频测试技术，所以难以准确获取高聚物材料温变、频变的线性黏弹性力学特征。在理论表征方面，没有完整表征出铁路轨道高聚物弹性元件超弹性(载变)、线性黏弹性(温变和频变)和非线性黏性(幅变)力学特征，也就无法从安全性和减振效果两方面科学评价这些轨道高聚物弹性元件产品的真实服役水平。综上，目前我国轨道高聚物弹性元件的测试表征方法不能准确反映它们在实际服役环境中(主要是环境温度和列车荷载)的真实力学行为，不仅会影响轨道刚度的设计精度(特别是高聚物材料的减振轨道刚度的设计精度)，而且会严重制约我国轨道高聚物弹性元件的技术发展。

为了完善我国轨道高聚物弹性元件的测试表征方法，本章分别以轨道扣件系统高聚物弹性元件和满铺型隔离式有砟/无砟轨道高聚物弹性元件为主要研究对象，介绍轨道高聚物弹性元件非线性刚度的两种测试新技术，并结合第 3 章介绍的高聚物弹性元件非线性刚度的理论表征模型，进一步详述理论模型表征实测数据的完整过程及其拟合效果。

4.1 轨道高聚物弹性元件刚度的测试指标及参数

在介绍轨道高聚物弹性元件刚度测试表征方法之前，需要首先普及几个基本概念，如弹性元件刚度测试荷载范围、刚度类别及其工程意义、有砟道床弹性元件的加载边界条件等。第一，弹性元件刚度比选设计的前提必须是相同的测试荷载条件(即要求相同的起点荷载和终点荷载)，因此必须掌握测试荷载范围的确定原则与方法。第二，刚度的类别及其定义容易混淆，在开展测试评价之前必须根据不同类型的刚度选用不同的刚度测试表征方法。第三，不同轨道类型(无砟轨道与有砟轨道)弹性元件刚度的测试边界差异明显(平直边界与凹凸边界)，不重视的话，测试结果差异也将比较显著。

4.1.1　测试荷载范围

由于绝大多数的铁路轨道高聚物弹性元件具有不同程度的载变非线性超弹性力学特征，不同测试荷载范围高聚物弹性元件刚度也不相同。为了科学比选不同类型弹性元件刚度，必须首先统一测试荷载范围。测试荷载范围内的起点荷载常被定义为弹性元件上方的轨道自重荷载，不考虑列车荷载，又称无车载的荷载工况；测试荷载范围内的终点荷载是弹性元件上方轨道自重荷载和传至弹性元件上的列车荷载之和，也称有车载的荷载工况。一般情况下，测试荷载范围内的起点荷载相差不大，主要差别在于测试荷载范围内的终点荷载，也就是运营列车荷载的差异，这与轴重、车速、轨枕间距、轨道不平顺或车轮不圆顺、弹性元件刚度和支承弹性元件的基础刚度等有关。

目前我国仅明确规定了高速铁路扣件系统弹性元件的测试荷载范围(即起点荷载是单跨钢轨重量+扣压件扣压力的 20kN，终点荷载是单跨钢轨重量+扣压件扣压力+单组扣件分担列车荷载的 70kN)，其他类型的城市轨道交通扣件系统弹性元件的测试荷载范围需根据不同城市轨道车辆轴重、车辆速度以及扣件类型，并参照以上原则通过理论计算予以确定。有砟轨道轨枕垫(under sleeper pad，USP)和有砟/无砟道床垫(under ballast/slab mat，UBM/USM)的测试荷载范围可以参考欧洲标准 EN 13674-1: 2011、EN 16730: 2016、EN 17282: 2020 和德国标准 DIN 45673-7: 2010。其中有一个特例，即无砟道床垫。因为隔离式弹性垫无砟轨道是一个针对某特殊应用的单独工程解决方案，无砟轨道结构类型较多、很难统一(如单元板或纵连板、不同轨道板尺寸差异大等)，因此不可能明确给出通用的荷载范围，但可以给出荷载范围的确定原则。根据这些原则，再通过建立有限元模型，计算确定不同运营等级下(如车辆轴重和设计速度)无砟道床弹性元件的测试荷载范围。下面以有砟轨道轨枕垫和道砟垫为例，介绍欧洲标准中的一些关键测试指标和参数。

1. 欧洲铁路轨道荷载模式

在欧洲一共划分并定义了四类荷载模式，分别是 Track Category (TC)1、TC2、TC3 和 TC4，如表 4.1 所示。在表 4.1 中，简要罗列了欧洲标准中的四类荷载模式，具体内容如下。

表 4.1　欧洲铁路轨道荷载模式[1]

模式	轴重/kN	速度/(km/h)	钢轨截面(EN 13674-1：2011)	轨枕间距/mm	线路类型
TC1	100~130	≤100	49E1	650 (最大 750)	城市轻轨
TC2	≤160	≤140	54E1	650	城市地铁
TC3	≤225	≤200	60E1	600	普通干线铁路
	≤200	≤320	60E1	600	高速铁路
	≤250	≤120	60E1	600	货运铁路
TC4	≤300	≤120	60E1	600	重载货运，包括与 TC3 的混运

　　TC1 荷载模式适用于城市轻轨：车辆轴重(100~130kN)、最高车速 100km/h，49E1 型的钢轨截面(详见 EN 13674-1：2011)、轨枕间距 650mm(最大间距 750mm)。

　　TC2 荷载模式适用于城市地铁：车辆轴重≤160kN、最高车速 140km/h，54E1 型的钢轨截面(详见 EN 13674-1：2011)、轨枕间距 650mm。

　　TC3 荷载模式又细分出三种模式，三种模式下的钢轨截面都是 60E1 型的钢轨截面(详见 EN 13674-1：2011)，而且轨枕间距也都是 600mm。第一种模式适用于普通干线铁路：车辆轴重≤225kN、最高车速 200km/h；第二种模式适用于高速铁路：车辆轴重≤200kN、最高车速 320km/h；第三种模式适用于货运铁路：车辆轴重≤250kN、最高车速 120km/h。

　　TC4 荷载模式适用于重载货运(包括与 TC3 的混运)线路：车辆轴重≤300kN、最高车速 120km/h，60E1 型的钢轨截面(详见 EN 13674-1：2011)、轨枕间距 600mm。

　　2. 有砟轨道轨枕和道砟弹性元件的测试荷载范围

　　需要说明的是，这里所说的测试荷载范围，不是实际产品试样上(按照目前欧洲标准，轨枕弹性元件试样和道砟弹性元件试样的尺寸大小分别是 250mm × 250mm × 实际产品厚度和 300mm × 300mm × 实际产品厚度)的测试荷载范围，而是单位面积上的测试荷载范围。通过理论计算、室内实验和现场实测，欧洲标准明确给出了有砟轨道轨枕和道砟弹性元件单位面积上的测试荷载范围，如表 4.2 和表 4.3 所示。

表 4.2　欧洲铁路有砟轨道轨枕弹性元件试样的测试荷载范围[2](单位：N/mm^2)

模式	p_{min}	p_{test}
TC1		0.06
TC2	0.01	0.08
TC3		0.10
TC4		0.14

表 4.3 欧洲铁路有砟轨道道砟弹性元件试样的测试荷载范围[3](单位：N/mm²)

模式	$p_{\min}$	p_{test}
TC1		0.05
TC2		0.07
TC3	0.02	0.10
TC4		0.14

在表 4.2 和表 4.3 中，$p_{\min}$ 是弹性元件单位面积上轨道自重(包括钢轨、扣件、轨枕或者轨枕+道砟)引起的正压力，也是弹性元件测试荷载范围内的起点荷载；p_{test} 是弹性元件单位面积上轨道自重与列车荷载共同作用的正压力，也是弹性元件测试荷载范围内的终点荷载。从表 4.2 和表 4.3 还可以看出，在欧标 TC1 和 TC2 荷载模式下，轨枕垫的终点荷载略大于道砟垫的终点荷载，这完全符合轨道系统的自上而下、逐渐递减的传力特征。

4.1.2 刚度分类及定义

在我国铁路轨道高聚物弹性元件刚度设计过程中，经常容易混淆一些基本概念，在这里需要介绍一下弹性元件刚度的常见分类及定义，如弯曲模量与支承刚度，割线刚度与切线刚度，静刚度、低频动刚度(动静刚度比)和高频动刚度等。

1. 弯曲模量与支承刚度

弹性元件支承刚度(stiffness)的定义比较简单，是指单位变形时的荷载大小。一般情况下，扣件弹性元件刚度的单位是 kN/mm，轨枕和道床弹性元件刚度的单位是 N/mm。另外，在轨枕和道床弹性元件刚度设计中，也常用弯曲模量(bedding modulus)代表它们的支承能力。弯曲模量是指单位变形时单位面积上的荷载大小，单位为 N/mm³ 或 N/(mm²/mm)。这两个力学指标都是通过单轴压缩实验测取的。

根据第 3 章中高聚物材料动态力学特征可知，动刚度(或动态弯曲模量)是由储能刚度(储能弯曲模量)和耗能刚度(耗能弯曲模量)组合而成的，耗能刚度(耗能弯曲模量)与储能刚度(储能弯曲模量)之比就是无量纲的损耗因子。在既有的轨道弹性元件动刚度(或动态弯曲模量)设计中，损耗因子不易设置得很大或很小，一般在 0.1～0.2，否则将影响轨道弹性元件的回弹性能，这对轨道安全不利。由此可知，在轨道弹性元件动刚度(或动态弯曲模量)中，与储能刚度(储能弯曲模量)相比，耗能刚度(耗能弯曲模量)是比较小的。因此，多数情况下，轨道弹性元件动刚度(或动态弯曲模量)基本上等于储能刚度(储能弯曲模量)[4]。值得一提的是，如果要提高弹性元件的阻尼性能，必然要增大耗能刚度(耗能弯曲模量)，虽然能够增大固有频率处的耗能效果，但是不可避免地也会提高弹性元件的储能刚度，增大轨道固有频率，继而减小其隔振频带，这在弹性元件动刚度设计中常常容易被误导。

2. 割线刚度与切线刚度

在传统轨道弹性元件刚度设计中，主要采用割线刚度指标进行设计。割线刚度是测试荷载范围内起、终点荷载之差与变形之差的比值，单位为 kN/mm 或 N/mm。显然，割线刚度的设计理念是将轨道弹性元件超弹性引起的非线性刚度近似等效为线性刚度的设计理念。这种设计理念能够有效评价轨道的变形及行车安全性，但是无法准确评价轨道的减振性能，而且有可能引导减振轨道弹性元件趋向线性刚度设计的错误理念。根据国内外最新研究成果，在保证减振轨道弹性元件割线刚度不变的情况下，不同非线性刚度曲线的减振效果差异显著[5]。这一现象可用非线性(准)零刚度理论进行解释。因此，为了准确评价轨道高聚物弹性元件的减振性能，应该关注高聚物弹性元件不同预压荷载点的切线刚度。在德国标准 DIN 45673-7: 2010 中(未来极有可能形成欧洲标准)，明确提出采用三个预压荷载点的切线刚度对隔离式无砟浮置板轨道减振垫动刚度进行评价[6]。在这个规范中，一共定义了三个预压荷载点的切线刚度，分别是轨道自重荷载点的切线刚度(也称为第一预压荷载点下的切线刚度)、轨道自重+1/2 列车荷载点的切线刚度(也称为第二预压荷载点下的切线刚度)以及轨道自重+全部列车荷载点的切线刚度(也称为第三预压荷载点下的切线刚度)。其中，第一预压荷载点下弹性元件高频切线动刚度(具体定义见 4.1.2 节第三部分)用于计算和现场评估无车载时轨道系统的固有频率，间接检测轨道施工质量，可有效评价其是否存在破损掉块等工程质量问题；第二预压荷载点下弹性元件切线低频(高频)动刚度主要用于计算有车载情况下的轨道位移及轮轨安全性(减振效果)；第三预压荷载点下弹性元件高频切线动刚度用于计算和现场评估有车载条件下的振动插入损失(特别是轮轨一阶共振频率处的插入损失)，科学指导弹性元件的减振设计。

下面以欧洲标准中的有砟轨道和轨枕道砟弹性元件为例，给出其减振设计切线刚度的测试荷载点(即第三预压荷载点)，如表 4.4 所示。从表中可以看出，轨枕弹性元件和道砟弹性元件在有车载时切线刚度的测试荷载点(即第三预压荷载点)比较接近，测试最大荷载变动不大。

表 4.4　欧洲铁路有砟轨道轨枕垫和道砟垫试样切线刚度的测试荷载点 P_{pre}[2,3](单：N/mm²)

模式	轨枕垫	道砟垫
TC1	0.06	0.06
TC2	0.08	
TC3	0.10	0.10
TC4	0.14	0.14

3. 静刚度、低频动刚度(动静刚度比)和高频动刚度

在我国铁路轨道高聚物弹性元件刚度传统设计中，仅仅规定了静刚度(static stiffness)和低频动刚度(low-frequency dynamic stiffness)或动静刚度比(即低频动刚度与静刚度的比值)。静刚度与低频动刚度都是割线刚度，也称为割线静刚度和低频割线动刚度。这两个指标分别用于计算评价列车静止与运动时的轨道位移。显然，动静刚度比越大，轨道动态位移在列车达速或降速过程中的过渡性越差；动静刚度比越小，列车荷载作用之后，轨道动态位移的衰减越慢。因此，车速越高，越应重视动静刚度比的设计。低频动刚度的测试频率与列车速度、车辆轮轴间距(主要是车辆固定轴距)有关，一般在 2~30Hz 范围内，因此车速越高或轴距越小，低频动刚度的测试频率也越高。除了割线静刚度和低频割线动刚度，在欧洲标准中还特别规定了轨道高聚物弹性元件的高频切线动刚度(high-frequency tangent dynamic stiffness)，它不仅是切线刚度，而且是在轨道自重+车辆荷载的预压荷载点上测量的高频切线动刚度(这正是我国规范中缺失的重要部分)。高频切线动刚度的测试频率至少要能够测到减振轨道的固有频率。对于扣件、轨枕和道床弹性元件，它们的高频切线动刚度分别至少应测到 160Hz、80Hz 和 30Hz。在欧洲标准中，铁路轨道高聚物弹性元件割线静刚度、低频割线动刚度和高频切线动刚度的关系示意图如图 4.1 所示。

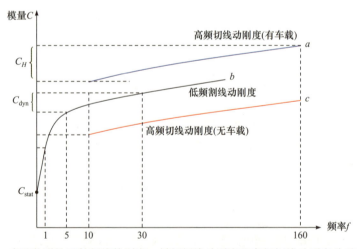

图 4.1　高聚物弹性元件割线静刚度、低频割线动刚度和高频切线动刚度关系示意图

目前高频切线动刚度的测试方法主要分为直接法和间接法两种，而且优先推荐采用直接法。在直接法中又分为两种加载模式，一种是等力或等位移控制的加载模式，另一种是等速度或等加速度控制的加载模式，如图 4.2 所示。先前，我国规范中主要采用第一种加载模式(具体过程将在 4.2 节进行详细介绍)，国外推荐

采用第二种加载模式(具体过程将在 4.3 节中进行详细介绍),并已形成国际标准
ISO 10846-2：2008[7]。这里简要介绍国际上推荐采用的等速度控制的加载模式。
在等速度控制的加载模式中,所施加的激励是正弦激励,要求正弦激励的最大加
载速度或者加载速度的均方根值保持不变,即最大加载速度是 7mm/s 或者加载速
度均方根值是 5mm/s(大约是最大速度值的 70.7%),如图 4.3 所示。若以速度
$5×10^{-8}$m/s 为基准值,所加载的正弦激励的速度级是 100dBV。

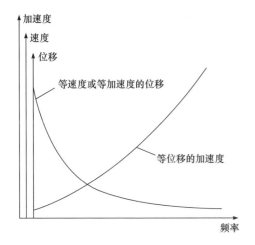

图 4.2　正弦激励等速度或等加速度和等位移
加载模式

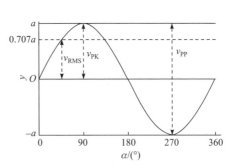

图 4.3　最大加载速度与加载速度均方根值的
关系

在加载速度不变的情况下,如果要测试不同频率的刚度值,仅需要利用式(4-1)
改变不同频率的加载幅值。在式(4-1)中, v 是加载速度(mm/s), f 是加载频率(Hz),
d 是加载振幅(mm)。不同加载频率的微振幅如表 4.5 所示。

$$v = 2\pi × f × d \tag{4-1}$$

表 4.5　在正弦激励最大速度 7mm/s 不变时不同加载频率对应的微振幅

频率/Hz	1	2	5	10	15	20	25	30	35	40
微振幅/mm	1.13	0.56	0.23	0.11	0.075	0.056	0.045	0.038	0.032	0.028

从表 4.5 可以看出,随着加载频率的提高,加载幅值减小。这种加载模式既
符合铁路轮轨荷载特征(即铁路轮轨低频荷载振幅大、高频荷载振幅小),同时又
可有效避免动态大振幅引起的 Payne 效应,避免出现高聚物材料的幅变非线性黏
性力学特征,因此能够准确测取轨道高聚物弹性元件温变和频变线性黏弹性的高
频切线动刚度。但是需要强调的是,这种测试方法对位移传感器的测量精度要求
较高。当荷载频率较高(如达到几百上千赫兹时),高精度的位移传感器的价格较

高，相应的测试设备也会比较昂贵。鉴于此，本书提出另一个可选方案，在经费有限的情况下，可以采用第一种等位移或等荷载的加载模式进行直接测试，详见 4.2 节。

4.1.3 几何道砟板

在铁路轨道高聚物弹性元件刚度测试中，通常采用一定厚度的平铁板测试弹性元件刚度，要求在荷载作用时平板不发生弯曲。但是，对于有砟轨道轨枕和道砟弹性元件，采用平板加载并不能反映其真实加载边界条件。因此，需要根据有砟道床顶面或底面的凹凸几何统计特征，设计出具有凹凸面的加载板，用以近似模拟有砟轨道轨枕和道砟弹性元件的加载边界条件。在欧洲标准统一之前，不同国家或地区只在疲劳实验中采用凹凸面的加载板(意大利标准，图 4.4(a))或真实道砟(德国标准)作为加载边界，但在刚度测试时依然采用平板。在欧洲标准统一之后，开始要求采用几何道砟板(geometric ballast plate，GBP)[2, 3]进行轨枕和道砟弹性元件刚度测试。根据文献已有的测试结论可知，道砟板测试的刚度明显小于平板测试，而且弹性元件刚度越大测试结果差异也越大[8, 9]。这是因为使用道砟板加载时，与平板相比加载面积减小，在低频割线刚度测试时，相同荷载条件下位移变形量增大，所以割线刚度减小；在高频切线刚度测试时，相同位移变形条件下由于接触面积减小，所需的荷载也相应减小，所以高频切线刚度也有所降低。几何道砟板如图 4.4(b)所示。从图 4.4(b)可以看出，在几何道砟板的表面，布满了类似金字塔的大小各异的锥体。按照尺寸大小可分为三类，分别是最外侧一圈小型锥体、内部大型锥体及其之间的小型锥体，具体尺寸详见图 4.5。

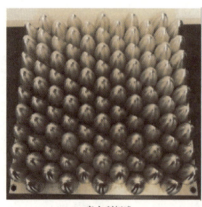

(a) 意大利标准

(b) 欧洲标准

图 4.4　几何道砟板实物图

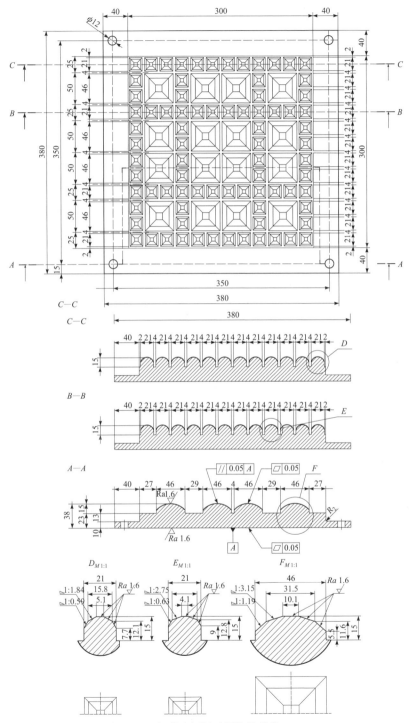

图 4.5　几何道砟板尺寸图[2, 3](单位：mm)

4.2　轨道扣件系统高聚物弹性元件非线性刚度测试与表征

如前所述，在进行轨道高聚物弹性元件刚度测试评价时，采用等加载速度控制的直接测试刚度的设备不仅价格昂贵[7]，而且与我国规范中常用的等加载力或等位移控制的直接测试刚度方法不能很好地相互衔接。然而，理论上两种控制模式的测试结果应该是一致的，遗憾的是没有文献能清楚阐述两种测试方法的一致性。为此，本节以一种无砟轨道扣件高聚物弹性元件为研究对象，在我国扣件弹性元件割线静刚度、低频割线动刚度标准测试方法[8]的基础上，通过增设温度控制箱，增加或调整实验步骤，并应用时间-温度叠加原理、WLF 方程以及高聚物材料唯象力学理论模型(Berg 摩擦模型和分数阶导数模型)，来实验测试、科学预测和理论表征轨道高聚物弹性元件载变、温变/频变和幅变非线性刚度，建立两种控制模式下两类直接测试方法的内在联系，与欧洲标准形成有益的互补。

4.2.1　实验设备与配件

实验设备及配件主要包括万能力学试验机、温度控制箱、短钢轨、加载钢板，钢轨扣件弹性元件、支承钢板与砂布等。与我国既有规范中的实验设备相比，只是多了一个温度控制箱，因此实验成本并不高。

1. 万能力学试验机

万能力学试验机是采用微机控制的全数字宽频电液伺服阀，如图 4.6 所示。驱动精密液压缸，微机控制系统对实验力、位移、变形可进行多种模式的自动控制，完成对试样的拉伸、压缩、抗弯实验。万能力学试验机的配置主要包括高精度传感器 1 支、伺服控制系统 1 套、高精度滚珠轴承+滚珠丝杆 2 套、电机直接配套减速机结构 1 套、夹具一副、电路部分的主要元器件等。其中，伺服控制系统是机械位移或速度、加速度反馈控制系统，它的主要作用是使输出的机械位移(或转角)准确地跟踪输入位移(或转角)。与普通电机相比，伺服控制系统功耗低、扭矩大、速度控制范围广而精准，而且高低速运转扭矩相当，并可实现高精度制动。此外，高精度滚珠轴承+滚珠丝杆的移动距离精度高，并能保证电机匀速直线运动，摩擦小，噪声小且经久耐用；电机直接配套减速机结构，同步带控制，能减小传动误差或打滑。

图 4.6　万能力学试验机

本实验所使用的万能力学试验机由主机、液压源、微机、电测、电控箱等组成。主机由机座、油缸、活塞、力传感器、升降电机、减速器、链轮、链轮升降丝杠、实验台、立杠、上下横梁、液压夹头等组成。在机座中装有升降电机、减速器、链轮升降丝杠、油缸、活塞等。本机为油缸下置式，双空间结构，实验台与下横梁之间为压缩、弯曲、剪切实验空间，配有上下压板、球面座、弯曲支座、弯曲压头、剪切座、剪切刃口等附件，供压、弯、剪等实验时使用。下横梁与上横梁之间为拉伸实验空间。备有平钳口、大小 V 形钳口供拉伸实验时选用。各空间均可通过下横梁的升降进行调节，调节范围较大。力测量元件为高精度轮辐式传感器，该传感器单向受力，是本机检测拉、压、弯、剪实验力的关键元件，装在实验台下主活塞上部，受力时发出的电信号由下位机系统和计算机等单元进行采集处理。

在本实验中，万能力学试验机的主要技术指标包括最大实验力 100kN、实验力测量范围 2%～100%、力分辨率 1/300000，变形测量装置为电子式引伸计，变形示值相对误差为±0.5%，位移测量装置为拉线式光电编码器，位移示值相对误差为±1.0%，位移分辨率为 0.01mm，活塞最大移动速度为 70mm/min，横梁调整速度为 120mm/min，活塞最大行程为 250mm，有效拉伸空间为 650mm，有效压缩空间为 550mm，立柱间距 540mm 等。

2. 温度控制箱

与我国标准测试不同的是，在本次实验中，根据万能力学试验机的立柱间距(即 540mm)，增设了一个可在−70～120℃范围内无级调整的温度控制箱，并可连接到万能力学试验机的垂直振动台面，如图 4.7 所示。该温度控制箱由抗腐蚀、抗冷热疲劳功能强且使用寿命长的 SUS304 不锈钢和保温的高密度聚氨酯发泡绝热材料制造而成。在温度控制箱内部,通过表面喷塑处理,可有效保证设备的持久防腐功能和外观寿命。通过使用高强度耐温硅橡胶密封条,可确保箱门的高密封性。另外,通过设置大面积的电热防霜观察窗与内藏式照明,来提高良好的观察效果,同时通过增加多种可选功能(测试孔、记录仪、净水系统等),可保证多种功能和测试的需要。最后,通过为每台电机配置过流(过热)保护/加热器设置短路保护,来确保设备运行期的风量及加热的高可靠性。

图 4.7 配有温度控制箱的万能力学试验机

在温度控制过程中,可选用温度定值控制或程序控制,并可以选用全程数据记录仪来实现实验过程的全程记录和追溯,也可使用通用串行总线(universal serial bus,USB)接口、以太网通信功能来提升设备的整体质量。另外,该温度控制箱采用了国际流行的制冷控制模式,可以无级自动调节压缩机制冷功率。在本实验中,所使用温度控制箱的主要技术指标包括温度波动度$-5\sim5$℃、温度均匀度$-2\sim$ 2℃、温度偏差$-2\sim2$℃、湿度范围 20%$\sim$98%,制冷机组为谷轮(copeland)压缩机组(水冷)。另外,可通过调整不同的电机功率来实现不同的温变速率。

3. 其他配件

由各类钢轨扣件的结构型式可知,扣件弹性元件的位置一般分为两种,或位于钢轨之下,或位于铁垫板下。如果弹性元件位于钢轨下,那么在温度控制箱内,自上而下依次布置短钢轨、弹性元件与支承钢板,如图 4.8(a)所示;若弹性元件位于铁垫板下，则需要在短钢轨与弹性元件之间增设一块加载钢板，以模拟铁垫板的实际加载过程，如图 4.8(b)所示。这部分内容与我国现有规范是一致的。

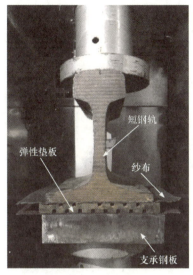

(a) 钢轨下的弹性元件

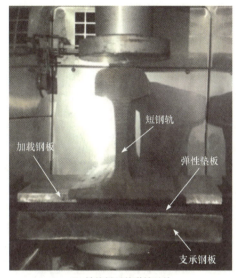

(b) 铁垫板下的弹性元件

图 4.8　温度控制箱内扣件弹性元件刚度测试的组装图

1) 短钢轨

根据线路运营等级与轨道类型要求，在万能力学试验机的横梁压板之下，需放置一根长度大于弹性元件宽度的 50kg/m(地铁车辆段用)、60kg/m(高速铁路或地铁线路正线用)或 75kg/m(重载铁路正线用)短钢轨。

2) 加载钢板

在所研究的钢轨扣件系统中，弹性元件位于铁垫板之下，才须在短钢轨与弹性元件之间添置一块加载钢板，并要求加载钢板的长度、宽度、厚度与实际的铁垫板底板尺寸一致，如图 4.8 (b)所示。

3) 支承钢板

在弹性元件与万能力学试验机下压板之间需设置一块支承钢板，考虑到试验机下压板平面尺寸(即长度与宽度)小于弹性垫平面尺寸(即长度与宽度)，因此为了保证实验过程中能均匀加载，要求支承钢板的厚度至少是 40mm，而且支承钢板的长度与宽度应略大于弹性元件，如图 4.8 所示。

4) 砂布

对于短钢轨与弹性元件之间的砂布(粒度为 P120[9])，其砂粒面应朝上；对于弹性元件与支承钢板之间的砂布，其砂粒面应朝下，如图 4.8(a)所示。

4.2.2　实验工况与步骤

为了科学评价实际运营环境下轨道弹性元件载变、温变/频变和幅变非线性刚度，首先需要确定轨道的工作温度范围、弹性元件的安装荷载以及承受的列车荷载(主要包括列车荷载频率和幅值两方面的信息)，设计反映实际服役条件的实验工况。

1. 环境温度和轮轨荷载

1) 温度统计

在我国现有的规范中[8,10]，轨道弹性元件刚度的测试温度是(23±3)℃或(23±2)℃。因此，这些标准的实验没有考虑轨道弹性元件刚度的温变特性。但是，欧洲标准则考虑到了这一点，可选的温度有−20℃、0℃和40℃。

从我国各地区最高、最低气温记录以及最高、最低轨温资料来看[11]，我国线路上的温度跨度较大。其中，温度较高的地区主要集中在新疆、重庆、河北、河南等地。在国内有温度统计的254个地区中，最高温度超过30℃的地区有241个，占总地区数的94.9%；最高温度超过40℃的地区有120个，占总地区数的47.2%。有温度记录以来，最高温的地区新疆吐鲁番地区的温度可达47.8℃，温度最高的10个地区如表4.6所示。

表 4.6　我国温度最高地区的温度统计

省区市	地区	最高气温/℃	最高轨温/℃
重庆	涪陵	43.5	63.5
内蒙古	额济纳旗	43.7	63.7
新疆	阿拉山口	44.2	64.2
	克拉玛依	44.0	64.0
	吐鲁番	47.8	67.8
	若羌	43.8	63.8
	哈密	43.9	63.9
甘肃	敦煌	43.6	63.6
河南	洛阳	44.2	64.2
湖南	永州	43.7	63.7

我国温度较低的地区主要集中在新疆、黑龙江、辽宁、吉林、内蒙古及西藏等地。在254个有温度统计的地区中，最低温低于−20℃、−30℃和−40℃的地区分别有138个、76个和25个，分别占总地区数的54.3%、29.9%和9.8%。另外，

最低温低于–50℃的地区有 2 个，分别是黑龙江漠河(-52.3℃)和内蒙古图里河(-50.2℃)。我国温度最低的 10 个地区如表 4.7 所示。因此，在本次实验研究中，扣件弹性元件的考察温度范围定为–60～70℃。

表 4.7　我国温度最低地区的温度统计

省区	地区	最低气温/℃	最低轨温/℃
黑龙江	漠河	−52.3	−52.3
	塔河	−46.8	−46.8
	加格达奇	−45.4	−45.4
	嫩江	−47.3	−47.3
内蒙古	图里河	−50.2	−50.2
	满洲里	−43.8	−43.8
	海拉尔	−48.5	−48.5
山西	五台山	−44.8	−44.8
新疆	阿勒泰	−43.5	−43.5
	富蕴	−49.8	−49.8

2) 轮轨荷载特征

由我国现有规范[8,10]可知，扣件弹性元件动刚度测试的动荷载频率是 3～5Hz，该频率大小主要取决于列车速度 v、车辆固定轴距 L_1 与相邻车辆中心距 L_2，即 $f = v/L_i(i=1, 2)$[12,13]；另外，扣件弹性元件荷载测试范围是 20kN(F_1)到 70kN 或 80kN(F_2)，其中 F_1 是一组扣件的初始扣压力和单跨钢轨自重(一般为 20kN)，F_2 是扣件弹性元件的初始扣压力+单跨钢轨自重(一般为 20kN)+列车通过时弹性元件上承受的最大车辆荷载(一般为 50kN 或 60kN)，该荷载大小由车辆轴重、列车速度、轨枕间距、弹性元件刚度以及轨面不平顺或车轮不圆顺等决定。显然，在我国现有规范中，测试得到的扣件弹性元件刚度是列车准静态荷载范围内的割线刚度，它主要影响轨道位移，从而影响行车安全性等。但是，在扣件弹性元件的真实服役过程中，除了承担列车准静态荷载之外，还将承担由轨面不平顺或车轮不圆顺所产生的车辆动态随机荷载。车辆动态随机荷载的频率取决于列车速度 v 与轨面不平顺或车轮不圆顺的随机波长 l(即 $f = v/l$)，而荷载的大小则由列车速度 v 与轨面不平顺或车轮不圆顺的随机波深 λ 决定。为了展示车辆准静态荷载与车辆动态随机荷载的关系，根据车辆-轨道耦合动力学理论[14]，计算了有无轨面不平顺情况下单个车辆转向架通过时扣件节点支承力的时频谱，如图 4.9 所示。由图 4.9(b)可以看出，在扣件弹性元件的真实服役过程中，与相对大振幅且低频率的车辆准静态荷载相比，轨面不平顺引起的车辆动态随机荷载是相对小振幅且高频率的动态荷载；另外，由图4.9(a)可以明显看出，车辆动态随机荷载的预压平衡位置(即扣件弹性元件上车辆动态随机往复激励的中心荷载点)是随时间不断变化的，而且平衡位置的预压荷载正是弹性元件上所分担的车辆准静态荷载。因此不难想见，当车辆从远处开始靠近某钢轨扣件时，在该扣件弹性元件上，车辆动态随机荷载的预压荷载是扣件初始扣压力+单跨钢轨自重的20kN，如图4.10(a)所示；但是，当车辆车轮位于该钢轨扣件上方时，车辆动态随机荷载的预压荷载将升至70kN或80kN，如图4.10(b)所示[15]。显然，不同预压荷载条件下弹性元件的切线刚度(即弹性元件的载变非线性刚度)不同，而且相同预压荷载且不同荷载频率条件下线性或非线性黏弹性元件的切线刚度(即弹性元件的频变或幅变非线性刚度)也不相同。这个现象可以解释欧洲标准之所以要定义高频切线刚度的原因。

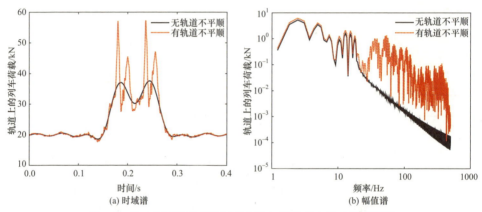

图4.9　单个车辆转向架通过时钢轨扣件节点支承力的时频谱

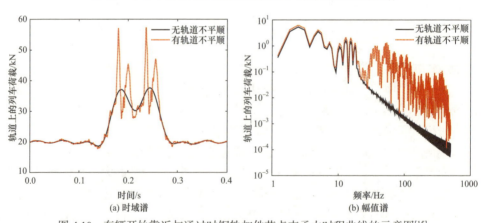

图4.10　车辆开始靠近与通过时钢轨扣件节点支承力时程曲线的示意图[15]

　　总之，扣件弹性元件上的车辆动态随机荷载不仅振幅小、频率高，而且其平衡位置上的预压荷载近似等于该弹性元件上的车辆准静态荷载大小，并将不断变化。根据这一特点，在测试车辆动态高频随机荷载作用下扣件弹性元件动刚度时，需要综合考虑弹性元件上的预压荷载(即车辆的准静态荷载大小)、车辆动态荷载频率和车辆动态荷载幅值的影响，即需要测试弹性元件的载/频变及幅变非线性刚度。

2. 实验工况

根据以上轨道扣件可能遇到的服役环境温度和服役荷载条件，设计了如表 4.8 所示的实验工况[16]。在表 4.8 中，前 9 个工况的温度不变，始终保持在 20℃。其中，工况 1 是测取扣件弹性元件的超弹性力学特征，可有效反映扣件弹性元件的载变非线性刚度；工况 2～4 是测取预压荷载 45kN 时扣件弹性元件极低频(0.01Hz)的非线性黏弹性力学特征，即同时含有非线性超弹性力学特征和非线性黏性力学特征，因此在扣除工况 1 的力-位移非线性曲线之后便可得到弹性元件类似非线性塑性力学行为的非线性黏性力学特征，从而有效测取预压荷载 45kN 时扣件弹性元件的幅变非线性刚度。工况 5～9 是工况 2～4 的拓展测试，分别测取了预压荷载 20kN、30kN、40kN、50kN、60kN 时扣件弹性元件的幅变非线性刚度。以上测取的扣件弹性元件的载变和幅变非线性刚度与加载速率或加载频率无关。工况 10～12 是测取不同温度时扣件弹性元件某固定低频(0.3Hz)的非线性黏弹性力学特征，即同时含有与加载频率无关的非线性黏性力学特征和与加载频率有关的线性黏弹性力学特征，在扣除工况 2～4 的力-位移非线性曲线之后便可得到弹性元件定频、变温的线性黏弹性力学特征，再应用时间-温度叠加原理和 WLF 方程，测取弹性元件的温变和频变非线性刚度。工况 13～17 是工况 10～12 的拓展测试，在扣除工况 5～9 的力-位移非线性曲线之后便可分别测取预压荷载 20kN、30kN、40kN、50kN、60kN 时扣件弹性元件的温变非线性刚度。

表 4.8　扣件弹性元件非线性刚度的测试工况

工况	预压荷载/kN	荷载幅值/kN	荷载频率/Hz	温度/℃
1	以 2.5 为间隔从 20 加载至 70	0	0	20
2～4	45	25、16、4	0.01	20
5～9	20、30、40、50、60	4		
10～12	45	25、16、4	0.3	以 5 为间隔从 20 降低至−60
13～17	20、30、40、50、60	4		

3. 实验步骤

在温度控制箱内完成如图 4.8(b)所示的实验配件组装后，从室温 20℃开始，以 5℃为间隔(如果时间允许，可缩小温度间隔)，逐步降至-60℃，并在每个温度点至少保温 24h。在保温完成后，首先以 3～5kN/s 的加载速率，进行 0～100kN 的两次或三次预加载，以消除弹性元件 Mullins 效应的不利影响；然后以 2.5kN 为间隔(如果时间允许，可缩减加载间隔)，缓慢逐级加载至 20kN，每个加载点需稳定一段时间，待变形基本稳定之后，再进行下一级加载；最后，在预加载至 20kN 并稳定一段时间之后，将位移与荷载归零，作为表 4.8 中每个实验工况的起点。

(1) 在室温 20℃下开展钢轨扣件弹性元件载变非线性力学性能的测试工作(每个扣件弹性元件只需测试一次)。在预压荷载 20kN 基础上，以 2.5kN 为间隔(若时间允许，可缩小加载间隔)，缓慢逐级加载至 70kN。在完成每级加载之后，均需要稳定一段时间，并保证位移基本稳定，再进行下一级加载(这一步非常关键，旨在消除加载过快带来的频变效应的影响)。待加载完成之后，便可得到扣件弹性元件的非线性超弹性力-位移曲线，并可应用简易经验公式或经典的超弹性力学模型(详见第 3 章)对其载变非线性力学性能(即非线性超弹性力学性能)进行理论表征。

(2) 仍在室温 20℃下进行扣件弹性元件幅变非线性动力性能的测试工作(也是每个扣件弹性元件只需测试一次)。在预压荷载 45kN 上，分别按照荷载幅值 25kN、16kN、4kN，对弹性元件进行加载频率为 0.01Hz 的正弦加载，便可测得极低频荷载作用下扣件弹性元件的动态荷载-位移滞回曲线。然后在这个动力滞回曲线中，通过扣除工况 1 的非线性超弹性力-位移曲线，即可获取扣件弹性元件的幅变非线性动力滞回曲线(即幅变非线性黏性动力特征)，并可应用 Berg 摩擦力学模型(详见第 3 章)对其进行理论表征。类似地，可以测取预压荷载 20kN、30kN、40kN、50kN、60kN 上，荷载幅值 4kN 且加载频率 0.01Hz 的幅变非线性黏性动力特征。

(3) 在-60～20℃(以 5℃为间隔)的每个温度点，按照统一的加载频率 0.3Hz，测量相同预压平衡力(45kN)、不同动载振幅(25kN、16kN、4kN)的动态荷载-位移曲线，同时测量相同动载振幅(4kN)不同预压平衡力(20kN、30kN、40kN、50kN、60kN)的动态荷载-位移曲线。在扣件弹性元件的定频(0.3Hz)变温(-60～20℃)动态荷载-位移曲线测试之后，通过扣除与频率无关的幅变非线性黏性动力滞回曲线，便可得到与频率有关的定频、变温线性黏弹性动力滞回曲线。之后，应用时间-温度叠加原理、WLF 方程与分数阶导数 Zener 或 Poynting-Thomsom(PT)模型，科学预测与理论表征扣件弹性元件的宽温、宽频的线性黏弹性动刚度。

4.2.3　实验结果与表征

按照 2.2 节的实验工况及其实验步骤,可以有效测取扣件弹性元件载变、温变/频变和幅变的非线性黏弹塑性力学性能,并应用高聚物材料唯象力学理论模型(详见第 3 章)对其进行科学表征。

1. 载变非线性超弹性力学性能及其理论表征

在完成表 4.8 中的测试工况 1 后(测试过程 1 是一个加载速率几乎为零的近似静态的逐级加载过程),可以得到扣件弹性元件的荷载-位移散点图,如图 4.11(a)所示。从图 4.11(a)可以清楚地看出,扣件弹性元件的荷载-位移关系是非线性关系,而且不论是割线刚度还是切线刚度,均随着荷载增大而提高。在本次测试中,在荷载 30kN、40kN、50kN、60kN 位置上的切线刚度分别是 15.4kN/mm、23.9kN/mm、33.9kN/mm、46.4kN/mm。绝大多数扣件弹性元件均具有类似的切线刚度单调递增的荷载-位移关系曲线[4]。

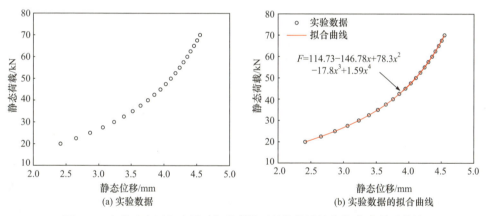

(a) 实验数据　(b) 实验数据的拟合曲线

图 4.11　加载速率近似为零时扣件弹性元件的非线性荷载-位移关系曲线

当然可以应用第 3 章介绍的超弹性本构模型对扣件弹性元件的非线性荷载-位移关系进行理论表征,但是需要开展弹性元件哑铃型试件的各类标准化实验(如拉伸实验等),然后通过与实验数据的拟合确定模型参数。尽管这样可以非常准确地获取扣件弹性元件超弹性模型,但是这对于轨道结构工程设计师,或者对于本工程设计精度要求(当然有些工程还是需要这么高的设计精度,详见第 5 章),没有必要开展如此繁复的工作。因此,这里建议采用简单的多项式的经验公式对其进行理论表征,如图 4.11(b)所示。由图 4.11(b)可以看出,一个四阶多项式(式(4-2))即可高效准确地拟合出扣件弹性元件的非线性荷载-位移关系,最大拟合误差仅为 1.8‰。

$$F = a_0 + a_1 x + a_2 x^2 + a_3 x^3 + a_4 x^4 \tag{4-2}$$

式中，F 为扣件弹性元件的外部荷载大小，kN；x 为扣件弹性元件产生的位移，mm；5 个待定系数分别为 $a_0 = 114.73$，$a_1 = -146.78$，$a_2 = 78.31$，$a_3 = -17.81$，$a_4 = 1.59$。

2. 幅变非线性黏性/塑性动力性能及其理论表征

在温度 20℃且加载频率 0.01Hz 情况下，完成了表 4.8 中的实验工况 2～4 和 5～9。其中，不同预压荷载(30kN、45kN、60kN)和不同荷载振幅(25kN、16kN、4kN)的扣件弹性元件动力滞回曲线如图 4.12 所示。

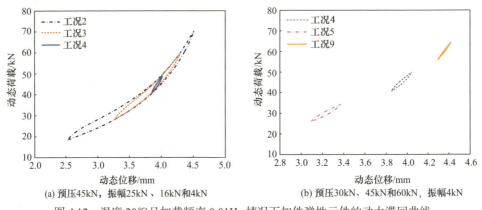

(a) 预压45kN，振幅25kN、16kN和4kN　　　　　　(b) 预压30kN、45kN和60kN，振幅4kN

图 4.12　温度 20℃且加载频率 0.01Hz 情况下扣件弹性元件的动力滞回曲线

由图 4.12(b)可以看出，在荷载振幅 4kN 时，不同预压荷载(30kN、45kN、60kN)下扣件弹性元件的动力滞回曲线近似呈椭圆形；随着荷载振幅的不断提高，弹性元件的动力滞回曲线逐渐从椭圆变形成月牙形，如图 4.12(a)所示。这是因为随着荷载振幅的不断提高，弹性元件的超弹性力学特征开始逐渐显现。因此，当荷载振幅较大时，只有扣除扣件弹性元件的超弹性荷载-位移曲线(图 4.11)，才能单独获得反映弹性元件非线性黏性/塑性力学性能的动力滞回曲线(这种做法的理论依据详见 3.3 节)，然后应用第 3 章中介绍的 Berg 摩擦模型对其进行理论表征，如图 4.13 所示。

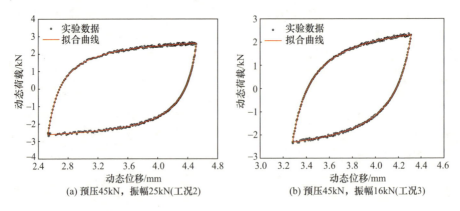

(a) 预压45kN，振幅25kN(工况2)　　　　　　(b) 预压45kN，振幅16kN(工况3)

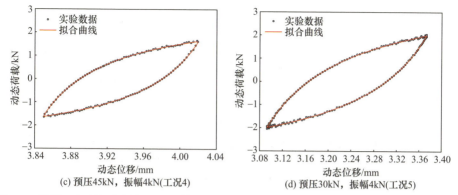

(c) 预压45kN，振幅4kN(工况4)　　　(d) 预压30kN，振幅4kN(工况5)

图 4.13　温度 20℃且加载频率 0.01Hz 情况下扣件弹性元件的幅变非线性黏性/塑性动力滞回曲线

通过分析图 4.13 中实测数据与拟合曲线之间的误差可知，Berg 摩擦模型的拟合误差不超过 3%(4 个工况的拟合误差分别是 2.97%、2.98%、2.99%和 2.94%)，拟合效果良好，能满足工程设计精度要求。另外，不同预压荷载和不同荷载振幅条件下 Berg 摩擦模型的拟合参数($F_{f,\ max}$ 和 x_2)变化很小，各工况下 Berg 摩擦模型参数可统一取为 $F_{f,\ max} = 4.1$kN 和 $x_2 = 0.1$mm。

3. 载变非线性超弹性、温变/频变线性黏弹性力学性能及其理论表征

本小节由两部分构成：一是介绍扣件弹性元件温变/频变线性黏弹性动力滞回曲线的测取过程，二是介绍用于表征扣件弹性元件温变/频变线性黏弹性动力性能的改进型分数阶导数 Zener 模型以及表征扣件弹性元件载变非线性超弹性、温变/频变线性黏弹性动力性能的非线性分数阶导数 PT 模型参数的拟合过程。

1) 温变/频变线性黏弹性动力滞回曲线的测取过程

下面以实验工况 10 为例，介绍扣件弹性元件温变/频变线性黏弹性动力滞回曲线的测取过程(图 4.14)，其他实验工况 11～17 的测取过程与之类似，这里不再

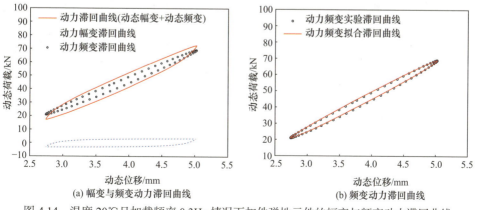

(a) 幅变与频变动力滞回曲线　　　　(b) 频变动力滞回曲线

图 4.14　温度 20℃且加载频率 0.3Hz 情况下扣件弹性元件的幅变与频变动力滞回曲线

重复展示。由图 4.14(a)可以看出，与图 4.12(a)相比，当荷载频率增大时(本实验中从 0.01Hz 增至 0.3Hz)，即便荷载振幅为 25kN，扣件弹性元件的动力滞回曲线已不再是月牙形，而是近似呈椭圆形。这个现象说明，随着荷载频率的提高，扣件弹性元件温变/频变的线性黏弹性动力性能愈加凸显，而其超弹性力学特征已不再重要。因此，在总的动力滞回曲线中(即图 4.14(a)中的实线)仅需通过扣除幅变非线性黏性/塑性动力滞回曲线(即图 4.14(a)中的实心虚线)，便可获取频变线性黏弹性动力滞回曲线(即图 4.14(a)中的空心虚线)。从图 4.14(b)可以看出，扣件弹性元件频变线性黏弹性动力滞回曲线可用近似椭圆形的曲线对其进行拟合。

由线性黏弹性理论可知，在线性黏弹性椭圆形动力滞回曲线中，椭圆长轴的斜率近似等于储能刚度，并可根据滞回曲线面积或动荷载与动位移相位差计算耗能刚度或损耗因子。由此可以得到表 4.8 中实验工况 10～17 的不同预压荷载和不同荷载振幅条件下扣件弹性元件不同温度的储能刚度和损耗因子，如图 4.15 所示。从图 4.15 中可以看出，在 20℃以下，随着温度的降低，扣件弹性元件的储能刚度单调递增，同时它的损耗因子则是先增大后减小，在-45℃时损耗因子达到最大值。在本实验中，当温度从 20℃降至-45℃时，扣件弹性元件的储能刚度和损耗

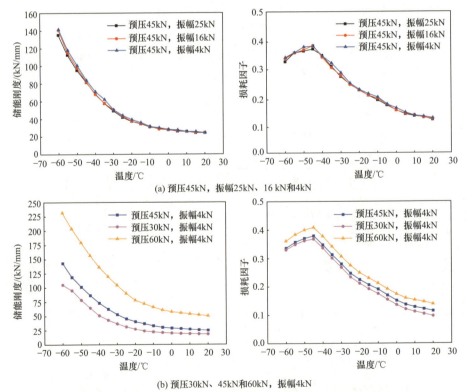

(a) 预压45kN，振幅25kN、16 kN和4kN

(b) 预压30kN、45kN和60kN，振幅4kN

图 4.15　定频(0.3Hz)变温(-60～20℃)情况下扣件弹性元件的储能刚度和损耗因子

因子分别增加了 2.5 倍和 2.2 倍。根据高聚物材料玻璃化转变温度的确定方法可知
(详见第 2 章),本案例中的扣件弹性元件的
玻璃化转变温度约为−45℃。通过扣除幅变非
线性黏性/塑性动力行为(即通过消除 Payne
效应),可以获得与动载振幅(幅变)无关但与
预压荷载(载变)有关的温变/频变线性黏弹性
力学特征,并且该力学特征随着预压荷载(载
变)的增加而增大。

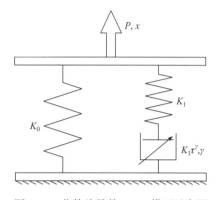

2) 表征扣件弹性元件温变/频变线性
黏弹性动力性能的改进型分数阶导数
Zener 模型

经典的分数阶导数 Zener 模型如图 4.16
所示,可以表示为

图 4.16　分数阶导数 Zener 模型示意图

$$F_{ve}(t) + p_1 \frac{\mathrm{d}^{\gamma}}{\mathrm{d}t^{\gamma}} F_{ve}(t) = q_0 x(t) + q_1 \frac{\mathrm{d}^{\gamma}}{\mathrm{d}t^{\gamma}} x(t) \tag{4-3}$$

式中,$p_1 = \tau^{\gamma}$,其中 τ 为线性黏弹性材料的松弛时间;γ 为分数阶数;
$q_0 = K(\omega \to 0^+) = K_0$ 为加载频率趋于零的储能刚度;$q_1 = [K(\omega \to +\infty)]\tau^{\gamma} = K_{\infty}\tau^{\gamma}$,
其中 K_{∞} 为加载频率趋于无穷大的储能刚度且 $K_{\infty} = K_0 + K_1$;t 为时间;x 为位移或
变形。显然,分数阶导数 Zener 模型仅有四个待定系数,分别为 γ、τ、K_0 和 K_{∞}。

应用傅里叶变换,可以将时域分数阶导数 Zener 模型转换至频域内,继而得
到弹性元件的复刚度:

$$K^*(\mathrm{i}\omega) = \frac{K_0 + (K_0 + K_1)(\mathrm{i}\omega\tau)^{\gamma}}{1 + (\mathrm{i}\omega\tau)^{\gamma}} = K_0 \frac{1 + d(\mathrm{i}\omega\tau)^{\gamma}}{1 + (\mathrm{i}\omega\tau)^{\gamma}} \tag{4-4}$$

式中,$K^*(\mathrm{i}\omega)$ 为分数阶导数 Zener 模型的复刚度;d 为在频域范围内最大储能刚
度与最小储能刚度之比,即 $d = K_{\infty} / K_0$。

根据时间-温度叠加原理,对于密度为 ρ_0 的高分子材料,在指定频率 ω_0 和指
定温度 T_0 下的复刚度可转换为任意温度 T 和相关密度 ρ 下的折算复刚度:

$$K^*[\mathrm{i}\omega_0 \cdot \alpha(T), T] = K^*(\mathrm{i}\omega_0, T_0) \times \left(\frac{\rho \cdot T}{\rho_0 \cdot T_0} \right) \tag{4-5}$$

式中,$\alpha(T)$ 为温度转换因子或温度转换系数,它为温度的函数,与松弛时间有关,
可用 WLF 方程表示,求解过程详见第 2 章。于是,任意温度 T 和任意频率 ω 下
的复刚度可表示为定温度 T_0 和频率 $\omega/\alpha(T)$ 下的复刚度:

$$K^{*}(\mathrm{i}\omega,T)=\left(\frac{\rho\cdot T}{\rho_0\cdot T_0}\right)\times K^{*}\left[\mathrm{i}\omega\cdot\frac{1}{\alpha(T)},T_0\right] \tag{4-6}$$

若将式(4-4)代入式(4-6)可得任意温度和频率下的复刚度：

$$K^{*}(\mathrm{i}\omega,T)=\left(\frac{\rho\cdot T}{\rho_0\cdot T_0}\right)\times K_0\frac{1+d(\mathrm{i}\omega\tau/\alpha(T))^{\gamma}}{1+(\mathrm{i}\omega\tau/\alpha(T))^{\gamma}} \tag{4-7}$$

由式(4-7)可得到同时包含温度与频率因子的分数阶导数 Zener 模型表达式(包括储能刚度、耗能刚度与损耗因子的表达式)：

$$K'(\omega,T)=\left(\frac{\rho\cdot T}{\rho_0\cdot T_0}\right)\times K_0\frac{1+(d+1)\cos(\gamma\pi/2)[\omega_n/\alpha(T)]^{\gamma}+d[\omega_n/\alpha(T)]^{2\gamma}}{1+2\cos(\gamma\pi/2)[\omega_n/\alpha(T)]^{\gamma}+[\omega_n/\alpha(T)]^{2\gamma}} \tag{4-8}$$

$$K''(\omega,T)=\left(\frac{\rho\cdot T}{\rho_0\cdot T_0}\right)\times K_0\frac{(d-1)\sin(\gamma\pi/2)[\omega_n/\alpha(T)]^{\gamma}}{1+2\cos(\gamma\pi/2)[\omega_n/\alpha(T)]^{\gamma}+[\omega_n/\alpha(T)]^{2\gamma}} \tag{4-9}$$

$$\tan\delta(\omega,T)=\frac{(d-1)\sin(\gamma\pi/2)[\omega_n/\alpha(T)]^{\gamma}}{1+(d+1)\cos(\gamma\pi/2)[\omega_n/\alpha(T)]^{\gamma}+d[\omega_n/\alpha(T)]^{2\gamma}} \tag{4-10}$$

式中，$\omega_n=\omega\tau$ 为归一化频率；δ 为弹性垫线性黏弹性动态荷载与动态位移的相位差。不同温度下的密度可以用式(4-11)近似获得：

$$\frac{\rho_j}{\rho_i}=\frac{1}{1+(T_j-T_i)\times a_f} \tag{4-11}$$

式中，ρ_i 为温度 T_i 下的密度；a_f 为体积膨胀系数(取为 $4.8\times10^{-4}\mathrm{K}^{-1}$)。如果可以准确测取弹性元件定频、变温或定温、变频条件下的储能刚度和耗能刚度或损耗因子(图 4.15)，便可利用最小二乘法拟合出改进型分数阶导数 Zener 模型的四个待定系数 γ、τ、K_0 和 K_∞。下面以实验工况 10 为例，展示了改进型分数阶导数 Zener 模型的拟合效果，如图 4.17 所示。由图 4.17 可以看出，改进型分数阶导数 Zener

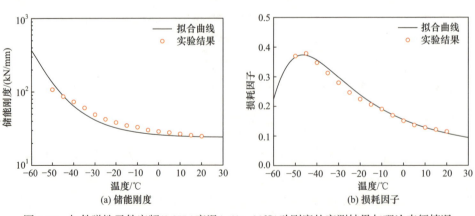

(a) 储能刚度　　　　　　　　　　　　(b) 损耗因子

图 4.17　扣件弹性元件定频(0.3Hz)变温(−60～20℃)动刚度的实测结果与理论表征情况

模型的拟合效果良好，储能刚度和损耗因子的拟合误差分别为 15%和 5%，可以满足工程设计精度的要求。不同实验工况下改进型分数阶导数 Zener 模型的待定系数列于表 4.9 中。

表 4.9　扣件弹性元件改进型分数阶导数 Zener 模型的待定系数

预压荷载/kN	K_0/(kN/mm)	K_∞/(kN/m)	τ/s	γ
20	13.0	440.2		
30	14.7	611.5		
40	16.8	789.6	3.1×10^{-8}	0.3
45	19.2	971.6		
50	25.8	1341.6		
60	38.9	1833.9		

从表 4.9 可以看出，在改进型分数阶导数 Zener 模型的四个待定系数中，K_0 和 K_∞ 随预压荷载的增加而增大，而 τ 和 γ 基本不受预压荷载的影响。这说明，扣件弹性元件的流变过程基本不受预压荷载的影响，而仅与材质有关。

在获得改进型分数阶导数 Zener 模型的待定系数之后，便不难得到弹性元件宽温、宽频的储能刚度和损耗因子。下面仍以实验工况 10 为例，给出了扣件弹性元件宽温、宽频的储能刚度与损耗因子，如图 4.18 所示。图 4.18 显示，随着温度的降低，损耗因子最高峰值对应的频率也在减小。在本实验中，室温 20℃下弹性元件的损耗因子在 10000Hz 附近出现峰值；当温度降至-40℃时，损耗因子峰值

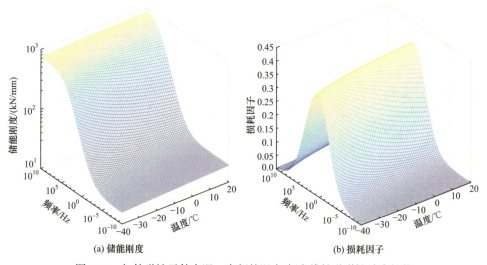

(a) 储能刚度　　　　　　　　　　　(b) 损耗因子

图 4.18　扣件弹性元件宽温、宽频的温变/频变线性黏弹性动力性能

对应的频率将会降至 10Hz 附近。由于轮轨振动响应主要位于 0.1～10000Hz 范围内，所以与分数阶导数 Kelvin-Voigt 模型相比，分数阶导数 Zener 模型更适合描述低温环境下损耗因子的频变特性。

在得到分数阶导数 Zener 模型表征的弹性元件的储能模量、损耗模量以及损耗因子之后，可进一步结合动刚度与动静刚度比的定义，推导出反映高聚物弹性元件温变、频变特性的动静刚度比的理论表达式。首先参考第 3 章式(3-49)～式(3-57)，不难得到动静刚度比 $K_{d/s}$ 与储能刚度 K'、损耗因子 β (或 $\tan\delta$)之间的关系：

$$K_{d/s} = \frac{K'}{K_0}\left(1+\beta^2\right) \tag{4-12}$$

然后将式(4-8)～式(4-10)代入式(4-12)，便可得基于分数阶导数 Zener 模型的动静刚度比表达式：

$$K_{d/s} = \frac{1+2d\cos(\gamma\pi/2)[\omega_n/\alpha(T)]^\gamma + d^2[\omega_n/\alpha(T)]^{2\gamma}}{1+(d+1)\cos(\gamma\pi/2)[\omega_n/\alpha(T)]^\gamma + d[\omega_n/\alpha(T)]^{2\gamma}} \tag{4-13}$$

下面同样以实验工况 10 为例，分别给出 20℃时频变损耗因子、频变储能刚度与动静刚度比的关系，如图 4.19 所示。

从图 4.19 可以看出，高聚物弹性元件的动静刚度比随着储能刚度(损耗因子)的增加而线性(非线性)增大。今后工程设计时(特别是车速比较高的运营条件下)，可根据这个理论关系，再结合车辆-轨道耦合系统动力学理论，以脱轨系数或轮重减载率等车辆安全性指标为关键控制指标，计算确定轨道高聚物弹性元件最大的动静刚度比和损耗因子；以轮轨一阶固有频率振动响应等为轨道减振控制指标，计算确定轨道高聚物弹性元件最小动静刚度比和损耗因子(以往设计凭经验确定，缺乏理论依据)。动静刚度比的理论设计方法已申请发明专利。

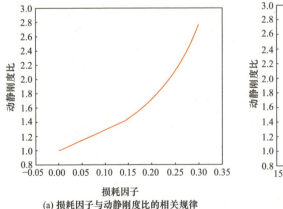
(a) 损耗因子与动静刚度比的相关规律

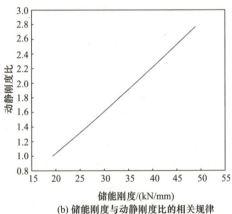
(b) 储能刚度与动静刚度比的相关规律

图 4.19 动静刚度比与损耗因子、储能刚度之间的关系

　　3) 表征扣件弹性元件载变非线性超弹性、温变/频变线性黏弹性动力性能的非线性分数阶导数 PT 模型

　　如果要同时表征轨道高聚物弹性元件载变非线性超弹性和温变/频变线性黏弹性动力性能(即弹性元件载/频变非线性刚度)，建议采用分数阶导数 PT 模型。分数阶导数 PT 模型与 Zener 模型均为三元件模型，并且时域本构方程与式(4-3)相同。在分数阶导数 Zener 模型拟合中可以发现，不同预压下的 K_0 与 K_∞ 均是采用常量来进行表征的。而分数阶导数 PT 模型则在式(4-4)的基础上，通过引入多项式与指数函数来表征以上常量参数，从而可同步表征弹性元件的载变与频变非线性刚度特征。

　　当式(4-4)中的激励频率为零时，本构模型的复刚度即退化为 K_0，因此可采用非线性荷载-位移多项式(4-2)的导数来替代常量刚度参数，即 K_0 成为一个与预压荷载 P 有关的表达式：

$$K_0(P)=\frac{\mathrm{d}F(x)}{\mathrm{d}x}=b_0+b_1x^1+b_2x^2+b_3x^3 \tag{4-14}$$

式中，$b_0=-146.78$，$b_1=156.62$，$b_2=-53.43$，$b_3=6.36$。

　　在反映载变非线性刚度后，K_1 则用来反映不同预压 K_0 时的频变效应，见式(4-15)和式(4-16)：

$$K_1(P)=K_1'\left(1+\beta^\lambda\right) \tag{4-15}$$

$$\beta=P/P_r \tag{4-16}$$

式中，P_r、K_1' 分别为拟合所需的参考预压荷载和对应的刚度；β^λ 为与预压荷载相关的指数函数。简言之，在获取分数阶导数 Zener 模型参数的基础上(表 4.9)，将不同预压荷载 P 下的刚度值 K_1 改为 $K_1(P)$，再按照式(4-15)和式(4-16)进行拟合。其中，P_r 选取为扣压件扣压力 20kN，K_1' 为 357.3kN/mm，λ 为 1.6。分数阶 PT 模型中载变、温变/频变的储能刚度(K')、耗能刚度(K'')和损耗因子($\tan\delta$)如下所示：

$$K'(\omega,T,P)=\left(\frac{\rho\cdot T}{\rho_0\cdot T_0}\right)\times\left(K_0(P)+\frac{K_1(P)[\omega\tau/\alpha(T)]^\gamma\left\{\cos(\gamma\pi/2)+[\omega\tau/\alpha(T)]^\gamma\right\}}{1+2\cos(\gamma\pi/2)[\omega\tau/\alpha(T)]^\gamma+[\omega\tau/\alpha(T)]^{2\gamma}}\right) \tag{4-17}$$

$$K''(\omega,T,P)=\left(\frac{\rho\cdot T}{\rho_0\cdot T_0}\right)\times\left\{\frac{K_1(P)\sin(\gamma\pi/2)[\omega\tau/\alpha(T)]^\gamma}{1+2\cos(\gamma\pi/2)[\omega\tau/\alpha(T)]^\gamma+[\omega\tau/\alpha(T)]^{2\gamma}}\right\} \tag{4-18}$$

$$\tan\delta(\omega,T,P)=\frac{K_1(P)\sin(\gamma\pi/2)[\omega\tau/\alpha(T)]^\gamma}{K_0(P)+[2K_0(P)+K_1(P)]\cos(\gamma\pi/2)[\omega\tau/\alpha(T)]^\gamma+[K_0(P)+K_1(P)][\omega\tau/\alpha(T)]^{2\gamma}} \tag{4-19}$$

式中，各变量参数与式(4-8)~式(4-10)含义相同。图 4.20 给出了扣件弹性元件载变、宽频的储能刚度与损耗因子。由图可知，随着预压荷载的提高，相同频率下的储能刚度逐渐增加，并且这一增加趋势将会随着频率的提高而愈加明显；而损耗因子在常温条件下，不同预压荷载时没有特别显著的差异。另外，基于分数阶

导数 PT 模型的动静刚度比的理论表达式,可参照基于分数阶导数 Zener 模型的推导过程,这里不再赘述。

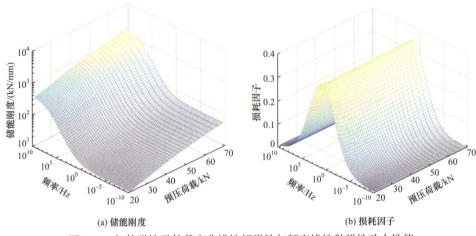

(a) 储能刚度　　　　　　　　　　　(b) 损耗因子

图 4.20　扣件弹性元件载变非线性超弹性与频变线性黏弹性动力性能

4.3　隔离式减振垫浮置板轨道高聚物弹性元件非线性刚度测试与表征

　　与扣件弹性元件的服役荷载条件不同,隔离式减振垫浮置板轨道弹性元件的测试荷载较小(最大荷载在 10kN 以内),轨道结构固有频率也较低(一般在 40Hz 内)。因此,采用 ISO 10846-2:2008[7]的等速度控制的加载模式测试此类弹性元件高频动刚度的可行性较大,成本也不是很高。与 4.2 节中测试设备成本较低的测试技术相比,该测试技术一方面省去了烦琐的测试数据处理过程,节约了不少测试时间(尽管如此,4.2 节的测试表征过程非常有助于理解与掌握轨道高聚物弹性元件的非线性力学特征);另一方面,可以直接测取弹性元件的高频动刚度,避免了间接测试高频的预测误差。鉴于此,本书作者团队根据 ISO 10846-2:2008[7] 的相关规定,在国内首次搭建等速度控制的轨道高聚物弹性元件高频动刚度及其热氧+疲劳老化的测试系统,并应用 4.2 节提到的非线性分数阶导数 PT 模型,直接测试并理论表征我国目前常用的橡胶与聚氨酯两类隔离式减振垫浮置板轨道弹性元件的载变、频变非线性刚度。

4.3.1　实验设备

　　实验设备主要由高频动刚度测试系统、热氧老化箱(环境箱)、冷水机三部分组成。高频动刚度测试系统是浮置板轨道高聚物弹性元件动力性能测试的主要设备，热氧老化箱主要用于模拟弹性元件不同的服役环境。在高频动刚度测试以及长期循环疲劳荷载实验过程中，液压系统内液压油温会快速升高，故需要配备冷水机给液压系统降温，以便实时控制高频激振以及长时间疲劳测试中的安全温度。整套测试系统可开展目前所有轨道高聚物弹性元件(包括扣件轨下弹性垫板、扣件板下弹性垫板、(梯形)轨枕垫、无砟/有砟道床减振垫等)的短期(不同温度、湿度)和长期(热氧老化、疲劳荷载)的静力、低频与高频动力性能测试。

1. 高频动刚度及其老化的测试系统

高频动刚度及其(热氧+疲劳)老化的测试系统主要由设备主机、电液伺服传动系统和电气柜三部分组成，如图 4.21 所示。设备主机采用双立柱钢制框架式结构，并且在表面镀铬增加硬度，相比普通材质可提高测试精度。设备主机通过地锚螺栓与基础固结，从而提高设备主机的稳定性与固有频率，避免产品测试频率与设备固有频率接近引发的共振现象。实验测试时，荷载通过设备主机下方的作动器进行施加，传感器位于上方的支承柱底部。加载平板与承载平板面积均为 330mm× 330mm，可满足目前轨道系统所有弹性元件测试样品的尺寸要求。此外，夹持装置(加载平板/承载平板)还可以根据其他行业弹性元件尺寸形式单独定制。同时，为了提高弹性元件高频动刚度的测试精度，上下两块钢板采用了高强度钢材，同时

(a) 电液系统

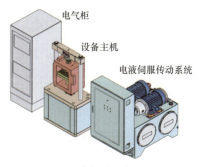

(b) 测试系统设计图

(c) 加载/承载平板

(d) 静态加载的辅助设备

图 4.21　高频动刚度及其(热氧+疲劳)老化的测试系统

局部镂空减小由于作动器质量过大而导致惯性力的影响。电液伺服传动系统主要由伺服作动器、伺服阀、位移传感器、拉压力传感器组成，是实验台对测试样品进行振动测试和基础数据采集的关键器件。电气柜采用数字伺服控制系统实现控制功能，主要由计算机、数字控制器、伺服放大器、荷载及位移传感器等组成。运动控制器为实时运动控制系统，最小伺服控制周期为100μs，控制精确且响应迅速。采用单个运动控制器完成所有传感器信号采集、伺服控制、输入输出控制以及向计算机传递数据等功能，所以系统集成度高，数据信号损失小。液压控制采用插装阀集成系统，工作可靠、流量大、内泄小、使用寿命长、系统高度集成，减少了连接管路与泄漏点。

　　该测试系统不仅支持传统万能力学试验机所采用的等荷载控制和等位移控制，还具备等速度控制模式。一般情况下，设备主机最大预压荷载为25kN，在配备静态荷载辅助设备后最大预压荷载可增至85kN。在液压系统不工作的条件下，辅助设备通过配备蝶形弹簧的升降支承平台将作动器先压至目标预压下，再通过液压系统提供的动力开展高频测试。蝶形弹簧的刚度很小，在微振幅毫米级的位移激励下，静态荷载预压损失很小。设备测试最高频率为200Hz，位移/荷载传感器的采样频率为5kHz，位移精度为2μm，荷载传感器误差为1‰。电液伺服传动系统采用伺服阀控制，采用闭环控制算法可实现最小5mm/s速度的平稳控制。

　　软件控制主界面如图4.22(a)所示，手动控制界面上部有液压缸位移读数、液压压力大小、位移大小、单击转速设置选项、故障信息、报警信息、油缸操作选项、限幅要求、力传感器读数等，鼠标右键单击位移或力显示区域，可以弹出确认框对位移或力值进行清零；左下部有故障信息显示和报警信息显示；中部及右下部为液压控制按钮和液压缸手动移动控制按钮。测试操作界面如图4.22(b)所示，该图举例展示了某一弹性元件在20Hz条件下的动态荷载、位移时程曲线及其动力滞回环。软件内部已经嵌套了刚度与损耗因子的计算方法，将根据最后若干个测试周期的结果进行计算。

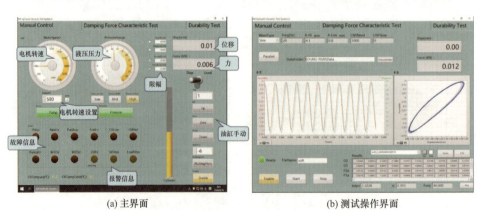

(a) 主界面　　　　　　　　　　　　　　(b) 测试操作界面

图4.22　高频液压动刚度测试系统操作软件

2. 风冷低温式冷水机

液压动态实验设备通过液压泵站提供测试动力，液压油在伺服阀内循环会导致油温在测试过程中不断提高，尤其是高频动刚度测试时。液压油温度过高后会导致测试系统工作效率下降，产生过大的摩擦力，严重时甚至会导致漏液问题。为了保证液压动态实验设备能够完成轨道高聚物弹性元件300万次至1000万次的疲劳荷载测试，液压动态实验设备的液压泵站需要外接一台风冷低温式冷水机，如图 4.23 所示。风冷低温式冷水机选用原装进口的法国美优乐低温型压缩机；机组可按照制冷量自带水箱及循环水泵，无需冷却塔及冷却水泵，使用安装及维护简单方便。操作界面采用液晶显示人机界面，操作简便，运行状况一目了然。风冷降温后的水循环通过包裹在液压油回路的管道，借助液压油与冷水之间形成的温度差来降低液压油温。冷水机采用的是全封闭涡旋式压缩机以及毛细管控制方式。当循环水温触发冷水机设置的临界温度时，冷水机触发工作模式开始降温，温度控制精度高，可维持在临界温度±0.5℃。同时，可根据高频动刚度测试系统的具体使用功率情况，调整临界温度以达到优化能耗的效果。

图 4.23　风冷低温式冷水机

3. 热氧老化箱

图 4.24　热氧老化箱

与4.2节万能力学试验机配备的温度控制箱类似，在高频动刚度测试系统主机双立柱之间同样可增设恒温恒湿箱、热氧(层流)老化箱(图 4.24)来模拟轨道高聚物弹性元件的真实服役环境温度。配备热氧老化箱的高频动刚度测试系统可在不同环境下直接测试短期和长期最高 200Hz 的动力性能，若需测试更高频率的动力性能则可参考 4.2 节提到的时间-温度叠加原理+WLF方程的预测方法进行间接测试。

需要特别指出的是，热氧老化箱与液压高频动刚度测试设备的组合应用，主要是为了在室内研究轨道高聚物弹性元件在长期热力耦合作用下的力学性能(主要是载/频变非线性刚度)的演变规律，并期望通过应用高聚物材料的老化预测方法，来科学评估轨道高聚物弹性元件在真实服役环境下的疲劳老化寿命。因此，本实验系统的热氧老化箱箱体结构以及箱内气流、温度均符合我国标准《硫化橡胶或热塑性橡胶 热空气加速老化和耐热试验》(GB/T 3512—2014)的规范要求。

热氧老化箱箱体框架主要由角铁和薄钢板构成，箱体内有一放置测试样品的老化工作室，内置 4 块试品搁板，试品可置于其上进行干燥，老化工作室安装双层隔温玻璃以供外界观察箱内情况。在热氧老化箱上下两侧开孔，开孔直径大于高频动刚度测试系统作动器直径 2mm，便于作动器施加荷载时不与热氧老化箱接触而产生物理摩擦。该设备的温度控制采用数字控制式 PID 自动调节仪表，从室温至 200℃可任意设定工作温度。热氧老化箱后侧与保温隔断之间设有风道，内装鼓风电机、风叶及导向板。控制面板上设有老化时间及风速调节按键，通过调整风速等级便可控制鼓风机在热氧老化箱内形成循环层流热空气以达到温度均匀分布的实验要求。

4.3.2 实验测试

满铺型隔离式减振垫浮置板轨道是一个针对某特殊应用的单独工程解决方案，因此不可能明确给出通用的荷载范围，需要根据车辆轴重、列车速度、浮置板结构尺寸等因素因地制宜地确定。与测试扣件弹性元件类似，在浮置板弹性元件试样测试时同样需要关注其载变非线性超弹性力学性能与频变(温变)线性黏弹性力学性能。

本节以国内目前某已开通运营的市域快线满铺型隔离式减振垫浮置板轨道为例进行测试分析。该线路采用市域 D 型动车组，运营车速 160km/h，最大轴重 17t。线路设计阶段共提出了两种尺寸类型的浮置板，长度、宽度、厚度分别是 3.6m×2.4m×0.29m、4.8m×2.4m×0.29m。弹性元件在选型设计过程中共有三种产品，如图 4.25 所示。弹性元件测试样品尺寸均为 300mm×300mm×25mm，其中，I 型是一种以天然橡胶和合成橡胶为基础的橡胶弹性元件、II 型和 III 型均为聚氨酯材料

(a) I型橡胶减振垫

(b) II型聚氨酯减振垫

(c) III型聚氨酯减振垫

图 4.25 浮置板减振垫测试样品

的弹性元件。本节首先建立满铺型隔离式减振垫浮置板轨道三维有限元模型，分别确定两种尺寸情况下浮置板弹性元件的测试荷载范围，然后采用高频动刚度测试系统开展减振弹性元件的载变非线性超弹性力学性能与频变(温变)线性黏弹性力学性能测试，为后续非线性分数阶导数 PT 模型的表征提供准确的实验参数。

1. 测试荷载范围

以板长 3.6m 的满铺型隔离式减振垫浮置板轨道为例，建立了三块浮置板轨道模型(图 4.26)。为消除浮置板板端引起的边界效应，提取中间一块浮置板轨道的受力情况进行对比分析。浮置板轨道结构参数与有限元模型单元类型详见表 4.10。其中，弹性元件刚度的可选范围是 $0.01\sim0.04\text{N/mm}^3$，并据此计算不同弹性元件刚度情况下，测试样品尺寸范围内(300mm × 300mm × 实际产品厚度)所承担的浮置板自重荷载 σ_0，以及轨道自重+列车荷载 σ_1。

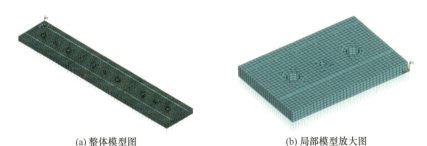

(a) 整体模型图　　　　　　　　　　　(b) 局部模型放大图

图 4.26　满铺型隔离式减振垫浮置板轨道三维有限元模型

表 4.10　满铺型隔离式减振垫浮置板轨道有限元模型参数

项目	参数	取值	单元类型
钢轨	密度	60.64kg/m	Beam44 网格 0.05m
	弹性模量	206GPa	
	截面惯性矩	$3.22\times10^{-5}\text{m}^4$	
扣件	纵向间距	0.60m	Combin14
	垂向刚度	35kN/mm	
弹性元件	纵、横向间距	0.30m	Combin14
	垂向刚度	$0.01\sim0.04\text{N/mm}^3$	
浮置板	弹性模量	36GPa	Solid45 网格 0.1m
	密度	2500kg/m³	
限位凸台缓冲垫层	压缩刚度	3.33N/mm³	Combin14
列车荷载	间距	2.5m	—
	簧下质量	1.94t	
	车辆轴重	17t	

边界条件方面，隔离式减振垫浮置板轨道板下支承弹簧下端与基础，采用固定约束方式；限位凸台处的缓冲垫层一侧与浮置板连接，另一侧选取全约束；钢轨两端采用纵向约束。计算列车荷载作用下弹性元件承受的荷载时，单侧静轮载采用 85kN，再根据车辆运行速度、轴重等因素选取不同放大系数进行计算。德国标准 DIN 45673-7: 2010 中规定车辆速度为 200km/h 时动态放大系数选取 1.3。由于本案例中最高运营速度为 160km/h，故采用 1.1 倍放大系数计算弹性元件刚度评价的测试荷载范围，采用 1.3 倍放大系数计算最不利工况下的测试荷载范围。在轨道自重情况以及叠加车辆荷载作用下，不同刚度弹性元件测试样品承担的荷载情况如图 4.27 所示。在无车载状态下，弹性元件测试样品仅承担轨道系统自重，荷载大小为 0.009N/mm²，约 0.8kN。叠加车辆动态荷载后，0.01~0.04N/mm³ 的弹性元件测试样品承受荷载范围是 0.049~0.053N/mm²。考虑到目前常用弹性元件刚度一般为 0.03N/mm³ 以下，同时为了不同弹性元件保持测试统一性，故选取 0.051N/mm² 作为荷载测试上限，约为 4.6kN。所以，本次测试的荷载范围为 0.8~4.6kN。

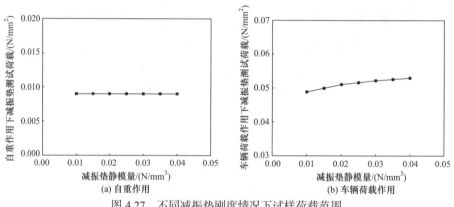

图 4.27　不同减振垫刚度情况下试样荷载范围

除了弹性元件刚度，浮置板轨道尺寸大小同样也会影响弹性元件试样的测试荷载范围，下面进一步计算了浮置板尺寸为 4.8m×2.4m×0.29m 时弹性元件试样的测试荷载范围，并将两种浮置板尺寸的弹性元件试样的测试荷载范围与我国标准《轨道交通用道床隔振垫》(GB/T 39705—2020)中相同运营条件下弹性元件试样的测试荷载范围进行对比，如表 4.11 所示。

表 4.11　隔离式减振垫浮置板弹性元件试样刚度的测试荷载范围

测试参数	有限元仿真计算		GB/T 39705—2020
	3.6m 浮置板	4.8m 浮置板	通用
减振垫测试最小荷载 σ_0	0.009N/mm² (0.8kN)	0.009N/mm² (0.8kN)	0.01N/mm² (0.9kN)
减振垫运行荷载 σ_1	0.051N/mm² (4.6kN)	0.046N/mm² (4.2kN)	0.06N/mm² (5.4kN)
减振垫最不利荷载 σ_2	0.059N/mm² (5.3kN)	0.049N/mm² (4.4kN)	0.12N/mm² (10.8kN)

由表 4.11 可以发现,不同浮置板尺寸条件下,弹性元件试样的测试荷载范围确实存在一定的差异;浮置板尺寸越小,弹性元件试样的测试荷载上限也就越高。此外,我国标准《轨道交通用道床隔振垫》(GB/T 39705—2020)给出的参考荷载较大,尤其是最不利荷载。所以,建议在隔离式减振垫浮置板轨道设计阶段,不可盲目照搬我国标准《轨道交通用道床隔振垫》(GB/T 39705—2020)的测试荷载范围,需要根据实际车辆运营条件(车速与轴重等)和轨道设计参数(轨道板尺寸及其弹性模量等),因地制宜地开展单独设计,才能确保隔离式减振垫浮置板轨道弹性元件刚度测试与评价的准确性,避免出现实际效果无法达到设计预期的窘境。

2. 实验工况

下面仅以板长 3.6m 的隔离式减振垫浮置板轨道为例,根据表 4.11 中弹性元件试样的测试荷载范围,设计如表 4.12 所示的实验工况。其中,工况 1 用于测试隔离式减振垫浮置板弹性元件的超弹性力学特征,并应用式(4-14)对其载变非线性刚度进行理论表征;工况 2~9 均采用速度控制(最大加载速度是 7mm/s)的加载模式,测试不同预压荷载下弹性元件的频变切线动刚度,测试频率分别是 5Hz、10Hz、20Hz、40Hz、80Hz、100Hz。该测试方法采用微振幅的加载模式可有效消除大振幅引起的 Payne 效应,同时也省去了烦琐的测试数据处理过程。其中,工况 2、3 是德国标准 DIN 45673-7: 2010 规定的第一预压荷载(仅轨道自重)和第三预压荷载(轨道自重+列车荷载)下弹性元件的高频切线动刚度,并通过分数阶导数 Zener 模型对其进行理论拟合,以便为后续无车载与有车载条件下隔离式减振垫浮置板轨道固有频率理论计算提供准确的计算参数。工况 4~9 是测试荷载范围内多个预压点,其目的是在不同预压下分数阶导数 Zener 模型的理论表征基础上(主要是拟合参数 K_0 与 K_∞ 的理论表征),再应用式(4-15)与式(4-16),直接拟合出同时反映弹性元件载/频变非线性刚度的分数阶导数 PT 模型。

表 4.12　隔离式减振垫浮置板弹性元件载/频变非线性刚度的测试工况

工况	预压荷载/kN	激励方式	激励幅值	动态频率/Hz
1	从 0 加载至 5,以 0.5 为间隔	荷载控制	0kN	0
2、3	0.8、4.6	速度控制	7mm/s	5、10、20、40、80、100
4~9	0.5、1、2、3、4、5	速度控制	7mm/s	5、10、20、40、80、100

3. 实验步骤

表 4.12 中的所有实验工况都在室温 23℃下开展,并且要求在正式开始测试之前,首先以 0.1kN/s 的加载速率循环施加 3 次 0~6kN 的荷载,以消除弹性元件的 Mullins 效应。测试内容及步骤如下:

(1) 在实验工况 1 中，以 0.5kN 为间隔(条件允许情况下，该间隔荷载可尽量取小)，缓慢逐级加载至 5kN。注意在完成每级加载之后，均需要稳定一段时间，并保证位移基本稳定，再进行下一级加载。待加载完成之后，便可得到弹性元件的载变非线性超弹性荷载-位移曲线，并可应用简易经验公式或经典的超弹性力学模型对其载变非线性力学性能进行理论表征。

(2) 在实验工况 2~9 中，以 0.1kN/s 的加载速率加载至目标预压(0.5kN、0.8kN、1kN、2kN、3kN、4kN、4.6kN、5kN)，待位移稳定后，采用固定最大速度为 7mm/s 的加载方式依次以 5Hz、10Hz、20Hz、40Hz、80Hz、100Hz 对应的振幅(表 4.5)开展高频切线动刚度测试，每个频率下荷载循环施加 100 次或者荷载循环维持 10s，以最后 10 次的测试结果计算高频切线动刚度。待上一频率循环荷载测试结束后，调整对减振弹性元件所施加的预压荷载，使之再次稳定至目标预压荷载下时，方可开展下一频率的动循环测试。

4.3.3　实验结果与表征

1. 载变非线性超弹性力学性能及其理论表征

在完成工况 1 中加载速率几乎为零的逐级加载过程后，可以得到隔离式减振垫浮置板弹性元件的荷载-位移散点图，并采用式(4-2)对这些实测的散点图进行理论拟合，如图 4.28(a)所示。三种弹性元件的拟合曲线与实测数据均具有较高的吻合度，再次证明了采用多项式拟合轨道高聚物弹性元件载变非线性力学特征的有效性。通过对拟合得到的荷载-位移曲线进行求导，便可得到如图 4.28(b)所示的弹性元件切线刚度-荷载关系曲线。

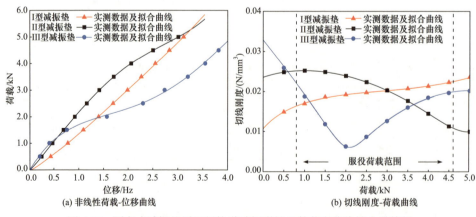

(a) 非线性荷载-位移曲线　　　(b) 切线刚度-荷载曲线

图 4.28　隔离式减振垫浮置板轨道减振弹性元件载变非线性力学特征

由图 4.28 可以看出，I 型弹性元件荷载-位移关系曲线的载变非线性较弱，近似呈线性关系，在测试荷载范围内切线刚度仅增加了 0.006N/mm³。II 型弹性元件的载变非线性在测试荷载范围内呈现出随着荷载增大而切线刚度逐渐降低的趋势，降低了约 $0.0145N/mm^3$。III 型弹性元件的载变非线性则相对比较复杂，呈现出切线刚度先随荷载增大而降低，又逐渐随荷载增大而升高的趋势，在测试荷载范围内最大切线刚度为 $0.022N/mm^3$，最小切线刚度为 $0.006N/mm^3$。III 型弹性元件的这种载变非线性力学特征与"高静低动"的非线性(准)零刚度隔振机理一致，即在测试荷载范围内的两端均为较高切线刚度以支承轨道自身静载和车辆荷载，而在测试荷载范围内的中段为较低切线刚度以实现良好的低刚度隔振效果。I、II、III 型弹性元件的载变非线性刚度-位移曲线的拟合参数 b_0、b_1、b_2、b_3 如表 4.13 所示。

表 4.13　隔离式减振垫浮置板弹性元件载变非线性刚度-位移曲线的拟合参数

减振垫类型	b_0	b_1	b_2	b_3
I 型	0.725	1.304	−0.572	0.094
II 型	2.058	0.843	0.938	0.176
III 型	2.936	−3.398	1.463	-0.171

2. 频变(温变)线性黏弹性力学性能及其理论表征

按照实验步骤，首先测试三种减振弹性元件在不同预压荷载下的切线频变刚度(表 4.14)，然后在不同预压荷载下采用分数阶导数 Zener 模型表征弹性元件的频变非线性刚度曲线，并与实测结果进行对比，如图 4.29 所示。

表 4.14　隔离式减振垫浮置板弹性元件不同预压荷载下的切线频变刚度(单位：N/mm^3)

产品	频率	切线频变刚度的预压荷载							
		0.5kN	0.8kN	1kN	2kN	3kN	4kN	4.6kN	5kN
I 型弹性元件	5Hz	0.0214	0.0245	0.0257	0.0267	0.0278	0.0288	0.0292	0.0299
	10Hz	0.0221	0.0251	0.0263	0.0278	0.0290	0.0295	0.0301	0.0311
	20Hz	0.0228	0.0259	0.0272	0.0287	0.0298	0.0304	0.0318	0.0328
	40Hz	0.0238	0.0271	0.0284	0.0298	0.0310	0.0320	0.0329	0.0338
	80Hz	0.0255	0.0284	0.0296	0.0311	0.0327	0.0335	0.0344	0.0352
	100Hz	0.0258	0.0290	0.0303	0.0315	0.0332	0.0340	0.0350	0.0356
II 型弹性元件	5Hz	0.0287	0.0288	0.0307	0.0299	0.0262	0.0210	0.0196	0.0159
	10Hz	0.0297	0.0304	0.0316	0.0306	0.0269	0.0217	0.0204	0.0173
	20Hz	0.0305	0.0308	0.0324	0.0314	0.0278	0.0226	0.0219	0.0184
	40Hz	0.0314	0.0325	0.0335	0.0326	0.0290	0.0240	0.0220	0.0194
	80Hz	0.0332	0.0340	0.0350	0.0342	0.0308	0.0254	0.0235	0.0210
	100Hz	0.0338	0.0343	0.0354	0.0345	0.0317	0.0261	0.0240	0.0215
III 型弹性元件	5Hz	0.0311	0.0272	0.0263	0.0125	0.0183	0.0255	0.0263	0.0276
	10Hz	0.0337	0.0287	0.0278	0.0144	0.0206	0.0276	0.0288	0.0303
	20Hz	0.0361	0.0310	0.0301	0.0170	0.0236	0.0301	0.0309	0.0321
	40Hz	0.0393	0.0351	0.0340	0.0195	0.0266	0.0339	0.0346	0.0355

续表

产品	频率	切线频变刚度的预压荷载							
		0.5kN	0.8kN	1kN	2kN	3kN	4kN	4.6kN	5kN
Ⅲ 型弹	80Hz	0.0424	0.0380	0.0369	0.0240	0.0310	0.0381	0.0396	0.0402
性元件	100Hz	0.0440	0.0396	0.0386	0.0256	0.0320	0.0394	0.0403	0.0411

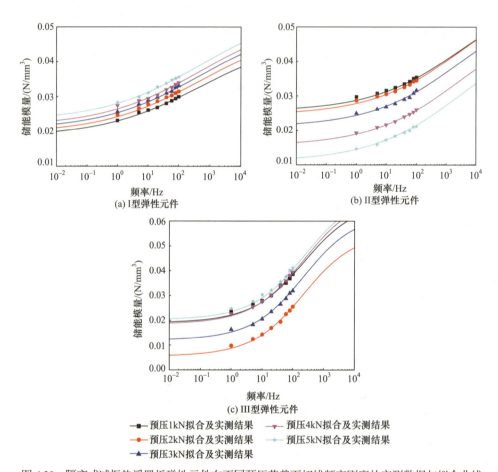

图 4.29　隔离式减振垫浮置板弹性元件在不同预压荷载下切线频变刚度的实测数据与拟合曲线

　　由图 4.29 可以看出，同一种类型的弹性元件在不同预压荷载下的频变效应基本相同，Ⅰ 型和 Ⅱ 型弹性元件频变刚度的斜率相对较小，分别为 $6.81×10^{-5}$ 和 $6.86×10^{-5}$；Ⅲ 型弹性元件则同时具有较强的载变(即在 2～3kN 的测试荷载范围内切线刚度较小)和频变非线性力学特征，频变斜率为 $1.25×10^{-4}$。另外，不同预压荷载下分数阶导数 Zener 模型的拟合效果良好，具体的拟合参数如表 4.15 所示。应用分数阶导数 Zener 模型拟合得到的预压荷载 0.8kN(即第一预压荷载：仅轨道自重)和 4.6kN(即第三预压荷载：轨道自重+列车荷载)条件下弹性元件的频变刚度可用于计算分析无车载与有车载时隔离式减振垫浮置板轨道的准确固有频率，具体计算步骤详见第 7 章。

表 4.15　隔离式减振垫浮置板弹性元件的分数阶导数 Zener 模型参数

类型	预压荷载/kN	K_0/(kN/mm)	K_∞/(kN/m)	τ/s	γ
I 型弹性元件	0.5	0.0155	0.0421	3×10^{-4}	0.26
	0.8	0.0165	0.0451		
	1.0	0.0175	0.0465		
	2.0	0.0195	0.0500		
	3.0	0.0205	0.0520		
	4.0	0.0215	0.0535		
	4.6	0.0222	0.0546		
	5.0	0.0230	0.0555		
II 型弹性元件	0.5	0.0230	0.0640	6×10^{-5}	0.28
	0.8	0.0241	0.0585		
	1.0	0.0250	0.0611		
	2.0	0.0245	0.0602		
	3.0	0.0210	0.0580		
	4.0	0.0145	0.0521		
	4.6	0.0120	0.0498		
	5.0	0.0110	0.0492		
III 型弹性元件	0.5	0.0250	0.0742	7×10^{-4}	0.45
	0.8	0.0220	0.0702		
	1.0	0.0192	0.0681		
	2.0	0.0055	0.0561		
	3.0	0.0120	0.0642		
	4.0	0.0185	0.0711		
	4.6	0.0193	0.0717		
	5.0	0.0200	0.0730		

3. 载变非线性超弹性、频变(温变)线性黏弹性力学性能及其理论表征

在获得了不同预压荷载下分数阶导数 Zener 模型参数的基础上，进一步采用非线性分数阶导数 PT 模型综合表征其载/频变非线性刚度,拟合过程中选取 0.5kN 作为参考预压荷载(P_r)，拟合参数 K_1'、λ、τ、γ 见表 4.16，隔离式减振垫浮置板弹性元件载变与频变非线性刚度如图 4.30 所示。

表 4.16　隔离式减振垫浮置板弹性元件的分数阶导数 PT 模型参数

减振垫类型	K_1'/(N/mm^3)	λ	τ/s	γ
I 型弹性元件	0.0145	0.1022	3×10^{-4}	0.26
II 型弹性元件	0.0175	0.0699	6×10^{-5}	0.28
III 型弹性元件	0.0245	0.0610	7×10^{-4}	0.45

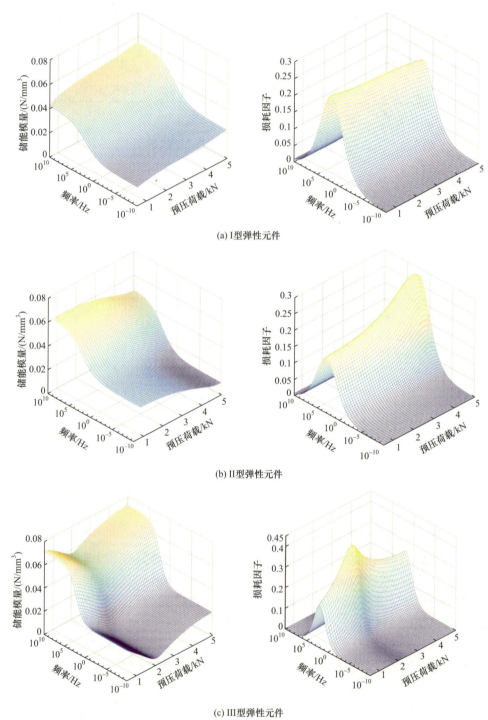

(a) I型弹性元件

(b) II型弹性元件

(c) III型弹性元件

图 4.30　隔离式减振垫浮置板弹性元件载变与频变非线性刚度

由图 4.30 可以看出，三种隔离式减振垫浮置板弹性元件的储能模量均随着频率的提高而增大，损耗因子也分别在 100～1000Hz 范围内出现峰值。I 型弹性元件的储能模量随着预压荷载的增加而增大，损耗因子则随着预压荷载的提高略微降低，但可近似视为不变；II 型弹性元件的储能模量随着预压荷载的增加而降低，损耗因子则随着预压荷载的提高而增加，预压荷载从 1kN 提高到 5kN 时，损耗因子峰值由 0.17 提高至 0.28；III 型弹性元件的储能模量随着预压荷载的增加先降低后提高，约在 2kN 处达到最小。同时，损耗因子峰值也在该预压荷载下达到最大(约 0.43)。综上可知，非线性分数阶导数 PT 模型可以综合考虑弹性元件的真实载/频变动力特性，因此可以尝试将该模型应用于经典的车辆-轨道耦合动力学模型中，用以科学预测高聚物材料减振轨道的准确插入损失，详见第 7 章。

4.4　地铁车辆段有砟轨道轨枕和道砟弹性元件非线性刚度测试与表征

有砟轨道弹性元件(轨枕垫、道砟垫)的服役荷载边界条件与隔离式减振垫浮置板弹性元件明显不同。隔离式减振垫浮置板弹性元件上下两侧均与混凝土结构平面接触(一侧为浮置板、一侧为轨下基础)，而有砟轨道弹性元件有一侧与碎石道砟颗粒接触(一般是轨枕垫下侧、道砟垫上侧)。另外，由于有砟轨道弹性元件与隔离式减振垫浮置板弹性元件的服役荷载范围相差不大(最大荷载均在 10kN 范围内)，同样可以采用 4.3 节的高频动刚度测试系统进行测试。

下面以我国地铁车辆段有砟轨道为例，首先通过建立钢轨-轨枕-有砟道床有限元模型，仿真计算有砟轨道轨枕垫、道砟垫的测试荷载范围，其次对比分析采用几何道岔板(GBP)与平钢板测试轨枕垫、道砟垫低频割线动刚度和高频切线动刚度的差异，说明有砟与无砟轨道枕下或道床下弹性元件动刚度测试边界条件的重要性。如果想对有砟轨道弹性元件(轨枕垫、道砟垫)非线性动刚度进行理论表征，可参照 4.2 节和 4.3 节的理论表征过程，这里不再赘述。

4.4.1　实验测试

根据隔离式减振垫浮置板轨道弹性元件的测试荷载范围研究结论可知，无论是无砟轨道还是有砟轨道，弹性元件的测试荷载范围都与线路运营条件密切相关，需要结合具体工程案例因地制宜地计算确定，不可一概而论。在本工程案例中，地铁车辆是 A 型车，车辆空载运营时轴重约为 10t。轨枕垫试样尺寸为 250mm × 250mm × 实际产品厚度，如图 4.31 所示。三个测试样品均为聚氨酯轨枕垫，其中 I 型、II 型为不带防刺穿层的轨枕垫，III 型为带防刺穿层的轨枕垫。道砟垫与隔离式减振垫浮置板轨道减振垫试样尺寸一致，均为 300mm × 300mm × 实际产品厚度，如图 4.32 所示。道砟垫测试时，I 型、II 型选取刚度不同的聚氨酯道砟垫，III 型道砟垫选取橡胶道砟垫。

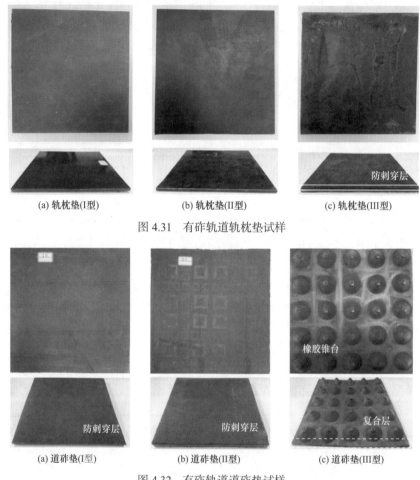

(a) 轨枕垫(I型)　　　　(b) 轨枕垫(II型)　　　　(c) 轨枕垫(III型)

图 4.31　有砟轨道轨枕垫试样

(a) 道砟垫(I型)　　　　(b) 道砟垫(II型)　　　　(c) 道砟垫(III型)

图 4.32　有砟轨道道砟垫试样

1. 有砟轨道弹性元件测试荷载范围

通过建立一个 12m 长的钢轨-轨枕-有砟道床有限元模型，计算有砟轨道轨枕垫和道砟垫的测试荷载范围，并与欧洲标准(EN 16730: 2016)不同荷载模式下的测试荷载范围进行对比分析。具体的轨道参数与有限元单元类型如表 4.17 所示。计算结果表明：在轨道自重荷载作用下，轨枕垫试样承受的荷载为 $0.01N/mm^2$，即 0.625kN；在叠加 1.5 倍的车辆荷载后，轨枕垫试样承受的荷载为 $0.08N/mm^2$，即 5.0kN，所以轨枕垫试样的测试荷载范围为 $0.01\sim0.08N/mm^2$(即 $0.63\sim5.0kN$)，与欧洲标准(EN 16730: 2016)中 TC1 荷载模式的测试荷载范围 0.01～0.06N/mm²(表 4.2)基本一致。类似地，在轨道自重作用下，道砟垫试样承受的荷载为 0.01N/mm²，即 0.9kN(注意道砟垫试样面积比轨枕垫试样面积大，这是为了尽量统一 TC1～TC4 不同荷载模式下轨枕垫试样与道砟垫试样的测试荷载范围)；在叠加 1.5 倍车辆荷载后，道砟垫试样承受的荷载为 0.05N/mm²，即 4.5kN，所以道砟垫试样测试荷载范围为 0.01～0.05N/mm²(0.9～4.5kN)，同样与欧洲标准(EN 16730: 2016)TC1 荷载模式的测试荷载范围 0.02～0.05N/mm²(表 4.3)基本一致。

表 4.17　钢轨-轨枕-有砟道床有限元模型参数

项目	参数	取值	单元类型
钢轨	密度	51.54kg/m	Beam 188 网格 0.05m
	弹性模量	206GPa	
	截面惯性矩	$2.03×10^{-5}$m⁴	
扣件	纵向间距	0.60m	Combin14
	垂向刚度	120kN/mm³	
轨枕垫	纵、横向间距	0.10m	Combin14
	垂向刚度	0.4～1N/mm³	
道砟垫	纵、横向间距	0.10m	Combin14
	垂向刚度	0.01～0.04N/mm³	
轨枕	尺寸	2.5m×0.3m×0.20m	Solid45 网格 0.1m
	质量	286kg	
有砟道床	密度	1800kg/m³	Solid45 网格 0.1m
	高度	0.3m	
	应力扩散角	15°	
列车荷载	车辆轴重	10t	——

在本工程案例中，轨枕垫、道砟垫荷载测试范围与欧洲标准略有差异的原因可能与钢轨型号(欧洲标准中的钢轨是 UIC 60 轨，而本案例车辆段的钢轨是 CN 50 轨)、有砟道床级配、仿真模拟方法(实际有砟道床为散粒体结构，而有限元中将其模拟为连续介质)等有关。

2. 测试工况与实验步骤

轨枕垫、道砟垫动刚度测试工况如表 4.18 所示。工况 1、3 是按照 4.4.4 节第一部分计算的测试荷载范围，采用荷载控制的加载模式，测试轨枕垫和道砟垫的低频割线动刚度。对于轨枕垫，中心预压荷载为 2.8kN 且激励幅值为 2.2kN；对于道砟垫，中心预压荷载为 2.7kN 且激励幅值为 1.8kN。轨枕垫和道砟垫的低频割线动刚度的测试频率包括 5Hz、10Hz、20Hz、30Hz。工况 2、4 是分别在轨枕垫和道砟垫有车载预压荷载点上(即 5.0kN 和 4.5kN)，采用速度控制(最大加载速度 7mm/s)的加载模式，测试轨枕垫和道砟垫的高频切线动刚度，测试频率包括 5Hz、10Hz、20Hz、30Hz、40Hz、60Hz、80Hz、100Hz。工况 1～4 将分别采用 GBP 和平钢板进行测试，用以对比道砟颗粒几何外形对有砟轨道弹性元件动刚度测试结果的影响。

表 4.18　　有砟轨道轨枕与道床弹性元件刚度的测试工况

工况	测试指标	测试样品	预压荷载/kN	激励方式	激励幅值	动态频率/Hz
1	低频割线刚度	轨枕垫	2.8	荷载控制	2.2kN	5、10、20、30
2	高频切线刚度	轨枕垫	5.0	速度控制	7mm/s	5、10、20、30、40、60、80、100
3	低频割线刚度	道砟垫	2.7	荷载控制	1.8kN	5、10、20、30
4	高频切线刚度	道砟垫	4.5	速度控制	7mm/s	5、10、20、30、40、60、80、100

下面以 GBP 测试弹性元件动刚度为例介绍各工况的测试步骤。

(1) 工况 1 中轨枕垫的低频割线动刚度测试有两种加载组装方式，如图 4.33 所示。按照图 4.33(a)中自下至上依次组装刚性支承、承载板、与混凝土块黏结的轨枕垫、GBP 几何道砟板(板中心与混凝土块上的轨枕垫中心重合，公差为±3mm)。图 4.33(b)中采用单独轨枕垫与砂纸(研磨面朝向轨枕垫)进行测试。在对比平钢板加载时，仅需将上述安装方法中的 GBP 替换为一定厚度的平钢板即可。在正式测试之前，首先以 0.5kN/s 的加载速率循环施加 3 次 0～10kN 的荷载，以消除弹性元件的 Mullins 效应；其次以 0.1kN/s 的加载速率加载至预压 0.6kN，然后以加载频率 5Hz、10Hz、20Hz、30Hz 测试 0.6～5.0kN 范围内的割线动刚度，每个频率下荷载循环施加 100 次或者荷载循环维持 10s，以最后 10 次的测试结果计算低频割线动刚度。待上一频率循环荷载测试结束后，调整对轨枕垫施加的预压荷载，使之再次稳定至预压 0.6kN 下并保持 60s，方可开展下一频率的动循环测试。

(2) 与前面低频割线动刚度测试不同，工况 2 测试轨枕垫高频切线动刚度时，建议测试黏结在混凝土块上的轨枕垫样品(由于轨枕垫与轨枕之间有黏结层，所以轨枕垫与轨枕之间的黏结力大小可能会影响轨枕垫高频切线刚度的测试精度)，如图 4.33(a)所示。在完成预加载后，首先以 0.1kN/s 的加载速率加载至预压荷载 5.0kN，然后采用最大速度为 7mm/s 的加载方式，依次以 5Hz、10Hz、20Hz、30Hz、

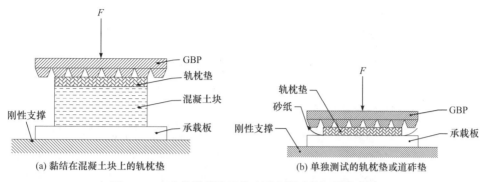

图 4.33　有砟轨道弹性元件动刚度测试的组装示意图

40Hz、60Hz、80Hz、100Hz 对应的振幅(表 4.5)开展高频切线动刚度测试，每个频率下荷载循环施加 100 次或者荷载循环维持 10s，以最后 10 次的测试结果计算轨枕垫的高频切线动刚度。待上一频率循环荷载测试结束后，调整对施加在轨枕垫上的预压荷载，使之再次稳定至目标预压荷载下并保持 60s 时，方可开展下一频率的动循环测试。

(3) 工况 3 测试道砟垫低频割线动刚度时，测试组装如图 4.33(b)所示。测试流程与轨枕垫相同，仅在测试荷载范围上存在差异。在正式开始测试之前，同样以 0.5kN/s 的加载速率循环施加 3 次 0～10kN 的荷载。其次，以 0.1kN/s 的加载速率加载至预压 0.9kN，然后以加载频率 5Hz、10Hz、20Hz、30Hz 测试 0.9～4.5kN 范围内的割线动刚度，每个频率下荷载循环施加 100 次或者荷载循环维持 10s，以最后 10 次的测试结果计算道砟垫的低频割线动刚度。待上一频率循环荷载测试结束后，调整对道砟垫施加的预压荷载，使之再次稳定至预压荷载 0.9kN 下并保持 60s，方可开展下一频率的动循环测试。

(4) 工况 4 道砟垫高频切线动刚度测试与低频割线动刚度的测试安装条件相同，在完成预加载后，以 0.1kN/s 的加载速率加载至预压 4.5kN，采用固定最大速度为 7mm/s 的加载方式依次以 5Hz、10Hz、20Hz、30Hz、40Hz、60Hz、80Hz、100Hz 对应的振幅开展高频切线动刚度测试，每个频率下荷载循环施加 100 次或者荷载循环维持 10s，以最后 10 次的测试结果计算道砟垫的高频切线动刚度。待上一频率循环荷载测试结束后，调整施加在道砟垫上的预压荷载，使之再次稳定至目标预压下并保持 60s 时，方可开展下一频率的动循环测试。

4.4.2　轨枕垫实验结果分析

以 GBP 为例，采用高频动刚度实验系统测试轨枕垫动刚度的组装情况，如图 4.34 所示。此外，GBP 和平钢板的测试结果列于表 4.19 中。

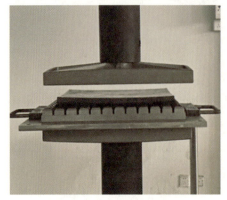

(a) 轨枕垫低频割线动刚度测试　　　　　　　　(b) 轨枕垫高频切线动刚度测试

图 4.34　有砟轨道轨枕垫动刚度测试的安装示意图

表 4.19　GBP 与平钢板加载下轨枕垫的低频割线动刚度和高频切线动刚度

测试对象	测试指标	加载频率							
		5Hz	10Hz	20Hz	30Hz	40Hz	60Hz	80Hz	100Hz
I 型轨枕垫	低频割线动刚度(平钢板)	0.25	0.28	0.30	0.32	—	—	—	—
	低频割线动刚度(GBP)	0.22	0.25	0.27	0.28	—	—	—	—
II 型轨枕垫	低频割线动刚度(平钢板)	0.67	0.70	0.72	0.74	—	—	—	—
	低频割线动刚度(GBP)	0.21	0.22	0.23	0.23	—	—	—	—
III 型轨枕垫	低频割线动刚度(平钢板)	0.17	0.19	0.20	0.21	—	—	—	—
	低频割线动刚度(GBP)	0.10	0.11	0.11	0.11	—	—	—	—
I 型轨枕垫	高频切线动刚度(平钢板)	0.30	0.31	0.32	0.36	0.40	0.44	0.48	0.52
	高频切线动刚度(GBP)	0.19	0.19	0.18	0.19	0.20	0.21	0.22	0.23
II 型轨枕垫	高频切线动刚度(平钢板)	0.85	0.87	0.90	0.94	1.03	1.04	1.06	1.07
	高频切线动刚度(GBP)	0.26	0.26	0.27	0.28	0.29	0.30	0.31	0.32
III 型轨枕垫	高频切线动刚度(平钢板)	0.29	0.30	0.33	0.35	0.41	0.40	0.42	0.43
	高频切线动刚度(GBP)	0.18	0.18	0.18	0.19	0.21	0.21	0.22	0.23

　　由表 4.19 可以看出,道砟颗粒几何外形对不同类型轨枕垫(不同刚度轨枕垫、是否带防刺穿层等)的刚度测试结果影响不同。对于无防刺穿层的轨枕垫,在 5～30Hz 相同频率条件下,I 型轨枕垫采用平钢板测得的低频割线动刚度最大约为GBP测试结果的 1.1 倍,II型轨枕垫采用平钢板测得低频割线动刚度最大约为 GBP测试结果的 3.2 倍。由此可以发现采用 GBP 测得的低频割线动刚度小于平钢板的测试结果,而且两种加载钢板的测试结果差异将会随着轨枕垫刚度的提高而增大。

III 型轨枕垫虽然刚度也较小(与 I 型轨枕垫相差不大)，但是由于装有防刺穿层同样导致两种加载板测试结果相差较大，平钢板测得的结果最大约为 GBP 测试结果的 1.9 倍。对于无防刺穿层的轨枕垫，采用平钢板与 GBP 测得的高频切线动刚度的差异与低频割线动刚度的情况一致，即轨枕垫刚度越大，两种加载边界的结果相差越大。相同频率条件下，I 型轨枕垫采用平钢板测得的高频切线动刚度最大约为 GBP 测试的 2.3 倍，而 II 型轨枕垫采用平钢板测得的高频切线动刚度最大约为 GBP 测试的 3.6 倍。带防刺穿层的 III 型轨枕垫采用平钢板测得的高频切线动刚度最大约为 GBP 测试的 2.0 倍。

4.4.3　道砟垫实验结果分析

以 GBP 为例，采用高频动刚度实验系统测试道砟垫动刚度如图 4.33 所示，图 4.35(a)为 I 型或 II 型聚氨酯道砟垫，图 4.35(b)为 III 型橡胶道砟垫，其橡胶锥台朝向上部的平面支承钢板。表 4.20 给出了分别采用 GBP 和平钢板测得的道砟垫动刚度。

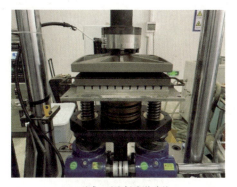

(a) I 型或 II 型聚氨酯道砟垫　　　　　　　(b) III 型橡胶道砟垫

图 4.35　有砟道床弹性元件测试安装示意图

表 4.20　GBP 与平钢板加载下道砟垫的低频割线动刚度和高频切线动刚度

测试对象	测试指标	加载频率							
		5Hz	10Hz	20Hz	30Hz	40Hz	60Hz	80Hz	100Hz
I 型道砟垫	低频割线动刚度(平钢板)	0.0306	0.0333	0.0358	0.0366	—	—	—	—
	低频割线动刚度(GBP)	0.0123	0.0139	0.0156	0.0162	—	—	—	—
II 型道砟垫	低频割线动刚度(平钢板)	0.0194	0.0219	0.0245	0.0256	—	—	—	—
	低频割线动刚度(GBP)	0.0101	0.0112	0.0137	0.0155	—	—	—	—
III 型道砟垫	低频割线动刚度(平钢板)	0.0128	0.0131	0.0136	0.0138	—	—	—	—
	低频割线动刚度(GBP)	0.0121	0.0126	0.0129	0.0132	—	—	—	—

续表

测试对象	测试指标	加载频率							
		5Hz	10Hz	20Hz	30Hz	40Hz	60Hz	80Hz	100Hz
I 型道砟垫	高频切线动刚度(平钢板)	0.0274	0.0288	0.0314	0.0332	0.0350	0.0358	0.0390	0.0422
	高频切线动刚度(GBP)	0.0159	0.0169	0.0188	0.0204	0.0220	0.0232	0.0264	0.0297
II 型道砟垫	高频切线动刚度(平钢板)	0.0153	0.0164	0.0186	0.0192	0.0202	0.0219	0.0241	0.0264
	高频切线动刚度(GBP)	0.0120	0.0131	0.0154	0.0165	0.0187	0.0202	0.0216	0.0230
III 型道砟垫	高频切线动刚度(平钢板)	0.0180	0.0184	0.0193	0.0202	0.0210	0.0213	0.0223	0.0233
	高频切线动刚度(GBP)	0.0171	0.0175	0.0183	0.0193	0.0203	0.0209	0.0212	0.0216

由表 4.20 可以看出，无论是道砟垫低频割线动刚度还是高频切线动刚度，采用 GBP 测得的动刚度均小于平钢板的测试结果。以聚氨酯道砟垫为例，在相同测试频率条件下，I 型道砟垫采用平钢板测得的低频割线动刚度、高频切线动刚度最大约为 GBP 测试的 2.5 倍和 1.7 倍，II 型道砟垫采用平钢板测得的低频割线动刚度、高频切线动刚度最大约为 GBP 测试的 2.0、1.3 倍。对于聚氨酯道砟垫，采用平钢板与 GBP 测得的刚度差异规律与轨枕垫测试时保持一致，即弹性元件刚度越大，测试结果差异越大，这也与文献[17]的研究结论相符。这是由于 I 型、II 型道砟垫在 GBP 加载时道砟垫表面非均匀变形较大，道砟垫承载面积比采用平钢板加载时小(平钢板加载时，道砟垫样品表面全部受载；GBP 加载时，道砟垫样品表面仅局部点面支承)，且刚度越小，承载面积差异越大，刚度测试结果的差异也越大。对于橡胶道砟垫，采用平钢板测得的低频割线动刚度、高频切线动刚度与 GBP 的测试结果基本一致，最大相差约 10%。III 型橡胶道砟垫动刚度测试结果差异较小是由其结构型式所致。橡胶道砟垫主要分为橡胶锥台(橡胶材质)与复合层(覆盖层、编织层、夹层)两部分。橡胶锥台刚度较小，主要为道砟垫提供弹性缓冲作用。复合层硬度较大，采用 GBP 进行加载时，复合层不均匀变形差异很小，几乎与平钢板加载的均匀变形一致，传递给橡胶锥台的荷载几乎没有较大变化。橡胶锥台在两种测试条件下的位移基本一致，所以道砟颗粒几何外形对 III 型橡胶道砟垫动刚度测试结果的影响较小。

参 考 文 献

[1] Railway application — Track — Rail — Part 1: Vignole railway rails 46kg/m and above[S]. European Standard EN 13674-1: 2011. Brussels: European Committee for Standardization, 2010.

[2] Railway application — Track — Concrete sleeper and bears with under sleeper pads[S]. European Standard EN 16730: 2016. Brussels: European Committee for Standardization, 2016.

[3] Railway application — Infrastructure — Under ballast mats[S]. European Standard EN 17282:

2020. Brussels: European Committee for Standardization, 2020.

[4] 韦凯, 周昌盛, 王平, 等. 扣件胶垫刚度的温变性对轮轨耦合随机频响特征的影响[J]. 铁道学报, 2016, 38(1): 111-116.

[5] Zhao Z M, Wei K, Ding W H, et al. Evaluation method of the vibration reduction effect considering the real load- and frequency-dependent stiffness of slab-track mats[J]. Materials, 2021, 14(2): 452.

[6] Mechanical vibration — Resilient elements used in railway tracks — Part 7: Laboratory test procedures for resilient elements of floating slab track systems[S]. DIN 45673-7. 2010.

[7] Acoustics and vibration — Laboratory measurement of vibro-acoustic transfer properties of resilient elements — Part 2: Direct method for determination of the dynamic stiffness of resilient supports for translatory motion[S]. EN ISO 10846-2: 2008. Gevène: International Organization for Standardization, 2008.

[8] 中华人民共和国国家铁路局. 高速铁路扣件[S]. TB/T 3395—1015. 北京: 中国标准出版社, 2016.

[9] 全国磨料磨具标准化技术委员会. 涂附模具用磨料 粒度分析 第 1 部分: 粒度组成[S]. GB/T 9258.1—2000. 北京: 中国标准出版社, 2000.

[10] 全国橡胶与橡胶制品标准化技术委员会. 轨道交通扣件系统弹性垫板[S]. GB/T 21527—2008. 北京: 中国标准出版社, 2008.

[11] 中华人民共和国国家铁路局. 铁路无缝线路设计规范[S]. TB 10015—2012. 北京: 中国铁道出版社, 2012.

[12] Zhai W M, Wei K, Song X L, et al. Experimental investigation into ground vibrations induced by very high speed trains on a non-ballasted track[J]. Soil Dynamics and Earthquake Engineering, 2015, 72: 24-36.

[13] Wang P, Wei K, Wang L, et al. Experimental study of the frequency-domain characteristics of ground vibrations caused by high-speed train running on a non-ballasted track[J]. Proceedings of the Institution of Mechanical Engineers, Part F: Journal of Rail and Rapid Transit, 2016, 230(4): 1131-1144.

[14] 翟婉明. 车辆-轨道耦合动力学[M]. 4 版. 北京: 科学出版社, 2015.

[15] Wei K, Yang Q L, Dou Y L, et al. Experimental investigation into temperature- and frequency-dependent dynamic properties of high-speed rail pads[J]. Construction and Building Materials, 2017, 151: 848-858.

[16] Wei K, Zhao Z M, Ren J J, et al. High-speed vehicle-slab track coupled vibration analysis of the viscoelastic-plastic dynamic properties of rail pads under different preloads and temperatures[J]. Vehicle System Dynamics, 2021, 59(2): 171-202.

[17] Krakiewicz C, Zbiciak A, Wasilewski K, et al. Laboratory tests and analyses of the level of vibration suppression of prototype under ballast mats (UBM) in the ballasted track systems[J]. Materials, 2020, 14(2): 313.

第5章 铁路轨道高聚物弹性元件载变
非线性刚度设计

在以往铁路轨道高聚物弹性元件刚度设计中，往往将其服役荷载范围内的切线非线性刚度近似视为割线线性刚度进行设计，并且在多数工程中两者间的设计误差并不大，能够满足工程设计精度的要求。但是，值得注意的是，之所以在部分工程中能够将轨道高聚物弹性元件的切线非线性刚度近似等效为割线线性刚度，这里有一个大前提，那就是在实际服役的加载过程中弹性元件上所有部位的受载都是均匀的，而且荷载范围(即承受的起点荷载和终点荷载)基本固定，否则这种等效做法一定会影响轨道刚度的设计精度。其中两个典型的轨道刚度设计案例分别是轨道用锚固螺栓紧固铁垫板的分开式扣件组装垂向刚度设计(即弹性元件垂向受载不均匀的设计案例)和轨道扣件系统横向刚度设计(即弹性元件横向所受终点荷载的变化较大，从几千牛到几十千牛)[1]。更为重要的是，轨道高聚物弹性元件载变非线性刚度还会影响轨道减振性能的设计精度，它的减振机理可以用非线性(准)零刚度理论进行科学解释，但是非常遗憾的是，这一点常常被设计者忽视。总之，在轨道高聚物弹性元件非均匀受载、受载范围不定或者减振设计时，将弹性元件服役荷载范围内的切线非线性刚度近似视为割线线性刚度可能会造成轨道刚度的设计误差，进而有可能埋下一些工程病害的隐患。

5.1 轨道扣件系统组装垂向载变非线性刚度的测试与设计

在轨道扣件系统(节点或组装)垂向刚度的传统设计中，常将轨道扣件系统内弹性元件载变非线性刚度近似视为割线线性刚度进行设计，忽略了轨道扣件系统内可能出现的弹性元件非均匀受载的实际情况，因此这种假设并不适用于所有轨道扣件类型。本节首先简要介绍我国三类典型的轨道扣件系统(主要包括不带铁垫板的不分开式扣件系统、带铁垫板的不分开式扣件系统和带铁垫板的分开式扣件系统)组装垂向刚度的传统计算图示及计算公式；然后结合带锚固螺栓铁垫板的分开式扣件系统组装垂向刚度的室内测试结果，揭示传统设计计算方法的局限性；最后提出可准确指导分开式扣件系统组装垂向刚度设计的精细有限元仿真模型以及高效理论解析模型。

5.1.1　扣件系统组装垂向刚度设计的经典计算模型

下面分别介绍不带铁垫板的不分开式扣件系统、带铁垫板的不分开式扣件系统和带铁垫板的分开式扣件系统组装垂向刚度的经典计算图示和计算公式[1]。

1. 不带铁垫板的不分开式扣件系统

图 5.1 给出了不带铁垫板的不分开式扣件系统垂向刚度的计算图示。图中 R 表示车轮荷载分配到一组扣件(即轨枕一端)的垂向力，K_c 和 K_p 分别为扣压件前端的卸载刚度和轨下弹性元件的垂向割线线性刚度(割线线性刚度测取的起点荷载是扣件系统两个扣压件的初始扣压力+单跨钢轨自重，终点荷载是扣压件初始扣压力+单跨钢轨自重+单组扣件分担的列车荷载)。

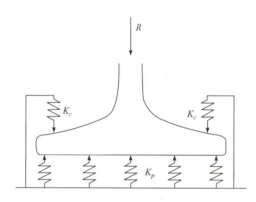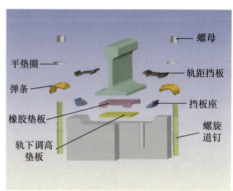

图 5.1　不带铁垫板的不分开式扣件(如弹条 I 型扣件)系统垂向刚度的计算图示

设 R 作用在轨下弹性元件的压缩变形(即钢轨的垂向位移)为 y，此时扣压力损失 ΔP 为

$$\Delta P = 2K_c y \tag{5-1}$$

轨下弹性元件的荷载增量 P 为

$$P = R - \Delta P \tag{5-2}$$

于是

$$R = P + \Delta P = P + 2K_c y \tag{5-3}$$

式(5-3)两边同除以 y，则有

$$\frac{R}{y} = \frac{P}{y} + 2K_c \tag{5-4}$$

R/y 即扣件组装垂向刚度，以 K_a 表示；P/y 为轨下弹性元件线性刚度，即 K_p 表示，于是有

$$K_a = K_p + 2K_c \tag{5-5}$$

由式(5-5)可以看出，对于不带铁垫板的不分开式扣件，该扣件系统(节点或组装)垂向刚度由扣压件刚度 K_c 与弹性元件刚度 K_p 组成，其中扣压件刚度一般为 $0.5\sim1.2\text{kN/mm}$，弹性元件刚度一般是扣压件刚度的 10 倍以上。因此，该扣件系统的组装垂向刚度主要取决于弹性元件的割线线性刚度。

2. 带铁垫板的不分开式扣件系统

带铁垫板的不分开式扣件系统垂向刚度的计算图示如图 5.2 所示。图中，K_c 是扣压件刚度，K_{p1} 为轨下弹性元件割线线性刚度，K_{p2} 为铁垫板下弹性元件割线线性刚度。弹性元件的割线线性刚度测取的起点荷载和终点荷载同上。

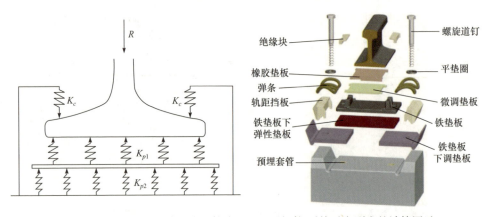

图 5.2　带铁垫板的不分开式扣件(如 WJ-8 型扣件)系统垂向刚度的计算图示

设在 R 的作用下轨下和板下弹性元件的总压缩量为 y，其中轨下弹性元件压缩量为 y_1，铁垫板下弹性元件的压缩量为 y_2，此时扣压件对钢轨和铁垫板的扣压力损失均为

$$\Delta P = 2K_c y \tag{5-6}$$

轨下和铁垫板下弹性元件的荷载增量 P 为

$$P = R - \Delta P \tag{5-7}$$

即

$$R = P + \Delta P = P + 2K_c y \tag{5-8}$$

整理得

$$R = P + \Delta P = P + 2K_c(y_1 + y_2) \tag{5-9}$$

公式两边同除以 y_1 得

$$\frac{R}{y_1} = \frac{P}{y_1} + \frac{\Delta P}{y_1} = \frac{P}{y_1} + 2K_c\left(1 + \frac{y_2}{y_1}\right) \tag{5-10}$$

式中，R/y_1 为扣件系统铁垫板以上部分的组装刚度，以 K_{a1} 表示；P/y_1 为轨下弹性元件割线线性刚度。

因 $K_{p1} = P/y_1$，$K_{p2} = P/y_2$(P/y_2 为板下弹性元件割线线性刚度)，即 $y_1 = P/K_{p1}$，$y_2 = P/K_{p2}$。将以上参数代入式(5-10)得

$$K_{a1} = K_{p1} + 2K_c(1 + K_{p1}/K_{p2}) \tag{5-11}$$

同理可推导扣件系统铁垫板及其以下部分的组装刚度 K_{a2} 为

$$K_{a2} = K_{p2} + 2K_c(1 + K_{p2}/K_{p1}) \tag{5-12}$$

扣件系统刚度 K_a 为以上两者的串联刚度，如下所示：

$$K_a = \frac{[K_{p1} + 2K_c(1 + K_{p1}/K_{p2})] \times [K_{p2} + 2K_c(1 + K_{p2}/K_{p1})]}{[K_{p1} + 2K_c(1 + K_{p1}/K_{p2})] + [K_{p2} + 2K_c(1 + K_{p2}/K_{p1})]} \tag{5-13}$$

在垂向力作用下的扣压力损失 ΔP 为

$$\Delta P = 2K_c y = 2K_c R/K_a \tag{5-14}$$

3. 带铁垫板的分开式扣件系统

在带铁垫板的分开式扣件中，又分为两种铁垫板紧固方式，一是铁垫板用带弹簧垫圈的螺栓(或螺旋道钉)紧固，二是铁垫板用弹条(扣压件)紧固，它们的计算图示分别如图 5.3 和图 5.4 所示。

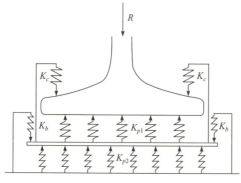 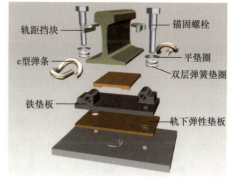

图 5.3　铁垫板用带弹簧垫圈螺栓紧固的分开式扣件(如 DT VI2 型扣件)系统垂向刚度的计算图示

1) 铁垫板用带弹簧垫圈的螺栓紧固

图 5.3 为铁垫板用带弹簧垫圈的螺栓紧固的分开式扣件系统垂向刚度的计算图示，其中，K_c 为扣压件刚度，K_b 为用带弹簧垫圈螺栓的卸载刚度，K_{p1} 为轨下弹性元件割线线性刚度(轨下弹性元件割线线性刚度测取的起点荷载和终点荷载

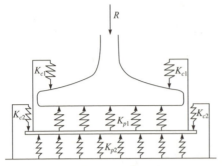

图 5.4　铁垫板用弹条紧固的分开式扣件(如快速安装弹条扣件系统(SFC)钢轨扣件)系统垂向刚度的计算图示

同上)，K_{p2} 为铁垫板下弹性元件割线线性刚度(板下弹性元件割线线性刚度测取的起点荷载是两个螺栓的锚固荷载+单跨钢轨和铁垫板自重荷载，终点荷载是螺栓锚固荷载+单跨钢轨和铁垫板自重荷载+单组扣件分担的列车荷载)。

铁垫板以上部分的组装刚度 K_{a1} 为

$$K_{a1} = K_{p1} + 2K_c \tag{5-15}$$

铁垫板以下部分的组装刚度 K_{a2} 为

$$K_{a2} = K_{p2} + 2K_b \tag{5-16}$$

扣件组装刚度 K_a 为以上两者的串联刚度：

$$K_a = \frac{(K_{p1} + 2K_c) \times (K_{p2} + 2K_b)}{(K_{p1} + 2K_c) + (K_{p2} + 2K_b)} \tag{5-17}$$

扣压钢轨与铁垫板的扣压力的损失分别为

$$\Delta P = 2K_c y = 2K_c R / K_{a1} \tag{5-18}$$

$$\Delta P' = 2K_b y = 2K_b R / K_{a2} \tag{5-19}$$

需要特别指出的是，文献[1]提出上述分开式扣件系统组装刚度计算模型是假定铁垫板为绝对刚性的，即在螺栓紧固时没有考虑铁垫板向上的弯曲变形。但是，在实际螺栓紧固过程中，特别是在螺栓锚固荷载较大时，实际非刚性的铁垫板一定要发生向上弯曲变形(图 5.5)，严重时会导致铁垫板中部与板下弹性元件的脱离，进而造成板下弹性元件出现非均匀受载的情况，此时板下弹性元件的均匀线性刚度假设也不再成立，因此不可避免地会出现理论设计与实测结果之间的显著差异，即实际测定的扣件系统组装刚度明显小于理论计算的扣件系统组装刚度(详见 5.1.2 节)。非常遗憾的是，文献[1]仅提出了定性的指导性意见，并未给出这类扣件系统组装刚度的科学计算方法。

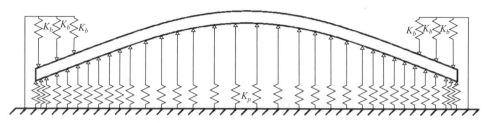

图 5.5　带锚固螺栓铁垫板的分开式扣件铁垫板翘曲变形及其板下弹性元件非均匀支承的示意图

2) 铁垫板用弹条紧固

图 5.4 为铁垫板用弹条紧固的分开式扣件系统组装垂向刚度的计算图示,其中,K_{c1} 为扣压件刚度,K_{c2} 为扣压铁垫板的弹条的卸载刚度,K_{p1} 为轨下弹性元件割线线性刚度(轨下弹性元件割线线性刚度测取的起点荷载为钢轨扣压件初始扣压力+单跨钢轨自重荷载,终点荷载为初始扣压力+单跨钢轨自重荷载+单组扣件分担的列车荷载),K_{p2} 为铁垫板下弹性元件割线线性刚度(板下弹性元件割线线性刚度测取的起点荷载为铁垫板扣压件初始扣压力+单跨钢轨和铁垫板自重荷载,终点荷载为铁垫板扣压件初始扣压力+单跨钢轨和铁垫板自重荷载+单组扣件分担的列车荷载)。

铁垫板以上部分的组装刚度 K_{a1} 为

$$K_{a1} = K_{p1} + 2K_{c1} \tag{5-20}$$

铁垫板以下部分的组装刚度 K_{a2} 为

$$K_{a2} = K_{p2} + 2K_{c2} \tag{5-21}$$

扣件组装刚度 K_a 为以上两者的串联刚度:

$$K_{a2} = \frac{(K_{p1} + 2K_{c1}) \times (K_{p2} + 2K_{c2})}{(K_{p1} + 2K_{c1}) \times (K_{p2} + 2K_{c2})} \tag{5-22}$$

扣压钢轨与铁垫板的扣压力的损失分别为

$$\Delta P = 2K_{c1}y = 2K_{c1}R / K_{a1} \tag{5-23}$$

$$\Delta P' = 2K_{c2}y = 2K_{c2}R / K_{a2} \tag{5-24}$$

5.1.2　分开式扣件系统组装垂向刚度的室内实验测试

下面以 DZ Ⅲ 型分开式扣件(该扣件型式与 DTVI2 型扣件结构型式类似)为例,通过万能力学试验机测试锚固螺栓不同紧固扭矩情况下 DZ Ⅲ 型分开式扣件铁垫板下组装刚度,同时记录锚固螺栓紧固过程中铁垫板不同位置处的垂向变形。这样做主要有两方面的目的:一方面,可以对比分析锚固螺栓不同紧固扭矩条件下均匀加载方式得到的板下弹性元件刚度 K_{p2} 与铁垫板下组装刚度 K_{a2} 实测结果;

另一方面,还可以对比分析锚固螺栓不同紧固扭矩条件下铁垫板的翘曲变形程度。期望通过这些室内测试与理论设计的对比研究,揭示出 5.1.1 节中扣件系统组装刚度传统设计方法在带锚固螺栓铁垫板的分开式扣件系统组装刚度设计中的误差程度及其关键影响因素,为后续设计方法的改进提供基础实验数据。

1. 实验准备

实验设备及配件主要包括 DZ III 型扣件系统中的铁垫板、板下弹性元件、双层弹簧垫圈、调距垫板、锚固螺栓以及万能力学试验机等。

首先,对板下结构进行组装,通过锚固螺栓将双层弹簧垫圈、调距垫板、铁垫板、板下垫板固定于混凝土短轨枕上,并用扭矩扳手对锚固螺栓施加至设计紧固扭矩(150N·m、200N·m、250N·m 三种工况),使之达到设计安装状态。然后,将组装后的板下结构置于万能力学试验机测试平台上,进行板下组装刚度的测试。另外,为了明确铁垫板在板下组装刚度测试时产生翘曲变形的程度,在铁垫板锚固螺栓孔对角线上一共设置了 5 个测点,测点 1-1、1-2 分别位于钢轨轨底外铁垫板边缘 5mm 处,测点 2-1、2-2 分别位于钢轨轨底外侧 5mm 且距钢轨轨底外侧铁垫板边缘 40mm 处的铁垫板上,测点 3 位于铁垫板中心位置处,具体情况如图 5.6所示。

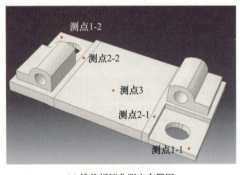

(a) 铁垫板翘曲测点布置图	(b) 板下组装刚度测试实物图

图 5.6　DZ III 型扣件铁垫板下组装刚度测试

2. 实验流程

由于目前针对弹性分开式扣件铁垫板下组装刚度测试,暂无相关规范有明确规定。因此,本书借鉴文献[2]中扣件系统组装刚度相关测试方法展开测试。

正式加载之前,首先将百分表调零,并以 3kN/s 的加载速度对板下组装结构进行至少 3 次 0~60kN 的预加载,以消除铁垫板下弹性元件高分子材料的 Mullins效应[3]。然后以 2kN/s 的加载速度进行正式加载,当荷载施加至 50kN 时保持 60s,

待百分表读数稳定后，记录其变形结果，并根据式(5-25)计算板下组合刚度。

$$K = \frac{F_2 - F_1}{D_2 - D_1} \tag{5-25}$$

式中，F_1、F_2 分别为起始荷载 0kN、终点荷载 50kN；D_1、D_2 分别为起始荷载、终点荷载对应的百分表位移读数。

3. 实测结果

　　下面以锚固螺栓的紧固扭矩 250N·m 为例，在施加单组扣件分担的列车荷载后，铁垫板锚固螺栓对角线上的垂向位移如图 5.7 所示(其中位移以向下为负)。由图 5.7 可以看出，铁垫板在列车荷载作用下发生了明显的不均匀变形，最大垂向位移位于铁垫板中部，位移为 0.89mm；最小竖向位移位于铁垫板边缘处，位移为 0.12mm，二者相差 0.77mm。由此可见，铁垫板下不同位置上传递的列车荷载不同，板下弹性元件一定处于非均匀受载状态，再根据弹性元件载变非线性刚度特征可知，非均匀受载的板下弹性元件不同部位的刚度也不相同。

　　锚固螺栓不同紧固扭矩情况下，板下组装刚度实测结果如图 5.8 所示，其中，板下非组装均匀加载测得的板下弹性元件刚度参考文献[4]。从图 5.8 中可以看出，板下组装非均匀加载刚度 K_{a2} 实测结果与板下非组装均匀加载刚度 K_{p2} 均随着锚固螺栓紧固扭矩的提高相应增加。当锚固螺栓紧固扭矩分别为 150N·m、200N·m、250N·m 时，板下组装非均匀加载刚度与板下非组装均匀加载刚度分别为 44.5kN/mm、54.1kN/mm、60.0kN/mm 与 61.3kN/mm、84.2kN/mm、116.6kN/mm，前者明显小于后者。

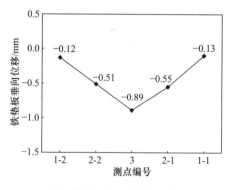

图 5.7　铁垫板锚固螺栓对角线上的垂向位移

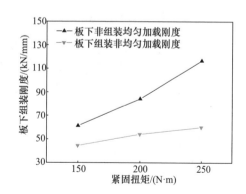

图 5.8　板下均匀加载刚度与板下组装刚度

　　在传统设计方法中，板下组装刚度 K_{a2} 由板下弹性元件均匀加载得到的刚度 K_{p2} 与锚固螺栓卸载刚度 K_b 两部分组成，即在任何扭矩情况下板下组合刚度 K_{a2}

均应大于板下弹性元件的刚度 K_{p2}，见式(5-16)。然而，实测结果表明：在紧固扭矩为 150～250N·m 时，板下组装刚度 K_{a2} 实测结果均小于板下弹性元件均匀加载得到的刚度 K_b，并且该实测结论与文献[1]中所述考虑铁垫板翘曲时实测结果小于设计结果的规律一致。在本案例中，当紧固扭矩分别为 150N·m、200N·m、250N·m 时，DZ III 型扣件铁垫板下非组装均匀加载刚度(传统设计方法)与板下组装非均匀加载刚度至少相差 37.8%、55.9% 与 94.3%，根本无法满足工程设计要求。

5.1.3 分开式扣件系统组装垂向刚度设计的有限元模型

为了提高分开式扣件系统组装刚度的理论设计精度，尝试利用有限元软件 ABAQUS，建立可以综合考虑铁垫板翘曲变形与板下弹性元件非线性超弹性力学特征的三维实体有限元模型[5]。在该模型中，铁垫板不再是刚性的，而是可发生变形的柔性体，板下弹性元件采用反映其超弹性非线性力学特征(即弹性元件载变非线性刚度特征)的实测荷载-位移非线性曲线[6]。下面首先利用上述有限元模型，仿真模拟 DZ III 型扣件铁垫板下组装刚度的实验测试流程，并将数值仿真结果与实验测试结果进行对比，在验证有限元模型正确性的基础上，进一步揭示铁垫板翘曲变形与板下弹性元件非线性超弹性(即弹性元件载变非线性刚度特征)对板下组装刚度设计的影响规律以及各因素引起的误差程度。

1. 有限元模型的建立

DZ III 型扣件铁垫板下组装结构非线性有限元模型主要包括铁垫板、板下弹性元件、混凝土轨枕三部分(图 5.9)，它们的力学参数列于表 5.1 中。

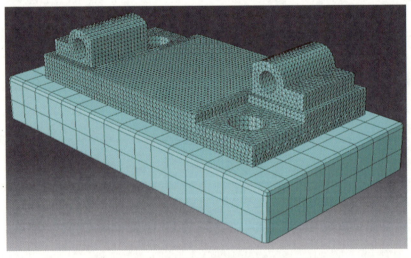

图 5.9 DZ III 型扣件铁垫板下结构有限元模型

表 5.1　非线性有限元模型中的部件及其参数

部件	材料	密度/(kg/m³)	弹性模量/GPa	泊松比
铁垫板	QT450-10	7800	170	0.3
混凝土轨枕	C50	2500	34	0.2
板下弹性元件	氯丁橡胶	1200	Yeoh 超弹性力学模型	

在 DZ III 型扣件铁垫板下组装结构非线性有限元模型中，铁垫板、混凝土轨枕均采用线弹性力学模型，并用八节点六面体单元对其进行网格划分，单元尺寸为 5mm。板下弹性元件采用 Yeoh 超弹性力学模型[7-9]，模型参数 C_{10}、C_{20} 和 C_{30} 通过实测非线性荷载-位移曲线拟合得到(具体拟合方法参见第 3 章)，分别是 0.303、−0.028 和 0.0018。板下弹性元件非线性荷载-位移理论拟合曲线与实测结果的对比情况如图 5.10

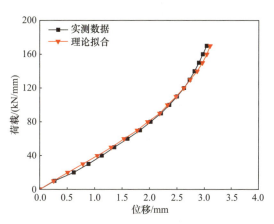

图 5.10　板下弹性元件非线性荷载-位移曲线

所示。从图 5.10 中可以看出，板下弹性元件非线性荷载-位移实测数据的理论拟合效果良好，最大拟合误差不超过 10%，可以满足工程设计精度的要求。同时，为了避免发生非线性计算不收敛的情况，需要提高板下弹性元件的网格划分质量，因此这里采用了四节点线性四面体杂交单元对板下弹性元件进行划分，单元尺寸为 5mm。

该模型通过约束铁垫板锚固螺栓孔位置处的纵向与横向变形，等效模拟锚固螺栓对铁垫板的固定作用，同时混凝土轨枕底部采用了全约束方式。铁垫板、板下弹性元件、混凝土轨枕之间均采用了罚函数接触算法来处理板下弹性元件大变形导致的不收敛问题[10]。在荷载施加方面，由于该三维非线性有限元模型主要用于研究铁垫板及板下弹性元件的受力特征与变形情况，故将锚固螺栓的紧固作用直接以面荷载的形式加载至铁垫板上。加载时，先施加锚固螺栓紧固扭矩产生的预紧力，作用区域为铁垫板上调距扣板范围内，如图 5.11(a)所示；然后施加单组扣件分担的列车荷载，作用区域为铁垫板中部与钢轨轨底接触的区域，如图 5.11(b)所示。在边界条件确定和荷载施加完成后，提取测点位置的位移。

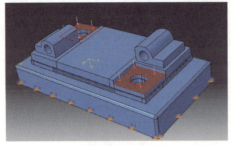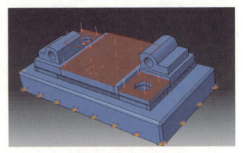

(a) 锚固螺栓预紧荷载　　　　　　　　(b) 锚固螺栓预紧荷载+列车荷载

图 5.11　DZ III 型扣件板下组装刚度测试时起始安装荷载和列车荷载的作用位置

2. 有限元模型的验证

同样以锚固螺栓紧固扭矩 250N·m 为例，在锚固螺栓紧固扭矩作用下，铁垫板与板下弹性元件产生的垂向位移云图如图 5.12(a)所示；在进一步叠加列车荷载作用后，铁垫板与板下弹性元件垂向位移云图如图 5.12(b)所示。由图 5.12 可以看出，无论是在锚固螺栓紧固扭矩作用下还是在进一步叠加列车荷载作用下，铁垫板始终处于中间向上两端向下的翘曲变形状态，并且板下弹性元件也始终处于非均匀受压的状态，即在锚固螺栓孔位置处板下弹性元件的压缩程度最大，铁垫板中部位置处板下弹性元件的压缩程度较小。

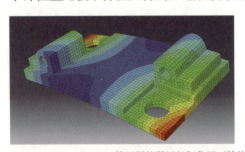

(a) 锚固螺栓紧固扭矩作用下铁垫板与板下弹性元件垂向位移云图

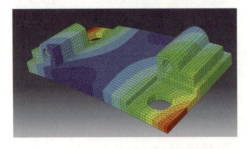

(b) 进一步叠加列车荷载作用后铁垫板与板下弹性元件垂向位移云图

图 5.12　DZ III 型扣件铁垫板下组装刚度测试的数值仿真变形云图

在单独锚固螺栓紧固扭矩作用下和进一步叠加列车荷载共同作用下，铁垫板锚固螺栓孔对角线上的垂向位移如图 5.13(a)所示。从图 5.13(a)可以看出，与单独锚固螺栓紧固扭矩作用下铁垫板的翘曲变形相比，进一步叠加列车荷载后，尽管铁垫板的翘曲变形有所缓解，但是仍然呈现出中间高两端低的翘曲变形状态。在叠加列车荷载前后，铁垫板不同位置处垂向位移差(即列车荷载作用前后板下弹性元件的压缩量)的仿真结果与实测结果对比如图 5.13(b)所示。从图 5.13(b)可以看出，非线性有限元模型的计算结果与实测结果基本一致，最大误差仅为 7.8%；另外，从板下弹性元件的非均匀压缩情况来看，在叠加列车荷载后，锚固螺栓孔位置处的实际压缩量为 0.12mm，小于相同扭矩均匀加载条件下的变形值 0.41mm[6](即非均匀加载条件下板下弹性元件的压缩量仅是均匀加载条件下板下弹性元件压缩量的 30%左右)，而且远小于板下弹性元件中部的实际变形值 0.89mm(即非均匀加载条件下铁垫板端部板下弹性元件的压缩量仅是中部板下压缩量的 15%左右)。

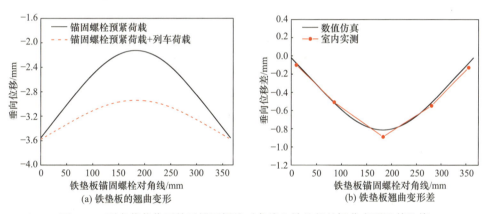

(a) 铁垫板的翘曲变形　　　　(b) 铁垫板翘曲变形差

图 5.13　列车荷载作用前后锚固螺栓对角线上铁垫板的翘曲变形及其差值

锚固螺栓不同紧固扭矩情况下，板下组合刚度的仿真计算结果与实测结果对比如图 5.14 所示。由图 5.14 可以看出，当在计算模型中同时考虑铁垫板翘曲变形及其板下弹性元件非线性超弹性(即板下弹性元件的载变非线性超弹性力学特征)的综合影响时，锚固螺栓不同紧固扭矩下板下组装刚度的设计值才能与实测结果基本吻合。在本算例中，当锚固螺栓紧固扭矩为 150N·m、200N·m、250N·m 时，板下组装刚度设计值分别为 43.7kN/mm、52.7kN/mm、61.1kN/mm，与实测结果的误差分别为 1.8%、2.4%、1.9%，能够满足工程设计精度要求，同时也验证了非线性有限元模型的准确性。

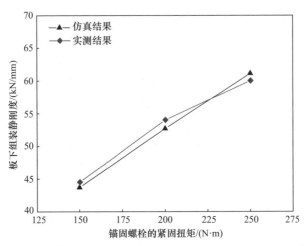

图 5.14　锚固螺栓不同紧固扭矩情况下 DZ III 型扣件板下系统刚度的实测与仿真结果

3. 影响因素的计算分析

为进一步分析铁垫板翘曲变形与板下弹性元件非线性超弹性单一因素对板下组装刚度设计的影响规律及其影响程度，设计了如表 5.2 所示的计算工况。其中，工况 1~3 不考虑铁垫板翘曲因素，仅分析板下弹性元件非线性超弹性在锚固螺栓不同紧固扭矩情况下对板下组装刚度设计的影响。即在仿真计算时，将非线性有限元模型中的铁垫板设置为刚体，板下弹性元件仍采用 Yeoh 超弹性力学模型反映其非线性超弹性。工况 4~6 不考虑板下弹性元件非线性超弹性力学特征，仅分析铁垫板翘曲因素在锚固螺栓不同紧固扭矩情况下对板下组装刚度设计的影响。此时，将非线性有限元模型中的铁垫板考虑为柔性体，板下弹性元件采用线弹性模型，其刚度为文献[6]中相同扭矩情况下均匀加载得到的割线线性刚度(即板下非组装均匀加载的割线线性刚度)，具体数据如图 5.8 所示。

表 5.2　计算工况

工况	铁垫板弹性模量/GPa	板下弹性元件力学特性	螺栓扭矩/(N·m)
1~3	+∞(刚体)	非线性超弹性	150、200、250
4~6	170	线性弹性	150、200、250

1) 板下弹性元件非线性超弹性的影响分析

当仅考虑板下弹性元件非线性超弹性因素时，锚固螺栓不同紧固扭矩条件下板下组装刚度设计值如图 5.15 所示。由图 5.15 可以看出，由于将铁垫板考虑为刚体，因此在相同荷载大小的情况下，无论是采用均匀加载方式还是按照实际荷载分布方式(图 5.11)进行加载，对测试结果均不会造成影响，所以该设计结果与均匀加载得到的板下弹性元件刚度基本相同。在本算例中，当锚固螺栓紧固扭矩分别为 150N·m、200N·m、250N·m 时，板下组合刚度设计值分别为 62.6kN/mm、82.4kN/mm、114.4kN/mm，与板下非组装均匀加载刚度实测值仅相差 2.1%、2.2%、1.8%；但与板下组装非均匀加载刚度实测结果相差 40.6%、52.6%、90.7%。由此可见，仅考虑板下弹性元件非线性超弹性，对提高板下组装刚度设计精度几乎没有影响。

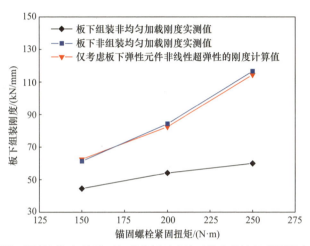

图 5.15　锚固螺栓不同紧固扭矩情况下仅考虑板下弹性元件非线性超弹性影响的板下组装刚度

2) 铁垫板翘曲的影响分析

在仅考虑铁垫板翘曲变形，不考虑板下弹性元件非线性超弹性因素时，锚固螺栓不同紧固扭矩情况下设计刚度与实测结果对比如图 5.16 所示。从图 5.16 可以看出，当锚固螺栓紧固扭矩分别为 150N·m、200N·m、250N·m 时，设计刚度分别为 45.2kN/mm、58.5kN/mm、76.9kN/mm，与板下组装非均匀加载的刚度实测值相差 1.6%、8.2%、28.3%。由此可知，与仅考虑板下弹性元件非线性超弹性因素相比，仅考虑铁垫板翘曲时板下组装刚度的设计误差明显减小，尤其是在锚固螺栓紧固扭矩较低的情况。但是，随着锚固螺栓紧固扭矩的不断增大，设计误差也在不断增大。在锚固螺栓紧固扭矩为 250N·m 时，设计误差已不能满足工程设计要求。这是因为在锚固螺栓紧固扭矩较小时，铁垫板翘曲程度并不严重，相应的板下弹性元件不均匀受压程度也较小，并且此时板下弹性元件基本处于线弹性阶段，采用均匀加载得到的板下弹性元件割线刚度的设计误差不大；但是，当锚固螺栓紧固扭矩较大时，铁垫板翘曲程度开始加剧，板下弹性元件非均匀受压情况也随之凸显，受压较大的铁垫板中部区域内板下弹性元件更易发生非线性超弹性力学行为，所以此时忽略板下弹性元件非线性超弹性必然导致设计误差的不断累积。

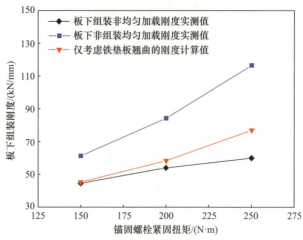

图 5.16 锚固螺栓不同紧固扭矩情况下仅考虑铁垫板翘曲影响的板下组装刚度

以上计算结果表明，对于带锚固螺栓铁垫板的弹性分开式扣件系统，板下组装刚度设计方法无论忽略铁垫板的翘曲变形还是忽略板下弹性元件的非线性超弹性，都将会导致板下组装刚度设计结果与实际结果之间产生较大误差，无法准确反映板下组装刚度随锚固螺栓紧固扭矩的变化规律。铁垫板翘曲变形与板下弹性元件非线性超弹性在荷载作用过程中是相互影响的两个因素，铁垫板的翘曲变形导致板下弹性元件不同位置处的压缩状态不同，板下弹性元件非均匀压缩导致不同位置处支承刚度不同，从而又将进一步影响铁垫板的翘曲变形。因此，带锚固螺栓铁垫板的弹性分开式扣件板下组装刚度的设计必须同时考虑铁垫板翘曲变形以及板下弹性元件非线性超弹性因素的综合影响，才能保证满足工程设计精度要求。

5.1.4 分开式扣件系统组装垂向刚度设计的理论解析模型

为了考虑铁垫板翘曲变形与板下弹性元件非线性超弹性对分开式扣件铁垫板下组装刚度的影响，可应用有限元软件建立铁垫板-板下弹性元件的三维实体非线性有限元模型，通过将铁垫板设置为柔性体来考虑铁垫板变形的影响。在此基础上，将板下弹性元件考虑为非线性超弹性材料来反映铁垫板实际安装时的非均匀支承状态。尽管该方法可得到较为准确的计算结果，但是求解过程中除涉及材料非线性外，还涉及接触非线性与几何非线性，求解过程耗费的时间较长，且收敛性较差。此外，在分析铁垫板设计参数(铁垫板厚度、锚固螺栓间距等)对板下组装刚度的影响时，不同工况下的计算模型均需要单独建模，模型的通用性差且效率低，无法快速、准确获得不同设计参数下的板下组装刚度。因此，为准确设计弹性分开式扣件系统板下组装刚度，综合考虑铁垫板翘曲变形与板下弹性元件非线性超弹性的影响，探究传统计算模型的误差范围，本节提出一种基于非线性弹性地基梁的板下组装刚度理论计算模型[11]。

　　首先，将弹性元件非线性超弹性引入弹性地基梁模型中，并将梁段划分为多个计算单元，从而建立反映铁垫板实际非均匀变形特征的板下组装刚度理论解析模型，并采用中点刚度法求解锚固螺栓紧固扭矩与列车荷载施加过程中铁垫板的翘曲变形曲线与板下组装刚度。然后，利用上述 DZ Ⅲ 型扣件系统板下组装非均匀加载刚度实验，验证所提理论解析模型的正确性；最后，分别应用传统计算模型与新型理论解析模型，计算不同安装状态(螺栓扭矩)、铁垫板不同设计参数(铁垫板厚度、锚固螺栓间距)情况下板下组装刚度，并对比分析不同工况下传统计算模型设计误差的变化规律，为分开式扣件系统板下组装刚度的设计提出指导意见。

1. 理论解析模型的建立

　　通过将非线性连续支承引入传统线弹性支承的地基梁模型，并将梁体分成多个计算单元，以便有效反映铁垫板在实际安装状态下的非均匀支承状态。其次，采用中点刚度法对理论解析模型进行求解，以获得铁垫板安装状态下的翘曲变形与真实组装刚度。

1) 理论解析模型

带锚固螺栓铁垫板的分开式扣件板下系统刚度的理论解析模型如图 5.17 所示，l 为铁垫板长度(当锚固螺栓处于铁垫板对角时，取铁垫板对角线长度)，q_1、q_2 为作用在铁垫板上的荷载，其中 q_1 表示锚固螺栓扭矩作用下的预紧力，作用于铁垫板与调距扣板接触区域，作用长度为 d_k；q_2 表示一组扣件承担的列车荷载值，作用于铁垫板中部与轨底接触的区域，作用长度为 s。加载时首先施加锚固螺栓预紧力 q_1，在此基础上再施加列车荷载 q_2，通过计算列车荷载 q_2 作用前后铁垫板跨中的变形差来计算板下组合刚度 K。k 为铁垫板对应的地基系数，其值为铁垫板位移 y 的函数，即 $k=k(y)$，与板下垫板的刚度 K_{p2} 之间满足 $k=K_{p2}/l$。

　　由于铁垫板在自身非均匀变形与板下弹性元件非线性超弹性共同影响下处于非均匀支承的状态，在计算过程中通过将铁垫板划分为多个计算单元来反映铁垫板下的非均匀支承状态，每个单元的支承刚度将由单元中点处的位移值来确定。单元划分的数量则由该位置处承受的荷载大小与可能的变形状态决定，具体而言，承担荷载越大、变形程度越高，则单元数量越多。每个单元的受力如图 5.17(b)所示(以第 j 个单元为例)，其中 k_j 为第 j 个单元对应的地基系数。单元主要受到作用于该单元上的外部荷载 q，以及由左右两侧相邻单元传来的弯矩与剪力 $M_{j,L}$、$Q_{j,L}$ 与 $M_{j,R}$、$Q_{j,R}$。

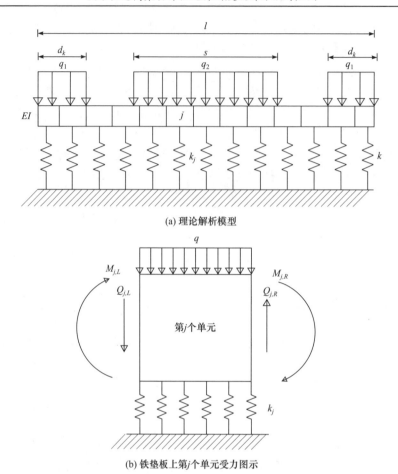

(a) 理论解析模型

(b) 铁垫板上第 j 个单元受力图示

图 5.17　带锚固螺栓铁垫板的分开式扣件板下系统刚度的理论解析模型

　　而相邻单元之间应满足变形协调条件，即第 j 个单元与第 $j+1$ 个单元相接位置处的位移、转角、弯矩和剪力满足：

$$y_{j+1}^L = y_j^R, \quad \theta_{j+1}^L = \theta_j^R, \quad M_{j+1}^L = M_j^R, \quad Q_{j+1}^L = Q_j^R \tag{5-26}$$

式中，y_{j+1}^L、θ_{j+1}^L、M_{j+1}^L、Q_{j+1}^L 与 y_j^R、θ_j^R、M_j^R、Q_j^R 分别为第 $j+1$ 个单元与第 j 个单元在相接边界位置处的位移、转角、弯矩、剪力。每个计算单元均需满足弹性地基短梁的基本要求[12]，计算时采用初参数法对单元的变形进行求解。首先根据初参数法列出每个计算单元在无载条件下的变形曲线(见式(5-27))，再考虑梁上有荷载作用时引起的位移附加项(见式(5-28))来获得计算单元的变形方程：

$$y_j = y_{0,j}\varphi_{1,j} + \theta_{0,j}\frac{1}{\beta_j}\varphi_{2,j} - M_{0,j}\frac{1}{EI\beta_j^{\,2}}\varphi_{3,j} - Q_{0,j}\frac{1}{EI\beta_j^{\,3}}\varphi_{4,j} \tag{5-27}$$

$$\Delta y_j = \left\| x_{1,j} \frac{p_j}{k_j}\{1 - \varphi_{1,j}[\beta_j(x - x_{1,j})]\} \right\| - x_{2,j} \frac{p_j}{k_j}\{1 - \varphi_{1,j}[\beta_j(x - x_{2,j})]\} \tag{5-28}$$

$$\beta_j^4 = k_j / (4EI) \tag{5-29}$$

式中，$\varphi_{1,j}$、$\varphi_{2,j}$、$\varphi_{3,j}$、$\varphi_{4,j}$ 为对应第 j 个单元的克雷洛夫函数；k_j 为对应单元的地基系数；EI 为铁垫板的抗弯刚度；β_j 为对应单元的特征系数；$y_{0,j}$、$\theta_{0,j}$、$M_{0,j}$、$Q_{0,j}$ 为对应单元梁端初始的位移、转角、弯矩及剪力；p_j 为对应地基梁单元上作用的外部荷载；$x_{1,j}$、$x_{2,j}$ 为外部荷载 P_j 作用的起始坐标与终止坐标。

对式(5-27)和式(5-28)进行求导变换，即可获得对应单元的挠度方程、弯矩方程和剪力方程(见式(5-30))，从而组成单个单元的基本方程组。

$$\theta_j = \frac{\mathrm{d}y_j}{\mathrm{d}x}, \quad M_j = -EI\frac{\mathrm{d}\theta_j}{\mathrm{d}x}, \quad \theta_j = \frac{\mathrm{d}M_j}{\mathrm{d}x} \tag{5-30}$$

对于单个单元挠度曲线的计算需要引入单元初始位置处的挠度、转角、弯矩和剪力，通过变形协调条件(即式(5-26))，将多个单元的基本方程组进行联立，从而形成结构的整体求解方程组。在此基础上，引入铁垫板两侧自由端边界条件(见式(5-31))代入整体方程组中进行求解，从而得到铁垫板在荷载作用下的翘曲变形。

$$M|_{x=0} = 0, \quad Q|_{x=0} = 0, \quad M|_{x=l} = 0, \quad Q|_{x=l} = 0 \tag{5-31}$$

2) 计算方法

由于板下弹性元件的非线性超弹性力学特征，荷载施加过程中板下弹性元件对铁垫板提供的支承刚度将随铁垫板的变形逐渐改变，故无法直接求解荷载作用下铁垫板的变形曲线。因此，求解过程中采用非线性求解方法中的中点刚度法，可将施加于铁垫板上的荷载分成多个荷载步进行施加，其中每一步刚度由施加该荷载步 1/2 荷载的位移来计算。具体计算流程是，将作用在铁垫板上的荷载分成 n 个荷载步，进行逐次加载。在第 i 个荷载步时，首先根据加载步的初始位移 $y_{i,0}$ 计算第 i 荷载步对应的初始刚度 $k_{i,0}$。然后将初始刚度 $k_{i,0}$ 代入非线性弹性地基梁基本方程中计算第 i 荷载步 1/2 荷载作用下铁垫板的变形增量 $\Delta y_{i,1/2}$，再将增量 $\Delta y_{i,1/2}$ 与初始位移 $y_{i,0}$ 叠加，获得第 i 荷载步 1/2 荷载作用下对应的总变形 $y_{i,1/2}$；之后根据 $y_{i,1/2}$ 与刚度-位移曲线(该曲线由图 5.10 中的板下垫非线性荷载-位移实测曲线计算获得，如图 5.18 所示)获得中点刚度 $k_{i,1/2}$。最后将中点刚度 $k_{i,1/2}$ 作为铁垫板在第 i 荷载步的刚度 $k_{i,1/2}$，计算铁垫板在第 i 荷载步全部荷载作用下的变形增量 Δy_i，再将变形增量 Δy_i 与初始变形 $y_{i,0}$ 叠加，获得第 i 步的总位移 y_i。如此周而复始可得到所有荷载步下的总变形。上述计算流程如图 5.19 所示。

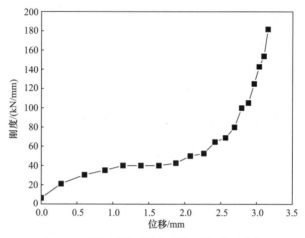

图 5.18　板下弹性元件非线性刚度-位移曲线

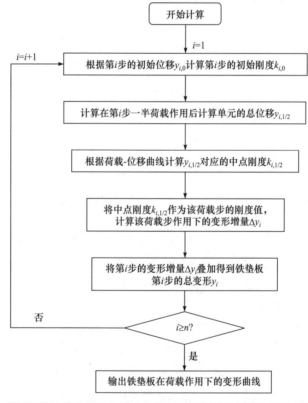

图 5.19　带锚固螺栓铁垫板的分开式扣件板下组装刚度理论解析模型的求解流程

2. 理论解析模型的验证

根据 DZ III 型扣件系统铁垫板的几何参数(表 5.3)，将铁垫板划分为 90 个计算单元，其中铁垫板左右两侧螺栓预紧力作用区域各 20 个单元、铁垫板中部列车荷载作用区域为 50 个单元，并计算每个单元的初始方程组。最后，根据中点刚度法将预紧力 q_1 与列车荷载 q_2 分步施加，计算每个荷载步下铁垫板的翘曲变形。以锚固螺栓紧固扭矩 250N·m 为例，列车荷载作用前后铁垫板的变形如图 5.20(a)所示，不同扭矩下板下组装刚度的计算与实测结果如图 5.20(b)所示。

表 5.3　铁垫板上的几何参数

铁垫板参数	量值/mm
长度 l	362
厚度 d	18
宽度 b	170
调距垫板长度 d_k	84
列车荷载作用宽度 s	169

由图 5.20(a)可以看出，在锚固螺栓紧固扭矩为 250N·m 时，理论解析模型计算得到列车荷载作用前后铁垫板的变形差与实测结果基本一致。理论解析模型铁垫板跨中变形为 0.82mm，与实际结果相差 0.07mm；板端位移为 0.08mm，与实测结果相差 0.05mm。另外，从图 5.20(b)可以看出，理论解析模型计算所得板下组装刚度分别为 43.70kN/mm、52.69kN/mm、61.12kN/mm，与实测结果分别相差 1.80%、2.68%、1.83%，满足工程设计的误差要求。因此，与 5.1.3 节的非线性有限元模型相比，非线性弹性地基梁模型不仅计算精度满足工程设计精度要求，而且计算效率也提高了很多。

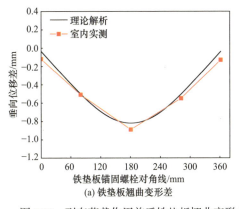

(a) 铁垫板翘曲变形差

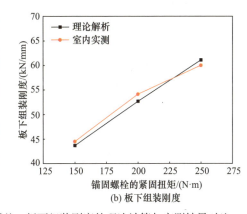

(b) 板下组装刚度

图 5.20　列车荷载作用前后铁垫板翘曲变形差、板下组装刚度的理论计算与实测结果对比

3. 理论解析模型与传统模型的误差分析

在模型验证的基础上，以 DZ III 型扣件系统为例，分别计算不同安装参数与铁垫板设计参数下传统模型与新建理论解析模型的板下组装刚度，分析不同铁垫板设计参数与安装参数条件下传统模型设计误差的变化规律，从而明确传统模型的适用范围。

根据前面分析可知，弹性分开式扣件系统实际安装状态将对板下组装刚度产生较大的影响。另外，铁垫板的设计参数直接影响铁垫板的翘曲变形状态，从而影响板下组装刚度。因此，主要考虑现场不同安装参数(即不同锚固螺栓紧固扭矩)、铁垫板设计参数(主要是铁垫板厚度、铁垫板锚固螺栓间距)，设置计算工况如表 5.4 所示。

表 5.4　计算工况表

计算工况	铁垫板厚度/m	锚固螺栓间距/mm	锚固螺栓扭矩/(N·m)
铁垫板厚度	12、15、18、21、24、27	194	150、200、250
锚固螺栓间距	18	278、328、378、428、478、528	

1) 不同铁垫板厚度下传统计算模型的误差分析

不同铁垫板厚度情况下，传统模型与新建理论解析模型计算得到的板下组装刚度如图 5.21(a)所示。由图 5.21(a)可以看出，相同锚固螺栓紧固扭矩情况下传统模型的设计误差将随着铁垫板厚度的降低而增大。以锚固螺栓紧固扭矩 150N·m 为例，传统模型在不同铁垫板厚度情况下的设计结果均为 61.3kN/mm，与铁垫板厚度无关；而理论解析模型计算结果则随着铁垫板厚度的降低而降低，其值分别为 54.97kN/mm、52.36kN/mm、48.69kN/mm、43.7kN/mm、37.55kN/mm 和 31.24kN/mm，与传统模型计算结果分别相差 10.33%、14.58%、20.57%、28.71%、38.74%、49.04%。这是因为随着铁垫板厚度的降低，铁垫板抗弯刚度也随之减小，从而使得荷载作用下铁垫板不均匀变形增大，与传统模型中的刚性体假设差异也增大。另外，随着锚固螺栓扭矩的增加，传统模型的设计误差也将逐渐增大，且随着铁垫板厚度的降低，传统模型的设计误差将被进一步放大。当铁垫板厚度为 18mm 时，锚固螺栓紧固扭矩 150N·m、200N·m、250N·m 情况下传统模型的设计误差分别为 40.27%、59.80%、78.82%；当铁垫板厚度变为 12mm 时，锚固螺栓紧固扭矩 150N·m、200N·m、250N·m 情况下传统模型的设计误差分别是 96.13%、140%、210%。这是因为随着锚固螺栓紧固扭矩的增加，铁垫板自身的非均匀变形程度也增大，因而这与传统模型中铁垫板均匀受压的假设严重不符，叠加降低铁垫板厚度引起的铁垫板非均匀变形增加的作用后，传统模型的设计误差将被进一步放大。因此，带锚固螺栓铁垫板的分开式扣件板下组装刚度的传统模型在铁垫板低厚度、大紧固扭矩的情况下将产生严重的设计误差，已无法准确反映板下组装结构的真实刚度，应引起设计者的重视。

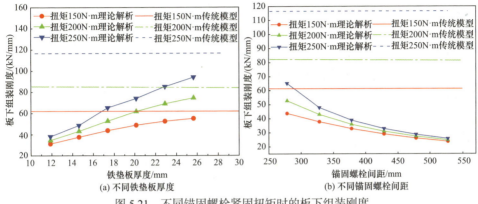

图 5.21 不同锚固螺栓紧固扭矩时的板下组装刚度

2) 不同锚固螺栓间距下传统计算模型的误差分析

不同锚固螺栓间距情况下，传统模型与新建理论解析模型计算得到的板下组装刚度如图 5.21(b)所示。从图 5.21(b)可以看出，在锚固螺栓紧固扭矩不变的情况下，螺栓间距加宽将增加传统模型的设计误差。以锚固螺栓紧固扭矩 150N·m 为例，传统模型设计的板下组装刚度保持不变，其结果均为 61.3kN/mm；而理论解析模型的计算结果则随着锚固螺栓紧固扭矩的增大而逐渐减小，其值分别为 43.7kN/mm、37.74kN/mm、32.81kN/mm、28.97kN/mm、26.01kN/mm、23.63kN/mm，与传统模型设计结果之间的误差分别为 28.71%、38.43%、46.48%、52.74%、57.57%、61.45%。这是因为随着铁垫板锚固螺栓间距的增大，铁垫板跨中在锚固螺栓紧固扭矩作用下的变形减小，预压效果降低，更趋近于无预压状态下的板下组装刚度。在此基础上，进一步考虑锚固螺栓紧固扭矩提高的影响后，传统模型的设计误差将会进一步被放大，与考虑了铁垫板变形与板下弹性元件非线性的理论解析模型计算结果相差越大。螺栓间距为 278mm 时，锚固螺栓紧固扭矩 150N·m、200N·m、250N·m 的情况下，传统模型设计误差分别为 40.27%、59.88%、78.83%；螺栓间距为 528mm 时，锚固螺栓紧固扭矩 150N·m、200N·m、250N·m 的情况下传统模型的设计误差分别是 1.6 倍、2.4 倍和 3.5 倍。这是因为增大锚固螺栓间距将降低锚固螺栓紧固扭矩对铁垫板中部的影响，致使锚固螺栓不同紧固扭矩情况下铁垫板中部的预压状态逐渐接近于零，从而无法达到传统模型对应紧固扭矩下的预压效果。因此，板下组装刚度传统模型在宽螺栓间距、大紧固扭矩的情况下将产生更加严重的设计误差，同样已无法准确预测带锚固螺栓铁垫板的分开式扣件板下组装结构的真实刚度。

5.2 隔离式减振垫浮置板弹性元件垂向载变非线性刚度设计

就目前隔离式减振垫浮置板高聚物弹性元件的刚度设计而言，国内规范一直采用荷载服役范围内的割线刚度对其减振效果进行评价。这种设计评价标准势必会引导高聚物弹性元件的荷载-位移曲线越来越趋向线性化设计。然而，大量的研究表明，非线性刚度隔振系统的减振效果优于线性刚度隔振系统，其基本原理可以用非线性(准)零刚度理论进行科学解释。本节首先利用经典的单自由度振动系统，简要阐释"高静低动"非线性(准)零刚度的隔振原理；然后通过建立车辆-浮置板-非线性刚度隔振器-底座板垂向耦合动力学模型，计算分析隔离式减振垫浮置板弹性元件垂向载变非线性刚度的优异减振效果，并期望为隔离式减振垫浮置板弹性元件垂向载变非线性刚度设计提供优化建议。

5.2.1 非线性(准)零刚度隔振系统的减振原理

随着非线性动力学的快速发展，非线性(准)零刚度隔振理论在振动控制工程领域得到了广泛的应用。非线性(准)零刚度隔振器可以在静力平衡位置附近设计成趋近于零的"低动刚度"，从而降低固有频率，隔离更宽频带的振动，提高减振效果；同时，非线性(准)零刚度隔振器还具有"高静刚度"特征，在承载较大荷载时隔振物体能够保证其位移量在可控范围内。

经典的非线性(准)零刚度一般结构的示意图与其非线性荷载-位移曲线如图 5.22 所示。在图 5.22(a)中，隔振物体的质量为 m，竖向由一根垂向弹簧支承，同时连接两根水平弹簧。当系统受到外力作用时，承载物体的竖向位移增大，而横向弹簧在竖向的分力逐渐减小，因此横向弹簧表现出负刚度特性。当竖向位移达到 x_e

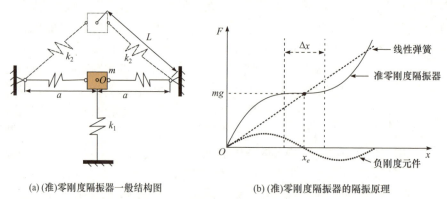

(a) (准)零刚度隔振器一般结构图   (b) (准)零刚度隔振器的隔振原理

图 5.22 非线性(准)零刚度原理的示意图

时系统处于静力平衡位置，这时系统总刚度可表示为 $k=k_{正}+k_{负}$。通过设计负刚度元件参数，调整结构刚度可达到 $k_{正}\approx k_{负}$ 且 $k_{正}>k_{负}$，这样便使得承载物体在 Δx 范围内运动时，系统的总刚度趋于零且大于零，从而使系统的固有频率向低频延伸提高隔振效果。

文献[13]～文献[15]首次针对地铁浮置板轨道工况，以经典的非线性(准)零刚度单自由度隔振系统为研究对象，讨论了浮置板轨道系统采用非线性(准)零刚度隔振器的可行性。与地铁浮置板轨道工况近似等效的(准)零刚度结构由垂直的正刚度元件和倾斜的负刚度元件并联组成，正刚度元件采用了垂向支承弹簧，负刚度元件同样采用了线性弹簧作为刚度调整器。下面针对正刚度元件和负刚度元件在地铁浮置板不同荷载状态条件下的力学状态进行介绍，包括未变形状态、初始安装状态、静力平衡状态和动态荷载状态，如图 5.23 所示。

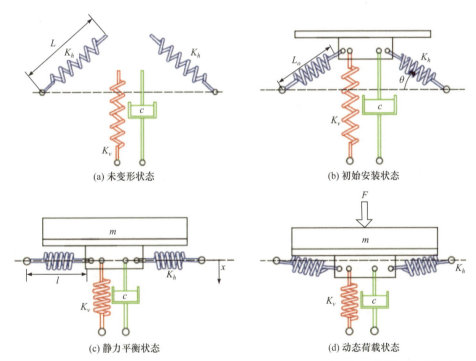

(a) 未变形状态　　　　　　　　　　(b) 初始安装状态

(c) 静力平衡状态　　　　　　　　　(d) 动态荷载状态

图 5.23　与地铁浮置板轨道工况近似等效的非线性(准)零刚度隔振系统模型的示意图

在图 5.23(a)中，所有的刚度元件是未压缩变形的，K_h 和 L 分别为倾斜弹簧的刚度和初始长度，K_v 为垂向弹簧的刚度，c 为垂向阻尼系数，m 为隔振物体的质量；图 5.23(b)展示了非线性(准)零刚度隔振系统在没有任何荷载作用下的初始安装状态。倾斜弹簧被压缩到长度 L_0，水平线和每个倾斜弹簧之间的角度用 θ 表示。在静力作用下(即浮置板轨道自重荷载作用下)，非线性(准)零刚度隔振器垂向正刚度元件继续压缩，同时倾斜的负刚度弹簧元件压缩到最大程度，并保持至水平位置。此时，隔振物体的重量仅由正刚度弹簧元件支承，如图 5.23(c)所示。这里，倾斜弹簧的长度记为 l，变量 x 以静力平衡位置(即浮置板轨道自重)为坐标起始原点定义了隔振物体在垂直方向的动态位移。在外部的动力荷载(即轮轨荷载)F 作用下，浮置板将继续向下移动，如图 5.23(d)所示。非线性(准)零刚度隔振器支承力 F_{QZS} 可写为

$$F_{QZS} = F_v + F_i \sin\theta \tag{5-32}$$

式中，F_v 和 F_i 分别为垂向弹簧和倾斜弹簧的压缩力。根据非线性(准)零刚度结构的几何特征，F_v 和 F_i 在任意位置可以表示为

$$F_v = K_v x \tag{5-33}$$

$$F_i = nK_h\left(L - \sqrt{x^2 + l^2}\right) \tag{5-34}$$

式中，n 为负刚度元件总数。将式(5-33)和式(5-34)代入式(5-32)中，垂向支承力可以表示为

$$F_{QZS} = K_v x - nK_h\left(L - \sqrt{x^2 + l^2}\right)\frac{x}{\sqrt{x^2 + l^2}} \tag{5-35}$$

通过将式(5-35)对位移 x 求导，非线性(准)零刚度隔振器的非线性刚度可表示为

$$K = K_v + nK_h\left(1 - \frac{Ll^2}{\left(x^2 + l^2\right)^{3/2}}\right) \tag{5-36}$$

为了便于分析，定义以下无量纲参数：

$$\hat{F} = \frac{F}{K_v L}, \quad \hat{x} = \frac{x}{L}, \quad \hat{l} = \frac{l}{L}, \quad \alpha = \frac{nK_h}{K_v} \tag{5-37}$$

式中，$\hat{F}$ 为无量纲的支承力；$\hat{x}$ 为无量纲的浮置板位移；$\hat{l}$ 为初始长度到平衡位置的弹簧压缩率；α 为总的负刚度与正刚度的比值。式(5-34)和式(5-36)可以转化为无量纲形式：

$$\hat{F} = \hat{x} + \alpha\hat{x}\left(\frac{1}{\sqrt{\hat{l}^2 - \hat{x}^2}} - 1\right) \tag{5-38}$$

$$\hat{K} = 1 + \alpha\left(1 - \frac{\hat{l}^2}{\left(\hat{l}^2 + \hat{x}^2\right)^{3/2}}\right) \tag{5-39}$$

在浮置板 3mm 动态位移限值不变的条件下，线性刚度与非线性刚度的荷载-位移曲线与刚度-位移曲线如图 5.24 所示。需要特别说明的是，图 5.24(a)中的坐标原点以浮置板轨道自重荷载作用下的静平衡位置为零起点，即图 5.23(c)。图 5.24(a)中的正刚度元件刚度 K_v 为 15kN/mm，刚度比 α 为 0.8，负刚度元件原始长度 L 为

0.1m，长度比 $\hat{l}$ 为 0.6。

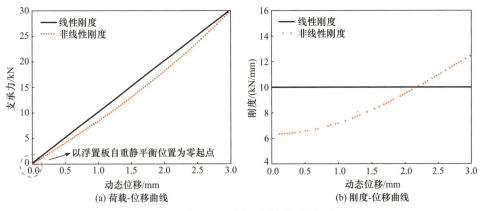

(a) 荷载-位移曲线　　　　　　(b) 刚度-位移曲线

图 5.24　线性与非线性刚度隔振器的对比

若对单自由度振动系统开展幅频特性分析，其动力学方程如式(5-40)所示：

$$m\ddot{x} + c\dot{x} + F(x) = F_0\cos(\omega t) \tag{5-40}$$

式中，F_0 为激励幅值；ω 为激励频率。当采用非线性(准)零刚度隔振器时，支承力 $F(x)$ 是一个非线性函数(见式(5-35))，需要通过三阶泰勒级数展开进行逼近，见式(5-41)：

$$F(x) \approx F'(0)x + \frac{F''(0)}{2!}x^2 + \frac{F'''(0)}{3!}x^3 = \left[K_v - nk_h\left(\frac{L}{l}-1\right)\right]x + \frac{nK_hL}{2l^3}x^3 \tag{5-41}$$

为了便于计算，定义了以下无量纲参数：

$$\Omega = \frac{\omega}{\omega_n}, \quad \tau = \omega_n t, \quad \omega_n = \sqrt{\frac{K_v}{m}}, \quad \xi = \frac{c\omega_n}{2K_v}$$

$$\hat{\gamma}_1 = 1 - n\alpha\left(\frac{1}{\hat{l}}-1\right), \quad \hat{\gamma}_2 = \frac{n\alpha}{2\hat{l}^3}, \quad \hat{F}_0 = \frac{F_0}{K_vL} \tag{5-42}$$

无量纲动力学方程由式(5-43)给出：

$$\ddot{\hat{x}} + 2\xi\dot{\hat{x}} + \hat{\gamma}_1\hat{x} + \hat{\gamma}_2\hat{x}^3 = \hat{F}_0\cos(\Omega\tau) \tag{5-43}$$

应用谐波平衡法，设解为 $\hat{x} = X\cos(\Omega\tau + \Phi)$ 这样的形式，忽略 $\cos(3\Omega\tau)$ 项可以得到频率与振幅的关系：

$$\left(\frac{3}{4}\hat{\gamma}_2A^3 + \hat{\gamma}_1A - \Omega^2A\right)^2 + (2\xi\Omega A)^2 = \hat{F}_0^2 \tag{5-44}$$

若外部激励以 $F(x) = F_0(\Omega\tau + \Phi)$ 的形式表示，则力传递率可以表达为

$$T = \sqrt{\left(\left(\frac{3}{4}\hat{\gamma}_2A^3 + \gamma_1A\right)^2 + (2\xi A)^2\right)\Big/\hat{F}_0^2} \tag{5-45}$$

图 5.25 展示了线性和非线性刚度单自由度隔振系统的力传递率。图 5.25 显示在位移相同的情况下，非线性刚度单自由度隔振系统具有更低的固有频率(降低约 22%)和更低的传递率峰值(降低约 24%)。

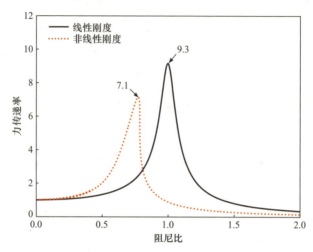

图 5.25 线性与非线性刚度单自由度隔振系统的力传递率

5.2.2 隔离式减振垫浮置板弹性元件垂向载变非线性刚度的减振效果分析

为了进一步计算分析隔离式减振垫浮置板弹性元件垂向载变非线性刚度的减振效果,下面建立车辆-浮置板-非线性刚度隔振器-隧道-下卧层垂向耦合动力学模型,如图 5.26 所示,具体的建模方法详见文献[16]。

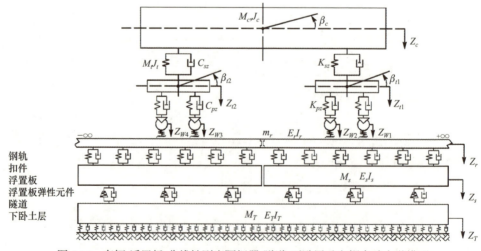

图 5.26 车辆-浮置板-非线性刚度隔振器-隧道-下卧层垂向耦合动力学模型

　　该模型从上到下依次是车辆、钢轨、扣件、浮置板、浮置板弹性元件(间距1.2m 或 0.3m)、隧道以及下卧土层。车辆为地铁 A 型车，扣件刚度为 40kN/mm，隧道下卧层为坚硬土层，弹性模量为 1300MPa。这里针对弹性元件支承间距1.2m(工况 1～3)和 0.3m(工况 4～6)分别设置了三个计算工况。工况 1 和 4 均为线性刚度，刚度值分别为 10kN/mm 和 3.4kN/mm，工况 2、3 和 5、6 均为非线性刚度，它们的刚度变化范围分别为 6.3～12.5kN/mm、4～15.4kN/mm 和 1.5～5.8kN/mm、1.3～8.4kN/mm，如图 5.27 和图 5.28 所示。

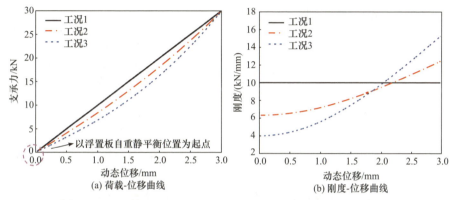

图 5.27　线性与非线性刚度隔振器的对比(间距 1.2m)

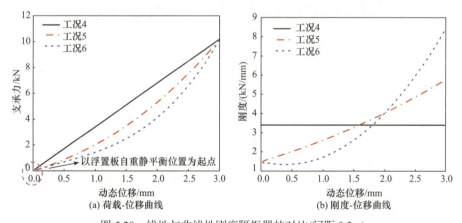

图 5.28　线性与非线性刚度隔振器的对比(间距 0.3m)

　　由于弹性元件支承间距 1.2m 和 0.3m 的时域计算结果的规律相近，这里仅展示弹性元件支承间距 1.2m 的时域计算结果。图 5.29 给出了满车载和空车载条件下工况 1～3 的浮置板垂向位移、浮置板垂向振动加速度以及隧道垂向振动加速度。从图 5.29 可以看出，在满车载下工况 1～3 的浮置板垂向位移均为 3mm，而在空车载条件下工况 2、3 的浮置板垂向位移略大于工况 1，这是由于在空车载的荷载范围内，工况 2、3 的刚度小于工况 1，如图 5.27(b)所示。另外，在满车载(空车载)条件下，浮置板时域垂向振动加速度相差不大，而隧道时域垂向振动加速度差别较为明显，工况 1~3 中隧道最大垂向振动加速度分别为 0.28m/s²、0.15m/s²、0.24m/s²。相比工况 1 的线性刚度，工况 2 和 3 中采用非线性刚度隔振器后隧道垂向振动加速度分别降低了约 47%和 15%。

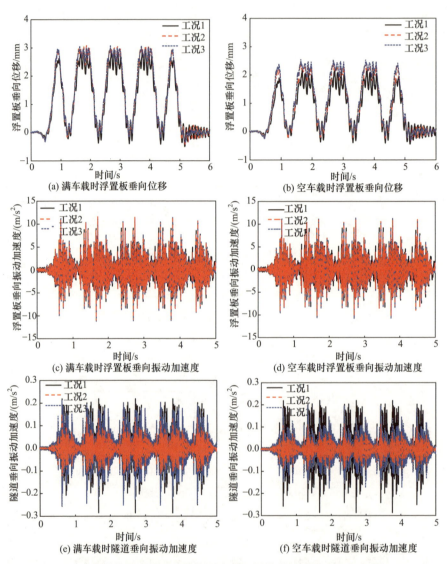

图 5.29　满车载与空车载时非线性刚度浮置板轨道时域振动响应(间距 1.2m)

为了进一步展示浮置板非线性刚度隔振与线性刚度隔振对频域振动响应的影

响特征，图 5.30(图 5.31)给出了满车载与空车载条件下工况 1~3(工况 4~6)的浮置板与隧道的 1/3 倍频垂向振动加速度级。从图 5.30 可以看出，与线性刚度隔振 (工况 1)相比，非线性刚度隔振浮置板的固有频率从 1/3 倍频程中心频率 10Hz 降低至 8Hz，同时该固有频率处浮置板垂向振动加速度级也降低了 5.3~6.9dB；与该规律相近，在该固有频率处隧道垂向振动加速度级降低了 3.0~6.3dB。当浮置板下弹性元件间距由 1.2m 变为 0.3m 时(即由点支承式浮置板轨道变为面支承式浮置板轨道时)，与线性刚度隔振相比(工况 4)，非线性刚度支承的浮置板轨道的固有频率同样从 1/3 倍频程中心频率 10Hz 降低至 8Hz，该固有频率处浮置板垂向振动加速度级下降了 2.5~5.2dB，同时在该固有频率处隧道垂向振动加速度级降低了 4.3~6.3dB，如图 5.31 所示。

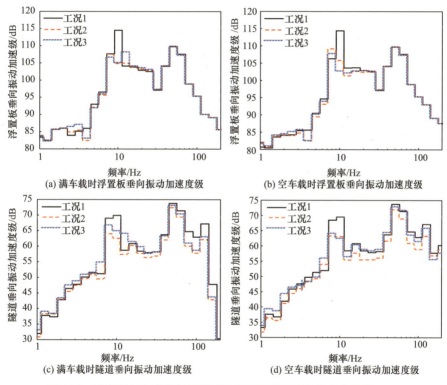

图 5.30　满车载与空车载条件下浮置板与隧道频域振动响应(间距 1.2m)

　　综上所述，如果将隔离式减振垫浮置板弹性元件垂向线性刚度设计成垂向非线性刚度(特别是非线性刚度的工况 2 和 5)，那么不仅可以保证轨道动态位移不变(即轨道安全性不变)，同时还可以通过降低轨道固有频率及其共振响应，来进一步提高隔振效率。需要特别指明的是，弹性元件支承间距不同(即浮置板轨道弹性元件支承方式不同)，弹性元件的垂向载变非线性刚度最佳曲线形式也不相同。

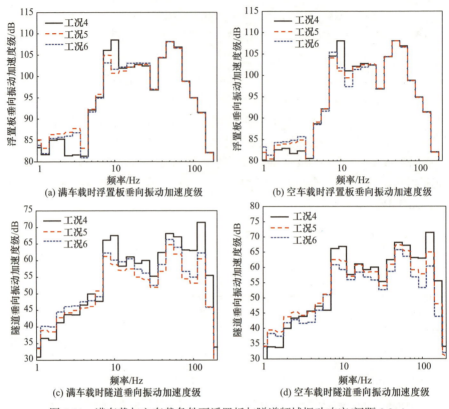

图 5.31　满车载与空车载条件下浮置板与隧道频域振动响应(间距 0.3m)

5.2.3　隔离式减振垫浮置板弹性元件垂向载变非线性刚度设计的优化建议

通过前面单自由度隔振效果分析与轮轨耦合动力学仿真分析可知,隔离式减振垫浮置板弹性元件在服役荷载范围内的垂向载变非线性刚度可有效提高垂向线性刚度的减振效果,并且不同支承间距(或者不同服役荷载范围)的弹性元件具有不同的最优垂向载变非线性刚度曲线,因此需要针对不同工程特点(即轨道自重、列车荷载和弹性元件铺设型式等),按照"一事一议"的原则,设计弹性元件最优的垂向载变非线性刚度曲线。另外值得注意的是,上面确定的弹性元件最优垂向载变非线性刚度曲线是以轨道自重荷载为起点的,因此还需要根据高聚物弹性元件实际存在的非线性超弹性力学曲线特征(如"先凸后凹"或者全"凹"型的荷载-位移曲线),设计出从无荷载阶段至轨道自重荷载阶段的非线性刚度曲线。

下面分别给出了两种常用高聚物弹性元件垂向载变非线性刚度(即非线性荷载-位移曲线)的优化设计方案。其中,方案 1 是以轨道自重荷载为临界点,设计成"先凸后凹"型的垂向载变非线性刚度曲线,如图 5.32 所示;方案 2 是以无荷载(无任何预荷载)为起点,设计成全"凹"型的垂向载变非线性刚度曲线,并要

求过了轨道自重荷载点之后尽可能贴靠最优垂向载变非线性刚度曲线，如图 5.33
所示。

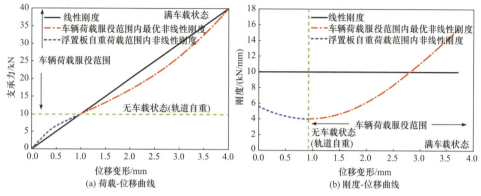

图 5.32　高聚物弹性元件的"先凸后凹"型垂向载变非线性刚度的最优设计方案

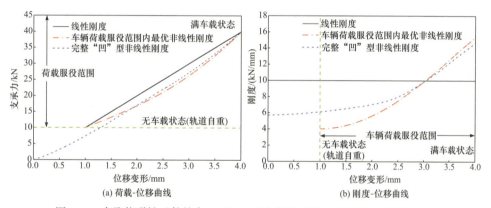

图 5.33　高聚物弹性元件的全"凹"型垂向载变非线性刚度的最优设计方案

参 考 文 献

[1] 赵汝康. 铁路钢轨扣件[M]. 北京: 中国铁道出版社, 2018.

[2] 国家铁路局. 高速铁路扣件 第 1 部分: 通用技术条件测定[S]. TB/T 3395.1—2015. 北京: 中国铁道出版社, 2015.

[3] Wang M J. The role of filler networking in dynamic properties of filled rubber[J]. Rubber Chemistry and Technology, 1999, 72(2): 430-448.

[4] 韦凯, 王丰, 赵泽明, 等. 弹性分开式扣件弹性垫板静刚度测试评价方法[J]. 铁道工程学报, 2018, 35(11): 34-38.

[5] 韦凯, 赵泽明, 王显, 等. 弹性分开式扣件板下组合静刚度设计影响因素分析[J]. 铁道学报, 2021, 43(6): 121-127.

[6] 赵泽明, 胡小刚, 韦凯, 等. 弹性分开式扣件板下弹性垫板静刚度试验及评价[J]. 铁道建筑, 2018, 534(8): 132-136.

[7] 陈侃, 沈景凤, 余关仁, 等. 轨道用橡胶扣件 Mooney-Rivlin 模型参数确定及压缩变形的有限元模拟[J]. 机械工程材料, 2016, 40(4): 89-92.

[8] 肖俊恒. 减振橡胶设计方法的研究[J]. 中国铁道科学, 2001, 22(6): 112-117.

[9] 卜继玲, 黄友建. 轨道车辆橡胶弹性元件设计计算方法[M]. 北京: 中国铁道出版社, 2010.

[10] 庄茁, 张帆, 岑松, 等. ABAQUS 非线性有限元分析与实例[M]. 北京: 科学出版社, 2005.

[11] 韦凯, 王显, 丁文灏, 等. 弹性分开式扣件板下组合刚度理论模型设计方法[J]. 西南交通大学学报, 2022, 57(5): 1000-1007.

[12] 龙驭球. 弹性地基梁的计算[M]. 北京: 人民教育出版社, 1981.

[13] 牛澎波. 准零刚度磁流变阻尼浮置板轨道非线性减振机理及参数设计研究[D]. 成都: 西南交通大学, 2019.

[14] Zhao Z M, Wei K, Ren J J, et al. Vibration response analysis of floating slab track supported by nonlinear quasi-zero-stiffness vibration isolators[J]. Journal of Zhejiang University—Science A, 2021, 22(1): 37-52.

[15] Zhao Z M, Wei K, Cheng F, et al. A theoretical vibration-reduction effect analysis of the floating slab track supported by nonlinear variable stiffness isolators and semi-active magneto-rheological dampers[J]. Structural Control and Health Monitoring, 2021, e2829: 1-17.

[16] 韦凯, 杨帆, 王平, 等. 扣件胶垫刚度的频变性对地铁隧道环境振动的影响[J]. 铁道学报, 2015, 37(4): 80-86.

第6章 铁路轨道高聚物弹性元件幅/频变非线性动刚度设计

在以往设计和评价轨道高聚物弹性元件动刚度时，都会应用经典的轨道动力学模型或车辆-轨道耦合动力学模型进行理论计算，而且若非特殊情况必须使用轨道空间的动力学模型，往往会首先选用比较简便的轨道垂向动力学模型。轨道动力学模型主要分为有限长的垂向(或空间)单层(或多层)连续支承(或离散点支承)Euler 梁(或 Timoshenko 梁或板壳模型等)模型[1]和无限长的垂向(或空间)单层(或多层)周期结构模型(如传递矩阵法[2,3]与辛数学方法(symplectic method, SM)[4,5]等)、垂向(或空间)实体有限元模型[6]与垂向(或空间)有砟散体离散元模型[7, 8]等。对于钢轨，常采用 Euler 梁、Timoshenko 梁模型或实体有限元模型。Euler 梁模型仅考虑弯曲变形，常用于分析 500Hz 以下的钢轨垂向振动响应；Timoshenko 梁模型能综合考虑弯曲、轴向、扭转、剪切变形，可有效分析 2000Hz 以下的钢轨垂向振动响应[9]。模型中的轨道长度(即有限长或无限长)与求解分析方法对应。

通常情况下，在时间域-空间域内，常选用有限长轨道结构，该方法适合于求解非线性问题，但是应有足够的长度才能保证较高的计算精度；然而，在频域-波数域内，常选用无限长轨道结构，以避免有限边界的截断误差，该方法特别适用于求解高频振动问题，但是只适用于线性系统。在这些经典的轨道动力学模型中，不论是轨道垂向还是空间动力学模型，都普遍采用 Kelvin-Voigt 模型(本章简称 KV 模型)来对轨道高聚物弹性元件的动刚度进行理论表征。然而，由本书第 3 章可知，KV 模型并不能准确反映轨道高聚物弹性元件真实的载变、幅变和频变(温变)非线性刚度特征。因此，为了实现轨道高聚物弹性元件动刚度更完整、更科学的理论表征，需要在经典的轨道动力学模型中，通过应用 Berg 摩擦模型和分数阶导数 Zener 或 PT 模型(详见本书第 3 章和第 4 章)来替代传统的 KV 模型，并重新构建轨道动力学方程及算法。

鉴于此，本章首先在简要介绍两类常用的轨道垂向动力学模型的基础上，重点展示引入 Berg 摩擦模型和分数阶导数 Zener 模型后的轨道垂向动力学方程及算法。这两种常用的轨道垂向动力学模型分别是基于 Timoshenko 梁模态叠加理论的有限长轨道垂向耦合动力学模型(即时间域-空间域模型)及其数值积分算法和基于无穷周期链式结构辛数学方法与波谱单元法(spectral element method, SEM)的无限长轨道垂向耦合动力学模型(即频域-波数域模型)及其虚拟激励算法(pseudo excitation method，PEM)。然后以本书第 4 章已测试与表征的一种无砟轨道扣件弹性元件幅变与频变(温变)非线性动刚度为例，计算分析扣件弹性元件幅变与频变(温变)非线性动刚度对轮轨耦合振动响应的影响规律及其影响程度，并据此提出轨道高聚物弹性元件幅变与频变(温变)非线性动刚度的设计原则和设计要点。

6.1　轨道扣件弹性元件幅/频变动刚度的轮轨垂向耦合时域动力学模型

由于地铁以客车和轨枕埋入式无砟轨道为主，所以这里主要介绍轨枕埋入式无砟轨道垂向动力学模型。与经典的轨枕埋入式无砟轨道垂向动力学模型相比，在扣件系统动力支承模拟中，用 Berg 摩擦模型(反映扣件弹性元件幅变非线性动刚度)和分数阶 Zener 模型(反映扣件弹性元件频变(温变)非线性动刚度，可简称为 FDZ 模型)替代传统的 KV 模型，重构轨枕埋入式无砟轨道垂向动力学方程及算法。地铁其他高聚物材料减振轨道类型的动力学模型可参照此过程进行改造，在此不再赘述。

6.1.1　车辆垂向运动的动力学模型

在典型客车垂向多刚体系统动力学模型中，通过车体的质量(M_c)和点头惯量(J_c)、前后转向架构架的质量(M_t)和点头惯量(J_t)、各轮对质量(M_w)，以及一系悬挂刚度(K_{pz})和阻尼系数(C_{pz})、二系悬挂刚度(K_{sz})和阻尼系数(C_{sz})等物理参量，考虑车体的沉浮(Z_c)和点头(b_c)运动，前后转向架构架的沉浮(Z_{t1}, Z_{t2})和点头(β_{t1}, β_{t2})运动，以及四个车轮的沉浮运动(Z_{wi}, i=1～4)，共 10 个自由度[1]，如图 6.1 所示。

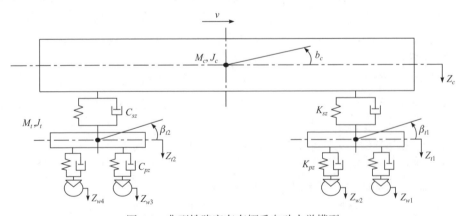

图 6.1　典型铁路客车车辆垂向动力学模型

典型客车垂向多刚体系统的动力学微分方程如下。

车体沉浮运动：

$$M_c\ddot{Z}_c + 2C_{sz}\dot{Z}_c + 2K_{sz}Z_c - C_{sz}\dot{Z}_{t1} - K_{sz}Z_{t1} - C_{sz}\dot{Z}_{t2} - K_{sz}Z_{t2} = M_c g \tag{6-1}$$

车体点头运动：

$$J_c\ddot{\beta}_c + 2C_{sz}l_c^2\dot{\beta}_c + 2K_{sz}l_c^2\beta_c + C_{sz}l_c\dot{Z}_{t1} - C_{sz}l_c\dot{Z}_{t2} + K_{sz}l_cZ_{t1} - K_{sz}l_cZ_{t2} = 0 \tag{6-2}$$

前转向架构架沉浮运动：

$$M_t\ddot{Z}_{t1} + (2C_{pz} + C_{sz})\dot{Z}_{t1} + (2K_{pz} + K_{sz})Z_{t1} - C_{sz}\dot{Z}_c - K_{sz}Z_c$$
$$-C_{pz}\dot{Z}_{w1} - C_{pz}\dot{Z}_{w2} - K_{pz}Z_{w1} - K_{pz}Z_{w2} + C_{sz}l_c\dot{\beta}_c + K_{sz}l_c\beta_c = M_t g \tag{6-3}$$

前转向架构架点头运动：

$$J_t\ddot{\beta}_{t1} + 2C_{pz}l_t^2\dot{\beta}_{t1} + 2K_{pz}l_t^2\beta_{t1} + C_{pz}l_t\dot{Z}_{w1} - C_{pz}l_t\dot{Z}_{w2}$$
$$+K_{pz}l_tZ_{w1} - K_{pz}l_tZ_{w2} = 0 \tag{6-4}$$

后转向架构架沉浮运动：

$$M_t\ddot{Z}_{t2} + (2C_{pz} + C_{sz})\dot{Z}_{t2} + (2K_{pz} + K_{sz})Z_{t2} - C_{sz}\dot{Z}_c - K_{sz}Z_c$$
$$-C_{pz}\dot{Z}_{w3} - C_{pz}\dot{Z}_{w4} - K_{pz}Z_{w3} - K_{pz}Z_{w4} - C_{sz}l_c\dot{\beta}_c - K_{sz}l_c\beta_c = M_t g \tag{6-5}$$

后转向架构架点头运动：

$$J_t\ddot{\beta}_{t2} + 2C_{pz}l_t^2\dot{\beta}_{t2} + 2K_{pz}l_t^2\beta_{t2} + C_{pz}l_t\dot{Z}_{w3} - C_{pz}l_t\dot{Z}_{w4}$$
$$+K_{pz}l_tZ_{w3} - K_{pz}l_tZ_{w4} = 0 \tag{6-6}$$

第一轮对沉浮运动：

$$M_w\ddot{Z}_{w1} + C_{pz}\dot{Z}_{w1} + K_{pz}Z_{w1} - C_{pz}\dot{Z}_{t1} - K_{pz}Z_{t1} + C_{pz}l_t\dot{\beta}_{t1} + K_{pz}l_t\beta_{t1}$$
$$+2p_1(t) - M_wg = F_{01}(t) \tag{6-7}$$

第二轮对沉浮运动：

$$M_w\ddot{Z}_{w1} + C_{pz}\dot{Z}_{w1} + K_{pz}Z_{w1} - C_{pz}\dot{Z}_{t1} - K_{pz}Z_{t1} + C_{pz}l_t\dot{\beta}_{t1} + K_{pz}l_t\beta_{t1}$$
$$+2p_1(t) - M_wg = F_{01}(t) \tag{6-8}$$

第三轮对沉浮运动：

$$M_w\ddot{Z}_{w3} + C_{pz}\dot{Z}_{w3} + K_{pz}Z_{w2} - C_{pz}\dot{Z}_{t2} - K_{pz}Z_{t2} + C_{pz}l_t\dot{\beta}_{t2} + K_{pz}l_t\beta_{t2}$$
$$+2p_3(t) - M_wg = F_{03}(t) \tag{6-9}$$

第四轮对沉浮运动：

$$M_w\ddot{Z}_{w4} + C_{pz}\dot{Z}_{w4} + K_{pz}Z_{w4} - C_{pz}\dot{Z}_{t2} - K_{pz}Z_{t2} - C_{pz}l_t\dot{\beta}_{t2} - K_{pz}l_t\beta_{t2}$$
$$+2p_4(t) - M_wg = F_{04}(t) \tag{6-10}$$

式中，l_c 为车辆定距之半；l_t 为转向架固定轴距之半；$p_i(t)$ 为单侧车轮的轮轨垂向作用力，$i=1\sim4$；$F_{0i}(t)$ 为各轮对处激振力函数，$i=1\sim4$，如偏心轮惯性力。

6.1.2　无砟轨道垂向运动的动力学模型

在本案例中，无砟轨道是长枕埋入式无砟轨道，它的垂向动力学模型主要包括两个部分，分别是钢轨的 Timoshenko 模型和扣件弹性元件的 Berg 模型+FDZ模型。

1. 钢轨 Timoshenko 模型

理论上，钢轨应该被当作离散支承的无限长梁体系。但在经典的轨道动力学模型中，常将钢轨近似看成有限长的简支 Euler 梁或者 Timoshenko 梁。事实上，当钢轨长度取足够长时，可以获得令人满意的效果。计算经验说明，若仅计算约25m 长的单节车辆，那么在轮轨时不变系统定点激振和轮轨时变系统移动激振模式下，钢轨长度分别取 50m 和 100m 即可。

若以四轴客车车辆为例，钢轨简支梁全长及其微段的受力情况如图 6.2 所示。在图 6.2(a)中，$p_j(t)$ 为第 $j(j=1\sim4)$ 个轮对单侧的轮轨作用力，随车辆以速度 v 向前移动；$F_{rsi}(i=1\sim N)$ 为轨枕支点反力，N 为钢轨长度 l 范围内轨枕支点总数；Ox 为固结于钢轨的固定坐标系；$O'x'$ 为在车辆上的移动坐标系。

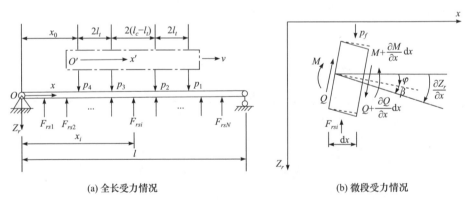

(a) 全长受力情况　　　　　　　　　　　(b) 微段受力情况

图 6.2　钢轨 Timoshenko 简支梁的受力情况[1]

Ox 和 $O'x'$ 两种坐标间的相互变换关系为

$$x = x' + x_0 + vt \tag{6-11}$$

式中，x_0 为起始时刻第四位轮对的固定坐标；t 为运动时间变量。

各车轮的运动坐标 $x_{wj}(j=1\sim4)$ 依次是

$$\begin{cases} x_{w1}(t) = x_0 + 2(l_c + l_t) + vt \\ x_{w2}(t) = x_0 + 2l_c + vt \\ x_{w3}(t) = x_0 + 2l_t + vt \\ x_{w4}(t) = x_0 + vt \end{cases} \tag{6-12}$$

各轨枕支点坐标为

$$x_i = il_s, \quad i = 1 \sim N \tag{6-13}$$

式中，l_s 为轨枕间距，m。

从图 6.2(b)可以看出，钢轨 Timoshenko 梁可以在垂向平面内考虑剪切及转动惯性效应。在 Timoshenko 梁微段受力图上，$M(x, t)$ 和 $Q(x, t)$ 分别为钢轨所受弯矩与剪切力，φ 为弯矩作用下的截面转角，β 为剪切力作用下的剪切角。

钢轨轴线的实际转角可通过钢轨垂向位移 $Z_r(x, t)$ 表达为

$$\frac{\partial Z_r(x,t)}{\partial x} = \varphi_r(x,t) + \beta_r(x,t) \tag{6-14}$$

设钢轨每延米质量为 m_r，钢轨弹性模型为 E_r，钢轨横截面面积为 A_r，钢轨截面惯性矩为 I_r，钢轨剪切模量为 G_r，钢轨剪切因子为 κ，钢轨密度为 ρ_r，根据 Timoshenko 梁理论可写出钢轨垂向位移 $Z_r(x, t)$ 和截面转角 $\varphi_r(x, t)$ 的振动微分方程：

$$m_r \frac{\partial^2 Z_r(x,t)}{\partial t^2} + \kappa A_r G_r \left[\frac{\partial \varphi_r(x,t)}{\partial x} - \frac{\partial^2 Z_r(x,t)}{\partial x^2} \right] = \sum_{j=1}^{4} p_j(t)\delta(x - x_{wj}) - \sum_{i=1}^{N} F_{rsi}(t)\delta(x - x_i) \tag{6-15}$$

$$\rho_r I_r \frac{\partial^2 \varphi_r(x,t)}{\partial t^2} + \kappa A_r G_r \left[\varphi_r(x,t) - \frac{\partial Z_r(x,t)}{\partial x} \right] - EI_r \frac{\partial^2 \varphi_r(x,t)}{\partial t^2} = 0 \tag{6-16}$$

式(6-15)和式(6-16)是二阶偏微分方程。为了便于数值计算，需要运用 Ritz 法将它们转化为二阶常微分方程组。因此，需要引入钢轨正则振型坐标 $q_k(t)$ 和钢轨截面转角位移正则振型坐标 $w_k(t)$，应用简支梁的正则振型函数，可分别得到本模型条件的钢轨垂向振型与垂向转角振型：

$$Z_k(x) = \sqrt{\frac{2}{m_r l}} \sin \frac{k\pi x}{l} \tag{6-17}$$

$$\Psi_k(x) = \sqrt{\frac{2}{\rho_r I_r l}} \cos \frac{k\pi x}{l} \tag{6-18}$$

式(6-15)和式(6-16)的解可写为

$$Z_r(x,t) = \sum_{k=1}^{NM} Z_k(x)q_k(t) \tag{6-19}$$

$$\varphi_r(x,t) = \sum_{k=1}^{NM} \Psi_k(x)w_k(t) \tag{6-20}$$

所截取的模态阶数 NM 应满足其截止频率在所分析的钢轨有效频率的 2 倍以上，一般取钢轨长度 l 范围内轨枕支点总数之半。若再将式(6-19)和式(6-20)代入式(6-15)和式(6-16)可得

$$\sum_{k=1}^{NM} m_r Z_k(x)\ddot{q}_k(t) + \kappa A_r G_r \left[\sum_{k=1}^{NM} \frac{\mathrm{d}\Psi_k(x)}{\mathrm{d}x}w_k(t) - \sum_{k=1}^{NM} \frac{\mathrm{d}^2 Z_k(x)}{\mathrm{d}x^2}q_k(t) \right]$$
$$= \sum_{j=1}^{4} p_j(t)\delta(x-x_{wj}) - \sum_{i=1}^{N} F_{rsi}(t)\delta(x-x_i) \tag{6-21}$$

$$\sum_{k=1}^{NM} \rho_r I_r \Psi_k(x)\ddot{w}_k(t) + \kappa A_r G_r \left[\sum_{k=1}^{NM} \Psi_k(x)w_k(t) - \sum_{k=1}^{NM} \frac{\mathrm{d}Z_k(x)}{\mathrm{d}x}q_k(t) \right]$$
$$- E_r I_r \frac{\mathrm{d}^2\Psi_k(x)}{\mathrm{d}x^2}w_k(t) = 0 \tag{6-22}$$

将式(6-21)两边同乘以 $Z_h(x)(h=1,2,\cdots,NM)$，对 x 自 0 至 l 积分；并将式(6-22)两边同乘以 $\Psi_h(x)(h=1,2,\cdots,NM)$，对 x 自 0 至 l 积分，同时考虑模态的正交性：

$$\int_0^l \Psi_h(x)\Psi_k(x)\mathrm{d}x, \quad h \neq k \tag{6-23}$$

$$\int_0^l Z_h(x)\Psi_k(x)\mathrm{d}x = 0 \tag{6-24}$$

则有

$$\int_0^l m_r Z_k(x)Z_k(x)\ddot{q}_k(t)\mathrm{d}x + \int_0^l \kappa A_r G_r \frac{\mathrm{d}\Psi_k(x)}{\mathrm{d}x}Z_k(x)w_k(t)\mathrm{d}x - \int_0^l \kappa A_r G_r \frac{\mathrm{d}^2 Z_k(x)}{\mathrm{d}x^2}Z_k(x)q_k(t)\mathrm{d}x$$
$$= \sum_{j=1}^{4}\int_0^l p_j(t)Z_k(x)\delta(x-x_{wj})\mathrm{d}x - \sum_{i=1}^{N}\int_0^l F_{rsi}(t)Z_k(x)\delta(x-x_i)\mathrm{d}x, \quad k=1\sim NM \tag{6-25}$$

$$\int_0^l \rho_r I_r \Psi_k(x)\Psi_k(x)\ddot{w}_k(t)\mathrm{d}x + \int_0^l \kappa A_r G_r \Psi_k(x)\Psi_k(x)w_k(t)\mathrm{d}x - \int_0^l \kappa A_r G_r \frac{\mathrm{d}Z_k(x)}{\mathrm{d}x}\Psi_k(x)q_k(t)\mathrm{d}x$$
$$- \int_0^l E_r I_r \frac{\mathrm{d}^2\Psi_k(x)}{\mathrm{d}x^2}\Psi_k(x)w_k(t)\mathrm{d}x = 0, \quad k=1\sim NM \tag{6-26}$$

根据 Dirac δ 函数的性质，式(6-25)和式(6-26)可进一步整理为

$$m_r\ddot{q}_k(t)\int_0^l Z_k^2(x)\mathrm{d}x + \kappa A_r G_r w_k(t)\int_0^l \frac{\mathrm{d}\varPsi_k(x)}{\mathrm{d}x}Z_k(x)\mathrm{d}x - \kappa A_r G_r q_k(t)\int_0^l \frac{\mathrm{d}^2 Z_k(x)}{\mathrm{d}x^2}Z_k(x)\mathrm{d}x$$

$$= \sum_{j=1}^4 p_j(t)Z_k(x_{wj}) - \sum_{i=1}^N F_{rsi}(t)Z_k(x_i), \quad k=1\sim NM \tag{6-27}$$

$$\rho_r I_r \ddot{w}_k(t)\int_0^l \varPsi_k^2(x)\mathrm{d}x + \kappa A_r G_r w_k(t)\int_0^l \varPsi_k^2(x)\mathrm{d}x - \kappa A_r G_r q_k(t)\int_0^l \frac{\mathrm{d}Z_k(x)}{\mathrm{d}x}\varPsi_k(x)\mathrm{d}x$$

$$- E_r I_r w_k(t)\int_0^l \frac{\mathrm{d}^2\varPsi_k(x)}{\mathrm{d}x^2}\varPsi_k(x)\mathrm{d}x = 0, \quad k=1\sim NM \tag{6-28}$$

因为

$$\int_0^l \frac{\mathrm{d}\varPsi_k(x)}{\mathrm{d}x}Z_k(x)\mathrm{d}x = -\frac{k\pi}{l}\sqrt{\frac{1}{m_r\rho_r I_r}} \tag{6-29}$$

$$\int_0^l \frac{\mathrm{d}^2 Z_k(x)}{\mathrm{d}x^2}Z_k(x)\mathrm{d}x = -\frac{1}{m_r}\left(\frac{k\pi}{l}\right)^2 \tag{6-30}$$

$$\int_0^l \frac{\mathrm{d}Z_k(x)}{\mathrm{d}x}\varPsi_k(x)\mathrm{d}x = \frac{k\pi}{l}\sqrt{\frac{1}{m_r\rho_r I_r}} \tag{6-31}$$

$$\int_0^l \frac{\mathrm{d}^2\varPsi_k(x)}{\mathrm{d}x^2}\varPsi_k(x)\mathrm{d}x = -\left(\frac{k\pi}{l}\right)^2\frac{1}{\rho_r I_r} \tag{6-32}$$

所以式(6-27)和式(6-28)可进一步化简为

$$\ddot{q}_k(t) + \kappa A_r G_r \frac{1}{m_r}\left(\frac{k\pi}{l}\right)^2 q_k(t) - \kappa A_r G_r\sqrt{\frac{1}{m_r\rho_r I_r}}\frac{k\pi}{l}w_k(t) = \sum_{j=1}^4 p_j(t)Z_k(x_{wj})$$

$$- \sum_{i=1}^N F_{rsi}(t)Z_k(x_i), \quad k=1\sim NM \tag{6-33}$$

$$\ddot{w}_k(t) + \kappa A_r G_r \frac{1}{\rho_r I_r}w_k(t) + \frac{E_r}{\rho_r}\left(\frac{k\pi}{l}\right)^2 w_k(t) - \kappa A_r G_r \frac{k\pi}{l}\sqrt{\frac{1}{m_r\rho_r I_r}}q_k(t) = 0, \quad k=1\sim NM$$

$$\tag{6-34}$$

2. 扣件弹性元件的 Berg 模型+FDZ 模型

根据分数阶导数 Zener 时域模型与光滑型库仑摩擦模型，可得到钢轨 Timoshenko 梁垂向动力学运动方程中(式(6-33))由扣件垂向线性黏弹力和垂向非线性摩擦力构成的轨枕垂向支点反力 $F_{rsi}(i=1\sim N)$，见式(6-35)：

$$F_{rsi}(t)=F_{fi}(t)+F_{vei}(t) \tag{6-35}$$

式中

$$F_{fi} = F_{fs} + \frac{x - x_s}{x_2(1 - a\mathrm{sign}(\dot{x})) + (x - x_s)\mathrm{sign}(\dot{x})}(F_{f\mathrm{max}} - F_{fs}\mathrm{sign}(\dot{x})) \tag{6-36}$$

$$F_{vei}(t) + p_1 \frac{\mathrm{d}^{\beta_1}}{\mathrm{d}t^{\beta_1}}F_{vei}(t) = q_0 Z_r(t) + q_1 \frac{\mathrm{d}^{\alpha_1}}{\mathrm{d}t^{\alpha_1}}Z_r(t) \tag{6-37}$$

式中，$F_{fi}(i=1\sim N)$ 为钢轨扣件弹性元件提供的摩阻力；$F_{f\mathrm{max}}$ 为最大摩擦力；x_2 为当摩擦力 F_{fs} 达到 $F_{f\mathrm{max}}/2$ 时的位移；x_s 和 F_{fs} 分别为状态参考点的位移及其对应摩擦力；a 为摩擦力参考值($a = F_{fs}/F_{f\mathrm{max}}$)；$\mathrm{sign}(\dot{x})$ 为符号函数；$F_{vei}(i=1\sim N)$ 为钢轨扣件弹性元件提供的黏弹力；$\beta_1 = \alpha_1 = \alpha$ 为分数阶数($\alpha = 0\sim1$)；$p_1 = \tau^{\alpha}$(τ 为高聚物松弛时间)；$q_0 = K_p\,(\omega\to0^+) = K_0$ 为激振圆频率趋于零时的储能模量；$q_1 = K_p\,(\omega\to+\infty)\times\tau^{\alpha} = K_\infty \times \tau^{\alpha}$，其中 K_∞ 为激振圆频率趋于正无穷时的储能模量)。显然，在 FDZ 模型中，仅有四个实验参数(α、τ、K_0 和 K_∞)。于是，式(6-37)可改写为

$$F_{vei}(t) + (\tau)^{\alpha} \times {}^{RL}\mathrm{D}^{\alpha}F_{vei}(t) = K_0 Z_r(t) + K_\infty(\tau)^{\alpha} \times {}^{RL}\mathrm{D}^{\alpha}Z_r(t) \tag{6-38}$$

式中，${}^{RL}\mathrm{D}^{\alpha}f(t)$ 为 Riemann-Liouville 定义的分数阶微积分算子，可表示为

$$^{RL}\mathrm{D}^{\alpha}f(t) = \sum_{k=0}^{m}\frac{f^{(k)}(a)(t-a)^{-\alpha+k}}{\Gamma(-\alpha+k+1)} + \frac{1}{\Gamma(-\alpha+m+1)}\int_0^t \frac{f^{m+1}(\tau)}{(t-\tau)^{\alpha-m}}\mathrm{d}\tau \tag{6-39}$$

在分数阶微积分 Zener 时域模型，$m = 0$，于是式(6-39)可改写为

$$^{RL}\mathrm{D}^{\alpha}f(t) = \frac{1}{\Gamma(-\alpha+1)}\int_0^t \frac{f(\tau)}{(t-\tau)^{\alpha}} \tag{6-40}$$

大量应用实践表明，与 Riemann-Liouville 定义相比，Grünwald-Letnikov 定义的分数阶微积分算子更适合进行数值积分运算。另外，当 $f(t)$ 具有一阶连续导数，并且 α 至少取 0 的条件时，Grünwald-Letnikov 定义与 Riemann-Liouville 定义是等价的(即 ${}^{RL}\mathrm{D}^{\alpha} = {}^{G}\mathrm{D}^{\alpha}$)。

于是，式(6-37)变为

$$F_{vei}(t) + (\tau)^{\alpha} \times {}^{G}\mathrm{D}^{\alpha}F_{vei}(t) = K_0 Z_r(t) + K_\infty(\tau)^{\alpha} \times {}^{G}\mathrm{D}^{\alpha}Z_r(t) \tag{6-41}$$

式中，Grünwald-Letnikov 定义的分数阶微积分算子变为

$$^{G}\mathrm{D}^{\alpha}f(t_N) = (\Delta t)^{-\alpha}\sum_{j=0}^{N-1}A_{j+1}f(t_{N-j}) \tag{6-42}$$

式中，Δt 为每个数值积分步的时间(一般 $10^{-3}\sim10^{-5}\mathrm{s}$)，$N$ 为先前积分总时长 t_N 内的积分步数，A_{j+1} 为 Grünwald-Letnikov 定义的算子系数，可表达为

$$A_{j+1} = \frac{\Gamma(j-\alpha)}{\Gamma(-\alpha)\Gamma(j+1)} \tag{6-43}$$

很明显，计算中所选取的先前积分历史不宜过长，否则将会严重影响数值计算效率。所以，式(6-42)可改写为

$$
{}^{G}\mathrm{D}^{\alpha}f(t_N) \approx
\begin{cases}
(\Delta t)^{-\alpha} \sum_{j=0}^{N-1} A_{j+1} f(t_{N-j}), & N \leqslant K \\[2mm]
(\Delta t)^{-\alpha} \sum_{j=0}^{K-1} A_{j+1} f(t_{N-j}), & N > K
\end{cases}
\tag{6-44}
$$

式中，K 为反映积分历史的积分步数(至少取 160 步[10])。

6.1.3　轮轨垂向接触模型及算法

在建立车辆子系统和轨道子系统之后，还需要建立车辆模型和轨道模型之间的耦合模型。在垂向平面内，车辆子系统与轨道子系统之间的耦合作用，是通过轮轨垂向接触来实现的，具体表现为轮轨之间的垂向作用力，而确定两个弹性体(车体与钢轨)之间作用力的经典方法便是 Hertz 非线性弹性接触模型。

1. 轮轨垂向接触模型

Hertz 接触理论的创始人是 Hertz Heinrich。1882 年他在德国的一个杂志上发表了一篇具有开创性的论文《论弹性固体接触》。他最先提出两弹性体之间的椭圆接触斑的假设，并认为弹性接触斑上的压力分布形状是半椭球状的(图 6.3)，法向弹性变形是抛物线型的(图 6.4)。该理论有一个基本假定，即接触表面是光滑的，无摩擦效应，接触物体的接触表面只传递法向力。

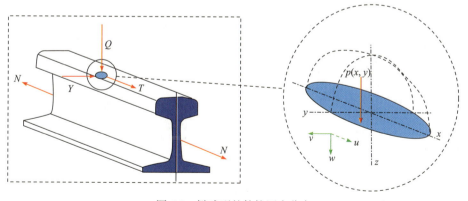

图 6.3　椭球型的轮轨压力分布

车辆与轨道子系统间的垂向耦合，通过轮轨接触界面实现，而轮轨间最直接的参数就是轮轨垂向作用力 p 的求解。采用 Hertz 非线性弹性接触理论可得

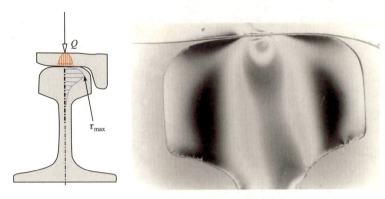

图 6.4　抛物线型的轮轨接触变形

$$p(t) = \left[\frac{1}{G}\Delta Z(t)\right]^{3/2} \tag{6-45}$$

式中，$p(t)$为轮轨垂向力，N；G 为轮轨接触常数；$m/N^{2/3}$；$\Delta Z(t)$为轮轨间的弹性压缩量，m。

对于锥形踏面车轮：

$$G = 4.57R^{-0.149} \times 10^{-8} \tag{6-46}$$

对于磨耗型踏面车轮：

$$G = 3.86R^{-0.115} \times 10^{-8} \tag{6-47}$$

式中，R 是车轮半径，m。

轮轨间的弹性压缩量$\Delta Z(t)$包括轮轨静压力$\Delta Z_{j0}(t)$和轮轨相对位移$\Delta Z_{jwr}(t)$两部分：

$$\Delta Z(t) = \Delta Z_{j0}(t) + \Delta Z_{jwr}(t) \tag{6-48}$$

而

$$\begin{cases} \Delta Z_{j0}(t) = G_0^{2/3} \\ \Delta Z_{jwr}(t) = Z_{wj}(t) - Z_r(x_{wj}, t) - Z_{j0}(t) \end{cases} \tag{6-49}$$

式中，$Z_{wj}(t)$为 t 时刻第 j 位车轮的位移，m；$Z_r(x_{wj}, t)$为 t 时刻第 j 位车轮下钢轨的位移，m；$Z_{j0}(t)$为第 j 车轮下轮轨界面上的时域不平顺。另定义 P_0 为静轮重(N)，所以轮轨间的动作用力为

$$\begin{aligned} P_{jwr}(t) &= P_j(t) - P_0 \\ &= \left[\frac{1}{G}(\Delta Z_{j0} + \Delta Z_{jwr}(t))\right]^{3/2} - P_0 \\ &= \left[P_0^{2/3} + \frac{1}{G}\Delta Z_{jwr}(t)\right]^{3/2} - P_0 \end{aligned} \tag{6-50}$$

显然，当轮轨相对位移$\Delta Z_{jwr}(t)$小于 0 时，表明轮轨已相互脱离，此时轮轨力$p(t)=0$，因此轮轨力的表达式为

$$p_{jwr}(t) = \begin{cases} \left\{ \dfrac{1}{G}[Z_{wj}(t) - Z_r(x_{wj},t) - Z_{j0}(t)] \right\}^{3/2} \\ 0 \quad (\text{轮轨脱离}) \end{cases} \tag{6-51}$$

如果进一步对式(6-51)求导，即可得到轮轨等效线性化刚度为

$$K_h = \frac{\partial P_{jwr}}{\partial \Delta Z_{jwr}} \tag{6-52}$$

$$= \frac{3}{2}\left(P_0^{2/3} + \frac{1}{G}\Delta Z_{jwr} \right)^{1/2} \frac{1}{G}\Bigg|_{\Delta Z_{jwr}=0} = \frac{3}{2}\frac{1}{G}P_0^{1/3}$$

2. 轮轨垂向耦合动力响应的时域积分算法

目前常用的是翟婉明院士首创的新型显式积分法[1]，具体计算过程如下。

根据 Newmark 假定，有

$$\begin{cases} \{X\}_{n+1} = \{X\}_n + \{V\}_n \Delta t + (1/2 - \beta)\{A\}_n \Delta t^2 + \beta\{A\}_{n+1}\Delta t^2 \\ \{V\}_{n+1} = \{V\}_n + (1-\gamma)\{A\}_n \Delta t + \gamma\{A\}_{n+1}\Delta t \end{cases} \tag{6-53}$$

式中，Δt 为时间积分步长；X、V 和 A 分别为各个自由度的位移、速度与加速度响应；下标 n 代表 $t = n\Delta t$ 瞬时，下标 $n+1$ 代表 $t = (n+1)\Delta t$ 瞬时；β、γ 是控制方法特性的两个独立参数。

类似于上述隐式格式，通过引入两个积分参数 φ、ψ，可对称性地构造一类新型的显式积分格式：

$$\begin{cases} \{X\}_{n+1} = \{X\}_n + \{V\}_n \Delta t + (1/2 + \psi)\{A\}_n \Delta t^2 - \psi\{A\}_{n-1}\Delta t^2 \\ \{V\}_{n+1} = \{V\}_n + (1+\varphi)\{A\}_n \Delta t - \varphi\{A\}_{n-1}\Delta t \end{cases} \tag{6-54}$$

将式(6-54)代入振动系统微分方程式在 $t = (n+1)\Delta t$ 瞬时的形式：

$$[M]\{A\}_{n+1} + [C]\{V\}_{n+1} + [K]_{n+1}\{X\}_{n+1} = \{P\}_{n+1} \tag{6-55}$$

可得

$$\{A\}_{n+1} = [M]^{-1}\{\tilde{P}\}_{n+1} \tag{6-56}$$

其中

$$\begin{aligned} \{\tilde{P}\}_{n+1} = &\{P\}_{n+1} - [K]_{n+1}\{X\}_n - ([C]_{n+1} + [K]_{n+1}\Delta t)\{V\}_n \\ &- \{(1+\varphi)[C]_{n+1} + (1/2+\psi)[K]_{n+1}\Delta t\}\{A\}_n \Delta t \\ &+ (\varphi[C]_{n+1} + \psi[K]_{n+1}\Delta t)\{A\}_{n-1}\Delta t \end{aligned} \tag{6-57}$$

对于线性系统，上述各式中 $[C]_{n+1}$、$[K]_{n+1}$ 恒为常数 $[C]$、$[K]$。

根据初始条件：

$$\begin{cases} \{X(0)\} = \{X\}_0 \\ \{V(0)\} = \{V\}_0 \end{cases} \tag{6-58}$$

可得

$$\{A\}_0 = \{A(0)\} = [M]^{-1}\left(\{P\}_0 - [K]_0\{X\}_0 - [C]_0\{V\}_0\right) \tag{6-59}$$

于是便可按积分递推式(6-54)及式(6-56)逐次计算出对应于各步长的位移、速度和加速度值。需要指出的是，起步时只需令 $\varphi = \psi = 0$，从而使该方法具有积分"自开始"特性。

6.2　轨道扣件弹性元件幅/频变动刚度的轮轨垂向耦合频域动力学模型

为了与前面提出的轮轨垂向耦合时域模型分析结果进行对比验证，下面仍以客车车辆和轨枕埋入式无砟轨道结构为例，应用周期结构的辛数学理论以及高效高频运算的波谱单元法(spectral element method，SEM)，通过将扣件系统的传统KV模型替换为Berg模型+FDZ模型，研究建立考虑扣件弹性元件幅变、频变(温变)非线性动刚度的轮轨垂向耦合频域动力学模型[11, 12]。由第3章的相关知识可知，与弹性元件的频变(温变)非线性动刚度(其本质是线性黏弹性问题)不同，Berg摩擦模型表征的弹性元件幅变非线性动刚度属于非线性黏性或非线性塑性问题，所以不能将非线性Berg摩擦模型直接应用于线性体系的轮轨耦合频域模型中，但是可以通过非线性Berg摩擦模型的线性等效，近似地将其应用到线性体系的轮轨耦合频域模型中[12]。

另外，本节所建立的轮轨垂向耦合频域模型主要用于计算轨道不平顺或车轮不圆顺引起的轮轨随机荷载及其响应。然而，由于在实际线路中，与轮轨准静态荷载大小相比，轮轨随机荷载的振幅小很多，所以根据高聚物弹性元件的幅变非线性动力特征(即振幅越大，幅变非线性效应才会越明显)可知，本节介绍的轮轨垂向耦合频域模型可不考虑弹性元件幅变非线性效应的Berg摩擦模型，只介绍考虑扣件弹性元件频变(温变)非线性动刚度的轮轨垂向耦合频域动力学模型。

需要特别指出的是，根据课题组已有的研究经验，不论是时域模型还是频域模型，轨道高聚物弹性元件频变(温变)非线性动刚度主要对轮轨耦合的随机振动荷载有比较显著的影响。因此，如果要进行前面时域模型与下面频域模型的对比验证，建议将时域模型中车轮上的轮轨力(注意不是钢轨上的轮轨力)进行傅里叶变换后再与频域模型的轮轨随机振动荷载频谱进行对比验证。

6.2.1　车辆垂向运动的动力学矩阵

这里仍然以十自由度的单节车辆为例，在稳态简谐激励作用下，该单节车辆系统的运动方程可表示为

$$\left(-\omega^2 M_v + \mathrm{i}\omega C_v + K_v\right)u_v = K_{vd}u_v = F_e \tag{6-60}$$

式中，$F_e = \{0\,0\,0\,0\,0\,0\,F_{e1}\,F_{e2}\,F_{e3}\,F_{e4}\}^{\mathrm{T}}$ 为轮轨力向量，其中 F_{ej} 为第 j 轮对处的轮轨力；u_v 为车辆各自由度的变形向量；K_{vd} 为车辆动刚度矩阵；M_v、C_v 和 K_v 为单节车辆的质量矩阵、阻尼矩阵与刚度矩阵，可由客车垂向运动方程式(6-1)～式(6-10)得到。

$$M_{v_{10\times10}} = \begin{bmatrix} M_c & & & & & & & & & \\ & J_c & & & & & & & & \\ & & M_t & & & & & & & \\ & & & J_t & & & & & & \\ & & & & M_t & & & & & \\ & & & & & J_t & & & & \\ & & & & & & M_w & & & \\ & & & & & & & M_w & & \\ & & & & & & & & M_w & \\ & & & & & & & & & M_w \end{bmatrix} \tag{6-61}$$

$$C_{v_{10\times10}} =$$

$$\begin{bmatrix} 2C_{sz} & 0 & -C_{sz} & 0 & -C_{sz} & 0 & 0 & 0 & 0 & 0 \\ 0 & 2C_{sz}l_c^2 & C_{sz}l_c & 0 & -C_{sz}l_c & 0 & 0 & 0 & 0 & 0 \\ -C_{sz} & C_{sz}l_c & C_{sz}+2C_{pz} & 0 & 0 & 0 & -C_{pz} & -C_{pz} & 0 & 0 \\ 0 & 0 & 0 & 2C_{pz}l_t^2 & 0 & 0 & C_{pz}l_t & -C_{pz}l_t & 0 & 0 \\ -C_{sz} & -C_{sz}l_c & 0 & 0 & C_{sz}+2C_{pz} & 0 & 0 & 0 & -C_{pz} & -C_{pz} \\ 0 & 0 & 0 & 0 & 0 & 2C_{pz}l_t^2 & 0 & 0 & C_{pz}l_t & -C_{pz}l_t \\ 0 & 0 & -C_{pz} & C_{pz}l_t & 0 & 0 & C_{pz} & 0 & 0 & 0 \\ 0 & 0 & -C_{pz} & -C_{pz}l_t & 0 & 0 & 0 & C_{pz} & 0 & 0 \\ 0 & 0 & 0 & 0 & -C_{pz} & C_{pz}l_t & 0 & 0 & C_{pz} & 0 \\ 0 & 0 & 0 & 0 & -C_{pz} & -C_{pz}l_t & 0 & 0 & 0 & C_{pz} \end{bmatrix}$$

$$\tag{6-62}$$

$$K_{v_{10\times10}} =$$

$$
\begin{bmatrix}
2K_{sz} & 0 & -K_{sz} & 0 & -K_{sz} & 0 & 0 & 0 & 0 & 0 \\
0 & 2K_{sz}l_c^2 & K_{sz}l_c & 0 & -K_{sz}l_c & 0 & 0 & 0 & 0 & 0 \\
-K_{sz} & K_{sz}l_c & K_{sz}+2K_{pz} & 0 & 0 & 0 & -K_{pz} & -K_{pz} & 0 & 0 \\
0 & 0 & 0 & 2K_{pz}l_t^2 & 0 & 0 & K_{pz}l_t & -K_{pz}l_t & 0 & 0 \\
-K_{sz} & -K_{sz}l_c & 0 & 0 & K_{sz}+2K_{pz} & 0 & 0 & 0 & -K_{pz} & -K_{pz} \\
0 & 0 & 0 & 0 & 0 & 2K_{pz}l_t^2 & 0 & 0 & K_{pz}l_t & -K_{pz}l_t \\
0 & 0 & -K_{pz} & K_{pz}l_t & 0 & 0 & K_{pz}+K_h & 0 & 0 & 0 \\
0 & 0 & -K_{pz} & -K_{pz}l_t & 0 & 0 & 0 & K_{pz}+K_h & 0 & 0 \\
0 & 0 & 0 & 0 & -K_{pz} & K_{pz}l_t & 0 & 0 & K_{pz}+K_h & 0 \\
0 & 0 & 0 & 0 & -K_{pz} & -K_{pz}l_t & 0 & 0 & 0 & K_{pz}+K_h
\end{bmatrix}
$$

(6-6)

式中，K_h 为轮轨等效线性化 Hertz 弹簧刚度，详见 6.1.3 第二部分。

6.2.2　钢轨-扣件系统周期子结构的动力学矩阵

根据周期结构的辛数学理论，仅用每个车轮下一跨钢轨和一组扣件构成的周期子结构即可表征无限长的轨道结构。每个钢轨-扣件系统周期子结构的两端一共有 4 个自由度，如图 6.5(a)所示。钢轨变形矢量可以表示为 $\boldsymbol{u}_t = [z_{r1},\ \varphi_{r1}, z_{r2},\ \varphi_{r2}]^T$，其中钢轨左右两侧的位移矢量为 $\boldsymbol{u}_a = [z_{r1},\ \varphi_{r1}]^T$ 和 $\boldsymbol{u}_b = [z_{r2},\ \varphi_{r2}]^T$。在此基础上，再基于波谱单元法的形函数可得到钢轨两端间的高频振动变形。

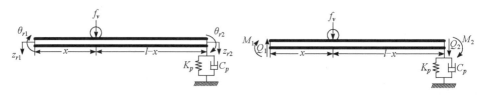

(a) 钢轨端部自由度情况　　　　　　　　　(b) 钢轨端部受力图示

图 6.5　钢轨-扣件系统周期子结构模型

根据钢轨-扣件系统周期子结构的受力图示(图 6.5)，并通过联合使用 SEM 和 SM，提出简谐激励下钢轨-扣件系统周期子结构垂向运动的动力学矩阵：

$$\boldsymbol{K}_t\boldsymbol{u}_t = -\boldsymbol{N}_z(x,\omega)f_{vj} + \boldsymbol{F}_w = \boldsymbol{F}_e + \boldsymbol{F}_w \tag{6-64}$$

式中，$\boldsymbol{K}_t$ 为钢轨-扣件系统周期子结构垂向运动的动力学刚度矩阵，它的组成详见式(6-65)~式(6-67)；$\boldsymbol{N}_z(x,\omega)$ 为钢轨垂向位移的波谱形函数，该函数的具体推导过程可以参考文献[13]和文献[14]，这里不再赘述；$\boldsymbol{F}_e = \{F_{ea}\ F_{eb}\}^T$ 为轮轨力在钢轨两端产生的外部力向量；$\boldsymbol{F}_w = \{F_{wa}\ \ F_{wb}\}^T$ 为相邻周期子结构传递过来的内部力向量。

$$\boldsymbol{K}_t = \boldsymbol{K}_{pd} + \boldsymbol{K}_{\mathrm{sem}} \tag{6-65}$$

$$K_{\text{sem}}(\omega) = E_r I_r \begin{bmatrix} K_{11} & K_{12} & K_{13} & K_{14} \\ & K_{22} & K_{23} & K_{24} \\ & & K_{33} & K_{34} \\ \text{sym} & & & K_{44} \end{bmatrix} \qquad (6\text{-}66)$$

式中

$$K_{11} = K_{33} = \mathrm{i} \varDelta_{\text{sem}} w_\alpha \left[\left(e_1^2 - 1 \right) \left(e_2^2 + 1 \right) s_1 - \left(e_1^2 + 1 \right) \left(e_2^2 - 1 \right) s_2 \right] (k_1 s_1 - k_2 s_2)$$

$$K_{12} = -K_{34} = \varDelta_{\text{sem}} w_\alpha \left\{ \left(e_1^2 - 1 \right) \left(e_2^2 - 1 \right) (k_1 s_2 + k_2 s_1) - \left[\left(e_1^2 + 1 \right) \left(e_2^2 + 1 \right) - 4 e_1 e_2 \right] (k_1 s_1 + k_2 s_2) \right\}$$

$$K_{13} = 2\mathrm{i} \varDelta_{\text{sem}} w_\alpha \left[\left(e_1^2 - 1 \right) e_2 s_1 - \left(e_2^2 - 1 \right) e_1 s_2 \right] (-k_1 s_1 + k_2 s_2)$$

$$K_{14} = -K_{23} = -2 \varDelta_{\text{sem}} w_\alpha (e_1 - e_2)(1 - e_1 e_2)(-k_1 s_1 + k_2 s_2)$$

$$K_{22} = K_{44} = \varDelta_{\text{sem}} w_\beta \left[-\left(e_1^2 + 1 \right) \left(e_2^2 - 1 \right) s_1 + \left(e_1^2 - 1 \right) \left(e_2^2 + 1 \right) s_2 \right]$$

$$K_{24} = 2 \varDelta_{\text{sem}} w_\beta \left[\left(e_2^2 - 1 \right) e_1 s_1 - \left(e_1^2 - 1 \right) e_2 s_2 \right]$$

$$w_\alpha = 1 \left/ \sqrt{1 - \frac{\rho_r I_r}{\kappa G_r A_r} \omega^2} \right. , \quad w_\beta = \sqrt{4 + \frac{\rho_r I_r}{E_r A_r} \left(1 - \frac{E_r}{\kappa G_r} \right)^2 \omega^2}$$

$$\varDelta_{\text{sem}} = \frac{-\mathrm{i} \sqrt{\rho_r A_r / E_r I_r} \, \omega}{\left\{ 2 s_1 s_2 \left[\left(1 + e_1^2 \right) \left(1 + e_2^2 \right) - 4 e_1 e_2 \right] - \left(s_1^2 + s_2^2 \right) \left(e_1^2 - 1 \right) \left(e_2^2 - 1 \right) \right\}}$$

$$\begin{cases} k_1^2 = \dfrac{1}{2} \left[\dfrac{\rho_r}{E_r} \left(1 + \dfrac{E_r}{\kappa G_r} \right) \omega^2 + \sqrt{4 \dfrac{\rho_r A_r}{E_r I_r} \omega^2 + \dfrac{\rho_r^2}{E_r^2} \left(1 - \dfrac{E_r}{\kappa G_r} \right)^2 \omega^4} \right] \\[4mm] k_2^2 = \dfrac{1}{2} \left[\dfrac{\rho_r}{E_r} \left(1 + \dfrac{E_r}{\kappa G_r} \right) \omega^2 - \sqrt{4 \dfrac{\rho_r A_r}{E_r I_r} \omega^2 + \dfrac{\rho_r^2}{E_r^2} \left(1 - \dfrac{E_r}{\kappa G_r} \right)^2 \omega^4} \right] \end{cases}$$

$$\begin{cases} s_1 = \dfrac{1}{k_1} \left(k_1^2 - \dfrac{\rho_r}{\kappa G_r} \omega^2 \right) \\[3mm] s_2 = \dfrac{1}{k_2} \left(k_2^2 - \dfrac{\rho_r}{\kappa G_r} \omega^2 \right) \end{cases}, \quad \begin{cases} e_1 = \mathrm{e}^{-\mathrm{i} k_1 l} \\[2mm] e_2 = \mathrm{e}^{-\mathrm{i} k_2 l} \end{cases}$$

$$K_{pd} = -\omega^2 M_p + \mathrm{i} \omega C_p + K_p \qquad (6\text{-}67)$$

式中

$$M_{p4\times4}=\begin{bmatrix}0&0&0&0\\0&0&0&0\\0&0&0&0\\0&0&0&0\end{bmatrix},\quad K_{p4\times4}=\begin{bmatrix}0&0&0&0\\0&0&0&0\\0&0&K_p(\omega)&0\\0&0&0&0\end{bmatrix},\quad C_{p4\times4}=\begin{bmatrix}0&0&0&0\\0&0&0&0\\0&0&C_p(\omega)&0\\0&0&0&0\end{bmatrix}$$

K_{sem} 为辛数学-谱单元混合法的钢轨动力学刚度矩阵，其中 m_r、ρ_r、E_r、I_r、G_r、κ_r、A_r 分别为单跨钢轨的质量、密度、惯性矩、剪切模量、剪切系数和横截面积；K_{pd} 为扣件弹性元件动力学刚度矩阵，其中 $K_p(\omega)$ 和 $C_p(\omega)$ 为弹性元件的频变刚度和频变阻尼系数。

于是，式(6-64)变为

$$K_t u_t=\begin{bmatrix}K_{aa}&K_{ab}\\K_{ba}&K_{bb}\end{bmatrix}\begin{Bmatrix}u_a\\u_b\end{Bmatrix}=\begin{Bmatrix}F_{ea}\\F_{eb}\end{Bmatrix}+\begin{Bmatrix}F_{wa}\\F_{wb}\end{Bmatrix} \tag{6-68}$$

根据经典辛数学理论，钢轨-扣件系统周期子结构左右两端的 F_{wa}、F_{wb} 和 u_a、u_b 分别可以假设为

$$F_{wa}=-P_a u_a,\quad F_{wb}=P_b u_b \tag{6-69}$$

式中，P_a、P_b 分别为钢轨-扣件系统周期子结构左右两端的待定刚度矩阵。因此，式(6-68)可以改写为

$$\begin{bmatrix}K_{aa}&K_{ab}\\K_{ba}&K_{bb}\end{bmatrix}\begin{Bmatrix}u_a\\u_b\end{Bmatrix}=\begin{Bmatrix}F_{ea}\\F_{eb}\end{Bmatrix}+\begin{Bmatrix}-P_a u_a\\-P_b u_b\end{Bmatrix} \tag{6-70}$$

式中，待定刚度矩阵(P_a,P_b)可以由传递矩阵的特征向量矩阵$\boldsymbol{\Phi}$(即式(6-71)和式(6-72))得到：

$$\boldsymbol{\Phi}=[\theta_1\ \theta_2\ \cdots\ \theta_{2n}]=\begin{bmatrix}X_a&X_b\\N_a&N_b\end{bmatrix} \tag{6-71}$$

$$P_a=-N_b X_b^{-1},\quad P_b=N_a X_a^{-1} \tag{6-72}$$

于是，式(6-70)可以改写为

$$\begin{bmatrix}K_{aa}+P_a&K_{ab}\\K_{ba}&K_{bb}+P_b\end{bmatrix}\begin{Bmatrix}u_a\\u_b\end{Bmatrix}=\begin{Bmatrix}F_{ea}\\F_{eb}\end{Bmatrix} \tag{6-73}$$

对于普通客车，一辆车有 4 个轮对，对应的就有 4 个钢轨-扣件系统子结构承受 4 个轮轨力。通过定义

$$K_t^*=\begin{bmatrix}K_{aa}+P_a&K_{ab}\\K_{ba}&K_{bb}+P_b\end{bmatrix} \tag{6-74}$$

于是，4 个钢轨-扣件系统子结构的动力学矩阵可以组装为

$$\begin{bmatrix} \boldsymbol{K}_{t1}^{*} & & & \\ & \boldsymbol{K}_{t2}^{*} & & \\ & & \boldsymbol{K}_{t3}^{*} & \\ & & & \boldsymbol{K}_{t4}^{*} \end{bmatrix} \begin{Bmatrix} \boldsymbol{u}_{a1} \\ \boldsymbol{u}_{b1} \\ \boldsymbol{u}_{a2} \\ \boldsymbol{u}_{b2} \\ \boldsymbol{u}_{a3} \\ \boldsymbol{u}_{b3} \\ \boldsymbol{u}_{a4} \\ \boldsymbol{u}_{b4} \end{Bmatrix} = - \begin{bmatrix} \boldsymbol{N}_{z}(x_{1},\omega) & & & \\ & \boldsymbol{N}_{z}(x_{2},\omega) & & \\ & & \boldsymbol{N}_{z}(x_{3},\omega) & \\ & & & \boldsymbol{N}_{z}(x_{4},\omega) \end{bmatrix}^{\mathrm{T}} \begin{Bmatrix} f_{v1} \\ f_{v2} \\ f_{v3} \\ f_{v4} \end{Bmatrix} \tag{6-75}$$

钢轨-扣件系统子结构的位移矩阵$(\boldsymbol{u}_a, \boldsymbol{u}_b)$也可以由传递矩阵的特征向量矩阵$\boldsymbol{\Phi}$得到，见式(6-76)：

$$\boldsymbol{u}_a = \boldsymbol{X}_b \boldsymbol{b}, \quad \boldsymbol{u}_b = \boldsymbol{X}_a \boldsymbol{a} \tag{6-76}$$

式中，$\boldsymbol{a}$ 和 $\boldsymbol{b}$ 为待定系数向量，具体的求解过程可参考文献[15]。在确定这两个系数向量之后，钢轨任意第 k 个微端上的所有自由度的荷载 $\boldsymbol{u}_k$ 和位移 $\boldsymbol{F}_k$ 向量可通过式(6-77)进行计算：

$$\boldsymbol{u}_{kr} = \boldsymbol{X}_a \boldsymbol{\mu}^k \boldsymbol{a}, \quad \boldsymbol{F}_{kr} = \boldsymbol{P}_a \boldsymbol{u}_{kr}, \quad k \geqslant 0 \tag{6-77a}$$

$$\boldsymbol{u}_{kl} = \boldsymbol{X}_a \boldsymbol{\mu}^{-k} \boldsymbol{b}, \quad \boldsymbol{F}_{kl} = -\boldsymbol{P}_b \boldsymbol{u}_{kl}, \quad k < 0 \tag{6-77b}$$

式中，$|\mu_i| \leqslant 1$ ($i=1, 2, \cdots, n$；μ_i 为 $\boldsymbol{\mu}$ 中的元素) 为简谐激励下的传递系数。因此，由周期简谐轮轨力引起的钢轨任意第 k 个截面的位移向量可以表示为

$$\begin{cases} \boldsymbol{u}_{kl,j} = \boldsymbol{X}_a \{\boldsymbol{\mu}\}^{k-1} \{\boldsymbol{a}\}_j = \boldsymbol{X}_a \{\boldsymbol{\mu}\}^{k-1} \{\boldsymbol{X}_a\}^{-1} \{\boldsymbol{u}_b\}_j \\ \boldsymbol{u}_{kr,j} = \boldsymbol{X}_a \{\boldsymbol{\mu}\}^{k} \{\boldsymbol{a}\}_j = \boldsymbol{X}_a \{\boldsymbol{\mu}\}^{k} \{\boldsymbol{X}_a\}^{-1} \{\boldsymbol{u}_b\}_j \end{cases}, \quad k \geqslant 0 \tag{6-78a}$$

$$\begin{cases} \boldsymbol{u}_{kl,j} = \boldsymbol{X}_b \{\boldsymbol{\mu}\}^{-k} \{\boldsymbol{b}\}_j = \boldsymbol{X}_b \{\boldsymbol{\mu}\}^{-k} \{\boldsymbol{X}_b\}^{-1} \{\boldsymbol{u}_a\}_j \\ \boldsymbol{u}_{kr,j} = \boldsymbol{X}_b \{\boldsymbol{\mu}\}^{-k-1} \{\boldsymbol{b}\}_j = \boldsymbol{X}_b \{\boldsymbol{\mu}\}^{-k-1} \{\boldsymbol{X}_b\}^{-1} \{\boldsymbol{u}_a\}_j \end{cases}, \quad k < 0 \tag{6-78b}$$

式中，$k = 0$、$k < 0$ 和 $k > 0$ 分别代表轮轨力、轮轨力左侧和轮轨力右侧的微段。

6.2.3　轮轨耦合垂向力向量

通过引入等效线性轮轨接触刚度计算轮轨力：

$$\boldsymbol{F}_{vj} = K_h (z_{rj} + r_j - u_{wj}) \tag{6-79}$$

式中，z_{rj}、r_j 和 u_{wj} 分别为第 j 个轮对下钢轨垂向位移、轨道不平顺和轮对位移。

式(6-79)也可详细描述为

$$
\begin{Bmatrix} f_{v1} \\ f_{v2} \\ f_{v3} \\ f_{v4} \end{Bmatrix} = K_h \begin{Bmatrix} z_{r1} \\ z_{r2} \\ z_{r3} \\ z_{r4} \end{Bmatrix} + K_h \begin{Bmatrix} r_1 \\ r_2 \\ r_3 \\ r_4 \end{Bmatrix} - K_h \begin{Bmatrix} u_{w1} \\ u_{w2} \\ u_{w3} \\ u_{w4} \end{Bmatrix} \tag{6-80}
$$

其中，钢轨垂向位移也可以写为

$$
\begin{Bmatrix} z_{r1} \\ z_{r2} \\ z_{r3} \\ z_{r4} \end{Bmatrix} = \begin{bmatrix} N_z(x_1,\omega) & & & \\ & N_z(x_2,\omega) & & \\ & & N_z(x_3,\omega) & \\ & & & N_z(x_4,\omega) \end{bmatrix} \begin{Bmatrix} u_{l,1} \\ u_{r,1} \\ u_{l,2} \\ u_{r,2} \\ u_{l,3} \\ u_{r,3} \\ u_{l,4} \\ u_{r,4} \end{Bmatrix} = N_k \begin{Bmatrix} u_{l,1} \\ u_{r,1} \\ u_{l,2} \\ u_{r,2} \\ u_{l,3} \\ u_{r,3} \\ u_{l,4} \\ u_{r,4} \end{Bmatrix} \tag{6-81}
$$

由于其他位置的轮轨力一定会影响任意轮对下钢轨子结构的垂向位移，根据振动叠加原理和波动原理(见式(6-78))，第一轮对下钢轨子结构左右两端的位移向量为

$$
\begin{cases} u_{l,1} = u_{a1} + X_a \{\mu\}^{k_{21}-1} \{X_a\}^{-1} u_{b2} + X_a \{\mu\}^{k_{31}-1} \{X_a\}^{-1} u_{b3} + X_a \{\mu\}^{k_{41}-1} \{X_a\}^{-1} u_{b4} \\ u_{r,1} = u_{b1} + X_a \{\mu\}^{k_{21}} \{X_a\}^{-1} u_{b2} + X_a \{\mu\}^{k_{31}} \{X_a\}^{-1} u_{b3} + X_a \{\mu\}^{k_{41}} \{X_a\}^{-1} u_{b4} \end{cases} \tag{6-82}
$$

式中，k_{21}、k_{31} 和 k_{41} 分别为第一轮对和第二轮对、第三轮对、第四轮对之间的子单元个数。因此，考虑到其他轮轨力的影响，任一轮对下钢轨-扣件周期子结构左右两端位移向量为

$$
\begin{Bmatrix} u_{l,1} \\ u_{r,1} \\ u_{l,2} \\ u_{r,2} \\ u_{l,3} \\ u_{r,3} \\ u_{l,4} \\ u_{r,4} \end{Bmatrix} = \begin{bmatrix} I_{2\times2} & 0_{2\times2} & 0_{2\times2} & X_a\{\mu\}^{k_{21}-1}X_a^{-1} & 0_{2\times2} & X_a\{\mu\}^{k_{31}-1}X_a^{-1} & 0_{2\times2} & X_a\{\mu\}^{k_{41}-1}X_a^{-1} \\ 0_{2\times2} & I_{2\times2} & 0_{2\times2} & X_a\{\mu\}^{k_{21}}X_a^{-1} & 0_{2\times2} & X_a\{\mu\}^{k_{31}}X_a^{-1} & 0_{2\times2} & X_a\{\mu\}^{k_{41}}X_a^{-1} \\ X_b\{\mu\}^{k_{21}}X_b^{-1} & 0_{2\times2} & I_{2\times2} & 0_{2\times2} & 0_{2\times2} & X_a\{\mu\}^{k_{32}}X_a^{-1} & 0_{2\times2} & X_a\{\mu\}^{k_{42}}X_a^{-1} \\ X_b\{\mu\}^{k_{21}-1}X_b^{-1} & 0_{2\times2} & 0_{2\times2} & I_{2\times2} & 0_{2\times2} & X_a\{\mu\}^{k_{32}}X_a^{-1} & 0_{2\times2} & X_a\{\mu\}^{k_{42}}X_a^{-1} \\ X_b\{\mu\}^{k_{31}}X_b^{-1} & 0_{2\times2} & X_b\{\mu\}^{k_{32}}X_b^{-1} & 0_{2\times2} & I_{2\times2} & 0_{2\times2} & 0_{2\times2} & X_a\{\mu\}^{k_{43}-1}X_a^{-1} \\ X_b\{\mu\}^{k_{31}-1}X_b^{-1} & 0_{2\times2} & X_b\{\mu\}^{k_{32}-1}X_b^{-1} & 0_{2\times2} & 0_{2\times2} & I_{2\times2} & 0_{2\times2} & X_a\{\mu\}^{k_{43}}X_a^{-1} \\ X_b\{\mu\}^{k_{41}}X_b^{-1} & 0_{2\times2} & X_b\{\mu\}^{k_{42}}X_b^{-1} & 0_{2\times2} & X_b\{\mu\}^{k_{34}}X_b^{-1} & 0_{2\times2} & I_{2\times2} & 0_{2\times2} \\ X_b\{\mu\}^{k_{41}-1}X_b^{-1} & 0_{2\times2} & X_b\{\mu\}^{k_{42}-1}X_b^{-1} & 0_{2\times2} & X_b\{\mu\}^{k_{34}-1}X_b^{-1} & 0_{2\times2} & 0_{2\times2} & I_{2\times2} \end{bmatrix} \begin{Bmatrix} u_{a1} \\ u_{b1} \\ u_{a2} \\ u_{b2} \\ u_{a3} \\ u_{b3} \\ u_{a4} \\ u_{b4} \end{Bmatrix}
$$

$$\tag{6-83}$$

$$U_k = \begin{bmatrix} I_{2\times2} & 0_{2\times2} & 0_{2\times2} & X_a\{\mu\}^{k_{21}-1}X_a^{-1} & 0_{2\times2} & X_a\{\mu\}^{k_{31}-1}X_a^{-1} & 0_{2\times2} & X_a\{\mu\}^{k_{41}-1}X_a^{-1} \\ 0_{2\times2} & I_{2\times2} & 0_{2\times2} & X_a\{\mu\}^{k_{21}}X_a^{-1} & 0_{2\times2} & X_a\{\mu\}^{k_{31}}X_a^{-1} & 0_{2\times2} & X_a\{\mu\}^{k_{41}}X_a^{-1} \\ X_b\{\mu\}^{k_{21}}X_b^{-1} & 0_{2\times2} & I_{2\times2} & 0_{2\times2} & 0_{2\times2} & X_a\{\mu\}^{k_{32}}X_a^{-1} & 0_{2\times2} & X_a\{\mu\}^{k_{42}}X_a^{-1} \\ X_b\{\mu\}^{k_{21}-1}X_b^{-1} & 0_{2\times2} & 0_{2\times2} & I_{2\times2} & 0_{2\times2} & X_a\{\mu\}^{k_{32}}X_a^{-1} & 0_{2\times2} & X_a\{\mu\}^{k_{42}}X_a^{-1} \\ X_b\{\mu\}^{k_{31}}X_b^{-1} & 0_{2\times2} & X_b\{\mu\}^{k_{32}}X_b^{-1} & 0_{2\times2} & I_{2\times2} & 0_{2\times2} & 0_{2\times2} & X_a\{\mu\}^{k_{43}-1}X_a^{-1} \\ X_b\{\mu\}^{k_{31}-1}X_b^{-1} & 0_{2\times2} & X_b\{\mu\}^{k_{32}-1}X_b^{-1} & 0_{2\times2} & 0_{2\times2} & I_{2\times2} & 0_{2\times2} & X_a\{\mu\}^{k_{43}}X_a^{-1} \\ X_b\{\mu\}^{k_{41}}X_b^{-1} & 0_{2\times2} & X_b\{\mu\}^{k_{42}}X_b^{-1} & 0_{2\times2} & X_b\{\mu\}^{k_{34}}X_b^{-1} & 0_{2\times2} & I_{2\times2} & 0_{2\times2} \\ X_b\{\mu\}^{k_{41}-1}X_b^{-1} & 0_{2\times2} & X_b\{\mu\}^{k_{42}-1}X_b^{-1} & 0_{2\times2} & X_b\{\mu\}^{k_{34}-1}X_b^{-1} & 0_{2\times2} & 0_{2\times2} & I_{2\times2} \end{bmatrix} \tag{6-84}$$

式(6-80)可以改写为

$$\begin{Bmatrix} f_{v1} \\ f_{v2} \\ f_{v3} \\ f_{v4} \end{Bmatrix} = K_h N_k U_k \begin{Bmatrix} u_{a1} \\ u_{b1} \\ \vdots \\ u_{b4} \end{Bmatrix} + K_h \begin{Bmatrix} r_1 \\ r_2 \\ r_3 \\ r_4 \end{Bmatrix} - K_h \begin{Bmatrix} u_{w1} \\ u_{w2} \\ u_{w3} \\ u_{w4} \end{Bmatrix} \tag{6-85}$$

通过将式(6-85)代入式(6-60)和式(6-75)中，可以得到车辆-轨道耦合动力学刚度矩阵：

$$\begin{bmatrix} K_{vd} & 0_{10\times16} \end{bmatrix}\begin{Bmatrix} u_v \\ u_{ab} \end{Bmatrix} + K_h\begin{bmatrix} 0_{6\times6} & 0_{6\times4} & 0_{6\times16} \\ 0_{4\times6} & I_{4\times4} & 0_{4\times16} \end{bmatrix}\begin{Bmatrix} u_v \\ u_{ab} \end{Bmatrix} - K_h\begin{bmatrix} 0_{6\times10} \\ & N_kU_k \end{bmatrix}\begin{Bmatrix} u_v \\ u_{ab} \end{Bmatrix} = K_h\begin{Bmatrix} 0_{6\times1} \\ R \end{Bmatrix} \tag{6-86}$$

$$\begin{bmatrix} 0_{16\times6} & -K_hN_k^T & K_t^* + K_hN_k^T N_kU_k \end{bmatrix}\begin{Bmatrix} u_v \\ u_{ab} \end{Bmatrix} = -K_hN_k^T R \tag{6-87}$$

式中，$R = [r_1, r_2, r_3, r_4]^T$ 为轨道不平顺向量，$u_{ab} = [u_{a1}, u_{b1}, \cdots, u_{a4}, u_{b4}]$ 为轮轨力作用的钢轨-扣件周期子结构的变形向量。

通过定义车辆刚度矩阵 K_V 和轨道刚度矩阵 K_T：

$$K_V = \begin{bmatrix} K_{vd} & 0_{10\times16} \end{bmatrix} + K_h\begin{bmatrix} 0_{6\times6} & 0_{6\times4} & 0_{6\times16} \\ 0_{4\times6} & I_{4\times4} & 0_{4\times16} \end{bmatrix} - K_h\begin{bmatrix} 0_{6\times10} \\ & N_kU_k \end{bmatrix} \tag{6-88}$$

$$K_T = \begin{bmatrix} 0_{16\times6} & -K_hN_k^T & K_t^* + K_hN_k^T N_kU_k \end{bmatrix} \tag{6-89}$$

于是，基于辛数学理论与波谱单元法的车辆-轨道耦合动力学频域模型可以简写为

$$\begin{bmatrix} K_V \\ K_T \end{bmatrix}\begin{Bmatrix} u_v \\ u_{ab} \end{Bmatrix} = \begin{Bmatrix} 0_{6\times1} \\ K_hR \\ -K_hN_k^T R \end{Bmatrix} \tag{6-90}$$

6.2.4　轮轨耦合随机振动的虚拟激励算法

虚拟激励法(PEM)可以处理平稳或非平稳多激励问题，无需矩阵乘法即可将随机多激励转换为谐波激励[15,16]。应用虚拟激励法有两个假设条件：一是假设 4 个轮轨接触点的 4 个不均匀激励是完全相干的；二是由于 4 个轮对之间的距离和列车速度，4 个不均匀激励是不同时的。由于这里只考虑轨道的不平顺性，因此轨道不平顺向量可以写为

$$\boldsymbol{R} = \left\{ r(t) \quad r(t-t_2) \quad r(t-t_3) \quad r(t-t_4) \right\}^{\mathrm{T}} \tag{6-91}$$

式中

$$t_2 = \frac{2l_t}{v}, \quad t_3 = \frac{2l_c}{v}, \quad t_4 = \frac{2(l_t + l_c)}{v} \tag{6-92}$$

v 是列车速度。虚拟激励向量可以表达为

$$\tilde{\boldsymbol{R}} = \left\{ 1, \; \mathrm{e}^{-\mathrm{i}\omega t_2}, \; \mathrm{e}^{-\mathrm{i}\omega t_3}, \; \mathrm{e}^{-\mathrm{i}\omega t_4} \right\}^{\mathrm{T}} \tilde{r}(t) = \left\{ 1, \; \mathrm{e}^{-\mathrm{i}\omega t_2}, \; \mathrm{e}^{-\mathrm{i}\omega t_3}, \; \mathrm{e}^{-\mathrm{i}\omega t_4} \right\}^{\mathrm{T}} \sqrt{S_r(\omega)} \mathrm{e}^{\mathrm{i}\omega t} \tag{6-93}$$

式中, $S_r(\omega)$ 为轨道不平顺的功率密度谱。通过输入虚拟激励($\tilde{u}$)计算虚拟响应($\tilde{r}$)后，再通过虚拟响应($\tilde{u}$)乘以其复共轭响应($\tilde{u}^*$)便可得到真实的随机响应(S_u)，如式(6-94)所示：

$$S_u(\omega) = \tilde{u}^* \tilde{u} = \left| \tilde{u} \right|^2 = \left| H(\omega) \right|^2 S_r(\omega) \tag{6-94}$$

6.3　轨道扣件弹性元件幅/频变非线性动刚度对轮轨动力响应的影响

为了调查研究轨道扣件弹性元件幅变与频变(温变)非线性动刚度对轮轨系统动力响应的影响，本节以设计速度 160km/h 的市域铁路为例，应用考虑轨道弹性元件幅变与频变(温变)非线性动刚度的轮轨垂向耦合时域动力学模型，计算分析不同温度(特别是低温条件)、不同预压荷载(不同列车轴重)时扣件弹性元件幅变与频变(温变)非线性动力性能影响下的轮轨耦合系统时域/频域振动响应特征。在本工程中，采用的是我国市域 D 型车辆和 CRTS III 无砟轨道系统，其中 CRTS III 无砟轨道系统包括 60 型钢轨、一种无砟轨道扣件(其弹性元件非线性刚度的测试与表征详见第 4 章)、无砟道床板、自密实调整层和混凝土底座。

6.3.1　工况设计

我国市域 D 型车辆和 CRTS III 无砟轨道垂向动力学模型参数见表 6.1[17]和

表 6.2[18]。其中，无砟轨道板的垂向动力学模型是自由梁模型[1]。列车速度为 160km/h，轨道不平顺由波长 2～200m 的德国低干扰高低轨道不平顺谱[1]和波长 0.04～2m 的 ISO 轨道粗糙度谱[19,20]组成。

表 6.1　市域 D 型车辆垂向动力学模型参数

力学指标	力学参量
车体质量(M_c)	57200kg
构架质量(M_t)	4840kg
轮对质量(M_w)	1890kg
车体点头惯量(J_c)	$1.43 \times 10^6 \text{kg} \cdot \text{m}^2$
构架点头惯量(J_t)	$1.48 \times 10^3 \text{kg} \cdot \text{m}^2$
(每轴)一系悬挂刚度(K_{pz})	$1.3 \times 10^6 \text{N/m}$
(每轴)一系悬挂阻尼(C_{pz})	$9.8 \times 10^4 \text{N} \cdot \text{s/m}$
二系悬挂刚度(K_{sz})	$2.2 \times 10^5 \text{N/m}$
二系悬挂阻尼(C_{sz})	$9.8 \times 10^4 \text{N} \cdot \text{s/m}$

表 6.2　CRTS III 型板式无砟轨道垂向动力学模型参数

轨道部件	力学指标	力学参量
钢轨	弹性模量(E_r)	$2.06 \times 10^{11} \text{N/m}^2$
	截面惯量(I_r)	$3.542 \times 10^{-5} \text{m}^4$
	每延米质量(m_r)	64.88kg/m
	轨枕间距(a)	0.592m
扣件系统 (KV 模型)	常温(20℃)低频(4Hz)割线刚度(K_p)	$3.1 \times 10^7 \text{N/m}$
	常温(20℃)低频(4Hz)阻尼系数(C_p)	$1.9 \times 10^5 \text{N} \cdot \text{s/m}$
扣件系统 (FDZ 模型)	见表 4.9	—
扣件系统 (Berg 模型)	最大摩擦力($F_{f\max}$)	4.1kN
	最大摩擦力一半时的位移(x_2)	0.1mm
轨道板	长度× 宽度 × 厚度	4.736m×2.6m×0.22m
	密度(ρ_s)	2500kg/m^3
	弹性模量(E_s)	30GPa
自密实混凝土 (KV 模型)	常量刚度(K_s)	$1.3 \times 10^9 \text{N/(m} \cdot \text{m)}$
	常量阻尼系数(C_s)	$6.4 \times 10^4 \text{N} \cdot \text{s/(m} \cdot \text{m)}$

计算工况如表 6.3 所示。工况 1 和工况 2 是对比展示扣件弹性元件真实幅变与频变非线性动刚度对轮轨垂向耦合系统时域/频域振动响应的影响规律，工况 2 和工况 3 是探讨扣件弹性元件幅变非线性动刚度(即反映弹性元件非线性黏性动力特征的 Berg 摩擦模型)的影响程度，工况 2、4(6)和 5(7)是讨论扣件弹性元件幅变与频变非线性动刚度在不同预压荷载(不同温度)下的轮轨垂向耦合系统时域/频域振动响应特征。

表 6.3 计算工况

工况	温度/℃	预压荷载/kN	FDZ 模型				Berg 模型	
			k_0/(kN/mm)	k_∞/(kN/mm)	τ/s	α	x_2/mm	$F_{f\max}$/kN
1	20	45		—				
2	20	45	19.2	971.6	3.1×10^{-8}	0.3	0.1	4.1
3	20	45	19.2	971.6	3.1×10^{-8}	0.3	—	—
4	20	30	14.7	611.5	3.1×10^{-8}	0.3	0.1	4.1
5	20	60	38.9	1833.9	3.1×10^{-8}	0.3	0.1	4.1
6	40	45	20.9	1001.5	1.0×10^{-8}	0.3	0.1	4.1
7	−40	45	15.7	754.7	1.1×10^{-4}	0.3	0.1	4.1

6.3.2 结果分析

下面通过应用考虑轨道扣件弹性元件幅变非线性与频变(温变)非线性动刚度的轮轨垂向耦合时域动力学模型(详见 6.1 节)，仿真计算并对比分析扣件弹性元件幅变非线性与频变非线性动刚度及其在不同预压荷载和不同环境温度下的轮轨垂向耦合系统时域/频域振动响应特征，期望探明轨道扣件弹性元件幅变/频变非线性动刚度、扣件弹性元件载变效应以及扣件弹性元件的温变效应在减振轨道动力设计中的重要性，为减振轨道弹性元件刚度的科学设计提供理论指导。

1. 扣件弹性元件幅变与频变非线性动刚度的影响

为了展现扣件弹性元件真实幅变与频变非线性动刚度对轮轨垂向耦合系统振动响应的影响规律，这里分别提取轮对、钢轨和轨道板垂向振动加速度时程曲线及其傅里叶变换后的 1/3 倍频未计权垂向振动加速度级，如图 6.6 所示。

从图 6.6(a)可以看出，与工况 1 相比，工况 2 中的轮对垂向时域振动加速度最大值略有增加；从频域分布来看，轮对垂向振动加速度级显著增大的区域主要发生在 1/3 倍频程中心频率的 80Hz 以下(特别是 1/3 倍频程中心频率 50Hz 附近，这正是轮轨系统 P2 力共振的频率范围)和 630Hz 以上(特别是 1/3 倍频程中心频率 800～1000Hz 范围内，这正是钢轨 Pinned-Pinned 共振频率的范围)。

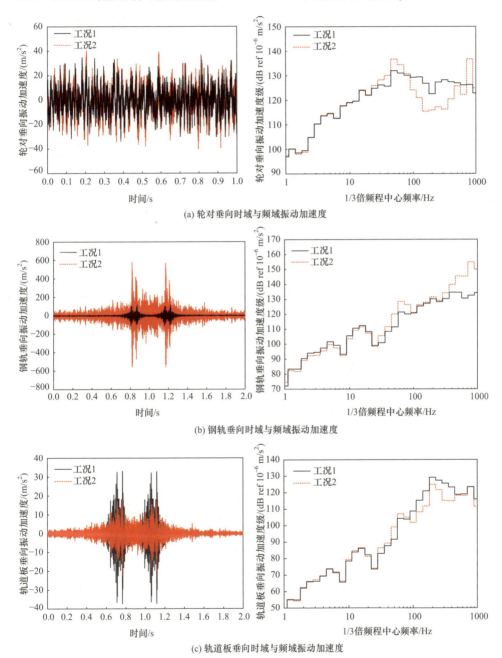

(a) 轮对垂向时域与频域振动加速度

(b) 钢轨垂向时域与频域振动加速度

(c) 轨道板垂向时域与频域振动加速度

图 6.6 工况 1、2 情况下轮对、钢轨和轨道板垂向的时域(左侧)和频域(右侧)振动加速度响应特征

对于钢轨垂向振动加速度响应，图 6.6(b)中工况 2 的钢轨垂向时域最大振动加速度不仅显著增大，是工况 1 的 4.3 倍左右，而且过车后的钢轨垂向振动加速度衰减速率也明显低于工况 1；进一步从频域分布来看，钢轨垂向振动加速度级在 1/3 倍频程中心频率 25Hz 以上显著提高(主要发生在 1/3 倍频程中心频率 31.5～200Hz 和 315～1000Hz 两个频段范围内)，而在 1/3 倍频程中心频率 25Hz 以下略有下降，其影响不大。

通过继续观察图 6.6(c)中轨道板垂向振动加速度响应可知，与轮对、钢轨垂向振动加速度响应的变化规律相反，工况 2 的轨道板垂向时域最大振动加速度不升反降，缩减至工况 1 的 54%左右，同时过车后的轨道板垂向振动加速度的衰减速率也比工况 1 低不少；进一步从频率分布来看，轨道板垂向振动加速度级下降的主频带发生在 1/3 倍频程中心频率 100～630Hz 范围内，而 1/3 倍频程中心频率 31.5～63Hz 范围内的轨道板垂向振动加速度级仍然是增大的，这说明扣件弹性元件幅变与频变非线性动刚度引起的轮轨系统 P2 共振放大响应会向轨下及周边传递。

综合以上分析可以总结出，扣件弹性元件幅变与频变非线性动刚度对轮轨系统中高频振动响应影响较大，而且主要影响轮轨系统 P2 力共振频带(即 1/3 倍频程中心频率 50～80Hz)以及钢轨 Pinned-Pinned 共振频带(即 1/3 倍频程中心频率 800～1000Hz)的振动响应大小。值得特别注意的是，这两个频带分别是铁路环境振动源强与轮轨辐射噪声源强的主频带。另外，如果应用考虑弹性元件幅变与频变非线性动刚度的轮轨垂向耦合频域动力学模型也可以计算出同样的研究结论[11,12]，这里不再赘述。

2. 扣件弹性元件幅变非线性动刚度的影响

为了进一步比较扣件弹性元件幅变和频变非线性动刚度各自的影响程度，计算了仅考虑扣件弹性元件频变非线性动刚度(即忽略了扣件弹性元件幅变非线性动刚度)的工况 3 下轮对、钢轨和轨道板垂向振动加速度时程曲线及其傅里叶变换后 1/3 倍频未计权垂向振动加速度级，如图 6.7 所示。从图 6.7 可以看出，扣件弹性元件的幅变非线性动刚度对车轮与钢轨垂向时域振动加速度影响很小，可以忽略不计；在频域内，如果忽略扣件弹性元件的幅变非线性动刚度，车轮与钢轨垂向振动的分频最大加速度级略有增加(最大增量不超过1.0dB)，轨道板垂向振动分频最大加速度级则略有减小(最大降幅也不超过1.0dB)。

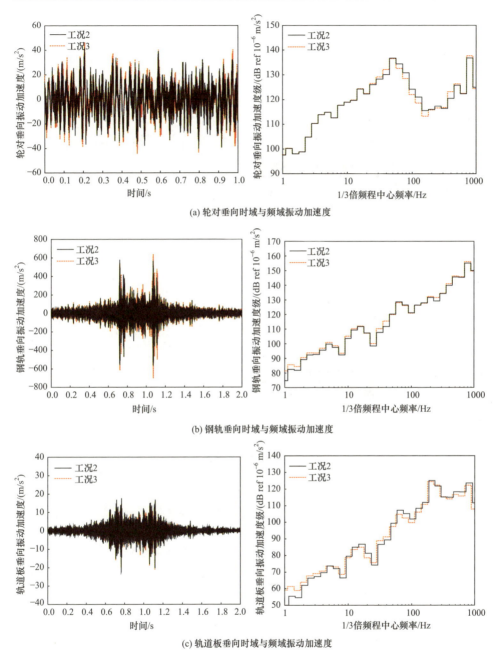

(a) 轮对垂向时域与频域振动加速度

(b) 钢轨垂向时域与频域振动加速度

(c) 轨道板垂向时域与频域振动加速度

图6.7　工况2、3情况下轮对、钢轨和轨道板垂向的时域(左侧)和频域(右侧)振动加速度响应特征

3. 扣件弹性元件非线性动刚度受预压荷载的影响

为了反映扣件弹性元件受预压荷载的影响(即轨道弹性元件上方列车荷载的

影响)，计算了较低预压荷载 30kN(工况 4)、正常预压荷载 45kN(工况 2)与较高预压荷载 60kN(工况 5)三种情况下的轮对、钢轨和轨道板垂向振动加速度时程曲线及其傅里叶变换后 1/3 倍频未计权垂向振动加速度级，如图 6.8 所示。

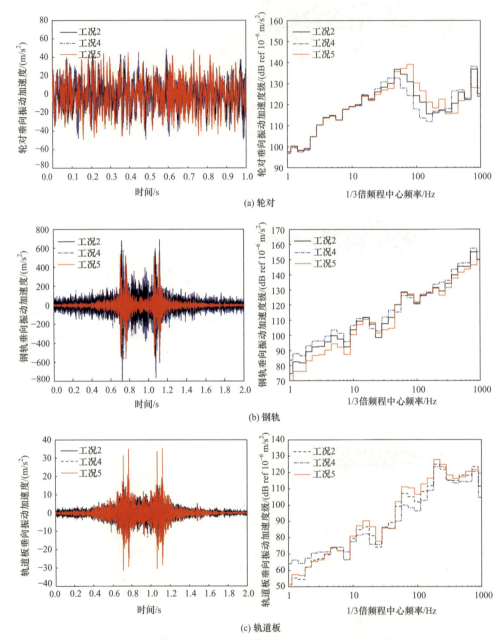

图 6.8　工况 2、4 和 5 情况下轮对、钢轨和轨道板垂向的时域(左侧)和频域(右侧)振动加速度响应特征

总体来看,随着扣件弹性元件上列车预压荷载的增大(即随着弹性元件上列车荷载的增加),钢轨上方的车辆系统和钢轨下方的轨道系统的振动能量均显著变大,只有钢轨垂向振动加速度呈下降趋势。另外,从轮对垂向振动加速度分频振动加速度级的分布特征还可以看出,扣件弹性元件上列车预压荷载越大,不仅轮对垂向振动加速度级的主频开始向高频移动,而且轮对垂向加速度主频峰值提高,例如:低预压荷载(工况 4)和高预压荷载(工况 5)情况下轮对垂向振动加速度级及其主频分别是 1/3 倍频程中心频率 50Hz 的 133dB 和 1/3 倍频程中心频率 80Hz 的 138dB;此外,扣件弹性元件上的列车预压荷载还会显著提高 1/3 倍频程中心频率钢轨上下子系统内 63～250Hz 的振动响应。若以轨道板垂向振动加速度为例,与工况 4 相比,工况 5 中 1/3 倍频程中心频率 63～250Hz 的分频最大振动加速度级增量可达 12dB。

在本工程案例中,列车荷载作用到扣件弹性元件上的实际最大荷载(包括扣件弹条的初始扣压力 20kN)至少是 70kN,比本算例中计算工况 4(60kN)的预压荷载还要更高。因此,列车荷载在弹性元件上产生的预压荷载影响(即弹性元件的载变非线性刚度效应)明显大于幅变非线性动刚度的影响,在轮轨系统动力响应分析(特别是轮轨系统中高频动力响应分析)与轨道系统弹性元件刚度设计中是不可忽视的关键影响因素之一。

4. 扣件弹性元件非线性动刚度受温度的影响

在实际的服役中,除了地下线之外,地面线与高架线的环境温度全年都有变化。因此,不同温度条件下轨道弹性元件幅变与频变非线性动刚度对轮轨垂向耦合振动响应的影响也是值得关注的。在 20℃(工况 2)、40℃(工况 6)和-40℃(工况 7)情况下轮对、钢轨和轨道板垂向振动响应如图 6.9 所示。

从图 6.9 可以看出,20℃以上(以下)的高温对轮对、钢轨和轨道板垂向振动响应的影响很小,可忽略。从 20℃降至-40℃时,轮对与轨道板(钢轨)垂向振动加速度主频最大振动加速度级分别增加了(减少了)12.7dB 和 11.2dB(5.5dB)。总之,低温的影响与频变、载变的影响相似,只不过影响程度更大而已,因此轨道弹性元件刚度的低温敏感性也是轨道弹性元件刚度设计的关键因素之一。这个现象也可以从高聚物弹性元件的时间-温度叠加原理得到印证。

综上可知,尽管轨道高聚物弹性元件具有载变、幅变和频变(温变)非线性动刚度特征,但是通过理论计算发现,弹性元件的幅变非线性动刚度对轮轨耦合系统振动响应影响比较小,因此在弹性元件刚度设计指标方面可以不考虑幅变非线性动刚度指标,而应重点对弹性元件的载变和频变(温变)非线性动刚度进行设计,详见本书第 7 章。此外,关于温度对弹性元件刚度设计的影响,还有一点需要特别强调。尽管高温环境不会在短期内显著影响轨道弹性元件的载变和频变非线性

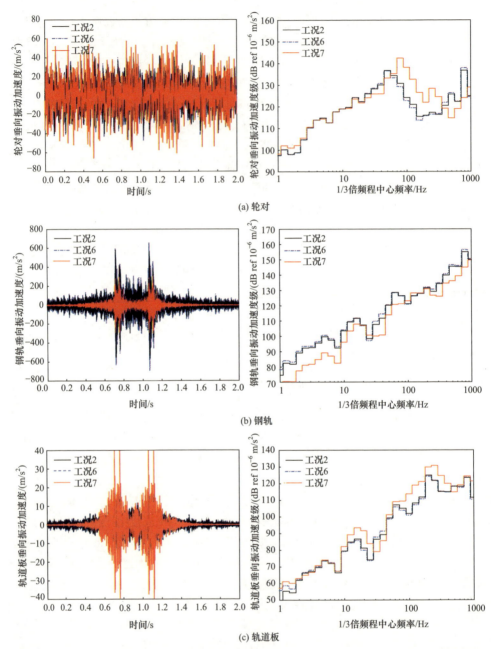

图 6.9　工况 2、6 和 7 轮对、钢轨和轨道板垂向的时域(左侧)和频域(右侧)振动加速度响应特征

动刚度，但是长期高温环境一定会对轨道弹性元件载变和频变非线性动刚度的老化产生重要影响，应该引起轨道高聚物材料减振产品使用者(业主单位)的高度重视，否则轨道高聚物材料减振产品在使用后期可能会出现减振不达标、投诉率飙

升以及高昂的更换或改造成本等问题，具体的关于轨道高聚物弹性元件的高温老化(含疲劳荷载老化)测试评估方面的内容详见第 8 章。

参 考 文 献

[1] 翟婉明. 车辆-轨道耦合动力学[M]. 4 版. 北京: 科学出版社, 2015.

[2] Verbraken H, Lombaert G, Degrande G. Verification of an empirical prediction method for railway induced vibrations by means of numerical simulations[J]. Journal of Sound and Vibration, 2011, 330(8): 1692-1703.

[3] 刘维宁, 李克飞, Markine V. 移动荷载作用下曲线轨道振动响应解析解研究[J]. 土木工程学报, 2013, 46(1): 133-140.

[4] Lu F, Kennedy D, William F W, et al. Symplectic analysis of vertical random vibration for coupled vehicle-track systems[J]. Journal of Sound and Vibration, 2008, 317(1-2): 236-249.

[5] Zhang Y W, Zhao Y, Lin J H, et al. A general symplectic method for the response analysis of infinitely periodic structures subjected to random excitation[J]. Latin American Journal of Solids and Structures, 2012, 9(5): 569-579.

[6] 李伟, 杜星, 王衡禹, 等. 地铁钢轨一种波磨机理的调查分析[J]. 机械工程学报, 2013, 49(16): 26-32.

[7] 薛富春, 张建民. 移动荷载作用下高速铁路轨道-路基-地基耦合系统振动加速度的空间分布特征[J]. 岩土工程学报, 2014, 36(12): 2179-2187.

[8] 高亮, 罗奇, 徐旸, 等. 道床断面尺寸对道床横向阻力的影响[J]. 西南交通大学学报, 2014, 49(6): 942-947.

[9] 边学成, 李伟, 李公羽, 等. 基于颗粒真实几何形状的铁路道砟剪切过程三维离散元分析[J]. 工程力学, 2015, 32(5): 57-63.

[10] Thompson D J. Railway Noise and Vibration: Mechanisms, Modelling and Means of Control[M]. Amsterdam: Elsevier, 2009.

[11] Spanos D, Evangelatos G I. Response of an on-linear system with restoring forces governed by fractional derivatives —Time domain simulation and statistical linearization solution[J]. Soil Dynamics and Earthquake Engineering, 2010, 30: 811-821.

[12] Wei K, Dou Y, Wang F, et al. High-frequency random vibration analysis of a high-speed vehicle-track system with the frequency-dependent dynamic properties of rail pads using a hybrid SEM-SM method[J]. Vehicle System. Dynamics, 2018, 56(12):1-26.

[13] Yang F, Wang P, Wei K, et al. Investigation on nonlinear and fractional derivative Zener model of coupled vehicle-track system[J]. Vehicle System Dynamics, 2020, 58(6): 864-889.

[14] Doyle J F. Wave Propagation in Structures[M]. Berlin: Springer, 1997.

[15] Lee U. Spectral Element Method in Structural Dynamics[M]. New Jersey: John Wiley & Sons, 2009.

[16] Zhang Z C, Lin J H, Zhang Y H, et al. Nonstationary random vibration analysis of coupled vehicle-bridge systems[J]. Engineering Computations(Swanses Wales), 2010, 2716: 712-732.

[17] Zhang Y H, Li Q S, Lin J H, et al. Random vibration analysis of long-span structures subjected to spatially varying ground motions[J]. Soil Dynamics and Earthquake Engineering, 2009, 29(4):

620-629.

[18] Zhao Z M, Wei K, Ding W H, et al. Evaluation method of the vibration reduction effect considering the real load and frequency-dependent stiffness of slab-track mats[J]. Materials, 2021, 14(2): 452.

[19] Zhai W M, Wei K, Song X, et al. Experimental investigation into ground vibrations induced by very high speed trains on a non-ballasted track[J]. Soil Dynamic and Earthquake Engineering, 2015, 72: 24-36.

[20] ISO. Acoustics—Railway applications—Measurement of noise emitted by railbound vehicles[S]. ISO 3095: 2013. Genève: ISO, 2013.

第 7 章　铁路轨道高聚物弹性元件载/频变非线性动刚度设计

大量工程实践表明，高聚物弹性元件减振轨道的理论设计或室内测试插入损失与现场实测插入损失(特别是分频插入损失)之间存在较大的差异。之所以会出现这个现象，主要与三个因素有关：其一是轮轨激励能量(该因素主要与车速、轴重、轮轨表面粗糙度等有关)；其二是高聚物弹性元件减振轨道的固有频率(即减振轨道上方无车载时的固有频率和有车载时的固有频率，这两个固有频率主要与高聚物弹性元件上方的车辆参振质量、轨道质量以及高聚物弹性元件非线性载/频变动刚度等有关)；其三是轨下基础结构的固有频率(该固有频率主要与地基土模量及其上部基础结构参振质量或抗弯刚度等有关)。上述三个条件中任一因素改变，高聚物弹性元件减振轨道的插入损失也会随之而改变。然而，在传统高聚物弹性元件减振轨道插入损失的理论设计与室内测试中，并没有综合考虑这三个因素，特别是第二个因素。第二个因素的特殊之处在于，传统设计认为高聚物弹性元件减振轨道的固有频率只有一个无车辆参振的固有频率，但是事实上，高聚物弹性元件减振轨道的固有频率并非一个固定值，而应是在无车辆参振的固有频率与有车辆参振的固有频率之间变化的。更为重要的是，仅考虑车辆参振是完全不够的，由于高聚物弹性元件具有载变与频变非线性动刚度特性，有、无车辆参振时高聚物弹性元件承受的预压荷载及其荷载主频一定不同，因此还应该考虑有、无车辆参振时高聚物弹性元件高频动刚度的差异，才能准确预测高聚物弹性元件减振轨道的无车载与有车载固有频率。

鉴于此，本章首先从轨道高聚物弹性元件载/频变非线性动刚度特征出发，研究提出高聚物弹性元件减振轨道无车载与有车载固有频率的科学计算方法，并用室内落锤、落轴和现场实测来验证理论计算的高聚物弹性元件减振轨道无车载与有车载的固有频率。然后，为了便于工程设计，在考虑高聚物弹性元件载/频变非线性动刚度(即将高聚物弹性元件的传统 KV 模型替换为分数阶导数 PT 模型)的自编程轮轨空间耦合动力学模型与 Simulink-Simpack 联合仿真的轮轨空间刚柔耦合动力学模型对比验证的基础上，科学证明采用高聚物弹性元件固定预压荷载且固定频率(即有车载固有频率)的常量动刚度设计方法的便捷性与准确性；之后，为了能够在室内验证高聚物弹性元件减振轨道理论设计插入损失的预测精度，或者再现高聚物弹性元件减振轨道的现场实测插入损失，在室内传统落轴实验基础上，综合考虑可以有效反映现场轮轨激励能量的室内落轴高度(第一因素)、高聚物弹性元件减振轨道的有车载固有频率(第二因素)和轨下基础结构固有频率(第三因素)，研究提出一种科学评估高聚物弹性元件减振轨道插入损失的新型室内落轴测试系统，并已形成标准。最后，在 7.4 节结合一个工程案例，给出高聚物弹性元件减振轨道非线性载/频变动刚度的科学设计方法及技术流程，供同行参考应用。

7.1　高聚物弹性元件轨道系统固有频率的科学算法及实验验证

本节以地铁轨道中常见的钢轨-扣件系统和减振等级较高的隔离式减振垫浮置板轨道系统为例，通过考虑在有、无车载情况下高聚物弹性元件的非线性载/频变动刚度特性和车辆参振质量的综合影响，提出高聚物弹性元件减振轨道系统及其关键部件(主要是钢轨、弹条和浮置板等)的无车载与有车载固有频率的科学计算方法，并通过开展室内落锤/落轴冲击实验和现场振动测试，验证其准确性。

7.1.1　高聚物弹性元件减振轨道系统固有频率的科学算法

轨道系统的固有频率大小主要取决于轨道系统的支承刚度与参振质量。对于高聚物弹性元件减振轨道系统，轨道系统刚度主要由弹性元件刚度决定，而高聚物弹性元件刚度又进一步由预压荷载及其荷载频率决定。实际服役过程中，高聚物弹性元件上的附加车辆荷载以及车辆参振质量随着车辆通过而产生和消失。在无车载时，即车辆没有到来之前，高聚物弹性元件的预压荷载仅为轨道自重荷载或安装荷载，轨道的参振质量也只有自身质量；在有车载时，即车辆抵达轨道正上方时，轨道的附加预压荷载是整车重量(即车辆轴重)，同时由于车辆一系弹簧的隔离作用，轨道附加的车辆参振质量并非整车的质量而仅是车辆的簧下质量(近似等于车辆轮对质量)，如图 7.1 和图 7.2 所示。

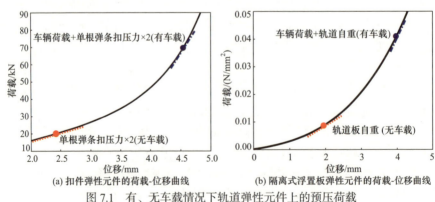

(a) 扣件弹性元件的荷载-位移曲线　　　　(b) 隔离式浮置板弹性元件的荷载-位移曲线

图 7.1　有、无车载情况下轨道弹性元件上的预压荷载

一系弹簧

(a) 无车载时轨道参振质量就是其自身质量   (b) 有车载时轨道附加质量主要是车辆簧下质量

图 7.2   有、无车载情况下轨道的参振质量

对于轨下扣件弹性元件，无车载时其预压荷载是一组扣件两根弹条的扣压力(一般是 20kN 左右)，有车载时其预压荷载是一组扣件两根弹条的扣压力(一般是 20kN 左右)与一组扣件分担的车辆荷载之和，如图 7.1(a)所示；对于隔离式减振垫浮置板弹性元件，无车载时其预压荷载主要是轨道板自重，有车载时其预压荷载是轨道板自重与单个轨道板分担的车辆荷载之和，如图 7.1(b)所示。此外，钢轨、弹条和浮置板无车载固有频率计算的参振质量仅取轨道自身质量(即 0.6m 左右的单跨钢轨质量、单根弹条质量和单块轨道板质量)，如图 7.2(a)所示；除弹条外，钢轨与浮置板有车载固有频率计算的参振质量是其自身质量与车辆簧下质量之和，如图 7.2(b)所示。因此，高聚物弹性元件减振轨道系统及其关键部件的固有频率绝非一个常量，而应是从无车载到有车载的一个变量。为了便于对其设计，可将这个变量的固有频率定义出两个常量的固有频率，分别是无车载固有频率(即轨道自重荷载或安装荷载作用下的固有频率)与有车载固有频率(即车辆荷载和轨道荷载共同作用下的固有频率)。但是，在我国高聚物弹性元件减振轨道系统固有频率的传统设计计算中，通常采用弹性元件在服役荷载范围内(有些甚至会采用不符合实际的服役荷载范围)的 4Hz 割线动刚度和轨道自身质量计算其常量的固有频率。显然，这种传统的计算方法不符合上述实际情况，势必会导致高聚物弹性元件减振轨道系统设计固有频率与实际固有频率(无论无车载固有频率还是有车载固有频率)之间存在偏差，进而无法准确评估高聚物弹性元件减振轨道系统的真实插入损失。

为了科学计算与评价高聚物弹性元件减振轨道的无车载、有车载固有频率及其插入损失，除了需要考虑无车载与有车载情况下弹性元件的载变刚度和轨道参振质量，还需要在确定预压荷载点之后综合考虑弹性元件的频变刚度特征(即使是在同一个预压荷载点上，测试荷载频率不同，弹性元件刚度也不相同)，即当计算得到的固有频率(如钢轨固有频率f_r、浮置板固有频率f_s)与计算使用的弹性元件刚度对应的测试荷载频率f_i保持一致时,才是真实的固有频率[1, 2]。具体计算方法如图 7.3 所示。

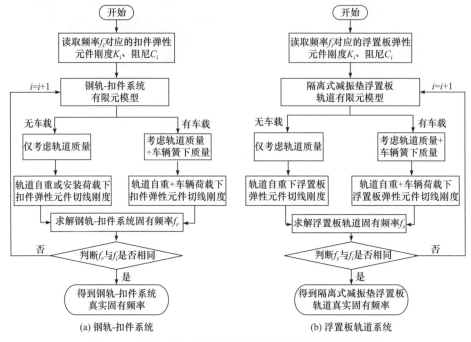

图 7.3　高聚物弹性元件减振轨道固有频率的科学计算方法

7.1.2　钢轨-扣件系统固有频率的理论计算及实验验证

下面以国内地铁常用的 DT III 型扣件为例,分别开展钢轨-扣件系统无车载与有车载固有频率(主要包括钢轨无车载、有车载一阶固有频率和弹条无车载、有车载一阶固有频率)的理论计算与实验验证。首先,应用弹条扣压力测试装置分别测试了在无车载与有车载状态下的弹条扣压力:一方面用于确定轨下弹性元件在无车载与有车载状态下的弹条安装荷载,另一方面明确弹条在无车载与有车载状态下的受力和弹程变化情况。其次,在轨下弹性元件无车载和有车载两个预压荷载点上,应用第 4 章提出的一种等位移或等荷载控制模式的测试方法,并结合时间-温度叠加原理+WLF 方程的预测方法,分别测试表征 DT III 型扣件轨下弹性元件在无车载与有车载两个预压荷载点上的频变动刚度,为钢轨-扣件系统无车载、有车载固有频率计算提供弹性元件载/频变动刚度计算参数。最后,建立钢轨-扣件系统三维实体非线性有限元模型,分别计算钢轨与弹条无车载、有车载固有频率,并应用力锤敲击实验对其进行科学验证。

1. 扣件弹性元件载/频变动刚度的测试与表征

DT Ⅲ 型扣件系统是一种无螺栓、弹性分开式扣件，主要由 e 型弹条、轨下弹性元件、铁垫板、板下调高垫板、绝缘轨距挡块、锚固螺栓和预埋塑料套管等组成，其结构型式与我国地铁常用的 DT Ⅵ2 型扣件类似，如图 5.3 所示。钢轨与混凝土基础之间设置了轨下弹性元件和板下调高垫板，其中轨下弹性元件刚度较低，主要起减振作用，静刚度大小一般为 35～50kN/mm；板下调高垫板的刚度较高，主要起到增加摩阻力和调高的作用。因此，DT Ⅲ 型扣件系统的刚度主要由轨下弹性元件决定。

1) 弹条扣压力测试

在无车载情况下，轨下弹性元件预压荷载仅取决于钢轨两侧弹条的初始扣压力；在有车载情况下，轨下弹性元件预压荷载是车辆荷载与弹条扣压力之和。值得注意的是，有车载与无车载的弹条扣压力也存在差别。由于车辆荷载的作用，弹条的弹程会下降，所以扣压力也会降低。因此，在开展轨下弹性元件高频切线动刚度测试与表征之前，需要首先测试无车载与有车载情况下的弹条扣压力和弹程，测试装置如图 7.4 所示。

图 7.4　扣件系统弹条扣压力测试装置

弹条扣压力测试时，首先使用夹持工装夹住弹条趾端，通过千斤顶对夹持工装施加垂直于铁垫板的荷载，夹持工装将会夹住弹条趾端缓慢提升。当弹条趾端下表面与轨距挡块之间刚好能插入 0.1mm 的塞尺时，此时的拉力即为弹条扣压力。根据该测试原理，采用千斤顶对弹条趾端逐级施加荷载，并记录弹条扣压力随弹程的变化关系，如图 7.5 所示。

由图 7.5 可以看出，当弹条扣压力增加到 10kN 左右时，扣压力与弹程之间的线性关系开始逐渐转变为非线性关系，这说明弹条在达到标准安装状态之前就已经开始出现材料和几何非线性。本实验中，单个弹条在正常安装状态的扣压力为

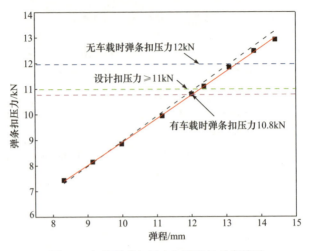

图 7.5　扣件弹条扣压力与弹程的对应关系

12kN，因此轨下弹性元件无车载时的预压荷载为两侧弹条的扣压力之和，即 24kN。在有车载情况下，单个弹条扣压力损失了约 1kN，在叠加 50kN 的车辆荷载后，扣件弹性元件承担的预压荷载共计 72kN。

2) 扣件弹性元件非线性载/频变动刚度的测试与表征

获得了轨下扣件弹性元件无车载与有车载的预压荷载之后，按表 7.1 所示的工况开展轨下弹性元件的动态力学性能测试。第一步：通过将工况 2 和工况 3 测试得到的轨下弹性元件的非线性黏弹性力学特征扣除工况 1 测得的非线性超弹性力学特征，来得到轨下弹性元件的非线性黏性力学特征(即非线性塑性力学特征)。第二步：将工况 4 和工况 5 测得的低频非线性黏弹性力学特征扣除第一步得到的轨下弹性元件的非线性黏性力学特征(即非线性塑性力学特征)后，即可得到轨下弹性元件仅与频率相关的线性黏弹性力学特征。第三步：应用时间-温度叠加原理+WLF 方程预测轨下弹性元件无车载与有车载预压荷载点的频变动刚度。最后：应用分数阶 Zener 模型对其进行理论表征(模型拟合参数见表 7.2)，如图 7.6 所示。具体流程详见 4.2 节。

表 7.1　轨下扣件弹性元件非线性载/频变动刚度的测试工况

工况	预压荷载/kN	荷载幅值/kN	荷载频率/Hz	温度/℃
1	以 2.5 为间隔从 20 加载至 80	0	0	20
2、3	24、72	4	0.01	20
4、5	24、72	4	0.3	以 5 为间隔从 20 降低至-60

表 7.2　轨下扣件弹性元件的分数阶 Zener 模型参数

预压荷载/kN	K_0/(kN/mm)	K_∞/(kN/m)	τ/s	γ
24	27.9	332.5	2.92×10^{-7}	0.23
72	63.1	849.9		

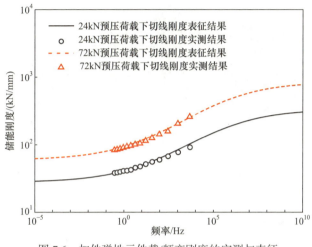

图 7.6　扣件弹性元件载/频变刚度的实测与表征

2. 钢轨-扣件系统固有频率的理论计算

在获取弹条无车载与有车载的扣压力(弹程)以及轨下扣件弹性元件无车载与有车载预压荷载点的频变动刚度的基础上，下面利用 ANSYS 有限元软件建立与上述测试条件一致的有限元仿真模型，用以计算钢轨和弹条无车载、有车载固有频率，并通过室内落锤实验对其计算结果的准确性进行实测验证。

由于重点考察钢轨与弹条固有频率，为了简化计算，这里仅考虑 DT III 型扣件系统铁垫板以上部分，忽略铁垫板以下部分。应用 ANSYS 有限元软件建立了钢轨、弹条、铁垫板、轨距挡块、轨下弹性元件的非线性(主要包括弹条材料非线性、几何非线性以及各部件间的接触非线性)三维实体有限元模型，如图 7.7 所示。在图 7.7 的有限元模型中，钢轨长度选取一跨轨枕间距 0.6m，弹条本构模型为理想双线性强化弹塑性模型(强化模量设置为 $E'=0.1E$ 且屈服强度为 1375MPa)，铁垫板与轨距块均为线弹性模型，各部件的力学参数如表 7.3 所示。另外，铁垫板下表面为固定约束，其他钢轨、弹条、铁垫板、轨距挡板之间的接触均采用面面接触，接触算法是增广拉格朗日算法，接触对间的摩擦和运动状态根据库仑摩擦模型予以确定。其中，轨距挡块的主要作用是保持轨距，设置为粗糙接触模式，其余部件之间均为摩擦接触，金属材料与金属材料之间的摩擦系数取 0.3，金属材料与非金属材料之间的摩擦系数取 0.4。

图 7.7　DT Ⅲ 型扣件系统(仅铁垫板以上部分)三维实体非线性有限元模型

值得注意的是,扣件弹条在服役过程中会表现出复杂的力学特性,除了会受到轨下弹性元件非线性载/频变动刚度影响之外,还存在弹条扣压力(弹程)变化引起的几何非线性问题,这两者将共同影响弹条无车载与有车载的固有振动特性。因此,在扣件系统三维实体非线性有限元模型仿真计算时,需要在有限元软件中开启大变形选项。

表 7.3　DT Ⅲ 型扣件系统(仅铁垫板以上部分)各部件材料参数

组成部件	弹性模量/MPa	泊松比	密度/(kg/m³)	备注
钢轨	$2.06×10^5$	0.3	7850	60 轨
弹条	$2.06×10^5$	0.3	7800	60Si2Mn
轨距挡块	$8.5×10^3$	0.4	1570	PA66
铁垫板	$1.73×10^5$	0.3	7800	QT450-10

按照图 7.3(a)所示的钢轨-扣件系统真实固有频率计算方法,分别计算无车载与有车载钢轨(轮轨)、弹条的真实固有频率,工况设计如表 7.4 所示。其中,对于弹条,无车载与有车载的参振质量均为弹条质量;但是对于钢轨,无车载参振质量是单跨钢轨质量,有车载参振质量是单跨钢轨质量+车轮质量之半。

表 7.4　钢轨-扣件系统固有频率的计算工况

工况	荷载状态	单个弹条扣压力	轨下弹性元件预压荷载
1	无车载状态	12kN	弹条扣压力 24kN
2	有车载状态	11kN	弹条扣压力+车辆荷载 72kN

通过模态计算可得无车载时钢轨与弹条的一阶模态振型，如图 7.8 所示。钢轨一阶振型主要表现为垂向的平动，弹条一阶振型主要表现为前拱大圆弧的垂向振动，并且与弹条趾端的振动方向相反。另外，通过模拟落锤敲击实验，仿真计算了无车载与有车载情况下钢轨(轮轨)、弹条加速度频响曲线，如图 7.9 和图 7.10 所示。其中，各频响曲线的峰值对应的频率即钢轨(轮轨)或弹条的真实固有频率。具体的钢轨(轮轨)或弹条真实固有频率与计算所采用的扣件弹性元件刚度(即无车载与有车载预压荷载下真实固有频率对应的常量刚度，又称高频切线常量刚度)见表 7.5。例如，钢轨无车载一阶真实固有频率为 202.3Hz，计算采用的刚度是轨下弹性元件在无车载 24kN 预压荷载下 202Hz 的刚度 68.8kN/mm；弹条无车载一阶真实固有频率为 920.1Hz，计算用的刚度是轨下弹性元件在无车载 24kN 预压荷载下 918.7Hz 的刚度 82.9kN/mm。另外，轮轨(钢轨有车载)一阶固有频率为 81.1Hz，计算用的刚度是轨下弹性元件在有车载 72kN 预压荷载下 81.0Hz 的刚度 140.9kN/mm；弹条有车载固有频率为 860.7Hz，计算用的刚度是轨下弹性元件在有车载 72kN 预压荷载下 859.5Hz 的刚度 200.9kN/mm。

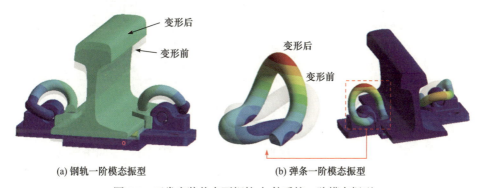

(a) 钢轨一阶模态振型　　　　　　(b) 弹条一阶模态振型

图 7.8　正常安装状态下钢轨-扣件系统一阶模态振型

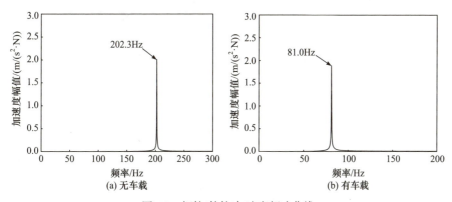

(a) 无车载　　　　　　　　(b) 有车载

图 7.9　钢轨(轮轨)加速度频响曲线

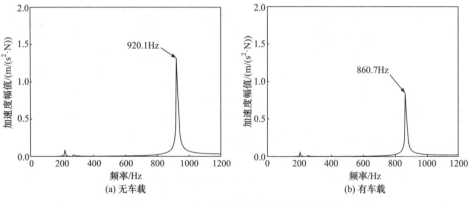

图 7.10　DT Ⅲ 型扣件弹条加速度频响曲线

表 7.5　钢轨-DT Ⅲ 型扣件系统固有频率的计算结果及计算参数

荷载状态	钢轨			弹条		
	钢轨(轮轨) 固有频率	轨下弹性 元件刚度	轨下弹性 元件频率	弹条 固有频率	轨下弹性 元件刚度	轨下弹性 元件频率
无车载状态	202.3Hz	68.8kN/mm	202.0Hz	920.1Hz	82.9kN/mm	918.7Hz
有车载状态	81.1Hz	140.9kN/mm	81.0Hz	860.7Hz	200.9kN/mm	859.5Hz

　　由表 7.5 可以发现，尽管轨下弹性元件在有车载时的预压荷载和刚度均提高很多，但是车辆簧下质量的参振还是会导致轮轨(钢轨有车载)一阶真实固有频率比钢轨无车载一阶真实固有频率降低较多，可相差 121.2Hz。弹条的一阶真实固有频率同样是一个动态变化的范围。尽管有车载情况下弹条的参振质量并没有改变，但是在弹条扣压力降低(即弹条几何非线性力学行为)与轨下弹性元件载/频变动刚度提高两方面的综合影响下，弹条的一阶真实固有频率降低了约 59.4Hz。为了进一步明确弹条扣压力与扣件弹性元件载/频变动刚度分别对弹条一阶固有频率的影响程度，又进一步设计了如表 7.6 所示的计算工况。工况 3(工况 4)是保证弹条在无车载(有车载)情况下弹条的弹程与工况 1(工况 2)相同，即保证弹条几何非线性的影响一致，不同的是工况 3(工况 4)采用刚性垫板代替轨下弹性元件。为了保证工况 1(工况 2)和工况 3(工况 4)的弹条扣压力(弹程)相同，刚性垫板厚度应与轨下弹性元件在安装完成后(附加车辆荷载后)的厚度相同(即轨下弹性元件压缩变形后的厚度)。经测量，无车载时刚性垫板的厚度取 8.9mm，有车载时刚性垫板的厚度取 7.9mm。另外，工况 3 和工况 4 均采用刚性垫板，刚度一致，因此可进一步对比分析弹条扣压力(弹程)对弹条固有频率的影响。

表 7.6　钢轨-扣件系统固有频率的计算工况

工况	荷载状态	单个弹条扣压力	轨下支承垫板
3	无车载状态	12kN	刚性垫板(厚度 8.9mm)
4	有车载状态	10.8kN	刚性垫板(厚度 7.9mm)

工况 3、4 的加速度频响曲线如图 7.11 所示。从图 7.11 可以发现，保持弹条相同扣压力(弹程)条件下(即工况 3 与工况 1 一致，工况 4 与工况 2 一致)，不考虑轨下弹性元件载/频变动刚度特性将会高估弹条无车载(有车载)固有频率约66.8Hz(19.9Hz)。因此，在扣件弹条固有频率计算分析时，仅保证弹条扣压力(弹程)与实际安装状态一致(即仅考虑几何非线性影响)，不考虑轨下弹性元件载/频变动刚度特性将无法准确计算弹条的真实固有频率。同时，通过对比工况 3 和工况 4 可以发现，在刚性垫板支承条件下，弹条扣压力(弹程)的下降会导致弹条有车载固有频率比无车载固有频率降低约 106.3Hz。

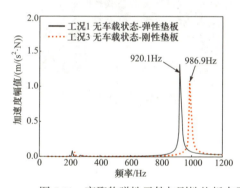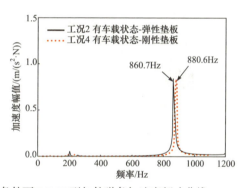

图 7.11　高聚物弹性元件与刚性垫板支承条件下 DT III 型扣件弹条加速度频响曲线

3. 钢轨-扣件系统固有频率的实验验证

本小节针对钢轨无车载固有频率、弹条无车载固有频率、弹条有车载固有频率开展室内力锤敲击实验。之所以没有开展轮轨(钢轨有车载)固有频率的实验验证，是因为在实验室内，既要保证有车载的预压荷载，同时又要保证加载装置的参振质量与车辆簧下质量(车轮质量)保持一致，是比较困难的，因此这里仅对钢轨无车载固有频率进行室内力锤敲击的实验验证。然而，对于扣件弹条，在有车载与无车载情况下，由于仅存在弹条扣压力(弹程)与轨下弹性元件预压荷载的区别，并没有参振质量的改变，所以仅需通过万能力学试验机在组装的钢轨-扣件系统上施加 50kN 的车辆荷载即可。

在无车载与有车载情况下，钢轨-扣件系统(钢轨与弹条)固有频率的力锤敲击实验系统如图 7.12 所示。本次实验采用了北京东方振动和噪声技术研究所 INV

3062S 智能采集仪进行数据采集，采样频率设置为 2048Hz。敲击力锤选用 Coinv MSC-1 实验用小型力锤，量程为 5kN，灵敏度为 1mV/N。加速度传感器采用了 INV 9822 型压电式传感器，工作频率范围为 $0.5 \sim 8000$Hz，量程为 500m/s^2，灵敏度为 100mV/g。由于钢轨一阶振型为垂向平动，所以将加速度传感器布置在钢轨轨顶任意位置处均可，同时考虑到弹条有车载固有频率测试时需要用万能力学试验机对钢轨中心位置施加荷载，故将钢轨加速度传感器布置于钢轨一端的轨顶位置处。另外，根据图 7.8(b)的弹条一阶模态振型主要为前拱大圆弧的垂向振动，所以将弹条加速度传感器布置于弹条前拱大圆弧处。考虑到加速度传感器质量(11g)远小于弹条本身质量(834g)，因此传感器附加质量对弹条固有频率的影响可以忽略不计。

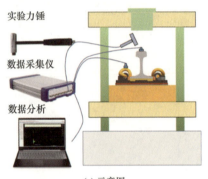

实验力锤
数据采集仪
数据分析

(a) 示意图

实验力锤　传感器

(b) 实物图

图 7.12　钢轨-扣件系统力锤敲击实验系统

　　钢轨-扣件系统力锤敲击实验工况如表 7.7 所示。工况 1 为钢轨无车载固有频率测试工况，工况 2、3(4、5)为弹条无车载(有车载)固有频率测试工况。其中，工况 2 和工况 4 的轨下垫板是扣件系统实际高聚物弹性元件，用于实验验证弹条无车载和有车载真实一阶固有频率；工况 3 和工况 5 是分别将轨下弹性元件替换为 8.9mm 的刚性垫板(即表 7.6 中的仿真工况 3)和 7.9mm 的刚性垫板(即表 7.6 中仿真工况 4)，用于实验验证轨下弹性元件载/频变动刚度对弹条无车载和有车载固有频率的影响程度。

表 7.7　钢轨-扣件系统力锤敲击实验工况

工况	测试对象	荷载状态	单个弹条扣压力	轨下支承类型	轨下支承预压
1	钢轨	无车载状态	12kN	弹性元件	弹条扣压力 24kN
2	弹条	无车载状态	12kN	弹性元件	弹条扣压力 24kN
3	弹条	无车载状态	12kN	刚性垫板	弹条扣压力 24kN
4	弹条	有车载状态	11kN	弹性元件	弹条扣压力+车辆荷载 72kN
5	弹条	有车载状态	11kN	刚性垫板	弹条扣压力+车辆荷载 72kN

　　在无车载与有车载钢轨-扣件系统固有频率测试时，首先用力锤敲击钢轨一端顶面(即安装钢轨加速度传感器的一端)，然后通过加速度传感器与数据采集仪对钢轨和弹条振动响应进行采集。力锤敲击实验测得工况 1 的钢轨无车载垂向振动加速度频响曲线如图 7.13(a)所示。从图 7.13(a)可以看出钢轨无车载一阶真实固有频率为 203.2Hz，与前面三维实体非线性有限元软件的仿真结果 202.3Hz 基本吻合。另外，从图 7.13(b)的弹条无车载和有车载垂向振动加速度频响曲线可以看出，当轨下用高聚物弹性元件时，弹条无车载与有车载实测的固有频率为 918.7Hz 和 862.5Hz，与三维非线性有限元模型计算得到的 920.1Hz 和 860.7Hz 基本一致；当采用一定厚度的刚性垫板代替高聚物弹性元件时，弹条无车载和有车载实测固有频率为 988.4Hz 和 881.8Hz，也与三维非线性有限元模型计算得到的 986.9Hz 和 880.6Hz 基本一致。在无车载与有车载情况下，通过对比高聚物弹性元件与刚性垫板工况可以发现，在扣件弹条固有频率计算时仅考虑弹条几何非线性的影响而忽略轨下弹性元件的真实载/频变动刚度特性会导致弹条固有频率产生较大的预测误差(以无车载为例，误差接近 70Hz)。另外，在轨下采用刚性垫板时，可以发现当弹条的弹程下降约 1mm(即扣压力下降 1.2kN)，弹条固有频率会降低约 106.6Hz，与仿真得到的降低值 106.3Hz 基本一致。

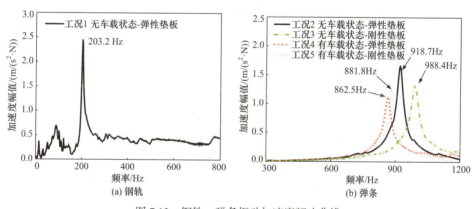

图 7.13　钢轨、弹条振动加速度频响曲线

7.1.3　隔离式减振垫浮置板轨道固有频率的理论计算及实验验证

　　隔离式减振垫浮置板轨道系统属于典型的单自由度质量-弹簧隔振系统，其自振动特性主要与参振质量、隔振器弹性元件刚度及其阻尼相关。由于浮置板轨道弹性元件在车辆荷载作用下具有明显的非线性载/频变动刚度特性(图 4.28 和图 4.29)，所以隔离式减振垫浮置板轨道在实际服役条件下的固有频率同样也应是在一定范围内动态变化的。下面将首先根据 7.1.1 节提出的轨道系统固有频率科学算法来分别计算隔离式减振垫浮置板轨道无车载与有车载(空载和满载)固有频率，然后与

现场实测有车载固有频率进行对比验证,为后续提高车辆-轨道耦合动力学模型频域计算精度(特别是轮轨系统主频的计算精度)以及优化轨道减振效果奠定基础。

1. 隔离式减振垫浮置板固有频率的理论计算

采用单块浮置板轨道有限元模型进行固有频率的分析,模型参数、单元类型、边界条件等均与4.3.2节第一部分的有限元模型保持一致,故此处不再赘述。固有频率分析采用了有阻尼的模态分析法。其中,在浮置板轨道有车载固有频率分析时,为了便于考虑车辆簧下质量的参振,将两个轮对的质量等效分担至一跨扣件间距的钢轨质量上进行模拟。具体模拟方法详见本书作者获批的发明专利《一种轨道扣件系统共振频率的识别方法及装置》(授权专利号:ZL201610890482.1)。

隔离式减振垫浮置板轨道固有频率的计算工况如表7.8所示。工况1~3用于计算三类高聚物弹性元件的隔离式减振垫浮置板轨道无车载固有频率,工况4~9用于计算三类高聚物弹性元件的隔离式减振垫浮置板轨道有车载固有频率。其中,工况4~6为车辆空车载条件下的有车载固有频率,工况7~9为车辆满车载条件下的有车载固有频率。无车载、空车载、满车载条件对应的预压荷载大小分别为0.8kN、3.3kN、4.6kN。因为在环境振动评价中一般仅针对200Hz范围内的振动能量进行计算,所以在固有频率模态分析中弹性元件频变动刚度对应的频率上限也选取至200Hz。

表7.8 隔离式减振垫浮置板轨道固有频率的计算工况

工况	弹性元件类型	状态	预压荷载	参振质量	支承刚度
工况 1	I 型弹性元件				
工况 2	II 型弹性元件	无车载	0.8kN	不考虑簧下质量	0~200Hz 频变刚度
工况 3	III 型弹性元件				
工况 4	I 型弹性元件				
工况 5	II 型弹性元件	空车载	3.3kN	考虑簧下质量	0~200Hz 频变刚度
工况 6	III 型弹性元件				
工况 7	I 型弹性元件				
工况 8	II 型弹性元件	满车载	4.6kN	考虑簧下质量	0~200Hz 频变刚度
工况 9	III 型弹性元件				

1) 无车载条件下隔离式减振垫浮置板轨道的固有频率

对于不同类型的非线性载/频变动刚度的弹性元件,其隔离式减振垫浮置板轨道的模态振型均保持一致,只是固有频率的大小存在差异而已。所以,下面仅展示工况1中 I 型弹性元件隔离式减振垫浮置板在无车载时的振型,后续工况仅分析弹性元件频变动刚度对无车载固有频率的影响。

隔离式减振垫浮置板轨道无车载时的固有振型如图 7.14 所示。浮置板轨道第一阶振型为浮置板垂向(Y 轴)的平动。第二、三阶振型为浮置板轨道沿着横向(Z 轴)和纵向(X 轴)的转动。第四阶振型为两根钢轨的一阶垂向平动。第五阶振型为浮置板的一阶弯曲。第六阶振型为钢轨和浮置板沿纵向的对称转动。

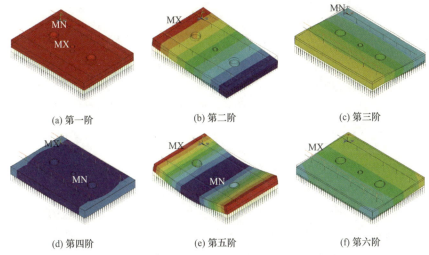

| (a) 第一阶 | (b) 第二阶 | (c) 第三阶 |
| (d) 第四阶 | (e) 第五阶 | (f) 第六阶 |

图 7.14　隔离式减振垫浮置板轨道的前六阶固有振型

根据图 7.3(b)的循环计算流程，I～III 型弹性元件隔离式减振垫浮置板轨道无车载固有频率的部分计算结果如表 7.9 所示。

表 7.9　无车载时隔离式减振垫浮置板轨道的固有频率

| 轨道类型 | 减振弹性元件参数 | | 固有频率/Hz | | | | | |
	频率/Hz	刚度/(N/mm³)	一阶	二阶	三阶	四阶	五阶	六阶
I 型弹性元件浮置板轨道	5	0.0245	28.0	43.8	125.3	153.8	165.1	174.6
	10	0.0251	28.5	44.0	125.4	153.8	165.1	174.6
	20	0.0259	28.9	44.4	125.5	153.8	165.1	174.6
	29	**0.0263**	**29.1**	44.5	125.5	153.8	165.1	174.6
	30	0.0264	29.3	44.6	125.5	153.8	165.2	174.6
II 型弹性元件浮置板轨道	5	0.0287	30.4	45.5	125.7	153.9	165.4	174.7
	20	0.0308	31.5	46.3	125.8	153.9	165.6	174.8
	30	0.0316	31.9	46.6	125.9	153.9	165.7	174.8
	32	**0.0318**	**32.1**	46.7	125.9	153.9	165.7	174.8
	40	0.0325	32.4	47.0	126.0	153.9	165.8	174.9
III 型弹性元件浮置板轨道	5	0.0272	29.5	44.9	125.6	153.8	165.2	174.6
	20	0.0310	31.6	46.4	125.9	153.9	165.6	174.8

续表

轨道类型	减振弹性元件参数		固有频率/Hz					
	频率/Hz	刚度/(N/mm³)	一阶	二阶	三阶	四阶	五阶	六阶
III 型弹性元件 浮置板轨道	30	0.0330	32.6	47.2	126.0	153.9	168.9	174.9
	33	**0.0337**	**33.2**	47.5	126.1	153.9	165.9	174.9
	40	0.0351	33.7	48.0	126.2	153.9	166.1	175.0

从表 7.9 可以看出，对于 I 型弹性元件(II 型弹性元件和 III 型弹性元件)，当且仅当采用 29Hz(32Hz 和 33Hz，表中黑体字)对应的动刚度 0.0263N/mm³ (0.0318N/mm³ 和 0.0337N/mm³)计算时，才能获取浮置板轨道无车载的真实一阶固有频率 29.1Hz(32.1Hz 和 33.2Hz)。

2) 有车载条件下隔离式减振垫浮置板轨道的固有频率

在实际运营过程中，车辆轴重总是在空车载与满车载之间动态变化的。相应地，减振弹性元件在不同轴重车辆荷载作用下的预压荷载也是动态变化的，所以隔离式减振垫浮置板轨道的有车载固有频率也应是动态变化的。鉴于此，下面针对上述三类非线性载/频变动刚度的浮置板轨道减振弹性元件，分别计算空车载与满车载状态下的固有频率。这里同样根据图 7.3(b)的循环计算流程，计算得到三类弹性元件浮置板轨道空车载和满车载的固有频率，如表 7.10 和表 7.11 所示。

表 7.10 车辆在空车载状态下隔离式减振垫浮置板轨道的固有频率

轨道类型	弹性元件参数		浮置板固有频率/(Hz)					
	频率/Hz	刚度/(N/mm³)	一阶	二阶	三阶	四阶	五阶	六阶
I 型弹性元件 浮置板轨道	5	0.0281	22.5	41.1	44.8	64.0	65.0	71.6
	10	0.0292	22.9	41.4	44.8	64.0	65.1	71.7
	20	0.0300	23.1	41.7	44.8	64.0	65.2	71.7
	23	**0.0302**	23.2	41.8	44.8	64.0	65.2	71.7
	30	0.0306	23.3	41.9	44.8	64.0	65.3	71.7
II 型弹性元件 浮置板轨道	5	0.0246	21.2	39.9	44.7	64.0	64.6	71.5
	10	0.0253	21.5	40.1	44.7	64.0	64.7	71.5
	20	0.0262	21.8	40.5	44.7	64.0	64.8	71.6
	22	**0.263**	21.9	40.6	44.7	64.0	64.8	71.6
	30	0.0269	22.2	40.7	44.7	64.0	64.9	71.6
III 型弹性元件 浮置板轨道	5	0.0205	19.6	38.5	44.7	64.0	64.1	71.3
	10	0.0227	20.5	39.2	44.7	64.0	64.3	71.4
	20	0.0256	21.6	40.2	44.8	61.0	64.7	71.5
	22	**0.0257**	21.7	40.3	44.8	61.0	64.8	71.5
	30	0.0272	22.2	40.8	44.8	64.0	64.9	71.6

表 7.11　车辆满车载状态下隔离式减振垫浮置板轨道的固有频率

轨道类型	弹性元件参数		浮置板固有频率(Hz)					
	频率/Hz	刚度/(N/mm³)	一阶	二阶	三阶	四阶	五阶	六阶
I 型弹性元件浮置板轨道	5	0.0292	23.4	41.9	53.5	69.5	79.2	84.1
	10	0.0301	23.8	42.2	53.5	69.5	79.3	84.2
	20	0.0318	24.4	42.6	53.5	69.5	79.4	84.2
	25	**0.0320**	24.5	42.7	53.5	69.5	79.5	84.3
	30	0.0327	24.7	42.9	53.5	69.5	79.6	84.4
II 型弹性元件浮置板轨道	5	0.0196	19.4	39.1	53.4	69.5	78.2	83.3
	10	0.0205	19.9	38.4	53.4	69.5	78.3	83.4
	20	0.0219	20.6	39.7	53.4	69.5	78.4	83.4
	21	**0.0222**	20.7	39.9	53.4	69.5	78.4	83.5
	30	0.0243	21.6	40.5	53.5	69.5	78.7	83.7
III 型弹性元件浮置板轨道	5	0.0263	22.4	41.1	53.4	69.5	78.9	83.9
	10	0.0288	23.3	41.8	53.5	69.5	79.2	84.0
	20	0.0309	24.1	42.4	53.5	69.5	79.4	84.2
	25	**0.0318**	24.1	42.7	53.5	69.5	79.5	84.3
	30	0.0345	25.3	43.4	53.6	69.5	79.8	84.5

由表 7.10 和表 7.11 可以看出,车辆从空载到满载变化时,弹性元件类型不同,隔离式减振垫浮置板轨道空车载与满车载固有频率的差异不同。对于 I 型和 II 型弹性元件,隔离式减振垫浮置板轨道空车载与满车载固有频率的变化较小,分别是 23.2~24.5Hz 和 20.7~21.9Hz;对于 III 型弹性元件,隔离式减振垫浮置板轨道有车载固有频率在 21.7~24.1Hz 变化。

综合比较表 7.9~表 7.11 可以看出,无论是何种(I 型、II 型和 III 型)弹性元件,隔离式减振垫浮置板轨道系统从无车载到空车载或满车载固有频率的变化范围都比较大。在本算例中,I 型、II 型和 III 型减振弹性元件浮置板轨道系统的真实一阶固有频率分别是 23.2~29.1Hz、20.7~32.1Hz 和 21.7~32.2Hz,最大可相差 11.4Hz。这就引出一个问题,既然隔离式减振垫浮置板轨道系统的实际固有频率不是一个定值,那么在插入损失评价时应该用哪一个或哪几个固有频率进行科学评估呢? 要想回答这个问题,必须首先改进传统车辆-轨道耦合动力学模型,通过引入反映高聚物弹性元件真实非线性载/频变动刚度的理论模型,科学计算隔离式减振垫浮置板轨道的准确插入损失,然后才能讨论插入损失计算中轨道固有频率的科学选取。

2. 隔离式减振垫浮置板轨道有车载固有频率的现场实测验证

为了验证前面理论计算的隔离式减振垫浮置板轨道有车载固有频率,在某市域快线Ⅰ型减振弹性元件隔离式减振垫浮置板轨道线路试运行期间开展了现场振动实测(第三方检测)。图7.15给出了列车通过时隔离式减振垫浮置板轨道垂向振动加速度的两组现场实测结果。图7.15(a)中虚线框标识了频域分析时所截取的时域振动加速度信号,该信号为第5节车辆通过浮置板轨道前后的振动信号。图7.15(b)中标识了由车辆特征长度所引起的通过频率,v代表列车实际通过速度120km/h,L_1为固定轴距2.5m,L_2为相邻转向架中心距离7.5m。通过排除车辆轴距引起的特征频率及其倍数,可得隔离式减振垫浮置板轨道有车载固有频率为23.8Hz,落在1.3.1节Ⅰ型弹性元件浮置板轨道理论计算的有车载固有频率范围内(23.2～24.5Hz),证明了算法的准确性。

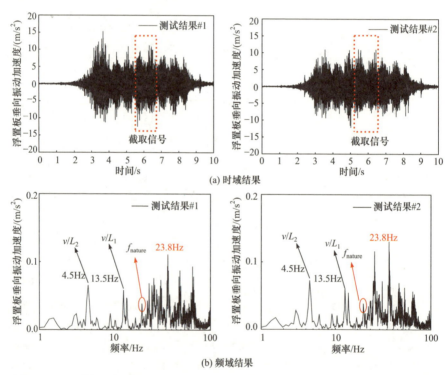

图7.15　Ⅰ型弹性元件隔离式减振垫浮置板轨道实测垂向振动加速度的时域与频域结果

7.2　高聚物弹性元件载/频变非线性动刚度的轮轨空间耦合动力学模型

经典车辆-轨道耦合动力学模型中常用的高聚物弹性元件的KV模型无法准确反映高聚物弹性元件真实的非线性载变和频变动刚度特性,可能导致轮轨系统振动加速度响应(特别是频域响应)的预测精度不高。鉴于此，本节将在经典的车辆-轨道耦合动力学模型中，应用分数阶导数 PT 模型替代传统的 KV 模型，来计算分析高聚物弹性元件载/频变非线性动刚度对轮轨系统时频域振动响应的影响。本节分别通过自编程(MATLAB 软件编写)和软件二次开发(Simpack-Simulink 联合仿真技术)建立分数阶导数 PT 模型表征高聚物弹性元件非线性载/频变动刚度的车辆-轨道空间耦合动力学模型。第一个模型主要是介绍分数阶导数 PT 模型替换 KV 模型之后的轨道动力学方程及求解方法，供科研人员开展相关理论研究。第二个模型主要是介绍分数阶导数 PT 模型在Simulink 软件中的构建过程以及与 Simpack 刚柔耦合动力学软件实现联合仿真的过程，便于工程设计人员进行仿真计算。最后，通过对比分析两类模型仿真计算的轮轨耦合动力响应与分数阶导数 PT 模型的影响特征，验证两类模型计算结果的一致性。

7.2.1　基于分数阶导数 PT 模型的车辆-轨道空间耦合动力学模型

　　本节首先介绍应用 MATLAB 自编程的车辆-隔离式减振垫浮置板轨道-轨下基础结构空间耦合动力学模型，如图 7.16 所示。自上至下依次为车体、二系悬挂、构架、一系悬挂、车轮、钢轨、扣件、浮置板、减振垫、混凝土基础结构板及基础结构支承层。与经典的车辆-轨道空间耦合动力学模型[3]相比，只是将扣件弹性元件与浮置板弹性元件的传统 KV 模型替换为分数阶导数 PT 模型而已，其他模型不变，车辆是多刚体动力学模型，钢轨和浮置板(混凝土基础结构板)分别用 Euler 梁和垂向连续支承且两端自由的薄板(横向视为刚度运动)模拟。

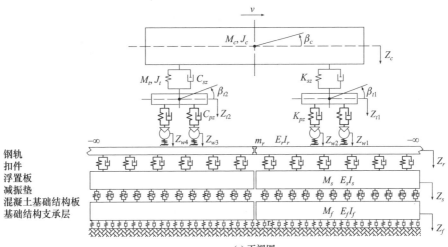

(a) 正视图

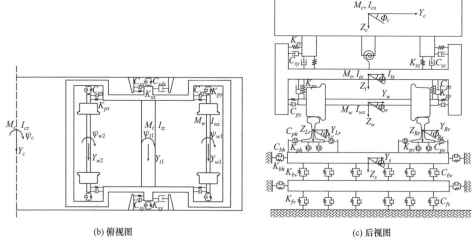

(b) 俯视图　　　　　　　　　　　(c) 后视图

图 7.16　车辆-隔离式减振垫浮置板轨道-轨下基础结构空间耦合动力学模型

　　由于车辆、钢轨和浮置板(混凝土基础结构板)的动力学方程并未有所改动，因此这里仅介绍调整后的扣件和浮置板弹性元件的动力学方程。

　　钢轨截面外力矩分析如图 7.17 所示，O_r 是钢轨扭转中心；e 是轮轨垂向力至扭转中心的水平距离；h_i 是轮轨力作用点到扭转中心的垂直距离；a 是钢轨支点反力作用点到扭转中心的垂直距离；b 是钢轨左右支点反力作用点的水平距离之半；F_{V1i}、F_{V2i} 分别是钢轨左侧、右侧支点反力。以右侧钢轨为例，采用传统 Kelvin-Voigt 模型的钢轨支点反力可表示为

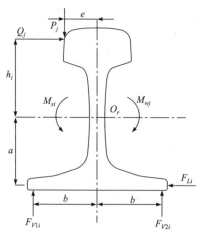

图 7.17　钢轨截面外力矩分析示意图

$$\begin{cases} F_{V1i} = \dfrac{1}{2} K_{pv}(Z_r - b\phi_r - Z_s) + \dfrac{1}{2} C_{pv}(\dot{Z}_r - b\dot{\phi}_r - \dot{Z}_s) \\[3mm] F_{V2i} = \dfrac{1}{2} K_{pv}(Z_r + b\phi_r - Z_s) + \dfrac{1}{2} C_{pv}(\dot{Z}_r + b\dot{\phi}_r - \dot{Z}_s) \end{cases} \tag{7-1}$$

式中，Z_r、ϕ_r、Z_s 分别为钢轨垂向位移、扭转位移、浮置板垂向位移。若采用分数阶导数 PT 模型，则钢轨支反力需要重新推导。

首先，以单自由度体系(SDOF)为例进行推导，分数阶导数 PT 模型荷载与位移的关系见式(7-2)，然后将单自由度位移替换为钢轨位移。

$$F_{\mathrm{FDPT}}(t) + \tau^\gamma \dfrac{\mathrm{d}^\gamma}{\mathrm{d}t^\gamma} F_{\mathrm{FDPT}}(t) = K_0 x_{\mathrm{SDOF}} + K_\infty \tau^\gamma \dfrac{\mathrm{d}^\gamma}{\mathrm{d}t^\gamma} x_{\mathrm{SDOF}} \tag{7-2}$$

式中，F_{FDPT} 为单自由度的分数阶 PT 模型力；x_{SDOF} 为单自由度动态位移。应用适用于数值计算的 Grünwaild-Letnikov 分数阶微分方程进行推导，式(7-2)可推导为

$$\begin{cases} \tau^\gamma \dfrac{\mathrm{d}^\gamma}{\mathrm{d}t^\gamma} F_{\mathrm{FDPT}}(t) = (\Delta t)^{-\gamma} \displaystyle\sum_{m=0}^{N_{ve}-1} A_{m+1} F_{\mathrm{FDPT}}(t - m\Delta t) = (\Delta t)^{-\gamma} F_{\mathrm{FDPT}}(t) + (\Delta t)^{-\gamma} \displaystyle\sum_{m=1}^{N_{ve}-1} A_{m+1} F_{\mathrm{FDPT}}(t - m\Delta t) \\[4mm] \tau^\gamma \dfrac{\mathrm{d}^\gamma}{\mathrm{d}t^\gamma} x_{\mathrm{SDOF}}(x_i, t) = (\Delta t)^{-\gamma} \displaystyle\sum_{m=0}^{N_{ve}-1} A_{m+1} x_{\mathrm{SDOF}}(x_i, t - m\Delta t) = (\Delta t)^{-\gamma} x_{\mathrm{SDOF}}(x_i, t) + (\Delta t)^{-\gamma} \displaystyle\sum_{m=1}^{N_{ve}-1} A_{m+1} x_{\mathrm{SDOF}}(x_i, t - m\Delta t) \end{cases}$$

$$\tag{7-3}$$

$$N_{ve} = \dfrac{t - a}{\Delta t}, \quad a < t \tag{7-4}$$

式中，τ 为松弛时间；γ 为分数阶导数；Δt 为时间步长(一般为 $10^{-6} \sim 10^{-5}$)；N_{ve} 为过去积分步长个数(见式(7-4))；A_m 为第 m 个 Grünwald-Letnikov 系数，定义如下：

$$A_{m+1} = \dfrac{\Gamma(m - \gamma)}{\Gamma(-\gamma)\Gamma(m+1)} = \left(1 - \dfrac{\gamma+1}{m}\right) \dfrac{\Gamma(m-1-\gamma)}{\Gamma(-\gamma)\Gamma(m)} = \left(1 - \dfrac{\gamma+1}{m}\right) A_m, \quad A_1 = 1 \tag{7-5}$$

从式(7-3)~式(7-5)中可以看出，分数阶导数 PT 模型的黏弹性力取决于荷载历史。进一步将式(7-3)代入式(7-2)可化简为

$$F_{\mathrm{FDPT}}(t) = G_1 x_{\mathrm{SDOF}}(t) + G_2 \sum_{m=1}^{N_{ve}-1} A_{m+1} x_{\mathrm{SDOF}}(t - m\Delta t) - G_3 \sum_{m=1}^{N_{ve}-1} A_{m+1} F_{\mathrm{FDPT}}(t - m\Delta t) \tag{7-6}$$

其中，G_1、G_2、G_3 分别为

$$\begin{cases} G_1 = \dfrac{K_0(P) + \left[K_0(P) + K_1(P)\right] \tau^\gamma (\Delta t)^{-\gamma}}{1 + \tau^\gamma (\Delta t)^{-\gamma}} \\[5mm] G_2 = \dfrac{\left[K_0(P) + K_1(P)\right] \tau^\gamma (\Delta t)^{-\gamma}}{1 + \tau^\gamma (\Delta t)^{-\gamma}} \\[5mm] G_3 = \dfrac{\tau^\gamma (\Delta t)^{-\gamma}}{1 + \tau^\gamma (\Delta t)^{-\gamma}} \end{cases} \tag{7-7}$$

式中，K_0、K_1 为第 4 章中分数阶导数 PT 模型的拟合参数。基于此，分数阶导数 PT 模型表征的扣件支承力为

$$
\begin{cases}
F_{V1i} = \dfrac{1}{2}\left(G_1(Z_r(t) - b\phi_r(t) - Z_s(t)) + G_2 \sum_{m=1}^{N_{\text{tot}}-1} A_{m+1}(Z_r(t-m\Delta t) - b\phi_r(t-m\Delta t) - Z_s(t-m\Delta t)) - G_3 \sum_{m=1}^{N_{\text{tot}}-1} A_{m+1} F_{V1i}(t-m\Delta t) \right) \\[2mm]
F_{V2i} = \dfrac{1}{2}\left(G_1(Z_r(t) + b\phi_r(t) - Z_s(t)) + G_2 \sum_{m=1}^{N_{\text{tot}}-1} A_{m+1}(Z_r(t-m\Delta t) + b\phi_r(t-m\Delta t) - Z_s(t-m\Delta t)) - G_3 \sum_{m=1}^{N_{\text{tot}}-1} A_{m+1} F_{V2i}(t-m\Delta t) \right)
\end{cases}
$$

$$(7\text{-}8)$$

浮置板弹性元件垂向支承力与上述方法一致，仅需将扣件弹性元件分数阶导数 PT 模型的拟合参数替换为浮置板弹性元件分数阶导数 PT 模型的拟合参数即可，这里不再赘述。

7.2.2　基于 Simulink-Simpack 联合仿真的车辆-轨道空间刚柔耦合动力学模型

Simpack 软件是针对机械/机电系统运动学/动力学仿真分析的多体动力学商业软件，主要应用领域包括汽车工业、铁路工程、航空航天、国防工业等。在铁路模块中，Simpack 软件集成了一些更为精确的模型，如 J.J. Kalker 和 E. Vollebregt 教授开发的轨轮接触 Contact 模型等。然而，目前 Simpack 软件尚未集成高聚物弹性元件载/频变非线性动刚度的理论表征模型。因此，为了能在 Simpack 软件铁路模块中准确仿真计算高聚物弹性元件载/频变动刚度影响下的轮轨耦合系统振动响应，下面首先介绍分数阶导数 PT 模型在 Simulink 模块化建模软件中的构造方法，然后在编译成 Simpack 可识别的力元模型的基础上，再将其引入 Simpack 软件建立的车辆-轨道空间刚柔耦合动力学模型中。

1. 分数阶导数 PT 模型力元开发与编译

Simpack 与 Simulink 支持的联合仿真方法主要包括 MatSIM 和 SIMAT 两种，这两种方法均基于进程间通信(inter-process communication，IPC)接口实现，可在联合仿真软件之间进行每一积分时刻的数据传输。这一接口可将联合仿真中的配置参数(如积分方法、积分步长等)通过 Simpack 或其他联合仿真软件定义。这种联合仿真的方法使 Simpack 模型可直接利用 Simulink 设计的复杂控制机制以及力学本构模型。其中，MatSIM 方法是利用 Simulink 编码器导出二进制 Simulink 模型，然后应用 VS 编译器编译成 Simpack 执行的代码(即后缀名是 ".matsim" 的文件)，从而实现联合仿真的功能，建模流程如图 7.18(a)所示。SIMAT 方法则是将 Simpack 软件中的计算信息通过接口实时传递给 Simulink，经过计算后再将结果输入 Simpack 模型中，计算流程如图 7.18(b)所示。两种方法中，MatSIM 方法更适合本构清晰、稳定性强、批量使用的情况，它是将 Simulink 中构建的模型通过

编译生成 Simpack 可识别的代码,从而在 Simpack 求解器中进行计算。SIMAT 方法更适合于复杂控制系统或复杂本构模型单一应用的情况,是将 Simpack 中每一时刻的结果进行输出,通过 Simulink 模块计算后再返回给 Simpack 模型中,为下一积分时刻提供输入参量。总之,无论上述哪种方法,都可以为科研人员开展整体模型和局部模型的交互研究提供帮助。

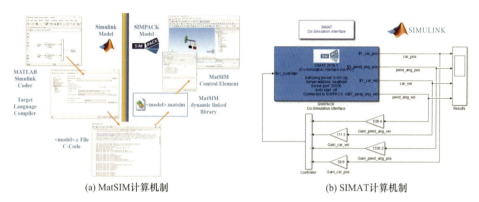

(a) MatSIM计算机制   (b) SIMAT计算机制

图 7.18   Simpack-Simulink 联合仿真方法

下面将在 Simulink 中采用模块化构建思路,根据式(7-6)建立分数阶导数 PT 模型,如图 7.19 所示。这里以扣件弹性元件为例进行模型构建过程说明,其中,Input_Displacement 代表上一积分步扣件位置处钢轨的垂向振动位移,Input_Force 代表上一积分步扣件位置处的垂向支承力,Out_Force 代表当前积分步扣件位置处的垂向支承力。由式(7-6)可以看出,该计算公式其实由三部分组成,其中

$G_1 x_{\text{SDOF}}(t)$、 $G_2 \sum_{m=1}^{N_{ve}-1} A_{m+1} x\text{SDOF}(t - m\Delta t)$、 $G_3 \sum_{m=1}^{N_{ve}-1} A_{m+1} F_{\text{FDPT}}(t - m\Delta t)$ 分别对应

图 7.19(a)中的 Product1、Product2、Product3。另外,在图 7.19(a)中,Kw$_1$ 模块的 f(u) 函数代表弹性元件非线性载变刚度特征,即式(4-14);Kw$_2$ 模块的 f(u)函数代表动态载/频变刚度特征,即式(4-15)和式(4-16)。分数阶导数 PT 模型中 G1、G2、G3 由式 (7-7) 确定,三个系数的建模流程如图 7.19(b)~(d)所示。其中,FD_Constant 为式(7-7)中的 $\tau^{\gamma}(\Delta t)^{-\gamma}$。Delay_Displacement 和 Delay_Force 采用 Delay 延迟模块提取了 160 步前置积分步的位移和荷载结果,并通过与其对应的第 m 个 Grünwald-Letnikov 系数相乘,再求得 160 步结果的和,流程如图 7.19(e)所示。模型建立完成后,设置模型配置参数,选择 C++语言对模型进行编译,在生成文件配置中选择模板生成文件为 Matsim_tmf 类型,主命令选择 make_rtw,然后创建模块即可生成分数阶导数 PT 模型的 MatSIM 文件。

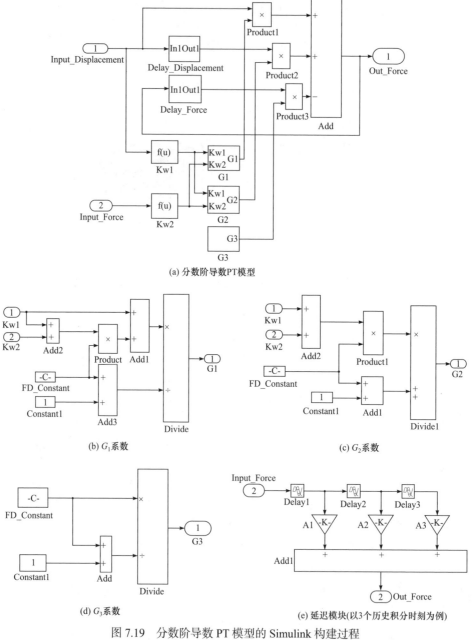

(a) 分数阶导数PT模型

(b) G_1系数

(c) G_2系数

(d) G_3系数

(e) 延迟模块(以3个历史积分时刻为例)

图 7.19　分数阶导数 PT 模型的 Simulink 构建过程

2. 基于分数阶导数 PT 模型的车辆-浮置板轨道空间刚柔耦合动力学模型

车辆-隔离式减振垫浮置板轨道空间刚柔耦合动力学模型由车辆多刚体动力学模型和浮置板轨道柔性体动力学模型(其中包括轨道弹性元件的分数阶导数 PT

模型)组成，具体的构建流程如图 7.20 所示。

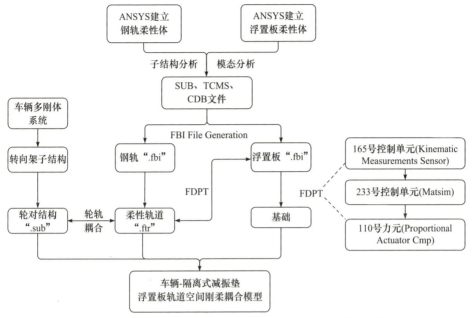

图 7.20　车辆-隔离式减振垫浮置板轨道空间刚柔耦合动力学模型的构建流程图

1) 车辆多刚体系统

与自编程车辆系统模型的处理方式一致，这里同样将车辆、转向架以及轮对考虑为刚体，通过一系悬挂、二系悬挂、阻尼减振器等部件进行连接。建模时首先建立车辆的转向架模型，然后通过子模型调用方式，构建车辆多刚体系统动力学模型。车辆的转向架主要由轮对、构架、悬挂弹簧等组成，轮对与构架之间主要通过一系悬挂弹簧连接，构架与车体之间主要通过二系悬挂弹簧连接。在建立轮对和构架的刚体动力学模型之后，首先需要建立一个虚体(质量极小且不参与动力学计算的物体)来代替车体，便于后期建立整车模型时通过改变虚体的铰接来实现转向架与车体之间的连接。其中，一系、二系悬挂系统和抗扭转系统分别采用 5 号力元(Spring-damper Parallel Cmp)和 43 号力元(Bushing Cmp)模拟。车辆多刚体动力学模型如图 7.21 所示。

图 7.21　车辆多刚体动力学模型

2) 隔离式减振垫浮置板轨道柔性体系统

Simpack 软件中的 Flexible 模块提供了一种将柔性体引入机械多刚体动力系统模型的方法。柔性体可通过有限元软件(包括 ANSYS、Abaqus、Nastran 等)进行建立。在建立柔性体模型后，再应用有限元动力子结构技术对其进行分析，输出 3 个必要的信息文件：sub、tcms 及 cdb。其中，sub 文件包含结构的质量矩阵和刚度矩阵信息，tcms 文件包含结构的模态信息，cdb 文件是结构的几何外形信息。进一步通过 Simpack 软件的接口程序(FBI File Generation)，将上述 3 个信息文件转换成 Simpack 软件可识别的柔性体文件 fbi，然后便可在多刚体系统中生成各构件的柔性体模型。

这里采用 ANSYS 有限元软件建立的钢轨、浮置板和轨下基础结构板模型，并通过 Simpack 的接口程序(FBI File Generation)将其转化为 fbi 文件。柔性钢轨采用 Beam 44 单元建立，纵向上网格尺寸为 0.05m，并在间隔 0.6m 位置处保留主节点，为后续与浮置板轨道连接提供节点，如图 7.22(a)所示。生成柔性钢轨 fbi 文件后，为了通过力元连接钢轨节点和下部结构柔性体上的节点，实现钢轨与浮置板轨道的耦合，需要利用柔性轨道 Flextrack(ftr)模块。柔性轨道 ftr 文件可多次调用柔性钢轨 fbi 文件，可定义柔性钢轨的空间位置、调用节点信息、创建弹簧阻尼力元等。在模拟列车跑动过程中，轮轨接触点将会在 ftr 模块所建轨道上移动，轨道断面将根据移动的轮轨接触荷载而发生柔性变形。同理，浮置板建模流程如上所述，同样在有限元模型的基础上，在每个扣件位置处保留主节点提供力元连接，柔性浮置板模型如图 7.22(b)所示。柔性轨道 ftr 文件与柔性钢轨、柔性浮置板和柔性轨下基础结构的 fbi 文件需要保存至 Simpack 模型的统一路径下方可调用。

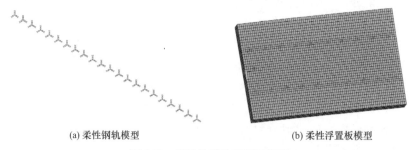

(a) 柔性钢轨模型　　　　　　　　　　　　(b) 柔性浮置板模型

图 7.22　柔性轨道的有限元模型

3) 轨道弹性元件

轨道弹性元件均采用 110 号力元(Proportional Actuator Cmp)模拟，该力元由 233 号控制单元(MatSim)决策支承力的大小。233 号单元就是前面通过 Simulink 建立并编译的分数阶 PT 模型，该单元需要由动态位移和动态支承力信息驱动。另外，采用 165 号控制单元(Kinematic Measurements Sensor)来测量钢轨距离浮置板的相对位移以及浮置板的绝对位移，为 233 号单元提供输入信息。

7.2.3　两类仿真模型的对比验证

对比验证是检验计算机仿真技术可靠性的重要环节，也是仿真模型应用于理论分析的基本前提，为了验证自编程方法中基于分数阶导数 PT 模型的车辆-轨道空间耦合动力学模型和基于 Simulink-Simpack 联合仿真的车辆-轨道空间刚柔耦合动力学模型的正确性，本节首先验证谐波不平顺激励下的轮轨耦合动力响应，然后在此基础上进一步对比分析两种仿真模型中扣件弹性元件的 KV 模型与分数阶导数 PT 模型对轮轨耦合动力响应的影响特征。

1. 轮轨耦合动力响应的对比验证

首先，以运营速度 100km/h 的地铁 A 型车为例，分别仿真计算垂向和横向谐波不平顺的轮轨系统动力响应。当采用波长 20m、幅值 15mm 的垂向谐波不平顺时，两类仿真模型的轮轨垂向力、车体和车轮垂向振动加速度时域响应如图 7.23 所示；当采用波长 20m、幅值 6mm 的横向谐波不平顺时，车轮横向力、车轮横向位移和车体横向位移如图 7.24 所示。

由图 7.23 可以看出，在垂向谐波不平顺条件下，自编程算法计算得到的轮轨

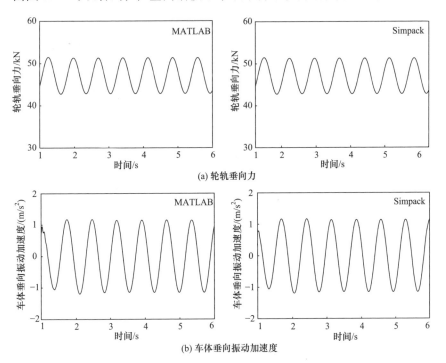

(a) 轮轨垂向力

(b) 车体垂向振动加速度

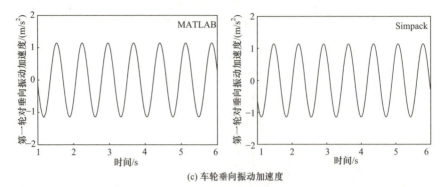

(c) 车轮垂向振动加速度

图 7.23   波长 20m 且幅值 15mm 的垂直谐波激励下轮轨耦合垂向振动响应

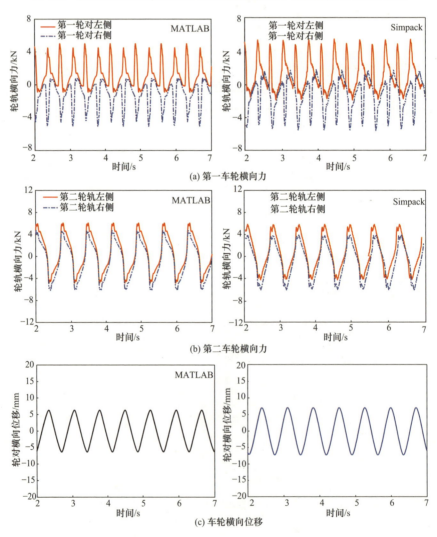

(a) 第一车轮横向力

(b) 第二车轮横向力

(c) 车轮横向位移

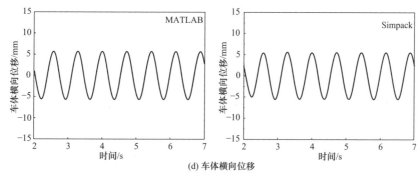

图 7.24　波长 20m 且幅值 6mm 的横向谐波激励下轮轨耦合横向振动响应

垂向力的最大值为 51.29kN, 车体和车轮垂向振动加速度的最大值分别为 1.17m/s^2 和 1.14m/s^2; 联合仿真模型计算得到的轮轨垂向力的最大值为 51.31kN, 车体和车轮垂向振动加速度的最大值分别为 1.15m/s^2 和 1.13m/s^2。另外, 从图 7.24 可以看出, 在横向谐波不平顺条件下, 自编程计算得到的第一轮对左侧和右侧轮轨横向力最大值分别为 5.02kN 和-5.02kN, 第二轮对左侧和右侧轮轨横向力分别为 6.11kN 和-6.11kN, 车轮横向位移最大值为 6.6mm, 车体横向位移最大值为 5.67mm; 联合仿真模型计算得到的第一轮对左侧和右侧轮轨横向力最大值分别为 5.49kN 和 -5.49kN, 第二轮对左侧和右侧轮轨横向力最大值分别为 5.90kN 和-5.90kN, 车轮横向位移最大值为 6.3mm, 车体横向位移最大值为 5.47mm。由此可见, 两种模型在各动力指标时程曲线的变化趋势及量值吻合度较好。

2. 分数阶导数 PT 模型影响特征的对比验证

为了证明两类仿真方法模拟扣件弹性元件分数阶导数 PT 模型的一致性, 下面以速度 250km/h 的 CRH 380 车以及波长 0.1～30m 的中国高速铁路无砟轨道不平顺谱为例, 应用该两类仿真模型计算 SFC 扣件弹性元件 KV 模型和分数阶导数 PT 模型的轮轨耦合动力响应, 如图 7.25 所示。其中, SFC 扣件弹性元件的载/频变非线性动刚度按照 4.2.3 节的方法进行测试与表征。KV 模型的刚度和阻尼系数分别为 36.6kN/mm 和 291.4kN·s/m。分数阶导数 PT 模型中式(4-14)的拟合参数分别是 $b_0 = 6.1$, $b_1 = 29.6$, $b_2 = -23.2$, $b_3 = 7.3$, 并且式(4-15)和式(4-16)的拟合参数分别是 $P_r = 20\text{kN}$, $K_1' = 69.25\text{kN/mm}$, $\lambda = 0.28$, $\tau = 6\times10^{-8}\text{s}$ 和 $\gamma = 0.25$。

由图 7.25(a)和(b)可以看出, 在两类仿真方法中扣件弹性元件采用 KV 模型或分数阶导数 PT 模型计算时, 时域轮轨垂向力与扣件垂向力的变化较小, 其中分数阶导数 PT 模型的结果略大, 但与 KV 模型计算结果相差均不超过 5%。然而从图 7.25(c)可以看出, 分数阶导数 PT 模型对时域钢轨垂向振动加速度响应的影响较大, 自编程方法(联合仿真方法)中采用分数阶导数 PT 模型时钢轨垂向时域振动加速度最大值为 $100.8\text{m/s}^2(103.4\text{m/s}^2)$, 是 KV 模型的钢轨垂向时域振动加速度最

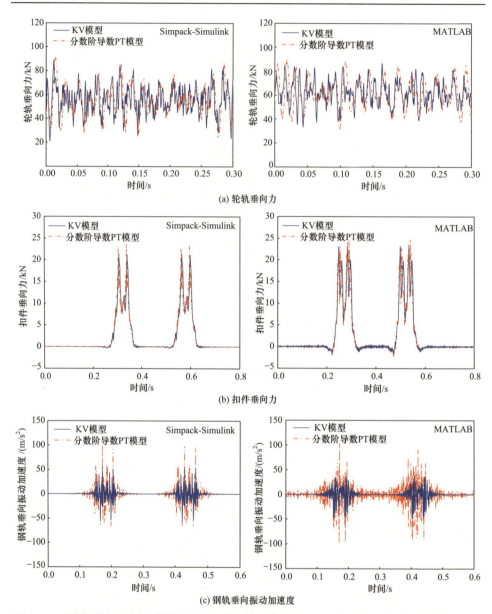

(a) 轮轨垂向力

(b) 扣件垂向力

(c) 钢轨垂向振动加速度

图 7.25　两类仿真方法中扣件弹性元件 KV 模型与分数阶导数 PT 模型的轮轨耦合时域振动响应

大值 $55.5\text{m/s}^2(47.8\text{m/s}^2)$ 约 1.82 倍(2.16 倍)。另外,从图 7.26 的频域结果可以看出,在两类仿真方法中,KV 模型与分数阶导数 PT 模型对轮轨耦合频域振动响应的影响基本一致,主要体现在轮轨一阶固有频率以及 1/3 倍频程中心频率 100Hz 以上的频段。在自编程方法(联合仿真方法)中,当扣件弹性元件采用分数阶导数 PT 模型时钢轨垂向最大分频振动加速度级提高了 10.4dB(11.4dB),轮轨垂向力主频 1/3

倍频程中心频率 63Hz 处的幅值提高了 2.8kN(3.5kN)，扣件力在轮轨垂向力主频处同样提高了 0.24kN(0.31kN)。由此可见，MATLAB 自编程方法与 Simulink-Simpack 联合仿真方法在应用扣件弹性元件的 KV 模型与分数阶导数 PT 模型时的计算结果基本一致，再次证明了两类仿真方法的准确性。

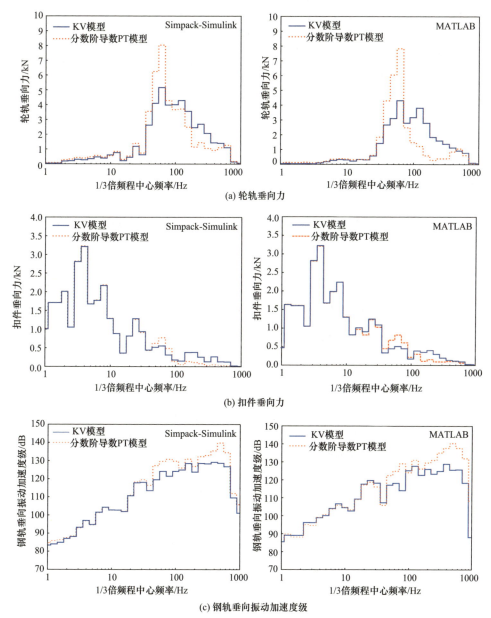

(a) 轮轨垂向力

(b) 扣件垂向力

(c) 钢轨垂向振动加速度级

图 7.26　两类仿真方法中扣件弹性元件 KV 模型与分数阶导数 PT 模型的轮轨耦合频域振动响应

7.3　高聚物弹性元件载/频变非线性动刚度的科学设计方法

在掌握轨道高聚物弹性元件载/频变非线性动刚度特征及其对轮轨系统动力响应重要影响的基础上,针对具体工程如何实现轨道高聚物弹性元件载/频变非线性动刚度的科学设计是一项具有重要工程指导价值的问题。在完成这个目标之前,首先需要解答三个方面的问题:其一是轨道高聚物弹性元件动刚度传统设计方法(即轨道弹性元件服役荷载范围内低频 3~5Hz 的常量割线刚度设计方法)的不足之处及其设计误差程度如何;其二是轨道高聚物弹性元件载/频变非线性动刚度(即变量刚度)的理论表征烦琐,直接用于工程设计的难度较大,能否找到等效的常量刚度来进行工程设计;其三是在高聚物弹性元件减振刚度设计中,常常以插入损失为设计目标,但是高聚物弹性元件减振轨道插入损失不仅与弹性元件载/频变非线性动刚度有关,还与轨道不平顺(含车轮不圆顺)、轨下基础结构固有频率有关,因此如何综合考虑弹性元件自身因素之外的其他关键因素来实现高聚物弹性元件减振刚度的科学设计也是一个重要问题。鉴于此,本节将从安全(主要是轨道位移)与减振(主要是插入损失,注意国外轨道插入损失的计算评价方法与我国不同,详见附录 III)两个角度,综合考虑高聚物弹性元件载/频变非线性动刚度、轨道不平顺(含车轮不圆顺)和轨下基础结构的固有频率等因素,研究提出轨道高聚物弹性元件载/频变非线性动刚度的科学设计方法,并将在 7.4 节对其进行实验验证。

7.3.1　高聚物弹性元件动刚度传统设计方法的误差分析

在轨道高聚物弹性元件动刚度安全性与减振性设计的车辆-轨道耦合动力学计算中,首先需要选择合理的轨道不平顺。为了后续研究轨道不平顺选取的一致性,这里首先介绍轨道高聚物弹性元件刚度设计中轨道不平顺的选取方法,然后在此基础上应用 7.2 节提出的基于分数阶导数 PT 模型的车辆-轨道空间耦合动力学模型,分别计算高聚物弹性元件的传统 4Hz 割线常量刚度与其真实载/频变非线性动刚度(即变量刚度)情况下轨道垂向位移等安全性指标和轨道系统垂向振动加速度级等减振性指标,用于对比分析轨道高聚物弹性元件动刚度传统设计误差的主要指标及其误差程度。

1. 轨道不平顺的选取方法

轨道不平顺是轮轨系统振动的主要激扰来源,按照不平顺波长可划分为长波不平顺(车速 160km/h 以下波长范围普遍是 1.5~42m)与短波不平顺(通常为 1.5m 以下)。目前,常采用的轨道长波不平顺主要包括美国五级谱、美国六级谱、德国高干扰谱、德国低干扰谱、中国高速谱和中国三大干线谱等;而常采用的短波不平顺谱主要包括中国铁道科学研究院实测短波谱(铁科院短波谱)和基于车外噪声限值制定的轮轨粗糙度谱的国际标准(ISO 3095: 2013)。下面仅以轨道高低不平顺为例，图 7.27 给出了上述轨道不平顺谱线。

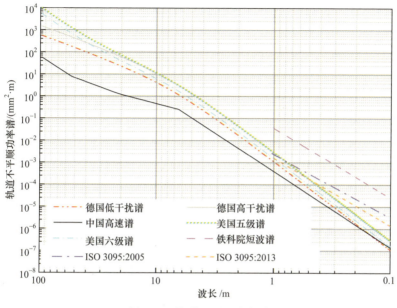

图 7.27 轨道不平顺功率谱

为了保证所选用轨道不平顺谱线与现场轨道平顺性管理状态基本保持一致，应该首先在轨道质量指数(track quality index，TQI)上保持一致。目前我国地铁主要按照我国《普速铁路线路修理规则》(TG/GW 102—2019)中规定的轨道质量指数管理值(表 7.12)对已开通运营的地铁线路进行分速度等级的日常管理，其中包括七个单项指标(左右高低、左右轨向、轨距、水平、三角坑)与一个总项指标(TQI值)，具体的计算方法见式(7-9)和式(7-10)。另外，针对地铁新线的轨道动态几何不平顺的验收标准，交通运输部办公厅在 2019 年发布了《城市轨道交通初期运营前安全评估技术规范 第 1 部分：地铁和轻轨》，其中规定速度 160km/h 以内的城市轨道交通线路在正式运营前的安全评估中，TQI 限值为 9.0。与之类似，北京市《城市轨道交通工程动态验收技术规范》(DB11/T 1714—2020)同样提出了 TQI 限值不超过 9.0 的要求。

表 7.12　TG/GW 102—2019 轨道质量指数管理值　　(单位：mm)

速度等级	左高低	右高低	左轨向	右轨向	轨距	水平	三角坑	TQI 值
$v \leqslant 80$km/h	2.2~2.5	2.2~2.5	1.8~2.2	1.8~2.2	1.4~1.6	1.7~1.9	1.9~2.1	13.0~15.0

续表

速度等级	左高低	右高低	左轨向	右轨向	轨距	水平	三角坑	TQI 值
$80 < v \leqslant 120\text{km/h}$	1.8～2.2	1.8～2.2	1.4～1.9	1.4～1.9	1.3～1.4	1.6～1.7	1.7～1.9	11.0～13.0
$120 < v \leqslant 160\text{km/h}$	1.5～1.8	1.5～1.8	1.1～1.4	1.1～1.4	1.1～1.3	1.3～1.6	1.4～1.7	9.0～11.0
$v > 160\text{km/h}$	1.1～1.5	1.1～1.5	0.9～1.1	0.9～1.1	0.9～1.1	1.1～1.3	1～1.4	7.0～9.0

$$\text{TQI} = \sum_{i=1}^{7} \sigma_i \tag{7-9}$$

$$\sigma_i = \sqrt{\frac{1}{n}\sum_{j=1}^{n} x_{ij}^2 - \left(\frac{1}{n}\sum_{j=1}^{n} x_{ij}\right)^2} \tag{7-10}$$

式中，σ_i 为各项集合偏差的标准差，$i = 1, 2, \cdots, 7$，分别代表左高低、右高低、左轨向、右轨向、轨距、水平和三角坑；x_{ij} 为在 200m 单元区段中各项集合偏差的幅值，$j = 1, 2, \cdots, 7$；n 为采样点个数(即每 200m 一个单元区段，单元区段中每隔 0.25m 采集一个点，$n = 800$)。此外，采用 3m 的基长计算三角坑指标。

下面首先将图 7.27 中常用轨道不平顺谱(波长范围 1.5～42m)反演生成 2000m 的轨道不平顺时域样本(即 10 个计算单元区段)，然后根据式(7-9)和式(7-10) 轨道质量指数的计算方法，分别计算不同轨道不平顺谱情况下的分项指标与 TQI 值，如表 7.13 所示。

表 7.13　常用轨道不平顺谱的 TQI 分项值与总值　　　(单位：mm)

轨道不平顺	左高低	右高低	左轨向	右轨向	轨距	水平	三角坑	TQI
规范要求 (120～160km/h)	1.5～1.8	1.5～1.8	1.1～1.4	1.1～1.4	1.1～1.3	1.3～1.6	1.4～1.7	9.0～11.0
美国五级谱	3.2～4.7	3.1～4.7	2.8～5.0	2.6～5.0	1.7～2.9	1.7～2.8	1.2～1.8	19.1～24.2
美国六级谱	2.1～3.6	2.3～3.6	2.0～3.4	2.2～3.5	1.3～2.3	1.6～2.0	1.0～1.9	14.0～20.3
德国高干扰谱	2.6～4.8	2.6～4.8	2.0～3.0	2.0～3.0	0.4～0.7	1.8～3.0	0.3～0.5	10.0～17.7
德国低干扰谱	1.8～2.4	1.8～2.4	1.3～2.0	1.3～2.0	0.4～0.5	1.2～1.7	0.3～0.4	8.1～10.5
中国高速谱	0.5～0.6	0.5～0.7	0.5～0.6	0.4～0.7	0.3～0.5	0.4～0.6	0.3～0.4	3.0～4.0

若以设计速度 160km/h 的城市轨道交通市域快线为例，从表 7.13 中可以看出，美国五级谱、美国六级谱无论是单项指标还是 TQI 指标，其最小值均远超出我国该速度级线路轨道不平顺的管理要求；德国高干扰谱仅在轨距、三角坑两项指标上没有超出限值，其他单项指标与 TQI 的最大值同样超出管理要求；德国低干扰谱在轨距、三角坑两项指标上同德国高干扰谱基本保持一致，但其左右高低、左

右轨向指标上略超管理要求；中国高速谱是目前轨道不平顺状态最好的谱线，无论是单项指标还是 TQI 值均远小于管理要求。综合对比单项指标与 TQI 值，德国低干扰谱是可用于我国设计速度 160km/h 城市轨道交通市域快线动力设计的仿真谱线。

值得注意的是，这里之所以只能给出轨道长波不平顺(波长 1.5~42m)的选取方法，是因为我国铁路尚未形成统一的轨道短波不平顺(波长 1.5m 以下)管理标准。但是，城市轨道交通又比较关注轨道短波不平顺(特别是轮轨表面的粗糙度)引起的环境振动噪声问题，因此在城市轨道交通减振降噪设计计算中需要输入短波不平顺激励。目前，常用轮轨粗糙度谱国际标准(ISO 3095: 2013)和中国铁道科学研究院实测的轨道短波不平顺谱来分别代表地铁运营初期和后期恶化的短波不平顺激励。另外，也可以在车轮振动速度或加速度的实测与仿真结果对比研究的基础上，通过在国际标准短波谱线与中国铁道科学研究院短波谱线间的插值来反演现场短波谱线。

2. 轨道高聚物弹性元件刚度传统设计的误差分析

目前，轨道高聚物弹性元件在设计阶段仅采用 4Hz 割线常量刚度对其进行安全性与减振性设计，然而由于 4Hz 割线常量刚度无法准确反映高聚物弹性元件轨道系统的真实固有频率，所以势必会影响高聚物弹性元件轨道减振效果(即插入损失)的预测精度。鉴于此，本小节采用分数阶导数 PT 模型的车辆-轨道空间耦合动力学模型依次计算分析扣件弹性元件、浮置板弹性元件 4Hz 割线常量刚度与其真实载/频变非线性动刚度对安全性与减振性指标的影响，明确传统 4Hz 割线常量刚度设计方法的误差指标及其误差程度。

1) 扣件弹性元件

本节以 SFC 扣件弹性元件为例，并暂时假设浮置板弹性元件为常量刚度 0.025N/mm³，分别在满车载与空车载时计算 SFC 扣件弹性元件的 4Hz 割线常量刚度(即 KV 模型的常量刚度和阻尼系数分别为 36.6kN/mm 和 291.4kN·s/mm)与真实载/频变非线性动刚度(分数阶导数 PT 模型的参数见 7.2.3 节第二部分)对轮轨系统动力响应的影响。另外，本算例模拟的地铁运营条件是刚开通运营不久的速度 160km/h 的市域快线，所以这里选用德国低干扰谱(波长 1.5~42m)和轮轨粗糙度谱 ISO 3095:2013(波长 1.5m 以下)组合的轨道不平顺谱。

(1) 钢轨垂向位移。

在满车载与空车载情况下，隔离式减振垫浮置板轨道系统中钢轨垂向位移的计算结果如图 7.28 所示。从图 7.28 可以看出，扣件弹性元件采用 4Hz 割线常量刚度与真实载/频变非线性动刚度计算的满车载(空车载)钢轨垂向位移分别为

2.0mm(1.25mm)和 2.0mm(1.4mm)。显然,在满车载工况下,两种刚度的计算结果一致;而在空车载工况下,4Hz 割线常量刚度的计算结果略小。这是由在空车载与满车载工况下扣件弹性元件的割线常量刚度差异所致,即空车载时扣件弹性元件的割线常量刚度明显小于满车载时扣件弹性元件的割线常量刚度(图 7.29),所以用高估的满车载割线常量刚度一定会把空车载位移算小。不过,总体来看,这个误差并不大,而且按照最不利工况考虑,扣件弹性元件的 4Hz 割线常量刚度能够准确反映其真实载/频变非线性动刚度的最大位移。

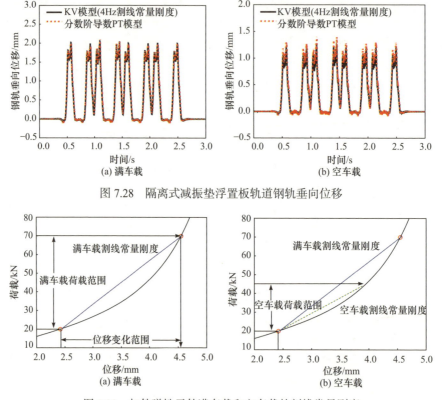

图 7.28 隔离式减振垫浮置板轨道钢轨垂向位移

图 7.29 扣件弹性元件满车载和空车载的割线常量刚度

(2) 轮轨荷载。

在满车载与空车载的情况下,轮轨垂向力和扣件垂向力的时频域结果分别如图 7.30 和 7.31 所示。从图 7.30 的轮轨垂向力和扣件垂向力的时域结果来看,扣件弹性元件的真实载/频变非线性动刚度会导致轮轨荷载振荡加剧,与扣件弹性元件的 4Hz 割线常量刚度相比,满车载与空车载的时域最大轮轨垂向力分别增加了 18.4kN 和 7.8kN,同时时域扣件垂向力分别增加 3.4kN 和 2.3kN。另外,从图 7.31 的轮轨垂向力和扣件垂向力的频域结果来看,在满车载和空车载时,扣件弹性元件的真实载/频变非线性动刚度会显著提高轮轨一阶固有频率附近(1/3 倍频程中心频率 40～125Hz)的分频荷载大小,其中最大分频荷载的增幅可高达 2 倍;此外,在满车载时,与 4Hz 割线常量刚度相比,轮轨垂向力的主频带还会提高一个中心频带,即从 1/3 倍频程中心频率 63Hz 提高至 80Hz。

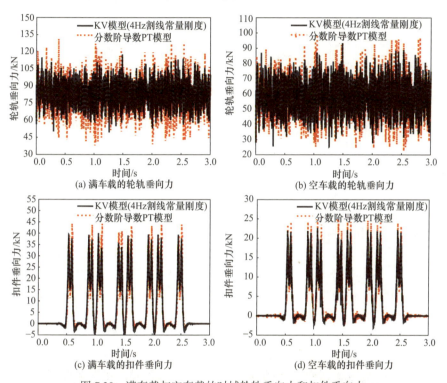

图 7.30　满车载与空车载的时域轮轨垂向力和扣件垂向力

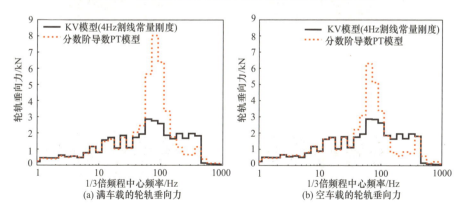

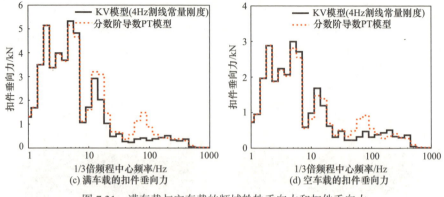

图 7.31　满车载与空车载的频域轮轨垂向力和扣件垂向力

(3) 轨道振动加速度。

在满车载与空车载工况下，钢轨、浮置板和轨下基础的垂向振动加速度的时频域计算结果分别如图 7.32 和图 7.33 所示。从图 7.32 和图 7.33 可以看出，不论是在时域内还是在频域内，扣件弹性元件的真实载/频变非线性动刚度对轨道系统振动加速度响应的影响都比较大，特别是对扣件之上的钢轨与扣件之下的浮置板。若以列车满车载情况为例，与扣件弹性元件的 4Hz 割线常量刚度相比，扣件弹性元件的真实载/频变非线性动刚度将造成时域内钢轨和浮置板垂向振动加速度最大值的增幅为 2.1 倍和 1.1 倍，并且引起 1/3 倍频程中心频率 63～125Hz 范

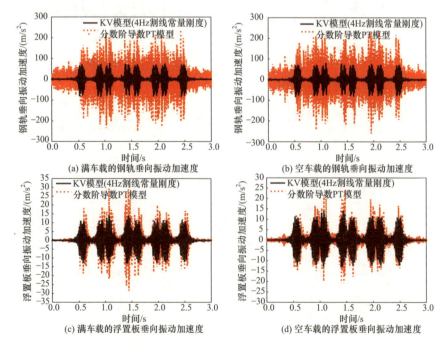

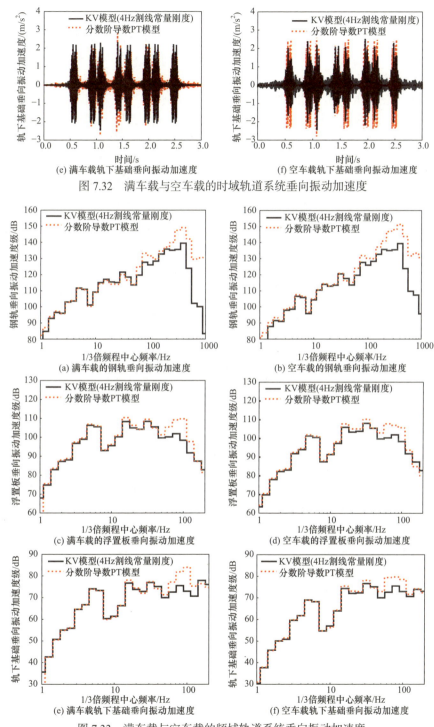

(e) 满车载轨下基础垂向振动加速度

(f) 空车载轨下基础垂向振动加速度

图 7.32 满车载与空车载的时域轨道系统垂向振动加速度

(a) 满车载的钢轨垂向振动加速度

(b) 空车载的钢轨垂向振动加速度

(c) 满车载的浮置板垂向振动加速度

(d) 空车载的浮置板垂向振动加速度

(e) 满车载轨下基础垂向振动加速度

(f) 空车载轨下基础垂向振动加速度

图 7.33 满车载与空车载的频域轨道系统垂向振动加速度

围内钢轨和浮置板垂向振动加速度分频最大振动加速度级的增幅达 10dB 以上。由此可见,当扣件弹性元件采用 4Hz 割线常量刚度计算轨道系统振动加速度响应时,不论是时域内的最大值还是频域内的主频率及其分频响应的误差程度都不容忽视。

综上,表 7.14 给出了本算例中满车载和空车载情况下,扣件弹性元件分别采用 4Hz 割线常量刚度(4Hz 刚度)和真实载/频变非线性动刚度计算得到的轮轨系统动力响应(主要包括钢轨垂向位移、钢轨垂向振动加速度、轮轨垂向力、扣件垂向力、浮置板垂向振动加速度和轨下基础垂向振动加速度等)。从表 7.14 可以看出,在进行时域轨道动态位移以及时域最大荷载等安全性指标的仿真计算时,扣件弹性元件采用传统 4Hz 割线常量刚度(即传统 KV 模型)和真实载/频变非线性动刚度(即分数阶导数 PT 模型)的计算结果基本一致,但是它们计算的时域或频域(特别是中、高频带)振动加速度响应的差异比较显著,尤其是连接扣件两端的钢轨与浮置板的振动加速度响应,因此扣件弹性元件的 4Hz 割线常量刚度的传统设计方法仅适用于安全评价,并不适用于减振评价。

表 7.14　扣件弹性元件 4Hz 割线常量刚度与真实载/频变非线性动刚度的轮轨系统动力学响应

项目	工况			
	满车载		空车载	
扣件弹性元件	4Hz 刚度	载/频变刚度	4Hz 刚度	载/频变刚度
钢轨垂向位移/mm	2.00	1.93	1.25	1.4
轮轨垂向力最大值/kN	117.1	135.5	92.6	100.4
轮轨垂向力主频/Hz	63	80	63	63
轮轨垂向力主频峰值/kN	2.7	8.0	2.8	6.3
扣件垂向力 80Hz 分频荷载	0.42	1.48	0.47	0.97
钢轨垂向振动加速度/(m/s^2)	80.6	247.3	80.2	241.3
钢轨最大分频振动加速度级/dB	139.5	149.2	139.4	151.3
浮置板垂向振动加速度/(m/s^2)	13.9	28.6	14.1	23.9
浮置板 100Hz 分频振动加速度级/dB	98.4	109.8	98.3	105.8
轨下基础 80Hz 分频振动加速度级/dB	75.5	82.0	75.5	79.7
轨下基础 Z 振级/dB	86.3	89.2	85.5	87.4

2) 浮置板弹性元件+扣件弹性元件

下面进一步考虑浮置板 I 型橡胶弹性元件,分别计算隔离式减振垫浮置板轨道弹性元件(包括 SFC 扣件弹性元件和浮置板弹性元件)4Hz 割线常量刚度(其中,I 型橡胶弹性元件 KV 模型的 4Hz 割线常量刚度和阻尼系数分别为 0.023N/mm^3 和 1.83×

10^{-4}N·s/mm³)与真实载/频变非线性动刚度(其中 I 型橡胶弹性元件分数阶导数 PT 模型参数见表4.13 和表4.16)的轮轨动力响应,如图7.34～图7.38 以及表7.15 所示。

　　总体来看,与单纯扣件弹性元件相比,轨道系统弹性元件(即浮置板弹性元件+扣件弹性元件)真实载/频变非线性动刚度对轮轨系统动力响应的影响规律基本一致,只是影响程度更大了而已(注意只有对轨道位移响应的影响程度不大,如图7.34所示)。不论是轮轨荷载,还是轨道系统振动加速度,都有明显的提升,特别是浮置板和轨下基础的振动加速度响应。以满车载为例,与轨道系统弹性元件(单纯扣件弹性元件)4Hz 割线常量刚度相比,轨道系统弹性元件(单纯扣件弹性元件)真实载/频变非线性动刚度使得浮置板分频最大振动加速度级增加约 15dB(10dB),同时会将轨下基础的 Z 振级提高 9.1dB(3dB)。因此,在隔离式减振垫浮置板轨道减振设计中,必须考虑扣件与浮置板弹性元件真实载/频变非线性动刚度的综合影响,两者缺一不可。

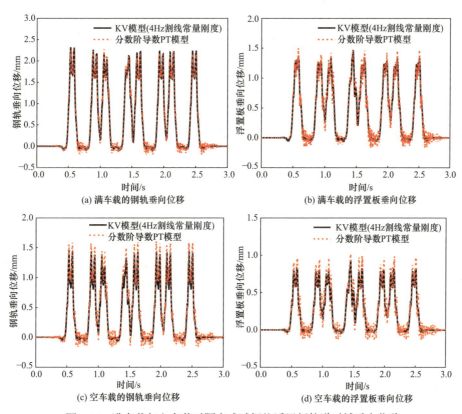

图 7.34　满车载与空车载时隔离式减振垫浮置板轨道时域垂向位移

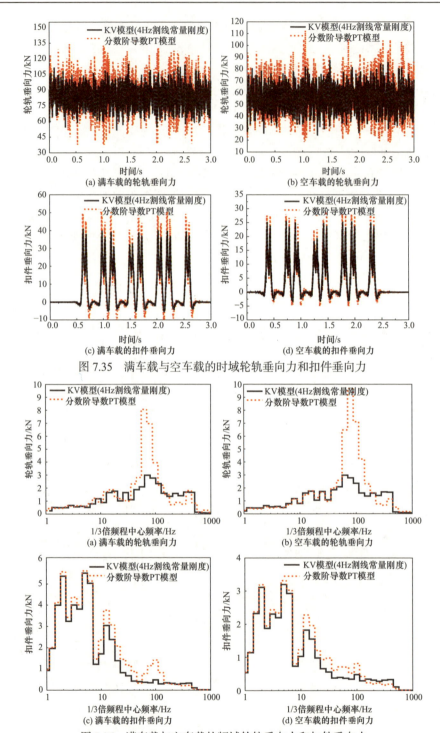

图 7.35　满车载与空车载的时域轮轨垂向力和扣件垂向力

图 7.36　满车载与空车载的频域轮轨垂向力和扣件垂向力

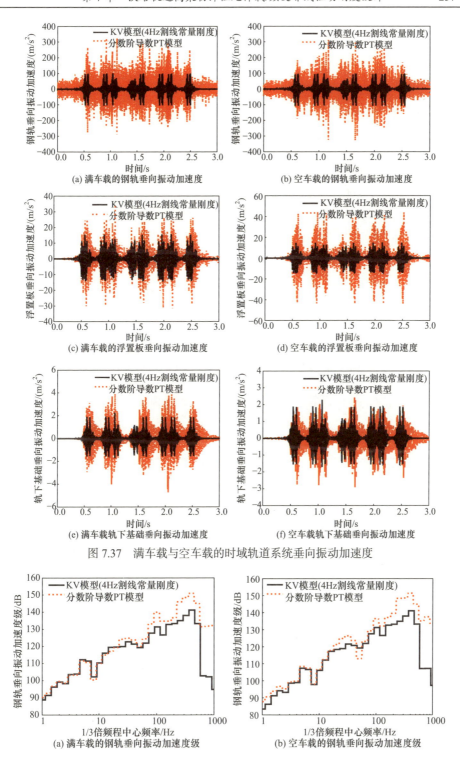

图 7.37　满车载与空车载的时域轨道系统垂向振动加速度

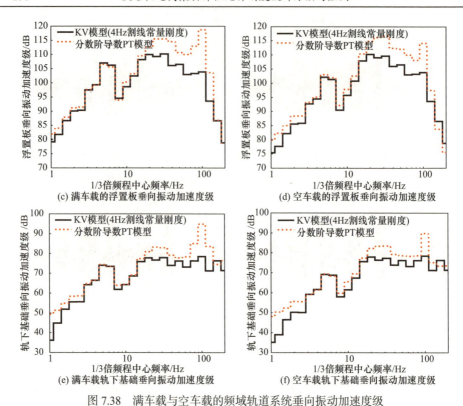

图 7.38　满车载与空车载的频域轨道系统垂向振动加速度级

表 7.15　轨道系统弹性元件 4Hz 割线常量刚度与真实载/频变非线性动刚度的轮轨系统动力学响应

项目	工况			
	满车载		空车载	
轨道系统弹性元件	4Hz 刚度	载/频变刚度	4Hz 刚度	载/频变刚度
钢轨垂向位移/mm	2.31	2.29	1.43	1.60
浮置板垂向位移/mm	1.46	1.50	0.92	1.01
轮轨力最大值/kN	114.6	132.6	87.0	112.3
轮轨力主频/Hz	63	80	63	63
轮轨力主频峰值/kN	3.0	9.7	3.0	8.1
80Hz 处扣件力/kN	0.48	1.42	0.48	0.82
钢轨加速度/(m/s^2)	107	325.3	104.9	324.5
钢轨最大分频振动加速度级/dB	141.1	151.0	141.1	151.5
浮置板加速度/(m/s^2)	14.3	45.4	15.6	34.4
浮置板 100Hz 分频振动加速度级/dB	103.9	118.7	103.8	114.1

续表

项目	工况			
	满车载		空车载	
轨下基础加速度/(m/s²)	2.2	4.5	2.1	2.9
轨下基础 80Hz 分频振动加速度级/dB	78.4	94.3	78.4	89.8
轨下基础 Z 振级/dB	87.3	96.4	86.9	93.3

7.3.2　高聚物弹性元件刚度的科学设计方法

由 7.1 节高聚物弹性元件减振轨道一阶固有频率特征可知，高聚物弹性元件减振轨道一阶固有频率并非一个常量，而应是从无车载固有频率到空车载或满车载固有频率变化的变量。考虑到减振降噪评价主要是针对有车载的情况，应用有车载固有频率对应的弹性元件常量刚度与阻尼来评价高聚物弹性元件轨道的减振效果(插入损失)似乎更加合理。为证明这一点，下面计算空车载与满车载固有频率对应的弹性元件常量刚度与阻尼对轮轨系统动力响应的影响，并与弹性元件真实载/频变非线性动刚度的计算结果进行对比。

1. 扣件弹性元件刚度的科学设计方法

这里仍然暂定浮置板弹性元件刚度为 0.025N/mm³，SFC 扣件弹性元件分别采用满车载和空车载情况下轮轨一阶固有频率对应的切线常量刚度 78.0kN/mm(满车载)、56.1kN/mm(空车载)和阻尼 20.7kN · s/mm(满车载)、19.1kN · s/mm(空车载)，来计算轮轨系统动力响应，并与 SFC 扣件弹性元件真实载/频变非线性动刚度的计算结果进行对比，如图 7.39～图 7.42 及表 7.16 所示。

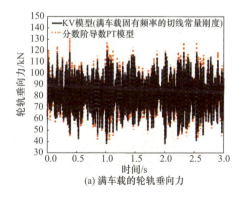

(a) 满车载的轮轨垂向力

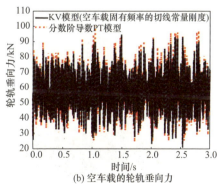

(b) 空车载的轮轨垂向力

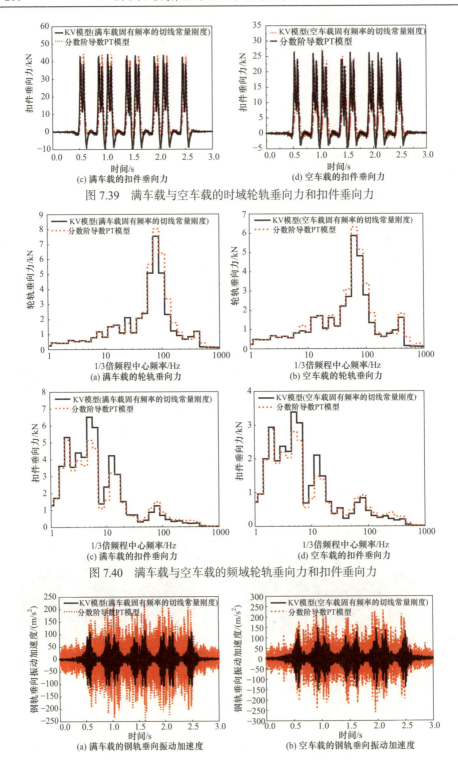

图 7.39 满车载与空车载的时域轮轨垂向力和扣件垂向力

图 7.40 满车载与空车载的频域轮轨垂向力和扣件垂向力

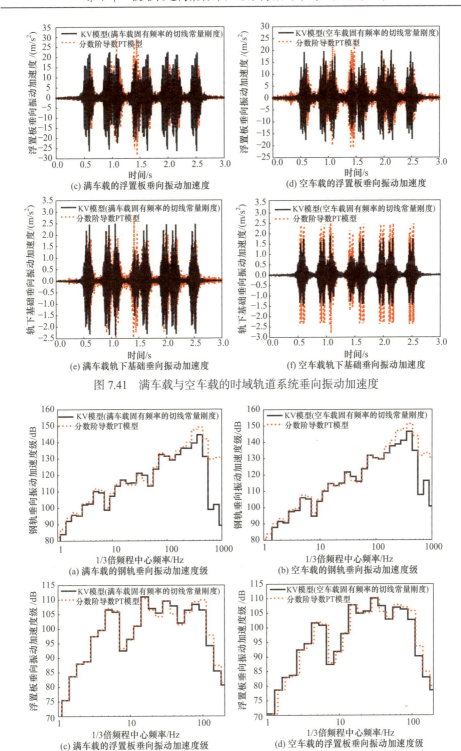

(c) 满车载的浮置板垂向振动加速度

(d) 空车载的浮置板垂向振动加速度

(e) 满车载轨下基础垂向振动加速度

(f) 空车载轨下基础垂向振动加速度

图 7.41　满车载与空车载的时域轨道系统垂向振动加速度

(a) 满车载的钢轨垂向振动加速度级

(b) 空车载的钢轨垂向振动加速度级

(c) 满车载的浮置板垂向振动加速度级

(d) 空车载的浮置板垂向振动加速度级

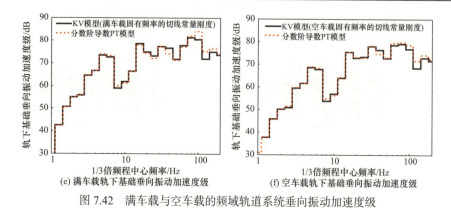

图 7.42　满车载与空车载的频域轨道系统垂向振动加速度级

表 7.16　扣件弹性元件有车载固有频率切线常量刚度与真实载/频变非线性动刚度的轮轨系统动力学响应

项目	工况			
	满车载		空车载	
轨道系统弹性元件	有车载固有频率刚度	载/频变刚度	有车载固有频率刚度	载/频变刚度
轮轨力最大值/kN	124.5	135.5	94.6	100.4
轮轨力主频/Hz	80	80	63	63
轮轨力主频峰值/kN	7.5	8.0	5.9	6.3
80Hz 处扣件力/kN	1.25	1.48	0.84	0.92
钢轨加速度/(m/s²)	132.1	247.3	142.6	241.3
钢轨最大分频振动加速度级/dB	143.9	149.2	145.9	151.3
浮置板加速度/(m/s²)	26.1	28.6	20.0	23.9
浮置板 100Hz 分频振动加速度级/dB	106.6	109.8	102.8	105.8
轨下基础 80Hz 分频振动加速度级/dB	81.3	82.0	79.0	79.7
轨下基础 Z 振级/dB	88.3	89.2	86.6	87.4

　　从图 7.39～图 7.42 以及表 7.16 可以看出,扣件弹性元件采用轮轨一阶固有频率对应的切线常量刚度可以显著提高轮轨动力响应频域结果的计算精度。从图 7.40 看,轮轨一阶固有频率对应的切线常量刚度不仅可以准确反映满车载与空车载的轮轨力主频,同时还可以显著缩小轮轨力在 1/3 倍频程中心频率 40～125Hz 最大分频荷载的计算误差。若以满车载为例,采用轮轨一阶固有频率对应的切线常量刚度计算得到的轮轨力(扣件力)最大分频荷载误差仅为 0.5kN(0.2kN),而 4Hz 割线常量刚度此项计算结果的误差为 6.2kN(1.0kN)。另外,从图 7.41 和图 7.42 的

钢轨、浮置板时频域振动加速度来看，扣件弹性元件采用轮轨一阶固有频率对应的切线常量刚度时，钢轨、浮置板时域加速度最大值与真实响应分别相差约 40%、10%(4Hz 割线常量刚度的计算误差约 70%、50%)，钢轨分频最大振动加速度级与真实响应相差约 5.3dB(4Hz 割线常量刚度的计算误差为 12dB)，1/3 倍频程中心频率 63～125Hz 的浮置板、混凝土基础最大分频振动加速度级与真实响应相差约 3.2dB、0.7dB(4Hz 割线常量刚度的计算误差为 11.4dB、6.5dB)。

2. 隔离式减振垫浮置板轨道弹性元件刚度的科学设计方法

在扣件弹性元件采用轮轨一阶固有频率对应的切线常量刚度的基础上，I～III 型浮置板弹性元件分别选取满车载和空车载浮置板固有频率对应的切线常量刚度来计算轮轨动力响应。I～III 型弹性元件满车载和空车载浮置板固有频率对应的切线常量刚度分别为 0.0320N/mm³、0.0222N/mm³、0.0318N/mm³ 和 0.0302N/mm³、0.0287N/mm³、0.0221N/mm³。下面仅在图 7.43～图 7.46 中展示 I 型橡胶隔离式减振垫浮置板轨道的计算结果，同时将 I～III 型的计算结果列于表 7.17～表 7.19 中。

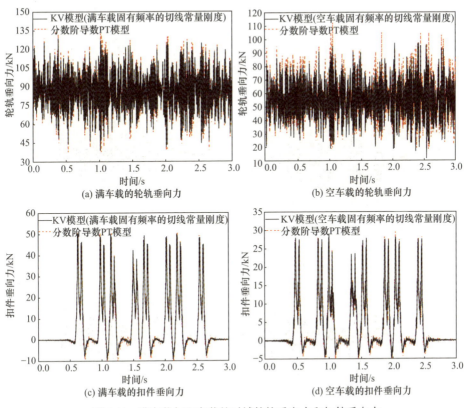

图 7.43　满车载与空车载的时域轮轨垂向力和扣件垂向力

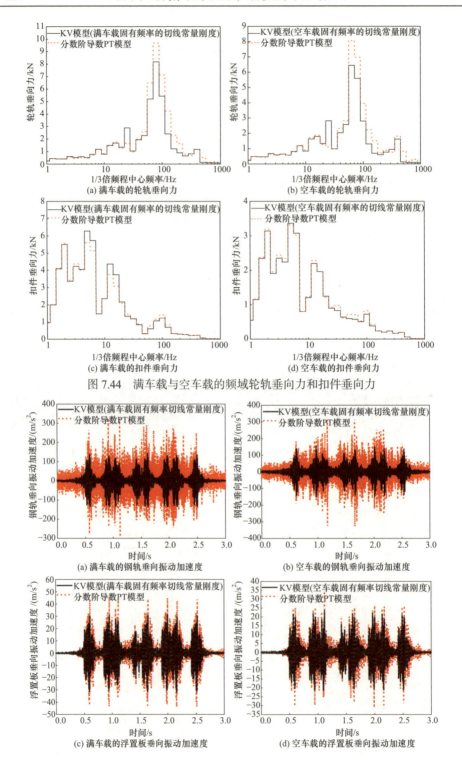

图 7.44　满车载与空车载的频域轮轨垂向力和扣件垂向力

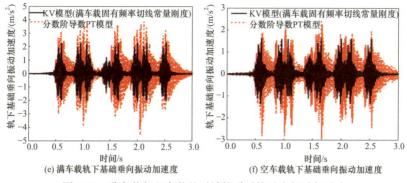

(e) 满车载轨下基础垂向振动加速度　　　(f) 空车载轨下基础垂向振动加速度

图 7.45　满车载与空车载的时域轨道系统垂向振动加速度

由图 7.43～图 7.46 和表 7.17～表 7.19 可以看出，轨道弹性元件(即扣件弹性元件与浮置板弹性元件)采用有车载固有频率刚度可以显著提高 4Hz 割线常量刚度的计算精度。与 4Hz 割线常量刚度的计算误差 14.8dB 和 15.9dB 相比，Ⅰ型、Ⅱ型和Ⅲ型弹性元件有车载固有频率刚度的浮置板(混凝土基础)1/3 倍频程中心频率

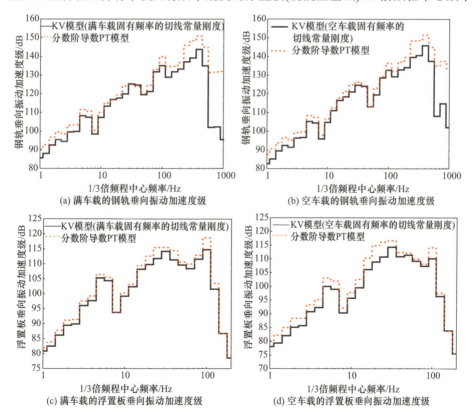

(a) 满车载的钢轨垂向振动加速度级　　　(b) 空车载的钢轨垂向振动加速度级

(c) 满车载的浮置板垂向振动加速度级　　　(d) 空车载的浮置板垂向振动加速度级

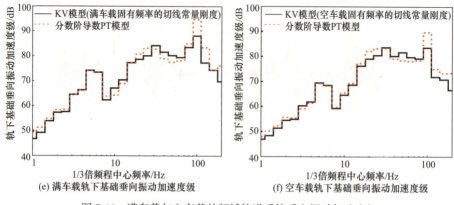

图 7.46　满车载与空车载的频域轨道系统垂向振动加速度级

100Hz 分频最大振动加速度级误差为 4.5dB(6.6dB)、3.8dB(8.0dB) 和 4.4dB(6.5dB)，缩小了近 50%。另外，在满车载和空车载情况下，I 型橡胶弹性元件隔离式减振垫浮置板轨道的混凝土基础 Z 振级与真实响应之间仅相差 4.1dB 和 2.9dB，未超出 5dB 的一个减振等级，而 4Hz 割线常量刚度与真实结果之间却相差 9.1dB 和 6.4dB，明显已超出一个减振等级。

综上可知，为了便于工程设计，建议在高聚物弹性元件轨道振动加速度级的分析中，采用轨道弹性元件(必须同时考虑轨道系统内的所有弹性元件)有车载固有频率对应的常量刚度来替代传统 4Hz 割线常量刚度进行设计计算。

表 7.17　浮置板轨道 I 型弹性元件固有频率切线常量刚度与真实载/频变非线性刚度的轮轨动力响应

项目	工况			
	满车载		空车载	
浮置板弹性元件	有车载固有频率刚度	载/频变刚度	有车载固有频率刚度	载/频变刚度
轨力最大值/kN	127.4	132.6	93.0	112.3
轮轨力主频/Hz	80	80	63	63
轮轨力主频峰值/kN	7.9	9.7	6.2	8.1
80Hz 处扣件力/kN	1.2	1.42	0.71	0.82
钢轨加速度/(m/s²)	132.9	325.3	146.3	324.5
钢轨最大分频振动加速度级/dB	143.8	151.0	145.9	151.5
浮置板加速度/(m/s²)	28.0	45.4	23.9	34.4
浮置板 100Hz 分频振动加速度级/dB	114.2	118.7	110.1	114.1

项目	工况			
	满车载		空车载	
轨下基础加速度/(m/s²)	2.3	4.5	1.5	2.9
轨下基础 100Hz 分频振动加速度级/dB	88.1	94.3	83.9	89.8
轨下基础 Z 振级/dB	92.7	96.4	90.8	93.3

表 7.18　浮置板轨道 II 型弹性元件固有频率切线常量刚度与真实载/频变非线性刚度的轮轨动力响应

项目	工况			
	满车载		空车载	
浮置板弹性元件	有车载固有频率刚度	载/频变刚度	有车载固有频率刚度	载/频变刚度
轨力最大值/kN	127.3	133.7	93.6	113.4
轮轨力主频/Hz	80	80	63	63
轮轨力主频峰值/kN	8.5	9.8	6.4	8.3
80Hz 处扣件力/kN	1.1	1.45	0.70	0.83
钢轨加速度/(m/s²)	131.7	321.2	146.4	324.5
钢轨最大分频振动加速度级/dB	143.8	151.5	145.9	151.7
浮置板加速度/(m/s²)	34.6	48.3	24.0	34.4
浮置板 100Hz 分频振动加速度级/dB	115.8	118.8	110.3	113.7
轨下基础加速度/(m/s²)	1.9	4.1	1.5	2.6
轨下基础 100Hz 分频振动加速度级/dB	86.7	94.7	83.2	90.4
轨下基础 Z 振级/dB	91.0	96.6	90.4	94.2

表 7.19　浮置板轨道 III 型弹性元件固有频率切线常量刚度与真实载/频变非线性刚度的轮轨动力响应

项目	工况			
	满车载		空车载	
浮置板弹性元件	有车载固有频率刚度	载/频变刚度	有车载固有频率刚度	载/频变刚度
轨力最大值/kN	125.8	147.5	94.4	116.3

项目	工况			
	满车载		空车载	
轮轨力主频/Hz	80	80	63	63
轮轨力主频峰值/kN	7.4	10.8	6.6	7.7
80Hz 处扣件力/kN	1.03	1.32	0.71	0.81
钢轨加速度/(m/s²)	114.5	349.3	168.9	327.2
钢轨最大分频振动加速度级/dB	143.7	150.9	145.9	151.5
浮置板加速度/(m/s²)	26.6	40.9	22.7	26.5
浮置板 100Hz 分频振动加速度级/dB	112.7	117.1	110.2	111.9
轨下基础加速度/(m/s²)	2.4	3.5	1.3	1.9
轨下基础 100Hz 分频振动加速度级/dB	88.0	93.8	81.5	86.7
轨下基础 Z 振级/dB	92.5	95.2	88.9	89.5

为了进一步证明轨道弹性元件采用有车载固有频率对应的切线常量刚度计算减振轨道插入损失的准确性,下面分别计算轨道弹性元件有车载固有频率的切线常量刚度和真实载/频变非线性动刚度的减振轨道插入损失,结果如表 7.20 所示。

表 7.20　浮置板轨道弹性元件固有频率切线常量刚度与真实载/频变非线性动刚度的插入损失
(单位: dB)

车辆荷载	浮置板弹性元件	真实非线性载/频变刚度	有车载固有频率刚度	4Hz 割线常量刚度
满车载	I 型弹性元件	10.1	11.9	13.5
	II 型弹性元件	10.0	13.7	13.2
	III 型弹性元件	11.3	12.2	15.2
空车载	I 型弹性元件	9.9	10.7	13.7
	II 型弹性元件	8.9	11.1	13.5
	III 型弹性元件	13.8	12.6	15.5

由表 7.20 可以看出,与轨道弹性元件真实载/频变非线性动刚度的插入损失相比,浮置板轨道 I～III 型弹性元件有车载固有频率的切线常量刚度的插入损失最小值(即 I、II 型弹性元件在空车载运营状态, III 型弹性元件在满车载运营状态)

比真实结果最大高了 2.2dB，而浮置板轨道 I~III 型弹性元件 4Hz 割线常量刚度的插入损失最大高了 4.6dB，已接近了一个减振等级(5dB)的误差。此外，通过比较满车载和空车载的情况可以发现，若按照减振保守设计原则，浮置板轨道 I 型和 II 型弹性元件空车载固有频率切线常量刚度的插入损失最低，而浮置板轨道 III 型弹性元件满车载固有频率切线常量刚度的插入损失最低。因此，针对不同类型的浮置板轨道弹性元件，应分别计算满车载和空车载固有频率切线常量刚度的插入损失，以其中最低的插入损失进行减振轨道工程的保守设计。

7.3.3　高聚物弹性元件减振刚度设计的其他关键因素

减振轨道插入损失的关键影响因素除了高聚物弹性元件的真实载/频变非线性动刚度，还有轮轨表面粗糙度与轨下基础结构固有频率。为了展现这两个因素的影响，下面以浮置板轨道 I~III 型弹性元件为例，分别计算轮轨粗糙度标准谱(ISO 3095: 2013)和中国铁道科学研究院实测的轨道短波不平顺谱的插入损失以及轨下基础支承弹性模量 1300MPa 和 400MPa(即轨下基础固有频率分别是 210Hz 和 121Hz)的插入损失，如表 7.21 和表 7.22 所示。

表 7.21　轨道短波不平顺对隔离式减振垫浮置板轨道减振效果的影响　(单位：dB)

状态	轨道类型	德国低干扰谱+ISO 粗糙度谱		德国低干扰+铁科院短波谱	
		Z 振级	插入损失	Z 振级	插入损失
满车载	普通整体道床	104.7	—	115.5	—
	I 型弹性元件浮置板轨道	92.7	12.0	99.8	15.7
	II 型弹性元件浮置板轨道	91.0	13.7	97.6	17.9
	III 型弹性元件浮置板轨道	92.5	12.2	99.6	15.9
空车载	普通整体道床	101.5	—	112.4	—
	I 型弹性元件浮置板轨道	90.9	10.6	98.5	13.9
	II 型弹性元件浮置板轨道	92.2	10.5	98.2	14.2
	III 型弹性元件浮置板轨道	88.9	12.6	97.0	15.3

表 7.22　轨下基础结构固有频率对隔离式减振垫浮置板轨道减振效果的影响(单位：dB)

状态	轨道类型	德国低干扰谱+ISO 粗糙度谱		德国低干扰谱+铁科院短波谱	
		Z 振级	插入损失	Z 振级	插入损失
满车载	整体道床	116.2	—	123.0	—
	I 型弹性元件浮置板轨道	109.4	6.8	115.4	7.6
	II 型弹性元件浮置板轨道	108.5	7.7	114.2	8.8
	III 型弹性元件浮置板轨道	109.2	7.0	115.2	7.8

续表

状态	轨道类型	德国低干扰谱+ISO 粗糙度谱		德国低干扰谱+铁科院短波谱	
		Z 振级	插入损失	Z 振级	插入损失
空车载	整体道床	112.2	—	121.9	—
	I 型弹性元件浮置板轨道	105.5	6.7	111.4	10.5
	II 型弹性元件浮置板轨道	105.1	7.1	111.1	10.8
	III 型弹性元件浮置板轨道	103.3	8.9	108.1	13.8

1) 轨道短波不平顺恶化前后隔离式减振垫浮置板轨道的插入损失

在轨道短波不平顺恶化之后，普通整体道床和隔离式减振垫浮置板轨道轨下基础 Z 振级分别提高了 11dB、6～8dB。相应地，隔离式减振垫浮置板轨道的插入损失也提高了 3～5dB。另外，以浮置板 I 型橡胶弹性元件为例，给出了 I 型橡胶弹性元件隔离式减振垫浮置板轨道 1/3 倍频程的插入损失，如图 7.47 所示。从图 7.47 可以看出，轨道短波不平顺恶化后，隔离式减振垫浮置板轨道在 1/3 倍频程中心频率 125～160Hz 范围内的分频插入损失也明显提高了 5～12dB。

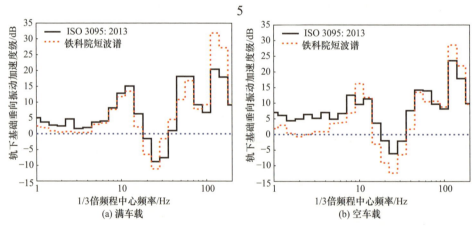

图 7.47　轨道不平顺恶化前后浮置板 I 型橡胶弹性元件满车载与空车载固有频率切线常量刚度的插入损失

2) 轨下基础结构固有频率变化后隔离式减振垫浮置板轨道的插入损失

当轨下基础结构固有频率降低时，不同轨道短波不平顺情况下普通整体道床与隔离式减振垫浮置板轨道轨下基础的 Z 振级以及隔离式减振垫浮置板轨道的插入损失如表 7.22 所示。另外，其中 I 型橡胶弹性元件隔离式减振垫浮置板轨道 1/3 倍频程的插入损失如图 7.48 所示。

通过对比表 7.21 和表 7.22 可以发现，当轨下基础结构的固有频率下降时，隔离式减振垫浮置板轨道在不同轨道短波不平顺条件下的插入损失均有所下降。满车载情况下，隔离式减振垫浮置板轨道在轨道短波不平顺 ISO 3095: 2013 时的插入损失最大降低 6.0dB，在铁科院短波谱时的插入损失最大降幅为 9.1dB；在空车载条件下，不同轨道短波不平顺的隔离式减振垫浮置板轨道插入损失的降低程度相近，约为 3.5dB。

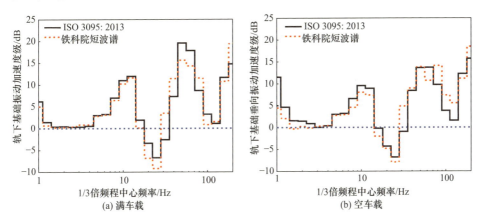

图 7.48　轨下基础固有频率变化前后浮置板 I 型橡胶弹性元件满车载与空车载固有频率切线常量刚度的插入损失

7.4　高聚物弹性元件减振轨道插入损失的室内测试评价方法

在前面高聚物弹性元件减振刚度理论设计的基础上，如何科学测试评价高聚物弹性元件减振轨道的插入损失是减振轨道选型设计的关键问题。目前，我国减振轨道插入损失的测试评价方法一般分为室内与现场两种测试评价方法。现场测试评价方法耗费的人力和物力成本较高，工况相近的测试条件也较难寻找，而且一旦实测插入损失不达标，二次改造面临的工期延误与经济损失的代价也较大。室内落锤或落轴测试评价方法可以低成本地比选多种类型轨道的减振效果，而且可以避免工程建成后减振不达标的改造风险。但是，由于传统室内落锤或落轴测试没有考虑高聚物弹性元件真实载/频变动刚度特性，所以它的评价准确度较低，与现场实测插入损失有时会相差一个减振等级(5dB)。通过大量室内与现场测试的对比研究发现，传统室内落锤或落轴测试评价方法的不足之处主要有三个方面：一是传统室内落锤或落轴和现场车轮的冲击能量不一致(即轮轨不平顺的影响不一致)；二是传统室内落锤或落轴测试评价的插入损失是无车载减振轨道的插入损失(即没有考虑列车荷载作用下高聚物弹性元件真实载/频变动刚度与车辆簧下参振质量对插入损失的影响)；三是没有考虑轨下基础结构固有频率对高聚物弹性元件减振轨道插入损失的影响(即减振产品的适用性问题)。鉴于此，为了能够在实验室内再现高聚物弹性元件减振轨道现场实测的插入损失，本节以某市域快线隧道内隔离式减振垫浮置板轨道工程为例，综合考虑以上三个问题，提出传统室内落轴测试评价方法的改进方案，在落轴测试新方案评价效果的理论验证(即车辆-轨道耦合动力学模型与室内落轴有限元模型的理论计算插入损失相互验证一致)的基础上，在实验室内搭建新型落轴测试系统，来实测验证理论设计插入损失的准确性。

7.4.1　车辆-轨道垂向耦合动力仿真

在本节讨论的工程案例中，车辆为市域 D 型动车组(必须设立满车载和空车载的工况)，设计车速 160km/h；隔离式减振垫浮置板轨道系统主要包括 60kg/m 钢轨、DZ III-3 型分开式扣件系统、单元式无砟轨道板和板下 IV 型聚氨酯弹性元件；隧道是外径 6.2m 的圆形盾构隧道，隧道下卧层是中硬土或坚硬土(即岩石类)。这里采用车辆-轨道-隧道-下卧土垂向耦合动力学模型计算隔离式减振垫浮置板轨道的理论设计插入损失，轮轨垂向不平顺是德国低干扰高低轨道谱(波长 1.5～42m)和铁科院实测短波高低不平顺谱(波长 1.5m 以下)。

在本节所建立的车辆-轨道-隧道-下卧土垂向耦合动力学模型中(图 7.49)，车辆系统是经典的十自由度的垂向动力学模型，钢轨是 Euler 梁模型，轨道板和隧道均是自由梁模型，高聚物弹性元件和下卧土层都是 KV 模型，只是高聚物弹性元件的常量刚度与阻尼系数是有车载(空车载和满车载)固有频率对应的常量刚度和阻尼系数，计算参数详见表 7.23 和表 7.24。

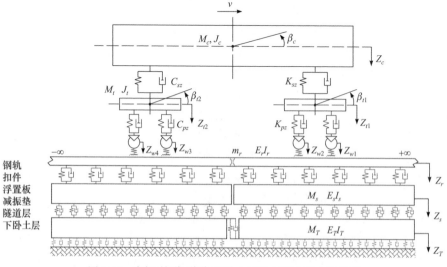

图 7.49　车辆-轨道-隧道-下卧土层垂向耦合动力学模型

表 7.23　车辆垂向动力学模型的计算参数

参数名	数值	单位
转向架中心距(车辆定距)	15700	mm
轴距	2500	mm
车轮滚动圆横向跨距	1493	mm
车轮滚动圆直径	860	mm
轮对内侧距	1353	mm
车体质量(空载)	35.5	t
车体质量(满载)	57.2	t
车体点头转动惯量	1427	$t \cdot m^2$
构架质量	4.84	t
构架点头转动惯量	2.14	$t \cdot m^2$
轮对质量	1.895	t
一系钢簧垂向刚度(每轴箱)	1.30	MN/m
一系垂向阻尼(每轴箱)	10	$kN \cdot s/m$
二系钢簧垂向刚度	0.22	MN/m
二系钢簧垂向阻尼	20	$kN \cdot s/m$

表 7.24　轨道、隧道和下卧层垂向动力学模型的计算参数

名称	数值	单位
钢轨弹性模量	2.059×10^{11}	Pa
钢轨泊松比	0.3	—
钢轨密度	7.83×10^3	kg/m^3
扣件间距	0.600	m
扣件垂向刚度	36.0(无车载固有频率) 41.0(空车载轮轨频率) 47.0(满车载轮轨频率)	kN/mm
扣件垂向阻尼系数	0.015(无车载固有频率) 0.026(空车载轮轨频率) 0.030(满车载轮轨频率)	$kN \cdot s/mm$
轨道板尺寸	3.6m(长)× 2.5m(宽)× 0.3m(厚)	—
轨道板弹性模量	39.0	GPa
轨道板泊松比	0.24	—
轨道板密度	2.5×10^3	kg/m^3

续表

名称	数值	单位
IV 型聚氨酯弹性元件刚度	0.026(无车载固有频率)	N/mm³
	0.024(空车载固有频率)	
	0.016(满车载固有频率)	
IV 型聚氨酯弹性元件阻尼系数	$5.4×10^{-5}$(无车载固有频率)	N·s/mm³
	$5.9×10^{-5}$(空车载固有频率)	
	$8.7×10^{-5}$(满车载固有频率)	
隧道弹性模量	39.0	GPa
隧道截面惯性矩	28.8	m⁴
隧道质量	18.8	t/m
下卧土层支承刚度	$1.2 × 10^{10}$(坚硬土)	N/(m · m)
	$4.7 × 10^{9}$(中硬土)	
下卧土层阻尼系数	$7.3 × 10^{4}$(坚硬土)	N · s/(m · m)
	$1.9 × 10^{5}$(中硬土)	

通过仿真计算可以得到满车载与空车载时两类地基土上隧道 1/3 倍频振动加速度级的插入损失以及 4～200Hz 范围内的 Z 振级插入损失，分别如图 7.50 和表 7.25 所示。由图 7.50 和表 7.25 可以看出，在空车载、满车载与坚硬土、中硬土等因素影响下隧道 Z 振级的插入损失在 12.7～15.2dB 范围内变化，建议以其中最小的插入损失为隔离式减振垫浮置板轨道的理论设计插入损失。

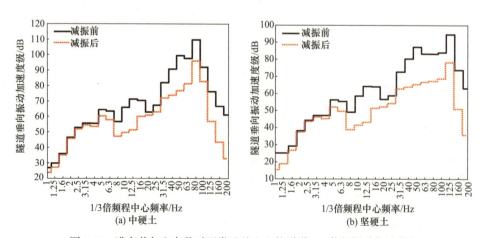

图 7.50　满车载与空车载时两类地基土上的隧道 1/3 倍频振动加速度级

表 7.25　基于车-线-隧耦合动力学模型的隔离式减振垫浮置板轨道的隧道 Z 振级插入损失

车载	土类	轮轨一阶固有频率/Hz	浮置板一阶固有频率/Hz	隧道一阶固有频率/Hz	隧道 Z 振级插入损失/dB
空车载	中硬土	56	20	81	14.7
	坚硬土			131	15.2
满车载	中硬土	60	18	81	12.7
	坚硬土			131	15.2

7.4.2　室内落轴测试新系统设计及数值仿真

下面以本节讨论的市域快线隧道内隔离式减振垫浮置板减振轨道工程为例，在传统的减振轨道插入损失室内落轴测试评价方法的基础上，设计一种可以综合考虑以上三个关键影响因素(即轮轨冲击能量、高聚物弹性元件非线性载/频变动刚度和隧道一阶固有频率)的新型落轴测试系统。

1. 减振轨道插入损失室内落轴测试评估新系统

本书提出的减振轨道插入损失室内落轴测试评估新系统主要包括四个部分(图 7.51)：一是模拟运行列车实际动轴重大小(即静轴重乘以动力放大系数)的静力加载部分(该部分的主要功能是为减振轨道提供实际轴重的预压荷载以及实际轮对的参振质量)；二是实尺隔离式减振垫浮置板轨道部分(即一块浮置板的尺寸)；三是与隧道-地基耦合系统一阶固有频率基本一致的钢筋混凝土底座板-CA 砂浆耦合系统；四是传统的落轴冲击实验系统。

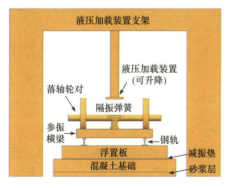

图 7.51　减振轨道插入损失室内落轴测试评价新系统

第一部分由两组液压加载装置和两根中间带钢弹簧的横梁构成，两组液压加载装置用于模拟一个车辆转向架两个轮对位置动轴重大小的静力加载，横梁的质量等于最小的轮对质量(1.7t, 横梁长度、宽度和高度分别为 1.8m、0.4m 和 0.3m), 如果需配置更高质量的轮对, 可在钢弹簧两侧添置质量块; 另外, 横梁中间的钢弹簧刚度等于车辆 2 根一系弹簧刚度, 钢弹簧既可以传递列车轴重荷载, 也可以有效隔离轮对参振质量之上液压静力加载装置的参振质量。

第二部分是一块原比例的隔离式减振垫浮置板轨道单元, 主要包括钢轨、DZ III-3 型扣件、单元式无砟轨道板和板下 IV 型聚氨酯弹性元件。需要强调的是, 在本案例中, 浮置板的长度为 3.6m, 因此其上方最大的地铁客车荷载是一个转向架两个轮对所分担的列车荷载, 即半车荷载(2 倍的轴重)。

第三部分采用钢筋混凝土底座板-CA 砂浆耦合系统近似模拟一阶固有频率相同的隧道-地基耦合系统。底座板的尺寸为 3.6m × 2.9m × 0.3m(条件允许的情况下建议尽量加厚), 弹性模量为 39GPa。由于 CA 砂浆模量可以从几十兆帕到几吉帕, 因此可以用于模拟不同类型的隧道下卧土层(坚硬土 $E>1200$MPa, 中硬土 300MPa$<E\leqslant1200$MPa, 中软土 100MPa$<E\leqslant300$MPa, 软弱土 $E<100$MPa)。因为每延米底座板质量小于隧道质量, 所以在保证轨下基础结构一阶固有频率不变的情况下, 模拟下卧土层的 CA 砂浆模量也应按比例缩小。

第四部分就是传统的落轴测试装置, 由实尺车轮、电磁铁以及钢桁架组成。落轴冲击高度与车轮最大冲击速度有关, 而车轮最大冲击速度又与轮轨不平顺(特别是短波不平顺)有关, 因此要想保证室内落轴和现场车辆冲击能量一致, 需要首先应用车辆-轨道耦合动力学模型, 计算可反映现场轮轨不平顺的车轮最大冲击速度, 然后根据式(7-11)来计算落轴高度[4]。值得注意的是, 本工程案例中的浮置板长度范围(3.6m)有两个车轮(相距 2.5m), 因此室内落轴冲击测试时, 需用两倍的落轴计算高度进行测试, 才能和现场列车冲击能量保持一致。

$$h=\frac{v_0^2}{2g} \tag{7-11}$$

式中, v_0 为车轮对钢轨的最大冲击速度, m/s; g 为重力加速度, m/s^2; h 为落轴的高度, mm。

2. 减振轨道插入损失室内落轴测试评价的数值仿真

为了首先在理论上验证新型室内落轴测试减振轨道插入损失与 4.1 节车辆-轨道-隧道-下卧土层垂向耦合动力计算插入损失的一致性(即期望在理论上可以证明在保证轨下基础结构一阶固有频率一致的情况下减振轨道插入损失的一致性), 这里建立落轴冲击有限元动力学模型(图 7.52), 仿真计算新型落轴测试评价系统的减振轨道插入损失, 并与表 7.25 的结果进行对比。

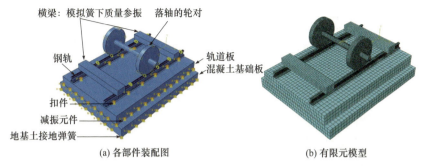

(a) 各部件装配图　　　　　　　　(b) 有限元模型

图 7.52　新型室内落轴冲击测试系统的装配图与有限元模型

在落轴冲击有限元动力学模型中，钢轨、钢横梁、落轴冲击的轮对、轨道板和底座板均为三维实体模型，扣件系统和浮置板减振弹性元件均采用弹簧与阻尼并联的 KV 模型(注意无论是扣件弹性元件还是浮置板弹性元件，输入的都是有车载固有频率对应的常量刚度和阻尼)，钢轨两端约束其纵向位移，浮置板轨道两侧约束其横向位移，钢横梁与钢轨为绑定约束。除了底座板及其以下支承参数(刚度和阻尼系数)，其他计算参数见表 7.23 和表 7.24。

为了保证隧道一阶固有频率与底座板一阶固有频率的一致性，可根据具体测试条件尽可能地增大底座板的质量，再根据每延米底座板与隧道质量的比例关系，调整 CA 砂浆弹性模量的大小。在本案例中，模拟中硬土和坚硬土的 CA 砂浆支承刚度、阻尼系数分别是 $5.4×10^8 \text{N}/(\text{m}\cdot\text{m})$、$2.2×10^4 \text{N}\cdot\text{s}/(\text{m}\cdot\text{m})$ 和 $1.4×10^9 \text{N}/(\text{m}\cdot\text{m})$、$8.5×10^3 \text{N}\cdot\text{s}/(\text{m}\cdot\text{m})$。

由表 7.26 可以看出，在保证室内落轴冲击能量与现场车轮冲击能量一致且同时保证室内底座板-CA 砂浆耦合系统一阶固有频率与现场隧道-下卧土层耦合系统一阶固有频率一致的情况下，空车载、满车载和下卧中硬土、坚硬土时隧道 Z 振级的插入损失在 $12.7 \sim 15.0 \text{dB}$ 范围内变化，与前面车-线-隧耦合动力计算结果基本相同。这里需要特别强调的是，减振轨道的插入损失不可能是不分使用环境的一个常量，而是与轮轨不平顺激励(含车速、轴重等)、减振轨道空车载和满车载固有频率、轨下基础结构固有频率有关的一个变量，必须按照"一事一议"的原则来开展减振轨道插入损失的科学设计。

表 7.26　基于落轴动力有限元模型的隔离式减振垫浮置板轨道的底座板 Z 振级插入损失

车载	土类	轮轨一阶固有频率/Hz	浮置板一阶固有频率/Hz	底座一阶固有频率/Hz	底座 Z 振级插入损失/dB
空车载	中硬土	56	20	81	15.0
	坚硬土			130	12.7
满车载	中硬土	60	18	81	14.7
	坚硬土			130	13.8

7.4.3　室内落轴测试新方法的实测效果分析

为了验证前面隔离式减振垫浮置板减振轨道理论设计插入损失的准确性,在实验室内搭建了如图7.51所示的新型落轴测试系统。本节根据表7.26的仿真工况,开展室内落轴冲击实验,用以实测验证隔离式减振垫浮置板无车载、有车载固有频率及其真实插入损失。

1. 隔离式减振垫浮置板固有频率

按照上面的测试步骤,首先单独测试了隔离式 IV 型聚氨酯减振垫浮置板轨道的无车载和有车载固有频率,无车载落轴实验与满车载落轴实验分别如图 7.53 和图 7.54 所示。

(a) 侧视图　　　　　　　　　　　　(b) 正视图

图 7.53　隔离式 IV 型聚氨酯减振垫浮置板轨道无车载固有频率的落轴实验

(a) 正视图　　　　　　　　　　　　(b) 侧视图

(c) 参振横梁　　　　　　(d) 隔振弹簧

图 7.54　隔离式 IV 型聚氨酯减振垫浮置板轨道有车载固有频率的落轴实验

图 7.55 和图 7.56 分别给出了无车载和满车载(空车载与之类似，这里不再重复展示)条件下隔离式 IV 型聚氨酯减振垫浮置板轨道多次落轴实验中浮置板垂向振动加速度的时频域结果。由图 7.55(b)可以看出，隔离式 IV 型聚氨酯减振垫浮置板轨道实测的无车载固有频率为 27.5Hz，与理论计算的 28.6Hz(表 7.27)基本吻合，仅相差 1.1Hz。另外，由图 7.56(b)可以看出，隔离式 IV 型聚氨酯减振垫浮置板轨道实测的满车载固有频率为 19.5Hz，与理论计算的 18.6Hz(表 7.27)基本吻合，仅相差 0.9Hz。对于隔离式 IV 型聚氨酯减振垫浮置板轨道，无车载与满车载固有频率相差 10Hz 左右。根据前面理论研究，建议用有车载(即空车载与满车载)固有频率的工况，评价隔离式减振垫浮置板轨道的真实插入损失，用其中最小插入损失作为该产品在目前使用环境中的设计插入损失。

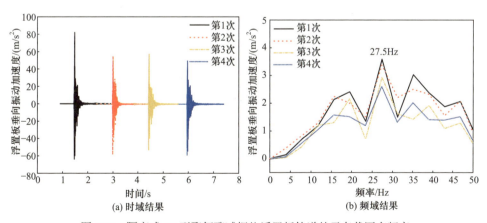

(a) 时域结果　　　　　　　　(b) 频域结果

图 7.55　隔离式 IV 型聚氨酯减振垫浮置板轨道的无车载固有频率

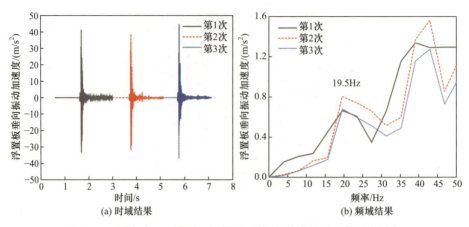

图 7.56　隔离式 IV 型聚氨酯减振垫浮置板轨道的满车载固有频率

表 7.27　隔离式 IV 型聚氨酯减振垫浮置板轨道满车载时的频变动刚度及其固有频率

产品	无车载状态			满车载状态		
	测试频率/Hz	测试刚度/(N/mm³)	固有频率/Hz	测试频率/Hz	测试刚度/(N/mm³)	固有频率/Hz
IV 型浮置板减振垫	10	0.0225	27.0	10	0.0152	17.7
	20	0.0237	27.7	**19**	0.0166	**18.6**
	28	0.0255	**28.6**	20	0.0168	18.7
	30	0.0257	28.8	30	0.0179	19.2

2. 隔离式减振垫浮置板真实插入损失

按照上面的测试步骤, 测试室内落轴实验新系统中底座板的 Z 振级插入损失 (计算方法是无减振垫情况下 10 组实测 Z 振级平均值与有减振垫情况下 10 组实测 Z 振级平均值间的差值), 如表 7.28 所示。由表 7.28 可以看出, 在综合考虑轮轨不平顺、高聚物弹性元件有车载固有频率的切线常量刚度和轨下基础固有频率三大要素的基础上, 隔离式减振垫浮置板轨道下方的底座板 Z 振级插入损失在 12～15dB 范围内变化, 与理论设计插入损失的范围基本一致。

表 7.28　隔离式 IV 型聚氨酯减振垫浮置板轨道插入损失的理论与实测对比 (单位：dB)

列车轴重	地基土类型	隧道或等效底座板 Z 振级插入损失		
		车-线-隧耦合动力学模型	落轴动力有限元模型	实验室内落轴冲击实测
空车载	中硬土	14.7	15.0	14.5
	坚硬土	15.2	12.7	13.6
满车载	中硬土	12.7	14.7	12.9
	坚硬土	15.2	13.8	14.8

参 考 文 献

[1] 韦凯, 张攀, 梁迎春, 等. 扣件胶垫刚度频变的钢轨垂向自振特征分析[J]. 铁道学报, 2016, 38(6): 79-85.

[2] 韦凯, 赵泽明, 王显, 等. 浮置板轨道减振垫的刚度测试与评价[J]. 西南交通大学学报, 2022, (4): 848-854, 925.

[3] 翟婉明. 车辆-轨道耦合动力学[M]. 4 版. 北京: 科学出版社, 2015.

[4] 练松良. 用冲击荷载的动力响应分析轨枕的道床支承问题[J]. 铁道工程学报, 1986, 3(1): 130-143.

第 8 章　铁路轨道高聚物弹性元件刚度老化特征及寿命预测

在实际服役过程中，铁路轨道高聚物弹性元件可能会受到循环列车荷载和热空气环境的影响而逐渐劣化。但是在以往室内测试评价中，轨道高聚物弹性元件寿命预测的疲劳荷载实验只在常温下进行，并且加速热氧老化实验又没有综合考虑循环列车荷载的影响。如此开展的室内测试条件(环境)无法真实还原隧道内外(特别是隧道外)轨道高聚物弹性元件在实际服役过程中循环列车荷载与热氧老化的热力耦合效应，可能会高估隧道外轨道高聚物弹性元件的服役寿命。另一个值得探讨的问题是，在完成轨道高聚物弹性元件的传统疲劳荷载实验与单纯热氧老化实验之后，仅要求测试评价轨道高聚物弹性元件强度或静刚度的变化率，而忽略了实际服役中与安全性能评价有关的低频(4Hz)割线动刚度或动静刚度比的变化率和与减振性能评价有关的高频切线动刚度(即有车载固有频率对应的切线常量动刚度)的变化率。在我国铁路轨道高聚物弹性元件老化寿命测试评价中，除了上述测试方法、评价指标存在不足之外，在预测方法方面也比较滞后。以往比较常用的高聚物材料(主要是橡胶类材料)老化寿命的预测方法主要是 Arrhenius 方程[1]与动力曲线直化法[2]，但两种方法仅能考虑高聚物材料化学反应的影响，无法考虑物理性能(即黏弹性)变化的影响。近年来，最新的国际标准已提出了可综合考虑高聚物材料化学与物理变化的 WLF 方程预测方法[3]，但是非常遗憾的是，目前未见应用该方法对轨道高聚物弹性元件刚度进行老化特征预测的相关报道，其预测效果也未可知。

鉴于此，为了能够在实验室内科学测试评价轨道高聚物弹性元件动刚度(即低频割线动刚度和有车载固有频率对应的切线常量动刚度)失效或不达标的实际服役寿命(即动刚度变化率不超限的最长服役时间)，本章首先介绍高聚物材料的三种老化寿命预测方法(即 Arrhenius 方程、动力曲线直化法和 WLF 方程预测方法)，说明三类方法的适用条件和优缺点；然后以隔离式减振垫浮置板轨道的 I 型橡胶弹性元件与 II 型聚氨酯弹性元件为研究对象，根据轨道的服役荷载条件和环境温度，分别设计传统热氧老化加速实验(即仅有加速热氧老化条件，而无荷载条件)、满车载静力加载情况下的热氧老化加速实验以及循环列车荷载+热氧老化加速的热力耦合实验工况，并测取两类高聚物弹性元件动刚度在不同实验工况下的老化特征；最后，采用 WLF 方程预测方法，结合轨道的实际列车荷载作用次数(即列车的间隔时间、列车编组等实际行车组织安排)和实际温度环境(即每年当地高温天气的实际天数),按照动刚度变化率阈值,预测评价 I 型橡胶弹性元件动刚度的老化寿命,并给出轨道高聚物弹性元件(含橡胶类、聚氨酯类等所有类型的高聚物弹性元件)传统疲劳荷载测试评价方法的改进建议。

8.1　轨道高聚物弹性元件动刚度老化失效寿命的预测方法

加速老化预测方法是在老化机理相同的情况下,采用劣化条件下性能(本研究对象就是刚度性能,特别是动刚度性能)随时间的变化关系外推至正常条件下性能随时间的变化关系,该方法是目前研究高聚物材料老化寿命的主要方法和发展方向。其优点是研究周期短,可以快速获得预测结果。目前的老化预测方法主要包括《硫化橡胶或热塑性橡胶　应用阿累尼乌斯图推算寿命和最高使用温度》(GB/T 20028—2005)(引进的 ISO 11348: 1997(第一版))、《静密封橡胶制品使用寿命的快速预测方法》(GB/T 27800—2021)(在苏联标准 ГОСТ9.035-71 上发展而来)与 ISO 11348: 2014(第三版)。这里简要介绍这三种预测方法的原理与流程,并结合轨道高聚物弹性元件可能遇到的实际服役荷载与环境温度条件,分析各类方法的适用性。

8.1.1　Arrhenius 方程预测方法

当高聚物材料所处的环境温度有所升高时,高分子材料内部的化学反应速率会相应加快。部分高分子材料在温度升高 10℃的情况下,有机化学反应速率可能会加快至 2～3 倍。Arrhenius 方程可反映化学反应速率与环境温度的关系,见式(8-1):

$$K(T) = A \cdot e^{-E/(RT)} \tag{8-1}$$

式中,$K(T)$为反应速率常数,min^{-1};A为指数因素,min^{-1};E为活化能,J/mol;R为摩尔气体常数,8.314J/(mol·K);T为热力学温度,K。此外,化学反应关系以式(8-2)表示:

$$F_x(t) = K(T) \cdot t \tag{8-2}$$

式中,$F_x(t)$为化学反应关系的函数;t为反应时间,min。在不同反应温度 T 下,不同反应速率 K_i 以不同反应时间 t_i 达到相同临界值 F_a,如图 8.1(a)中的 $t_1 \sim t_3$ 所示:

$$F_a(t_i) = K_i(T_i) \times t_i \tag{8-3}$$

将式(8-1)代入式(8-3)可得

$$F_a(t_i) = A \cdot e^{-E/(RT_i)} \times t_i \tag{8-4}$$

为了便于计算，将式(8-4)化简成对数形式，如式(8-5)所示：

$$\ln t_i = E / (RT_i) + B \qquad (8\text{-}5)$$

由式(8-5)可以得出，$\ln t_i$ 与热力学温度的倒数 $1/T$ 呈线性关系，斜率为 E/R，这就是 Arrhenius 图，如图 8.1(b)所示。加速老化测试时需要至少在三个温度下进行实验，根据不同温度下的失效时间关系作出 Arrhenius 图，从而外推不同温度下的失效时间。

测试要求：①为保证预测的可靠性，一般将外推法限制在测试样本的 30～50℃范围内；②测试时，最低温度的选择应满足性能达到临界值所需时间，至少为 1000h；③最高温度的选择应满足性能达到临界值(一般设定为原始值的 50%)的时间不少于 100h；④测试时，测试时间间隔选取应保证性能变化不超过 10%。

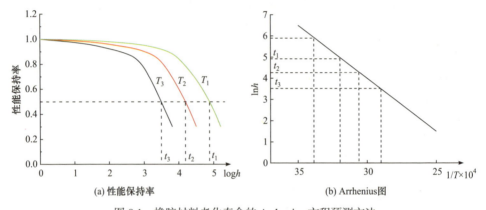

(a) 性能保持率　　　　　　　　　(b) Arrhenius图

图 8.1　橡胶材料老化寿命的 Arrhenius 方程预测方法

上述内容即 Arrhenius 方程的预测原理与具体流程。然而，我国标准 GB/T 20028—2005 中明确指出：当测试橡胶的应力或应变(蠕变、松弛等)时，可能不容易将材料的物理或(黏弹性的)变化与化学变化分开。此时 Arrhenius 方程不再是合适的预测模型，WLF 方程可能更适合表达材料性能变化与时间的函数[1]。遗憾的是，GB/T 20028—2005 规范并未给出如何应用 WLF 方程进行预测的详细方法。

8.1.2　动力曲线直化预测方法

我国标准 GB/T 27800—2021 提到的动力曲线直化法是在 Arrhenius 方程的基础上，通过假设材料老化性能与老化时间的函数关系 $P(t)$ 来进行老化寿命预测的。具体预测流程分为两步：①将待评价的性能指标 P 随老化时间 t 的变化用一个动力学公式描述，通过坐标变换使老化曲线变成直线，同时通过不同温度下的加速老化实验求出各温度下的反应速率常数 K 值；②基于各温度下的 K 值拟合 Arrhenius 公式，并外推求出常温下的反应速率常数 K_0 值，从而建立常温下的性能老化演变方程，利用它可计算常温下性能变化或寿命。该方法的应用过程中衍生出了多种动力学公式，目前最为常用的公式如下：

$$P = Be^{-Kt^{\lambda}} \tag{8-6}$$

式中，P 为老化性能指标；K 为老化速率常数，遵循式(8-1)；B 和 λ 为与温度无关的拟合参数；t 为老化时间。参数 λ 可采用逐次逼近方法进行求解，一般优先取值 0.5 和 0.51；另外，利用式(8-7)比较误差 I 值的大小，来判断 λ 的取值方向。在式(8-7)中，P_{ij} 为第 i 个老化温度下第 j 个测试点的实验值；P'_{ij} 为第 i 个老化温度下第 j 个测试点的预测值。

$$I = \sum_{i=1}^{m} \sum_{j=1}^{n} \left(P_{ij} - P'_{ij} \right)^2 \tag{8-7}$$

在具体实施过程中，首先对式(8-6)进行对数坐标变化，即可得到如下直线形式：

$$Y = a + bx \tag{8-8}$$

式中，$Y = \lg P$，$a = \lg B$，$b = -K/2.303$，$x = \tau^{\lambda}$。根据最小二乘法估计 a 和 b，由此可以得到 m 个温度点下的速度常数 $K_i = -2.303b_i$ 和 $B_i = 10^{ai}$，则式(8-6)中 B 的估计值为 m 个 B_i 的平均值。同样对 Arrhenius 方程进行坐标变化，可得到如下形式：

$$W = C + DZ \tag{8-9}$$

式中，$W = \lg K$，$C = \lg A$，$D = -E/(2.303R)$，$Z = T^{-1}$。同样，可以根据最小二乘法估计 C 和 D。据此，可以获得 m 个温度下的反应速率常数的估计值 $K_i(i = 1 \sim m)$。于是误差估计为

$$I = \sum_{i=1}^{m} \sum_{j=1}^{n} (y_{ij} - y'_{ij})^2 = \sum_{i=1}^{m} \sum_{j=1}^{n} \left(y_{ij} - \bar{B}e^{-K_i t_{ij}^a} \right)^2 \tag{8-10}$$

在确定完动力曲线直线法的参数后，通过 Arrhenius 方程同样可获得目标温度下的化学反应常数 $K_{贮}$，故目标温度下的贮存期为

$$t = \exp \left(\frac{1}{a} \left(\ln\ln \frac{\bar{B}}{y_0} - \ln K_{贮} \right) \right) \tag{8-11}$$

我国标准 GB/T 27800—2021 明确指出动力曲线直化法仅适用于静密封橡胶零件贮存期的快速预测：一方面不适合预测疲劳荷载工况下的老化寿命；另一方面也不适用于聚氨酯等其他高聚物材料的预测。更为重要的是，预测指标仅包括压缩应力松弛、压缩永久变形和拉断伸长率三个指标。尽管许多学者将该方法应用于其他领域橡胶材料老化寿命的预测，但是其中老化性能与时间的 $P(t)$ 的函数

关系是否适用于其他领域并未给出相关证明。

8.1.3　WLF 方程预测方法

ISO 11348: 2014 中明确给出在测试高聚物材料老化性能时,当它的物理变化与化学变化不容易区分开时,Arrenhius 方程不再是唯一适合的模型,而 WLF 方程可能更适用于表达材料物理、化学性能变化与时间的函数,WLF 方程如式(8-12)所示:

$$\log a_T = \frac{-a(T-T_0)}{b+(T-T_0)} \tag{8-12}$$

式中,a_T 为移位因子;a 和 b 为常数,只取决于材质;T_0 为参考温度。对于每个加速老化温度,将性能测试结果绘制为时间的函数,通常以时间的对数坐标为 x 轴。

在参考温度固定的情况下,沿 x 水平方向依次移动其他温度的结果,使用最小二乘法使得移位后的曲线与参考温度下的曲线尽可能重叠,如图 8.2 所示。这样就可以构造出参考温度下的“主曲线”,它模拟了材料在更宽的时间尺度下的行为,而不是通过直接实验来研究。然后,将每个温度的 $\log a_T$ 值与对应的温度进行绘图,并采用式(8-12)拟合确定常数 a 和 b。这里需要特别强调的是,WLF 方程虽然能够预测高聚物材料化学与物理(黏弹性)性能共同变化情况下的使用寿命,但是只能对老化演变特性较为单一的橡胶材料进行预测。

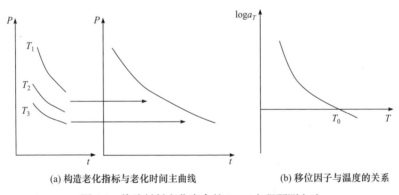

(a) 构造老化指标与老化时间主曲线　　　　　(b) 移位因子与温度的关系

图 8.2　橡胶材料老化寿命的 WLF 方程预测方法

这里同样使用线性回归方法来求解 WLF 方程的拟合系数。通过对式(8-12)进行坐标变换可得式(8-13):

$$u = -rv + t \tag{8-13}$$

式中,$u = 1/\log a_T$,$v = 1/(T-T_0)$;WLF 方程中的常数 $a = -t^{-1}$,$b = -r/t$。

综合分析上述三类预测方法可知,Arrhenius 方程所需测试的周期最长,且无法考虑高聚物材料黏弹性力学特征的变化。基于 Arrhenius 方程的动力曲线直化法主要适用于静密封件的老化寿命预测,其老化性能与老化时间函数是否适用于铁路轨道高聚物弹性元件刚度老化特征预测并无相关依据。因此,这里采用可同时反映高聚物材料化学与物理(黏弹性)性能变化且无需老化性能与时间拟合公式的 WLF 方程对轨道橡胶类弹性元件刚度的老化特征及其服役寿命进行预测。在开展预测之前,首先进行轨道高聚物材料弹性元件刚度的老化实验,分析其老化特征。

8.2　轨道高聚物弹性元件刚度老化实验、特征分析及预测方法

本节在参考铁路轨道高聚物弹性元件传统疲劳荷载实验、热氧老化实验方法的基础上,充分考虑轨道高聚物弹性元件的实际服役条件(主要是循环列车荷载和环境温度),分别设计无列车预压荷载(仅热氧老化)、满列车预压荷载(静载预压+热氧老化)和热力耦合(循环荷载+热氧老化)的三种加速老化实验工况,分别测试分析隔离式减振垫浮置板 I 型橡胶弹性元件与 II 型聚氨酯弹性元件动刚度(即轨道高聚物弹性元件低频割线动刚度与有车载固有频率对应的高频切线动刚度)的老化特征,并基于部分实测结果,应用 WLF 方程开展轨道高聚物弹性元件动刚度的老化寿命预测。

8.2.1　实验工况设计

在欧洲标准 EN 17282: 2020 隔离式减振垫浮置板弹性元件老化性能测试要求中,规定弹性元件测试样品需静置于 70℃的热氧老化箱内保持 7 天,待热氧老化结束后再静置于常温 23℃环境中保持 1~2 周,然后测试弹性元件力学性能的变化。因为该方法中单次老化时间为 7 天,所以老化后的常温静置时间也相应较长。在本次老化实验与寿命预测研究中,需要经常间隔测试弹性元件在不同老化时间后的力学性能,若完全按照规范中的常温静置时间,则会导致时间成本过高(这里期望后继研究者可严格按照更长的时间开展相关实验研究)。为了节约时间成本,本次测试在不同老化温度下的单次老化时间仅保持 1 天或 12h,另外通过测试弹性元件常温静置 2h、4h、6h 后的动刚度发现,在常温静置 4h 后弹性元件动刚度基本保持稳定,所以本次测试选取 4h 作为常温静置时间。具体的实验工况与流程如表 8.1 所示。

在表 8.1 中,实验工况 1 是无列车荷载预压下的热氧老化实验工况,实验工况 2 是满列车荷载 4.6kN 预压荷载下的热氧老化实验,实验工况 3 是循环列车荷载+热氧老化的热力耦合实验工况,即在实验工况 1 的基础上,对浮置板高聚物

弹性元件同步循环施加疲劳荷载(荷载频率为 4Hz、荷载幅值为 0.8～4.6kN)。实验工况 1～3 的老化温度保持一致，分别为 30℃、50℃、70℃、90℃，热氧老化时间共计 7 天。其中，实验工况 1～2 单次老化时间设定为 1 天，实验工况 3 的单次老化时间为 12 h。在每个老化周期完成之后，均需要记录高聚物弹性元件的低频割线动刚度与有车载固有频率的高频切线动刚度。为了方便后续进行测试分析，这里统一采用 30Hz 作为浮置板轨道满车载固有频率的高频切线动刚度的测试上限。在相同的老化温度、老化时间条件下，实验工况 1～2、实验工况 1 和 3 可分别研究静载预压和循环动载对轨道高聚物弹性元件动刚度老化特征的影响。

表 8.1　浮置板弹性元件加速老化实验工况

工况	荷载	老化温度	测试流程	老化时间
工况 1	无荷载	30℃、50℃ 70℃、90℃	在无列车荷载或满列车荷载情况下，首先将浮置板弹性元件放置于 20℃恒温箱中保持 4h，然后将其置于热氧老化箱中保持 1 天，待热氧老化 1 天结束之后，再次将其置于 20℃恒温箱中保持 4h，再开展动态力学性能测试(同第 4 章)。以上流程为浮置板弹性元件的一个老化与测试周期	7 天
工况 2	满车载 4.6kN 预压荷载			
工况 3	4Hz 动载 0.8～4.6kN		在无列车荷载或满列车荷载情况下，首先将浮置板弹性元件放置在 20℃恒温箱中保持 4h，然后将其置于热氧老化箱中保持 12h，热氧老化过程中同步施加循环列车荷载。待 12h 结束之后，再次将其置于20℃恒温箱中保持 4h，再开展动态力学性能测试(同第 4 章)	

8.2.2　实验结果分析

根据表 8.1 中的实验工况与测试流程，分别对浮置板 I 型橡胶弹性元件与 II 型聚氨酯弹性元件开展加速老化实验，期望探究列车荷载(即拟静力加载和循环动力加载)对浮置板两类常用弹性元件动刚度热氧老化特征的影响。

1. 浮置板 I 型橡胶弹性元件

下面分别展示无列车荷载、满列车荷载以及循环列车动荷载作用下浮置板 I 型橡胶弹性元件动刚度的老化特征。

1) 无列车荷载与满列车荷载情况

浮置板 I 型橡胶弹性元件在无列车荷载与满列车荷载情况下，其低频割线动刚度与高频切线动刚度的热氧老化规律如图 8.3 和图 8.4 所示，两类动刚度的实验结果如表 8.2 和表 8.3 所示。在无列车荷载和满列车荷载作用下，因为浮置板 I 型橡胶弹性元件动态荷载-位移滞回曲线的热氧老化规律基本一致，所以下面仅展示满列车荷载情况下浮置板 I 型橡胶弹性元件 50℃和 70℃热氧老化后的动态荷载-位移滞回曲线，如图 8.5 所示。

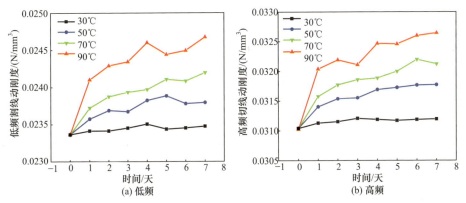

图 8.3　在无列车荷载+热氧老化情况下浮置板 I 型橡胶弹性元件动刚度的变化规律

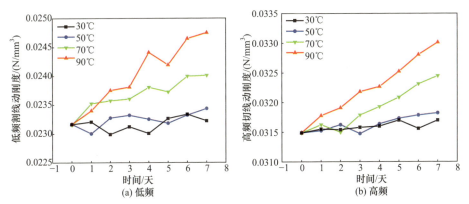

图 8.4　在满列车荷载+热氧老化情况下浮置板 I 型橡胶弹性元件动刚度的变化规律

表 8.2　无列车荷载+热氧老化情况下浮置板 I 型橡胶弹性元件的动刚度 (单位：N/mm³)

老化时间	低频割线动刚度				高频切线动刚度			
	30℃	50℃	70℃	90℃	30℃	50℃	70℃	90℃
0 天	0.0234	0.0234	0.0234	0.0234	0.0310	0.0310	0.0310	0.0310
1 天	0.0234	0.0236	0.0237	0.0241	0.0311	0.0314	0.0316	0.0320
2 天	0.0234	0.0237	0.0239	0.0243	0.0312	0.0315	0.0318	0.0322
3 天	0.0235	0.0237	0.0239	0.0243	0.0312	0.0316	0.0319	0.0321
4 天	0.0235	0.0238	0.0240	0.0246	0.0312	0.0317	0.0319	0.0325
5 天	0.0234	0.0239	0.0241	0.0244	0.0312	0.0317	0.0320	0.0325
6 天	0.0235	0.0238	0.0241	0.0245	0.0312	0.0318	0.0322	0.0326
7 天	0.0235	0.0238	0.0242	0.0247	0.0312	0.0318	0.0321	0.0326

表 8.3　满列车荷载+热氧老化情况下浮置板 I 型橡胶弹性元件的动刚度（单位：N/mm³）

老化时间	低频割线动刚度				高频切线动刚度			
	30℃	50℃	70℃	90℃	30℃	50℃	70℃	90℃
0 天	0.0232	0.0232	0.0232	0.0232	0.0315	0.0315	0.0315	0.0315
1 天	0.0232	0.0230	0.0235	0.0234	0.0316	0.0315	0.0316	0.0318
2 天	0.0230	0.0233	0.0236	0.0238	0.0315	0.0316	0.0315	0.0319
3 天	0.0231	0.0233	0.0236	0.0238	0.0316	0.0315	0.0318	0.0322
4 天	0.0230	0.0233	0.0238	0.0244	0.0316	0.0319	0.0319	0.0323
5 天	0.0233	0.0232	0.0237	0.0242	0.0317	0.0317	0.0321	0.0322
6 天	0.0233	0.0233	0.0240	0.0247	0.0316	0.0318	0.0323	0.0328
7 天	0.0232	0.0234	0.0240	0.0248	0.0317	0.0318	0.0325	0.0330

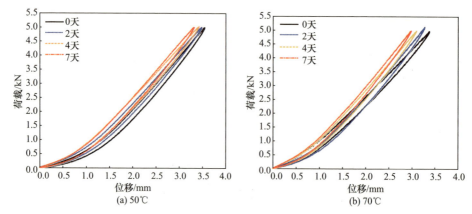

图 8.5　在满列车荷载+热氧老化情况下浮置板 I 型橡胶弹性元件的动态荷载-位移滞回曲线

　　从图 8.3、图 8.4 和表 8.2、表 8.3 可以发现，在无列车荷载与满列车荷载的热氧老化过程中，浮置板 I 型橡胶弹性元件动刚度随着老化时间的增加，其低频割线动刚度与高频切线动刚度均呈现出增加的趋势，并且老化温度越高，其动刚度的增长速率也越大。在实验工况 1 的无列车荷载情况下，30℃、50℃、70℃、90℃ 热氧老化 7 天后，浮置板 I 型橡胶弹性元件的低频割线动刚度(高频切线动刚度) 分别提高了 0.5%、1.8%、3.4%、5.6%(0.5%、2.0%、3.8%、5.7%)。在实验工况 2 的满列车荷载情况下，浮置板 I 型橡胶弹性元件的低频割线动刚度(高频切线动刚度)在 30℃、50℃、70℃、90℃ 热氧老化 7 天后分别提高了 0.5%、2.2%、4.0%、5.7%(0.6%、1.5%、2.8%、5.4%)。通过进一步对比实验工况 1 和 2 可以看出，满列车荷载(4.6kN)对浮置板 I 型橡胶弹性元件动刚度老化的影响不大，因此有无列车静载对浮置板高聚物弹性元件动刚度的老化规律几乎没有影响。

　　另外，从图 8.5 还可以发现，浮置板 I 型橡胶弹性元件动态荷载-位移滞回曲线的非线性程度随着热氧老化时间的增加而缓慢增强，即在相同的热氧老化时间情况下，热氧老化温度越高，橡胶弹性元件的载变非线性越明显。换言之，随着热氧老化时间的延长，尽管增长的低频割线动刚度可以通过降低轨道位移来提高轨道安全性，但是同时增长的有车载固有频率的高频切线动刚度却会降低减振轨道的插入损失，因此浮置板 I 型橡胶弹性元件动刚度的老化寿命应主要取决于高频切线动刚度的老化寿命，即高频切线动刚度增长至轨道插入损失不达标的最长服役时间。

　　2) 循环列车荷载情况

　　在循环列车荷载+热氧老化的热力耦合作用下，浮置板 I 型橡胶弹性元件的低频割线动刚度与高频切线动刚度如图 8.6 和表 8.4 所示，另外，浮置板 I 型橡胶弹性元件热力耦合老化后的动态荷载-位移滞回曲线如图 8.7 所示。

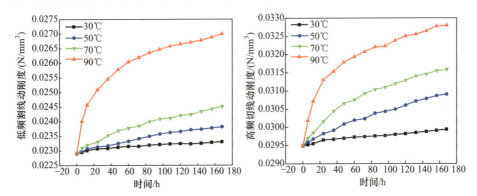

图 8.6　在循环列车荷载+热氧老化情况下浮置板 I 型橡胶弹性元件动刚度的变化规律

表 8.4　循环列车荷载+热氧老化情况下浮置板 I 型橡胶弹性元件的动刚度(单位：N/mm³)

老化时间	低频割线动刚度				高频切线动刚度			
	30℃	50℃	70℃	90℃	30℃	50℃	70℃	90℃
0h	0.0229	0.0229	0.0229	0.0229	0.0295	0.0295	0.0295	0.0295
12h	0.0230	0.0230	0.0231	0.0240	0.0295	0.0296	0.0297	0.0302
24h	0.0230	0.0231	0.0232	0.0246	0.0296	0.0297	0.0299	0.0307
36h	0.0231	0.0232	0.0233	0.0251	0.0297	0.0298	0.0302	0.0313
48h	0.0231	0.0232	0.0235	0.0255	0.0297	0.0299	0.0305	0.0316
60h	0.0231	0.0233	0.0237	0.0258	0.0297	0.0301	0.0307	0.0318
72h	0.0232	0.0233	0.0238	0.0261	0.0297	0.0302	0.0308	0.0320
84h	0.0232	0.0234	0.0239	0.0262	0.0297	0.0303	0.0309	0.0321
96h	0.0232	0.0235	0.0240	0.0264	0.0298	0.0304	0.0311	0.0322
108h	0.0232	0.0236	0.0241	0.0265	0.0298	0.0305	0.0311	0.0323

续表

老化 时间	低频割线动刚度				高频切线动刚度			
	30℃	50℃	70℃	90℃	30℃	50℃	70℃	90℃
120h	0.0232	0.0236	0.0241	0.0266	0.0298	0.0305	0.0312	0.0324
132h	0.0232	0.0237	0.0242	0.0267	0.0298	0.0306	0.0313	0.0325
144h	0.0232	0.0237	0.0243	0.0267	0.0299	0.0307	0.0314	0.0326
156h	0.0233	0.0238	0.0244	0.0268	0.0299	0.0308	0.0315	0.0327
168h	0.0234	0.0238	0.0245	0.0269	0.0299	0.0309	0.0316	0.0328

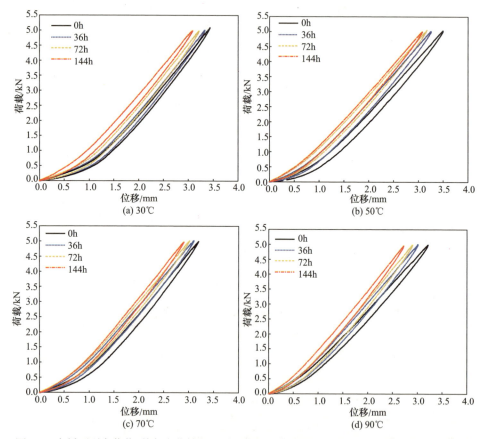

图 8.7　在循环列车荷载+热氧老化情况下浮置板 I 型橡胶弹性元件的动态荷载-位移滞回曲线

　　从图 8.6 和表 8.4 可以看出，浮置板 I 型橡胶弹性元件在热力耦合作用下同样反映出动刚度随热氧老化温度、时间的增加而增大的规律。在本次测试中，30℃、50℃、70℃、90℃热力耦合老化 7 天后，浮置板 I 型橡胶弹性元件的低频割线动刚度(高频切线动刚度)分别提高了 1.7%、3.9%、7.0%、17.5%(1.4%、4.7%、7.1%、

11.2%)，几乎是无列车荷载或满列车荷载情况下弹性元件老化 7 天动刚度变化率的 3～4 倍。这个实验现象一方面可以证明，对于浮置板 I 型橡胶弹性元件，循环列车荷载+热氧老化的热力耦合作用会加速弹性元件动刚度的老化进程；另一方面可以证明，在轨道高聚物弹性元件动刚度老化寿命的传统测试评价规范中，无论是单独开展常温下的疲劳荷载实验，还是单纯无列车荷载作用的热氧老化实验，都会显著高估隧道外轨道高聚物弹性元件动刚度的老化寿命。

综合分析实验工况 1～3 中隔离式减振垫浮置板 I 型橡胶弹性元件动刚度的老化特征可再次说明，随着运营时间的延长，长期服役之后，隔离式减振垫浮置板 I 型橡胶弹性元件的动刚度(不论是低频割线动刚度还是高频切线动刚度)都会显著增加，只是隧道内、外浮置板 I 型橡胶弹性元件的老化速率差异较大而已。另外，I 型橡胶弹性元件的隔离式减振垫浮置板轨道的安全余量和减振余量分别是有增有减，因此隔离式减振垫浮置板 I 型橡胶弹性元件的老化寿命由控制减振余量的高频切线动刚度老化寿命来决定。

2. 浮置板 II 型聚氨酯弹性元件

下面分别展示无列车荷载、满列车荷载以及循环列车动荷载作用下浮置板 II 型聚氨酯弹性元件动刚度的老化特征。

1) 无列车荷载与满列车荷载情况

在无列车荷载与满列车荷载情况下，浮置板 II 型聚氨酯弹性元件低频割线动刚度与高频切线动刚度的热氧老化规律如图 8.8 和图 8.9 所示，两类动刚度实验结果如表 8.5 和表 8.6 所示。在无列车荷载作用下，浮置板 II 型聚氨酯弹性元件 50℃和 70℃热氧老化后的动态荷载-位移滞回曲线如图 8.10 所示；在满列车荷载作用下，浮置板 II 型聚氨酯弹性元件 70℃和 90℃热氧老化后的动态荷载-位移滞回曲线如图 8.11 所示。

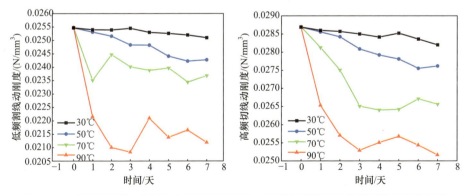

图 8.8　在无列车荷载+热氧老化情况下浮置板 II 型聚氨酯弹性元件动刚度的变化规律

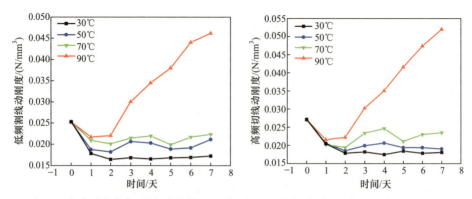

图 8.9   在满列车荷载+热氧老化情况下浮置板 II 型聚氨酯弹性元件动刚度的变化规律

表 8.5   无列车荷载+热氧老化情况下浮置板 II 型聚氨酯弹性元件的动刚度(单位：N/mm³)

老化时间	低频割线动刚度				高频切线动刚度			
	30℃	50℃	70℃	90℃	30℃	50℃	70℃	90℃
0 天	0.0255	0.0255	0.0255	0.0255	0.0287	0.0287	0.0287	0.0287
1 天	0.0254	0.0253	0.0235	0.0222	0.0286	0.0286	0.0281	0.0265
2 天	0.0254	0.0252	0.0245	0.0210	0.0286	0.0284	0.0275	0.0257
3 天	0.0255	0.0248	0.0240	0.0208	0.0285	0.0281	0.0265	0.0253
4 天	0.0253	0.0248	0.0239	0.0221	0.0284	0.0279	0.0264	0.0255
5 天	0.0253	0.0244	0.0240	0.0214	0.0285	0.0278	0.0264	0.0257
6 天	0.0252	0.0242	0.0234	0.0217	0.0284	0.0276	0.0267	0.0254
7 天	0.0251	0.0243	0.0237	0.0212	0.0282	0.0276	0.0266	0.0252

表 8.6   满列车荷载+热氧老化情况下浮置板 II 型聚氨酯弹性元件的动刚度(单位：N/mm³)

老化时间	低频割线动刚度				高频切线动刚度			
	30℃	50℃	70℃	90℃	30℃	50℃	70℃	90℃
0 天	0.0253	0.0253	0.0253	0.0253	0.0271	0.0271	0.0271	0.0271
1 天	0.0178	0.0189	0.0210	0.0218	0.0204	0.0207	0.0204	0.0217
2 天	0.0164	0.0183	0.0202	0.0221	0.0178	0.0186	0.0195	0.0223
3 天	0.0168	0.0208	0.0216	0.0301	0.0182	0.0201	0.0235	0.0304
4 天	0.0166	0.0204	0.0221	0.0346	0.0175	0.0208	0.0248	0.0352
5 天	0.0168	0.0190	0.0200	0.0381	0.0185	0.0195	0.0213	0.0417
6 天	0.0169	0.0193	0.0218	0.0441	0.0179	0.0195	0.0231	0.0475
7 天	0.0173	0.0213	0.0224	0.0463	0.0181	0.0192	0.0236	0.0521

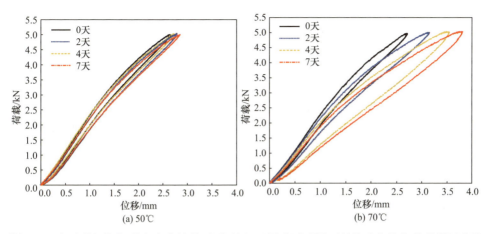

图 8.10　在无列车荷载+热氧老化情况下浮置板 II 型聚氨酯弹性元件的动态荷载-位移滞回曲线

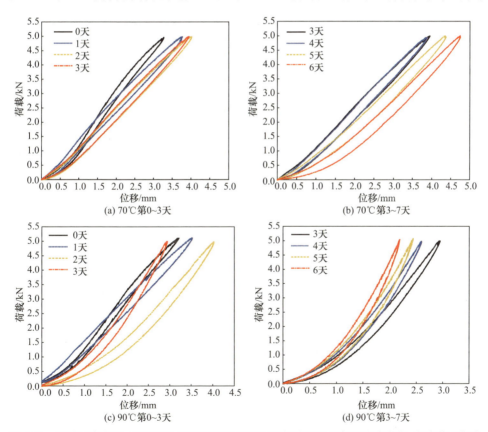

图 8.11　在满列车荷载+热氧老化情况下浮置板 II 型聚氨酯弹性元件的动态荷载-位移滞回曲线

首先观察图 8.8 可以发现，在无列车荷载情况下，随着热氧老化时间的延长，浮置板Ⅱ型聚氨酯弹性元件的低频割线动刚度与高频切线动刚度均呈现出逐渐下降的趋势，并且热氧老化温度越高，弹性元件动刚度的下降幅度也越大，这与浮置板Ⅰ型橡胶弹性元件正好相反。在本次测试中，30℃、50℃、70℃、90℃热氧老化7天后的低频割线动刚度(高频切线动刚度)分别降低了1.5%、4.7%、7.0%、16.9%(1.7%、3.7%、7.4%、12.3%)。

再进一步观察图8.9可以发现，在满列车荷载情况下，浮置板Ⅱ型聚氨酯弹性元件动刚度的老化规律与无列车荷载情况明显不同(这个现象也与浮置板Ⅰ型橡胶弹性元件不同)。浮置板Ⅱ型聚氨酯弹性元件在热氧老化第1~2天就达到了动刚度最小值，在热氧老化温度分别为30℃、50℃、70℃、90℃时，浮置板Ⅱ型聚氨酯弹性元件的低频割线动刚度(高频切线动刚度)分别降低了35%、28%、20%、14%(28%、26%、23%、17%)，并且热氧老化温度越高，动刚度变化率反而越小，这与无列车荷载情况下的动刚度老化规律又恰恰相反。在热氧老化第3~7天，热氧老化温度30℃时，弹性元件的动刚度在最小值附近略微波动；当热氧老化温度50~70℃时，弹性元件的动刚度波动加剧。30~70℃热氧老化7天后，浮置板Ⅱ型聚氨酯弹性元件的低频割线动刚度(高频切线动刚度)分别降低了32%、16%、11%(33%、29%、13%)，而90℃热氧老化7天后，浮置板Ⅱ型聚氨酯弹性元件的低频割线动刚度(高频切线动刚度)会提高82%(92%)。

由图8.10可以看出，在无列车荷载情况下，随着老化时间的增加，浮置板Ⅱ型聚氨酯弹性元件的载变非线性特征几乎没有发生改变(基本保持"上凸"形曲线特征，即随着荷载的增加，高频切线动刚度逐渐下降)，但是已具有向线性转变的趋势。另外，由图8.11可以发现，在满列车荷载情况下，浮置板Ⅱ型聚氨酯弹性元件动态荷载-位移滞回曲线的变化规律较为复杂，弹性元件的载变非线性特征会发生显著变化。在本次测试中，70℃热氧老化1~4天中，浮置板Ⅱ型聚氨酯弹性元件的载变非线性程度降低，逐渐转变为线性特征；70℃热氧老化5~6天中，浮置板Ⅱ型聚氨酯弹性元件的载变非线性特征开始出现了类似橡胶类高聚物材料的载变非线性特征，即高频切线动刚度随荷载增加而逐渐提高的"下凹"形曲线特征。这种非线性特征的变化在更高热氧老化温度90℃情况下，更容易被观察到，即在90℃热氧老化第2天便出现了热氧老化温度70℃第6天的实验现象，并且在90℃热氧老化3~6天中，"下凹"曲线的非线性程度还将进一步加剧。

2) 循环列车荷载情况

在循环列车荷载+热氧老化的热力耦合作用下，浮置板Ⅱ型聚氨酯弹性元件的低频割线动刚度与高频切线动刚度如图8.12和表8.7所示，另外，浮置板Ⅱ型聚氨酯弹性元件热力耦合老化后的动态荷载-位移滞回曲线如图8.13所示。

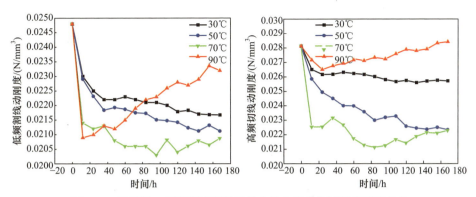

图 8.12　浮置板 II 型聚氨酯弹性元件在热力耦合作用后的刚度变化

表 8.7　循环列车荷载+热氧老化情况下浮置板 II 型聚氨酯弹性元件的动刚度(单位：N/mm³)

老化时间	低频割线动刚度				高频切线动刚度			
	30℃	50℃	70℃	90℃	30℃	50℃	70℃	90℃
0h	0.0248	0.0248	0.0248	0.0248	0.0281	0.0281	0.0281	0.0281
12h	0.0230	0.0229	0.0214	0.0209	0.0265	0.0259	0.0225	0.0272
24h	0.0225	0.0223	0.0212	0.0210	0.0262	0.0250	0.0225	0.0265
36h	0.0222	0.0218	0.0213	0.0213	0.0262	0.0245	0.0232	0.0268
48h	0.0222	0.0219	0.0208	0.0212	0.0263	0.0240	0.0227	0.0269
60h	0.0223	0.0219	0.0206	0.0215	0.0262	0.0240	0.0217	0.0273
72h	0.0222	0.0218	0.0206	0.0219	0.0262	0.0236	0.0213	0.0271
84h	0.0221	0.0217	0.0206	0.0222	0.0260	0.0230	0.0211	0.0274
96h	0.0221	0.0215	0.0203	0.0223	0.0258	0.0232	0.0213	0.0272
108h	0.0220	0.0215	0.0208	0.0226	0.0257	0.0233	0.0217	0.0276
120h	0.0218	0.0214	0.0204	0.0228	0.0258	0.0226	0.0214	0.0279
132h	0.0218	0.0212	0.0206	0.0227	0.0256	0.0225	0.0219	0.0278
144h	0.0217	0.0211	0.0208	0.0229	0.0257	0.0224	0.0222	0.0279
156h	0.0217	0.0213	0.0207	0.0234	0.0258	0.0225	0.0221	0.0283
168h	0.0217	0.0211	0.0209	0.0232	0.0257	0.0224	0.0223	0.0284

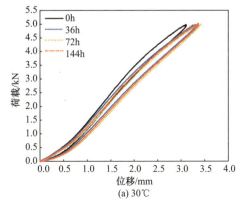

(a) 30℃

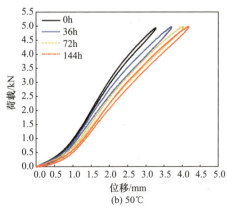

(b) 50℃

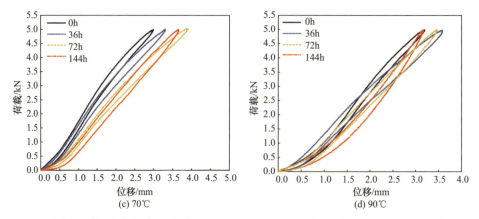

图 8.13　在循环列车荷载+热氧老化情况下浮置板 II 型聚氨酯弹性元件的动态荷载-位移滞回曲线

从图 8.12 和表 8.7 可以看出，在 30℃、50℃、70℃、90℃的热力耦合作用下，浮置板 II 型聚氨酯弹性元件老化 3 天的低频割线动刚度(高频切线动刚度)分别变化了 10.7%、12.7%、17.2%、10.5%(7.6%、15.3%、23.6%、18.5%)，显然要比无列车荷载、单纯热氧老化 7 天后的动刚度变化率还要大。此外，在 90℃的热力耦合作用下，浮置板 II 型聚氨酯弹性元件的低频割线动刚度与高频切线动刚度同样出现了与满车载情况类似的先降低后增加的变化趋势。

进一步观察图 8.13(d)也可以发现，浮置板 II 型聚氨酯弹性元件在 90℃热力耦合 144h 后也出现了载变非线性特征改变的现象，即从"上凸"形曲线变为"下凹"形曲线。

综合分析实验工况 1～3 中浮置板 II 型聚氨酯弹性元件动刚度(包括低频割线动刚度和高频切线动刚度)的老化特征可以发现，热氧老化温度越高，浮置板 II 型聚氨酯弹性元件的载变非线性变化越明显，动刚度变化也越大。在相同热氧老化温度情况下，浮置板 II 型聚氨酯弹性元件没有列车荷载的热氧老化速率明显小于循环列车荷载+热氧的热力耦合老化速率，也小于满列车荷载的热氧老化速率。因此，无论是无列车荷载情况还是满列车荷载情况，都可能高估隧道外浮置板 II 型聚氨酯弹性元件动刚度的老化寿命，这里建议采用热力耦合疲劳实验来测试评价轨道高聚物弹性元件动刚度的老化寿命。

8.2.3　预测结果分析

无论是浮置板 I 型橡胶弹性元件还是浮置板 II 型聚氨酯弹性元件，通过开展循环列车荷载+热氧老化的热力耦合实验，能较为准确地测试评价隧道外轨道高聚物弹性元件动刚度的老化寿命。然而，由于浮置板 II 型弹性元件属于聚氨酯材料，并非橡胶类材料，并且聚氨酯弹性元件在热力耦合作用下动态荷载-位移滞回曲线也并非单调变化(即聚氨酯载变非线性特征会在老化过程中发生改变)，不适用于 WLF 方程预测方法。因此，本节仅针对浮置板 I 型橡胶弹性元件开展其动刚度热力耦合老化寿命预测，即预测浮置板 I 型橡胶弹性元件热力耦合老化后动刚度变化率超限时的最长服役时间。

下面应用 WLF 方程预测方法对浮置板 I 型橡胶弹性元件不同温度的动刚度老化曲线进行水平移位。目标温度 30℃和 50℃条件下动刚度长期老化预测曲线以及水平移位因子的拟合结果分别如图 8.14 和图 8.15 所示。

根据图 8.14 和图 8.15 的浮置板 I 型橡胶弹性元件动刚度老化预测曲线，若以动刚度变化率 10%为寿命阈值，30℃(50℃)条件下浮置板 I 型橡胶弹性元件低频割线动刚度与高频切线动刚度的热力耦合疲劳次数分别为 3905 万次(1452 万次)和 8156 万次(1728 万次)。从该预测结果可以发现，热氧温度越高，达到相同动刚度变化率所需的疲劳荷载次数越少(特别是高频切线动刚度的疲劳荷载次数)。当热氧温度从 30℃升高至 50℃时，其低频割线动刚度升高 10%所需的疲劳荷载次数可减少 2453 万次，而其高频切线动刚度升高 10%所需的疲劳荷载次数可降低至 6428 万次。另外，这个预测结果还可以证明，目前浮置板弹性元件老化寿命的

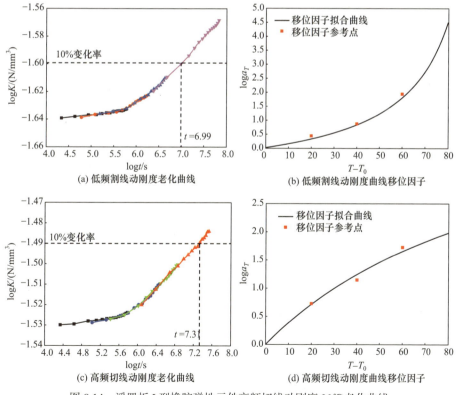

图 8.14　浮置板 I 型橡胶弹性元件高频切线动刚度 30℃老化曲线

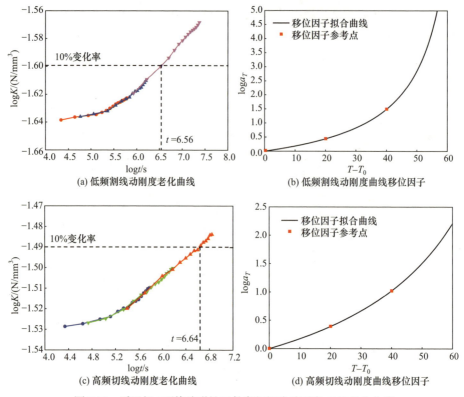

图 8.15　浮置板 I 型橡胶弹性元件高频切线动刚度 50℃老化曲线

测试评估规范中规定的室内疲劳荷载次数与实验温度(常温 23℃下 1000 万次)不能反映隧道外浮置板弹性元件动刚度的实际服役寿命，可能会出现室内疲劳荷载老化实验结果合格，而实际寿命不达标的情况。

　　下面以某地铁工程为例，预测浮置板 I 型橡胶弹性元件动刚度的老化寿命(即弹性元件动刚度变化率达到阈值时的最长服役时间)。在本案例工程建成运营后，预计每天运营 16h(早上 6 点至晚上 10 点)，8 节编组列车之间的行车间隔大约是 5min，所以每天疲劳荷载次数应是 3072 次。根据 50℃条件下浮置板 I 型橡胶弹性元件低频割线动刚度和高频切线动刚度提高 10%的热力耦合疲劳次数 1452 万次和 1728 万次，再综合考虑一年内(365 天)可能存在两个季度(180 天)的高温天气，保守估计本案例工程浮置板 I 型橡胶弹性元件低频割线动刚度和高频切线动刚度的老化寿命分别是 25 年和 30 年。

　　通过前面一系列的轨道高聚物弹性元件老化实验研究可知，建议将轨道高聚物弹性元件老化寿命测试评价的传统室内室温的疲劳实验改为高温的热力耦合疲劳实验，并且需根据具体工程的实际运营组织和全年高温天数，有针对性地规定轨道高聚物弹性元件热力耦合疲劳荷载的实验温度以及疲劳荷载循环次数。另外，聚氨酯弹性元件的实验温度和疲劳荷载循环次数参照橡胶弹性元件执行，同时热力耦合老化实验后，测试评价寿命的指标都是低频割线动刚度变化率和有车载固有频率(包括满车载固有频率以及空车载固有频率)的高频切线动刚度变化率。

参 考 文 献

[1] 全国橡胶与橡胶制品标准化技术委员会. 硫化橡胶或热塑性橡胶应用阿累尼乌斯图推算寿命和最高使用温度[S]. GB/T 20028—2005. 北京: 中国标准出版社, 2005.

[2] 全国橡胶与橡胶制品标准化技术委员会. 静密封橡胶制品使用寿命的快速预测方法[S]. GB/T 27800—2021. 北京: 中国标准出版社, 2021.

[3] ISO. Rubber, vulcanized or thermoplastic—Estimation of life-time and maximum temperature of use[S]. ISO 11348: 2014. Genève: ISO, 2014.

附录 Ⅰ　线性黏弹性材料的整数阶力学模型

名称	模型图	微分方程或本构式	蠕变柔量	松弛模量	复柔量实部	复柔量虚部
弹性固体		$\sigma=q_0\varepsilon$	$\dfrac{1}{q_0}$	q_0	$1/q_0$	0
黏性流体		$\sigma=q_1\dot{\varepsilon}$	$\dfrac{t}{q_1}$	$q_1\delta(t)$，$\delta(t)$为狄拉克函数	0	$\dfrac{1}{q_1\omega}$
Maxwell 流体		$\sigma+p_1\dot{\sigma}=q_1\dot{\varepsilon}$	$\dfrac{p_1+t}{q_1}$	$\dfrac{q_1}{p_1}\mathrm{e}^{-t/p_1}$	$\dfrac{p_1}{q_1}$	$\dfrac{-1}{q_1\omega}$
Kelvin 固体		$\sigma=q_0\varepsilon+q_1\dot{\varepsilon}$	$\dfrac{1}{q_0}\left(1-\mathrm{e}^{-q_0t/q_1}\right)$	$q_0+q_1\delta(t)$	$\dfrac{q_0}{q_0^2+q_1^2\omega^2}$	$\dfrac{-q_1\omega}{q_0^2+q_1^2\omega^2}$
三元件流体		$\sigma+p_1\dot{\sigma}=q_1\dot{\varepsilon}+q_2\ddot{\varepsilon}$ $p_1q_1>q_2$	$\dfrac{t}{q_1}+\dfrac{p_1q_1-q_2}{q_1^2}\left(1-\mathrm{e}^{-q_1t/q_2}\right)$	$\dfrac{q_2}{p_1}\delta(t)+\dfrac{q_1-q_2/p_1}{p_1}\mathrm{e}^{-t/p_1}$	$\dfrac{p_1q_1-q_2}{q_1^2+q_2^2\omega^2}$	$-\dfrac{(q_1-q_0p_1)\,\omega}{q_1^2+q_2^2\omega^2}$
三元件固体		$\sigma+p_1\dot{\sigma}=q_0\varepsilon+q_1\dot{\varepsilon}$ $q_1>p_1q_0$	$\dfrac{p_1}{q_1}\mathrm{e}^{-q_0t/q_1}+\dfrac{1}{q_0}\left(1-\mathrm{e}^{-q_0t/q_1}\right)$	$\dfrac{q_1}{p_1}\mathrm{e}^{-t/p_1}+q_0\left(1-\mathrm{e}^{-t/p_1}\right)$	$\dfrac{q_0+p_1q_1\omega^2}{q_0^2+q_1^2\omega^2}$	$-\dfrac{(q_1-q_0p_1)\,\omega}{q_0^2+q_1^2\omega^2}$
四元件流体		$\sigma+p_1\dot{\sigma}+p_2\ddot{\sigma}=q_1\dot{\varepsilon}+q_2\ddot{\varepsilon}$ $p_1^2>4p_2$ $p_1q_2>p_2q_1^2+q_2^2$	$\dfrac{t}{q_1}+\dfrac{p_1q_1-q_2}{q_1^2}\left(1-\mathrm{e}^{-q_1t/q_2}\right)$ $+\dfrac{p_2}{q_2}\mathrm{e}^{-q_1t/q_2}$	$\dfrac{1}{\sqrt{p_1^2-4p_2}}\left[\begin{array}{c}(q_1-\alpha q_2)\mathrm{e}^{-\alpha t}\\-(q_1-\beta q_2)\mathrm{e}^{-\beta t}\end{array}\right]$ $\left.\begin{array}{c}\alpha\\\beta\end{array}\right\|=\dfrac{1}{2p_2}\left(p_1\pm\sqrt{p_1^2-4p_2}\right)$	$\dfrac{(p_1q_1-q_2)+p_2q_2\omega^2}{q_1^2+q_2^2\omega^2}$	$-\dfrac{q_1+(q_2p_1-p_2q_1)\,\omega^2}{(q_1^2+q_2^2\omega^2)\,\omega}$

续表

名称	模型图	微分方程或不等式	蠕变柔量	松弛模量	复柔量实部	复柔量虚部
四元件固体		$\sigma + p_1\dot{\sigma} = q_0\varepsilon + q_1\dot{\varepsilon} + q_2\ddot{\varepsilon}$ $q_1^2 > 4q_0q_2$ $p_1q_1 > p_1^2q_0 + q_2$	$\dfrac{1-p_1\lambda_1}{q_2\lambda_1(\lambda_2-\lambda_1)}(1-e^{-\lambda_1 t})$ $+\dfrac{1-p_1\lambda_2}{q_2\lambda_2(\lambda_1-\lambda_2)}(1-e^{-\lambda_2 t})$ 其中，λ_1、λ_2是$q_2\lambda^2+q_1\lambda$ $+q_0 = 0$的根	$\dfrac{q_2}{q_1}\delta(t)+\dfrac{q_1p_1-q_2}{p_1^2}$ $-\dfrac{1}{p_1^2}(q_1p_1-q_0p_1^2-q_2)$ $\times(1-e^{-t/p_1})$	$\dfrac{q_0+(p_1q_1-q_2)\omega^2}{q_0^2+(q_1^2-2q_0q_2)\omega^2+q_2^2\omega^4}$	$-\dfrac{(q_1-p_1q_0)\omega+q_2p_1\omega^3}{q_0^2+(q_1^2-2q_0q_2)\omega^2+q_2^2\omega^4}$

附录 II 线性黏弹性材料动态力学特性的 等效预测——时间-温度叠加原理

对于大多数线性黏弹性材料，其动态力学性能取决于环境温度、激励频率与激励幅值。时间-温度叠加原理是快速预测材料完整黏弹性力学行为的一种实用方法。本附录提供了时间-温度叠加原理的标准使用方法(摘译自 ISO-18437-6: 2017 "Mechanical vibration and shock—Characterization of the dynamic mechanical properties of visco-elastic materials—Part 6: Time-temperature superposition")，通过平移不同温度下测得的模量-频率曲线，得到线性黏弹性材料在参考温度下的模量主曲线，即获得在目标温度条件下更宽频率范围内线性黏弹性材料的动态黏弹性特征。该时间-温度叠加原理可以预测实验条件无法直接获取更高频或更低频条件下的线性黏弹性材料动态力学行为，但该原理仅适用于小应变幅值范围的线性力学行为以及热流变行为简单的材料。

1. 时间-温度叠加原理的具体操作流程

第一步：不同温度条件下，在设备可实现的加载频率范围内开展线性黏弹性材料动态力学性能测试，由此获得一组不同温度下的动态黏弹性力学曲线(如储能模量或损耗因子)。建议在测试过程中设置充足的测试温度和测试频率，以便从一个温度转移到另一个温度时提供足够的频率数据点重叠。一般建议温度间隔 5℃ 设置一个工况，其中，最高温度的选择不应使产品几何形状发生改变。测试频率可设置为 0.1Hz、0.2Hz、0.3Hz、0.5Hz、1Hz、2Hz、3Hz、5Hz、10Hz、20Hz、30Hz 或者保证相邻动态黏弹性力学曲线间的动态数据在频率对数轴相差 10 倍。不同温度下测得的结果将在以 10 为底的对数坐标轴下绘制模量-频率曲线。

第二步：动态黏弹性力学曲线首先应进行垂直移位以考虑温度和密度变化对模量的影响。通常，对于固体黏弹性材料，垂直移位很小。然而，对于某些线性黏弹性材料，动态黏弹性指标的垂直调整可能很重要，尤其是动态黏弹性力学曲线温差较大的情况。如果忽略垂直移位将会导致宽频范围的预测结果出现重大误差。其中，垂直移位因子 b_T 的计算公式为

$$b_T = \frac{\rho T}{\rho_R T_R} \tag{II-1}$$

式中，T 和 T_R 分别为目标温度和参考温度，K；ρ 和 ρ_R 分别为目标温度和参考温

度下线性黏弹性材料的密度，kg/m³；当未知不同温度下材料的密度比变化时，可忽略密度比的影响。

第三步：垂直移位后的动态黏弹性力学曲线沿水平方向移动到参考温度下即可获得线性黏弹性材料在目标温度下的宽频主曲线。其中，重叠区域是两个相邻动态黏弹性力学曲线间的区域，以线段重叠部分的左右边为界，从顶部和底部以连接相邻曲线重叠部分的起点和终点的水平线为界，如图 II.1 中的阴影区域所示。

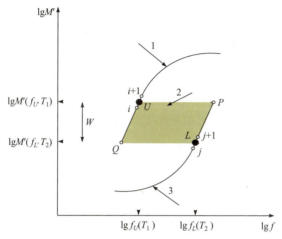

图 II.1　两个储能模量-频率曲线示意图

在图 II.1 中，1 和 3 为温度 T_1 和 T_2 条件下的储能模量-频率曲线，$T_2 > T_1$；2 为两条储能模量-频率曲线之间的重叠区域。

当参考温度为 T_1 时，根据式(II-2)～式(II-4)，计算 T_2 温度下动态黏弹性力学曲线的水平移位因子：

$$\lg a(T_2) = \frac{\sum_{p=L}^{P-1} F_p(T_2) - \sum_{q=Q}^{U-1} F_q(T_1)}{\lg M'(f_Q, T_1) - \lg M'(f_p, T_2)} \tag{II-2}$$

在式(II-2)中：

$$F_q(T_1) = \frac{\lg f_q(T_1) + \lg f_{q+1}(T_1)}{2} \cdot [\lg M'(f_{q+1}, T_1) - \lg M'(f_q, T_1)], \quad q = Q, \cdots, U-1 \tag{II-3}$$

$$F_p(T_2) = \frac{\lg f_p(T_2) + \lg f_{p+1}(T_2)}{2} \cdot [\lg M'(f_{p+1}, T_2) - \lg M'(f_p, T_2)], \quad p = L, \cdots, P-1 \tag{II-4}$$

在水平移位时，需要定义重叠区域 Q、P、U、L 的边界点，如步骤①～④所示。

① 点 Q 为 T_1 温度下线段的最小测量基准点，如式(II-5)所示：

$$\lg M'(f_Q, T_1) = \min_q \{\lg M'(f_Q, T_1), \overline{q} = 1, 2, \cdots, N_1\} \tag{II-5}$$

② 点 P 为温度 T_2 下线段的最大测量基准点，如式(II-6)所示：

$$\lg M'(f_P, T_2) = \min_p \{\lg M'(f_p, T_2), p = 1, 2, \cdots, N_1\} \tag{II-6}$$

③ 点 U 为人工点，表示温度 T_1 下测得的线段重叠截面的上边界。为求点 U 的频率坐标，从点 P 画一条水平线指向在温度 T_1 下测量的线段，并确定其交点。若水平线与线段有若干交点，则取与点 Q 在频率坐标上最接近的点为上边界点 U。点 U 的频率值如式(II-7)所示：

$$\lg f_U(T_1) = \lg f_i(T_1) + \frac{\lg M'(f_U, T_1) - \lg M'(f_i, T_1)}{\lg M'(f_{i+1}, T_1) - \lg M'(f_i, T_1)} \cdot [\lg f_{i+1}(T_i) - \lg f_i(T_i)] \tag{II-7}$$

式中，i 和 $i+1$ 为距离 U 点最近的基准点。U 点的储能模量值如式(II-8)所示：

$$\lg M'(f_U, T_1) = \lg M'(f_p, T_2) \tag{II-8}$$

④ 点 L 为人工点，描述在温度 T_2 下测得的线段重叠部分的下边界。为求点 L 的频率坐标，从点 Q 画一条水平线指向在温度 T_2 下测量的相对线段，并确定交点。若水平线与相对线段有几个点相交，则取在频率坐标上与点 P 最接近的点为下边界点 L。点 L 的频率值如式(II-9)所示：

$$\lg f_L(T_2) = \lg f_j(T_2) + \frac{\lg M'(f_L, T_2) - \lg M'(f_j, T_2)}{\lg M'(f_{j+1}, T_2) - \lg M'(f_j, T_2)} \cdot [\lg f_{j+1}(T_2) - \lg f_j(T_2)] \tag{II-9}$$

式中，j 和 $j+1$ 为离 L 点最近的基准点。L 点的储能模量如式(II-10)所示：

$$\lg M'(f_L, T_2) = \lg M'(f_Q, T_1) \tag{II-10}$$

如果在 $K(K>3)$ 个温度下进行实验，即 $\{T_k, k=1, 2, \cdots, K\}$，其中 $T_1 < T_2 < \cdots < T_K$，则按照步骤(1)~(8)构建光滑的储能模量主曲线。

(1) 选择实验范围内的参考温度 T_R。

(2) 将所有黏弹性动态力学曲线按 $\lg M'(f, T_k)$-$\lg b(T_k)$ 垂直移动，$k = 1, 2, \cdots, K$，其中 $b(T_k)$ 由式(II-1)给出。这样，垂直调整的储能模量将进一步表示为折合储能模量。

(3) 对于每对相邻线段，分别用式(II-5)和式(II-6)定义点 Q 和点 P 的频率值和折合储能模量，分别用式(II-7)~式(II-10)定义点 U 和点 L 的频率值和折合储能模量，根据式(II-2)~式(II-4)计算每个水平移位因子 $\lg \tilde{a}(T)$，使用在较低温度下的曲线作为参考。

(4) 将参考段的水平移位因子设为零，即 $\lg \tilde{a}(T) = 0$。这意味着参考段保持在原位置。

(5) 计算高于参考温度的温度下测量段的最终水平移位因子，$T_m>T_R$，方法是将其各自的水平移位因子与参考段的最终水平移位因子相加，即如式(II-11)所示：

$$\lg a(T_m) = \lg a(T_R) + \sum_{r=R+1}^{m} \lg \tilde{a}(T_r) \tag{II-11}$$

(6) 计算低于参考温度的温度下测量段的最终水平移位因子，$T_n>T_R$，从最终参考段的水平移位因子中减去各自水平移位因子，即如式(II-12)所示：

$$\lg a(T_n) = \lg a(T_R) - \sum_{r=n}^{R-1} \lg \tilde{a}(T_r) \tag{II-12}$$

(7) 按 $\lg f(T_k) + \lg a(T_k)$ 计算折合频率值，$k=1, 2, \cdots, K$。

(8) 绘制折合频率与折合储能模量使图像保持一个平滑的主曲线。

时间-温度叠加原理的大量测试结果表明：如果在参考温度下直接测试更宽频率的动态力学性能，那么其结果与时间-温度叠加原理得到的主曲线一致。此外，在使用时间-温度叠加原理时，有几个适用性准则：①不同温度下动态黏弹性力学曲线的形状应在较宽频段范围内近似保持一致；②同一温度下所有的动态黏弹性指标(储能模量或损耗因子)均应采用相同的移位因子值 α_T；③α_T 温度依赖性是温度的平滑函数，没有明显的波动或不规则性，一般通过 WLF 方程来模拟。

2. 应用时间-温度叠加原理构造储能模量主曲线的工程案例

下面介绍一个应用时间-温度叠加原理构建主曲线的示例，研究温度 $T_1 = 0℃$、$T_2 = 10℃$ 和 $T_3 = 20℃$ 下测量的三个储能模量段，如图 II.2 和表 II.1 所示。图 II.2 中，曲线 1、2、3 分别代表 0℃、10℃、20℃ 条件下的储能模量曲线，可以看出不同温度下测得的曲线形状是相同的，满足时间-温度叠加原理适用性的准则①。三个温度下测试了相同频率下的储能模量，见表 II.1。此时，应遵循前面多个温度点的移位步骤(1)~(8)进行。

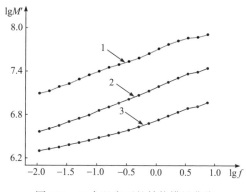

图 II.2　三个温度下的储能模量曲线

(1) 在实验测试温度范围内选择一个参考温度 T_R。取温度 $T_2 = 10℃$ 时测得的线段为参考线段，即 $T_R=T_2$。

表 II.1　三个温度下储能模量曲线实测数据

序号	lgf/Hz	lgM'(f,T₁)/Pa	lgM'(f,T₂)/Pa	lgM'(f,T₃)/Pa
1	−1.9648	7.0946	6.5657	6.3005
2	−1.7982	7.128	6.6055	6.3264
3	−1.6315	7.1877	6.6493	6.3518
4	−1.4648	7.2287	6.7033	6.385
5	−1.2982	7.2915	6.7486	6.4137
6	−1.1315	7.3502	6.7936	6.4454
7	−0.9649	7.4007	6.8581	6.4826
8	−0.7982	7.4537	6.9054	6.5146
9	−0.6315	7.4926	6.9591	6.5497
10	−0.4648	7.536	7.0141	6.5871
11	−0.2982	7.5844	7.0702	6.6317
12	−0.1315	7.6454	7.1284	6.6787
13	0.0352	7.7119	7.1911	6.7286
14	0.2018	7.7722	7.2502	6.7828
15	0.3685	7.8206	7.309	6.8348
16	0.5352	7.8612	7.3653	6.8879
17	0.7018	7.8716	7.3912	6.9137
18	0.8685	7.909	7.4426	6.9661

(2) 将所有分段按 $\lg M'(f, T_k)$-$\lg b(T_k)$ 垂直移动，$k = 1, 2, 3$，其中 $b(T_k)$ 由式(II-1)确定。由于给定示例中不同温度下的密度未知，垂直移位因子可按照 $b(T) = T / T_R = T / T_2$ 计算。因此，垂直移位因子分别如下。

在 T_1 温度测量的储能模量曲线：

$$b(T_1) = (T_1 + 273.15) / (T_2 + 273.15) = 0.9647$$

在 T_2 温度测量的储能模量曲线：

$$b(T_2) = (T_2 + 273.15) / (T_2 + 273.15) = 1$$

在 T_3 温度测量的储能模量曲线：

$$b(T_3) = (T_3 + 273.15) / (T_2 + 273.15) = 1.0353$$

从表 II.1 中减去垂直移位因子，就得到了折合储能模量，如图 II.3 和表 II.2 所示。

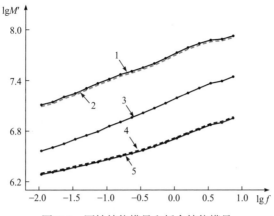

图 II.3　原始储能模量和折合储能模量

表 II.2　折合储能模量

序号	lg$f$/Hz	lg$M'(f,T_1)$/Pa	lg$M'(f,T_2)$/Pa	lg$M'(f,T_3)$/Pa
1	−1.9648	7.1102	6.5657	6.2854
2	−1.7982	7.1436	6.6055	6.3113
3	−1.6315	7.2033	6.6493	6.3367
4	−1.4648	7.2443	6.7033	6.3699
5	−1.2982	7.3071	6.7486	6.3986
6	−1.1315	7.3658	6.7936	6.4303
7	−0.9649	7.4163	6.8581	6.4675
8	−0.7982	7.4693	6.9054	6.4995
9	−0.6315	7.5082	6.9591	6.5346
10	−0.4648	7.5516	7.0141	6.5720
11	−0.2982	7.6000	7.0702	6.6166
12	−0.1315	7.6610	7.1284	6.6636
13	0.0352	7.7275	7.1911	6.7135
14	0.2018	7.7878	7.2502	6.7677
15	0.3685	7.8362	7.309	6.8197
16	0.5352	7.8768	7.3653	6.8728
17	0.7018	7.8872	7.3912	6.8986
18	0.8685	7.9246	7.4426	6.9510

在图 II.3 中，曲线 1、2 分别代表 T_1 温度下的原始储能模量和折合储能模量；3 代表 T_2 温度下的原始储能模量；4、5 分别代表 T_3 温度下的原始储能模量和折合储能模量。

(3) 对于每对相邻储能模量线段，分别使用式(II-5)和式(II-6)定义 Q 点和 P 点的频率值和折合储能模量值；分别用式(II-7)～式(II-10)定义 U 点和 L 点的频率值和折合储能模量值；根据式(II-2)～式(II-4)计算单个水平移位因子 $\lg \tilde{a}(T)$。以较低温度下测量的储能模量线段作为参考线段。考虑第一对折合储能模量曲线，在本示例中对应温度 $(T_1, T_2)=(0℃, 10℃)$，并在图 II.4 中突出显示。图 II.4 中，曲线 1 代表 T_1 温度下的折合储能模量，曲线 2 代表 T_1 和 T_2 温度下储能模量曲线的重叠区域，曲线 3 代表 T_2 温度下的原始储能模量。

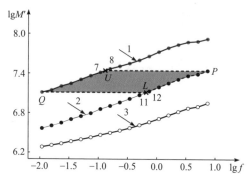

图 II.4　0℃和10℃时测量的储能模量段重叠区域

根据式(II-5)，Q 点的储能模量值为

$$\lg M'(f_Q, T_1) = \min_q \{\lg M'(f_q, T_1), q=1,2,\cdots,18\} = \lg M'(f_1, T_1) = 7.1102 \text{Pa}$$

对应的频率值为

$$\lg f_Q(T_1) = \lg f_1(T_1) = -1.9648 \text{Hz}$$

根据式(II-6)，点 P 的储能模量值为

$$\lg M'(f_P, T_2) = \max_p \{\lg M'(f_p, T_1), p=1,2,\cdots,18\} = \lg M'(f_{18}, T_2) = 7.4426 \text{Pa}$$

对应的横坐标为

$$\lg f_P(T_2) = \lg f_{18}(T_2) = 0.8685 \text{Hz}$$

根据式(II-2)和式(II-8)，可以得到 U 点的储能模量值为

$$\lg M'(f_U, T_1) = \lg M'(f_P, T_2) = 7.4426 \text{Pa}$$

而根据式(II-7)计算的频率值为

$$\lg f_U(T_1) = \lg f_7(T_1) + \frac{\lg M'(f_U, T_1) - \lg M'(f_7, T_1)}{\lg M'(f_8, T_1) - \lg M'(f_7, T_1)} \cdot [\lg f_8(T_1) - \lg f_7(T_1)] = -0.8822 \text{Hz}$$

由式(II-10)给出的 L 点的储能模量值为

$$\lg M'(f_L, T_2) = \lg M'(f_Q, T_1) = 7.1102 \text{Pa}$$

而根据式(II-9)计算的频率值为

$$\lg f_L(T_2) = \lg f_{11}(T_2) + \frac{\lg M'(f_L, T_2) - \lg M'(f_{11}, T_2)}{\lg M'(f_{12}, T_2) - \lg M'(f_{11}, T_2)} \cdot [\lg f_{12}(T_2) - \lg f_{11}(T_2)] = -0.1836 \text{Hz}$$

式(II-2)的分子和可以改写为

$$\sum_{q=Q}^{U-1} F_q(T_1) = \sum_{q=1}^{U-1} F_q(T_1)$$

式中

$$F_{U-1}(T_1) = \frac{\lg f_7(T_1) + \lg f_U(T_1)}{2} \cdot [\lg M'(f_U, T_1) - \lg M'(f_7, T_1)]$$

且

$$\sum_{p=L}^{P-1} F_p(T_2) = \sum_{p=L}^{17} F_p(T_2)$$

其中

$$F_L(T_2) = \frac{\lg f_L(T_2) + \lg f_{12}(T_2)}{2} \cdot [\lg M'(f_{12}, T_2) - \lg M'(f_L, T_2)]$$

因此

$$\sum_{q=1}^{U-1} F_q(T_1) = -0.464, \quad \sum_{p=L}^{17} F_p(T_2) = 0.0997$$

将得到的和代入式(II-2)的分子中，两个储能模量段之间的水平移位因子等于：

$$\lg \tilde{\alpha}(T_2) = \frac{\sum_{p=L}^{P-1} F_p(T_2) - \sum_{q=Q}^{U-1} F_q(T_1)}{\lg M'(f_Q, T_1) - \lg M'(f_P, T_2)} = \frac{0.0997 - (-0.464)}{7.1102 - 7.4426} = -1.6958$$

考虑第二对折合储能模量曲线，在本例中，对应温度$(T_2, T_3) = (10℃, 20℃)$，并在图 II.5 中突出显示。

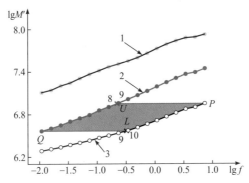

图 II.5　10℃和20℃下实测的储能模量段重叠区域

图 II.5 中，曲线 1 代表 T_2 温度下的原始储能模量，曲线 2 代表 T_2 和 T_3 温度储能模量曲线的重叠区域，曲线 3 代表 T_3 温度下的折合储能模量。

对于在 T_2 和 T_3 温度下测量得到的两段储能模量，其步骤与在 T_1 和 T_2 温度下测量的两段储能模量的步骤相同。下面给出所有必要的值。

Q 点：根据式(II-5)的储能模量值为 $\lg M'(f_Q, T_2) = \lg M'(f_1, T_2) = 6.5657 \text{Pa}$，频率值为

$$\lg f_Q(T_2) = \lg f_1(T_2) = 1.9648 \text{Hz}$$

P 点：根据式(II-6)的储能模量值为 $\lg M'(f_P, T_3) = \lg M'(f_{18}, T_3) = 6.951 \text{Pa}$，频率值为

$$\lg f_P(T_3) = \lg f_{18}(T_3) = 0.8685 \text{Hz}$$

U 点：储能模量值为 $\lg M'(f_U, T_2) = \lg M'(f_P, T_3)$，频率值由式(II-8)给出，作为储能模量段第 8、9 点的线性插值，即

$$\lg f_U(T_2) = \lg f_8(T_2) + \frac{\lg M'(f_U, T_2) - \lg M'(f_8, T_2)}{\lg M'(f_9, T_2) - \lg M'(f_8, T_2)} \cdot [\lg f_9(T_2) - \lg f_8(T_2)] = -0.6566 \text{Hz}$$

L 点：储能模量的值为 $\lg M'(f_L, T_3) = \lg M'(f_Q, T_2)$，频率值由式(II-9)给出，作为储能模量段第 9、10 点的线性插值，即

$$\lg f_L(T_3) = \lg f_9(T_3) + \frac{\lg M'(f_L, T_3) - \lg M'(f_9, T_3)}{\lg M'(f_{10}, T_3) - \lg M'(f_9, T_3)} \cdot [\lg f_{10}(T_3) - \lg f_9(T_3)] = -0.4929 \text{Hz}$$

根据式(II-3)和式(II-4)计算水平移位因子的总和为

$$\sum_{q=Q}^{U-1} F_q(T_2) = \sum_{q=1}^{U-1} F_q(T_2) = -0.4934$$

式中

$$F_{U-1}(T_2) = \frac{\lg f_8(T_2) + \lg f_U(T_2)}{2} \cdot [\lg M'(f_U, T_2) - \lg M'(f_8, T_2)]$$

且

$$\sum_{p=L}^{P-1} F_q(T_3) = \sum_{p=L}^{17} F_q(T_3) = 0.0698$$

其中

$$F_L(T_3) = \frac{\lg f_L(T_3) + \lg f_{10}(T_3)}{2} \cdot [\lg M'(f_{10}, T_3) - \lg M'(f_L, T_3)]$$

由式(II-2)得到的单独水平移位因子等于：

$$\lg \tilde{\alpha}(T_3) = \frac{\sum_{p=L}^{P-1} F_p(T_3) - \sum_{q=Q}^{U-1} F_q(T_2)}{\lg M'(f_Q, T_2) - \lg M'(f_P, T_3)} = \frac{0.0698 - (-0.4934)}{6.5657 - 6.951} = -1.4617$$

(4) 将最终参考段水平移位因子设为零，即 $\lg\alpha(T_R) = \lg\alpha(T_2) = 0$。这意味着参考段保持在它的位置上。

(5) 使用式(II-11)计算高于参考温度$(T_m > T_R)$下其他测量段的最终水平移位因子。

在这种情况下，只有一个线段是在高于参考温度的温度下测量的，即在 T_3 处的线段。对于这一段，最终得到水平移位因子为

$$\lg\alpha(T_3) = \lg\alpha(T_R) + \sum_{r=R+1}^{3} \lg\tilde{\alpha}(T_r) = \lg\alpha(T_2) + \lg\tilde{\alpha}(T_3) = -1.4617$$

(6) 在参考温度 $T_n < T_R$ 下使用式(II-12)计算测量段的最终水平移位因子。

对于低于参考温度的温度，本例只提供了一个在温度 T_1 下测量的部分。这一段的最终水平移位因子为

$$\lg\alpha(T_1) = \lg\alpha(T_R) - \sum_{r=1}^{R-1} \lg\tilde{\alpha}(T_r) = \lg\alpha(T_2) - \lg\tilde{\alpha}(T_1) = 1.6958$$

(7) 按 $\lg f(T_k) + \lg\alpha(T_k)$ $(k = 1, 2, 3)$ 计算折合频率值，见表 II.3。

表 II.3　折合频率值

序号	$T_1 = 0℃$	$T_2 = 10℃$	$T_3 = 20℃$
1	−0.2690	−1.9648	−3.4263
2	−0.1024	−1.7982	−3.2597
3	0.0643	−1.6315	−3.0930
4	0.2310	−1.4648	−2.9263
5	0.3976	−1.2982	−2.7597
6	0.5643	−1.1315	−2.5930
7	0.7309	−0.9649	−2.4264
8	0.8976	−0.7982	−2.2597
9	1.0643	−0.6315	−2.0930
10	1.2310	−0.4648	−1.9263
11	1.3976	−0.2982	−1.7597
12	1.5643	−0.1315	−1.5930
13	1.7310	0.0352	−1.4263
14	1.8976	0.2018	−1.2597
15	2.0643	0.3685	−1.0930
16	2.2310	0.5352	−0.9263
17	2.3976	0.7018	−0.7597
18	2.5643	0.8685	−0.5930

(8) 在以 10 为底的双对数坐标系下绘制折合储能模量与折合频率值，这将构造一个平滑主曲线，如图 II.6 所示。

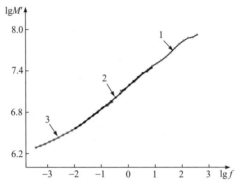

图 II.6　参考温度 10℃下的储能模量主曲线

在图 II.6 中，曲线 1 代表 T_1 温度下的折合储能模量-折合频率，曲线 2 代表 T_2 温度下的原始模量-原始频率，曲线 3 代表 T_3 温度下的折合储能模量-折合频率。

附录 III 铁路轨道插入损失国外标准的计算方法

本附录文件提供了国外标准中计算铁路轨道系统插入损失的简便方法(摘译自德国标准 DIN 45673-4: 2008 "Mechanical vibration—Resilient elements used in railway tracks—Part 4: Analytical evaluation of insertion loss of mounted track systems"。在此标准中，将车辆-轨道系统简化为单自由度质量-弹簧系统，根据插入轨道弹性元件前后两种工况的力传递率(或阻抗)比值，计算 4~250Hz 范围内每个激励频率所对应的插入损失。值得注意的是，在欧洲标准 EN 13481-7:2012 "Railway applications—Track—Performance requirements for fastening systems—Part 7: Special fastening systems for switches and crossings and check rails"中，同样也推荐使用该方法计算减振扣件的插入损失。但是由于道岔有很多基于弹性波原理的安全检查设备，为了保证这些设备可以正常服役，不建议在道岔区使用低刚度扣件，所以在欧洲最新版标准 EN 13481-7:2022 中，不再要求计算道岔区减振扣件的插入损失。

1. 插入损失计算方法的具体流程

在进行插入损失计算时，用单自由度系统近似替代车辆-轨道系统(图 III.1 和图 III.2)，并将支承层划分成几个替代子系统，然后计算各个子系统的复刚度，得到参照系统和减振系统的力传递率(或阻抗)，通过两者的比值关系即可求得铁路轨道不同频率下的插入损失。

第一步：用单自由度质量-弹簧系统替代车辆-轨道系统。车辆和轨道系统可以简化为一个单自由度的替代系统，由上部结构、插入的轨道弹性元件和下部结构三个子系统组成。

上部结构是指弹性元件以上的部分。以有砟轨道为例，上部结构由车轮、钢轨、轨枕和道砟组成，如图 III.1 所示。在进行分析时，对于一系弹簧刚度较小的客运车

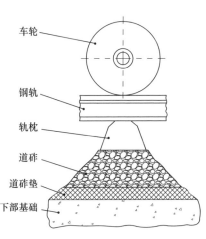

图 III.1 有砟道床结构的车辆-轨道系统

辆，由于弹簧的隔振作用，车辆动态有效质量主要是轮对质量；而对于无一系弹簧或一系弹簧刚度较大的货运车辆，车辆动态有效质量应主要是轮对及部分构架的质量。

德国标准 DIN 45673-4: 2008 给出了部分车辆的动态有效质量和上部其他结构动态有效质量的经验值，如表 III.1 和表 III.2 所示。

表 III.1　车辆的动态有效质量经验值

车辆类型	车轮载荷/kN	分配给各轴的动态有效质量/kg
有轨电车、城市轻轨	100	1050
地铁	130	1550
旧列车组(如 ET420)	160	2550
新列车组(如 ET423)	160	1550
机车牵引的动力集中式列车(车厢和机车)	160 和 250	1050 和 2550
机车	250	1900～2300
旅游专列	130	1550～1700
货运专列		参见备注
高速列车(中型列车和城际列车的内燃机驱动车头)	180 和 250	1760 和 2000

注：货运专列的动态有效质量由轮组质量和一部分构架质量构成，因为货运专列一般无一系弹簧或一系弹簧刚度较大，所以构架质量部分参振。

表 III.2　不同上部结构型式的动态有效质量经验值

上部结构型式	动态有效质量	备注
道砟上部结构和道砟垫层	600kg	30cm 道砟，混凝土轨枕
道砟上部结构和轨枕垫板	400kg	轨枕:B70w 轨道:UIC60
板式轨道/无砟轨道	每个支撑点各 50kg	使用钢轨夹与肋板紧固钢轨
点支撑的质量弹簧系统与板式轨道/无砟轨道	每个弹簧点 8700kg (至少两个弹簧元件)	垫层厚度: 0.8m 垫层宽度: 3.0m 轴承距离: 1.5m
表面安装的质量弹簧系统与槽形轨	每延米 550kg	板厚度: 0.2m 板宽度: 3.0m 表面弹性体

弹性元件是指在轨道结构中加入用于减振的低刚度元件。下部结构为弹性元件以下的部分。以道砟垫为例，其铺设于碎石有砟道床之下、下部基础之上。

下面定义未插入轨道弹性元件的系统为参照系统，插入轨道弹性元件的系统为减振系统，如图 III.2 所示。图 III.2 中，m_{Ers} 为上部结构的动态有效质量，F_E 为施加于上部结构的简谐力，其幅值大小为 $\hat{F}_E$；$\hat{F}_{u\mathrm{Ref}}(if)\cos(2\pi ft)$ 为参照系统的输出力，其幅值大小为 $\hat{F}_{u\mathrm{Ref}}(if)$；$\hat{F}_u(if)\cos(2\pi ft)$ 为减振系统的输出力，其幅值大小为 $\hat{F}_u(if)$；$\hat{V}_E(if)\cos(2\pi ft)$、$\hat{V}_{u\mathrm{Ref}}(if)\cos(2\pi ft)$ 和 $\hat{V}_u(if)\cos(2\pi ft)$ 分别为上部结构、参照系统下部结构和减振系统下部结构的振动速度，其幅值大小分别为 $\hat{V}_E(if)$、$\hat{V}_{u\mathrm{Ref}}(if)$ 和 $\hat{V}_u(if)$；$k_{k,o}(if)$、$k_{k,\mathrm{el}}(if)$ 和 $k_{k,u}(if)$ 分别为上部结构、弹性元件和下部结构的复刚度；f 为频率，t 为时间。

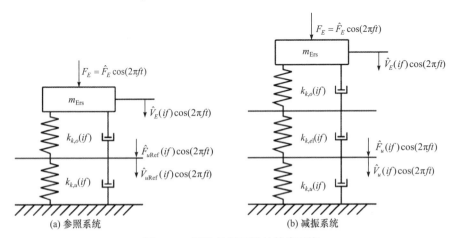

(a) 参照系统　　　　　　　(b) 减振系统

图 III.2　车辆-轨道系统的替代系统

第二步，分别计算参照系统和减振系统的力传递率。

(1) 单自由度质量-弹簧系统的力传递率。

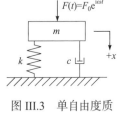

假设物体受简谐力 $F(t)=F_0\mathrm{e}^{\mathrm{i}\omega t}$ 作用，F_0 为简谐力的幅值，e 为自然数，i 为单位虚数，ω 为激励圆频率。

在图 III.3 中，m、k 和 c 分别为单自由度质量-弹簧系统的质量、刚度和阻尼系数。则物体受迫振动的运动微分方程为

图 III.3　单自由度质量-弹簧系统

$$m\ddot{x}+c\dot{x}+kx=F_0\mathrm{e}^{\mathrm{i}\omega t} \tag{III-1}$$

由于实际激励仅由 $F(t)$ 的实部决定，响应也仅由位移 $x(t)$ 的实部决定，其中 $x(t)$ 为满足微分方程(III-1)的复数。假定特解 $x_p(t)$ 为

$$x_p(t)=X\mathrm{e}^{\mathrm{i}\omega t} \tag{III-2}$$

将式(III-2)代入式(III-1)中，则得

$$X = \frac{F_0}{(k - m\omega^2) + \mathrm{i}c\omega} \tag{III-3}$$

力的传递率定义为输出力与输入力的比值,即

$$H(if) \equiv \frac{k(if)X}{F_0} = \frac{k(if)}{k(if) - m\omega^2} \tag{III-4}$$

在式(III-4)中,$H(if)$ 为单自由度质量-弹簧系统的力传递率;$k(if)$ 为子系统或弹性元件的复刚度,计算公式见式(III-5):

$$k(if) = k_{\mathrm{kin}}(1 + \mathrm{i}\eta) = k_{\mathrm{kin}} + \mathrm{i}2\pi f d \tag{III-5}$$

在式(III-5)中,$k(if)$ 为复刚度;k_{kin} 为子系统或弹性元件的刚度;η 为子系统或弹性元件的损耗因子;f 为频率;d 为子系统或弹性元件的阻尼系数。

(2)参照系统和减振系统的力传递率。

首先计算参照系统上部结构和下部结构的串联复刚度以及减振系统上部结构、弹性元件、下部结构的串联复刚度,分别见式(III-6)和式(III-7):

$$k_{\mathrm{Ref}}(if) = \left(\frac{1}{k_{k,o}(if)} + \frac{1}{k_{k,u}(if)}\right)^{-1} = \frac{k_{k,o}(if) \cdot k_{k,u}(if)}{k_{k,o}(if) + k_{k,u}(if)} \tag{III-6}$$

$$k_{\mathrm{mit}}(if) = \left(\frac{1}{k_{\mathrm{Ref}}(if)} + \frac{1}{k_{k,\mathrm{el}}(if)}\right)^{-1} = \frac{k_{\mathrm{Ref}}(if) \cdot k_{k,\mathrm{el}}(if)}{k_{\mathrm{Ref}}(if) + k_{k,\mathrm{el}}(if)} \tag{III-7}$$

在式(III-6)和式(III-7)中,$k_{\mathrm{Ref}}(if)$ 为参照系统的复刚度,$k_{\mathrm{mit}}(if)$ 为减振系统的复刚度,$k_{k,o}(if)$、$k_{k,u}(if)$ 分别为参照系统上部结构和下部结构的复刚度,$k_{k,\mathrm{el}}(if)$ 为减振系统弹性元件的复刚度。

然后将式(III-6)和式(III-7)代入式(III-5)便可分别得到参照系统和减振系统的力传递率 $H_{\mathrm{Ref}}(if)$ 和 $H_{\mathrm{mit}}(if)$,分别见式(III-8)和式(III-9):

$$H_{\mathrm{Ref}}(if) = \frac{\hat{F}_{u\mathrm{Ref}}(if)}{\hat{F}_E} = \frac{k_{\mathrm{Ref}}(if)}{k_{\mathrm{Ref}}(if) - m_{\mathrm{Ers}}(2\pi f)^2} \tag{III-8}$$

$$H_{\mathrm{mit}}(if) = \frac{\hat{F}_u(if)}{\hat{F}_E} = \frac{k_{\mathrm{mit}}(if)}{k_{\mathrm{mit}}(if) - m_{\mathrm{Ers}}(2\pi f)^2} \tag{III-9}$$

最后通过式(III-8)和式(III-9)的比值关系即可得到减振轨道插入损失 $D_F(f)$,见式(III-10):

$$D_F(f) = 20\lg\left|\frac{H_{\mathrm{Ref}}(if)}{H_{\mathrm{mit}}(if)}\right| \tag{III-10}$$

2. 插入损失计算实例

在本案例中，替代系统质量 m_{Ers} 为 2600kg，包括 600kg 的道砟上部结构以及 2000kg 的轮对质量。表 III.3 为替代系统各部分的刚度和阻尼参数。其中，上部和下部结构的刚度和阻尼参数来自德国标准 DIN 45673-4: 2008，道砟垫参数是第 4 章的 I 型道砟垫有车载高频切线动刚度，详见表 4.20。

表 III.3　替代系统的刚度与阻尼

部分	刚度	损耗因子
上部结构	$k_{kin,o}=220kN/mm$	$\eta_o=0.35$
道砟垫(插入的弹性元件)	具体参数详见表 4.20	
下部结构	$k_{kin,u}=1500kN/mm$	$\eta_u=0.02$

将本案例计算所得的上部结构、弹性元件、下部结构的复刚度代入式(III-6)~式(III-10)，即可得到减振轨道在不同激励频率下的插入损失，如图 III.4 所示。

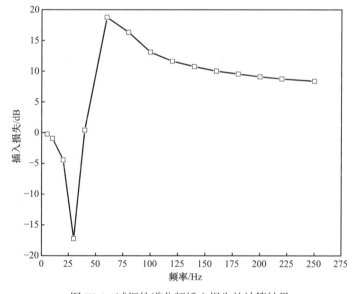

图 III.4　减振轨道分频插入损失的计算结果

由图 III.4 可以看出，当激励频率大于车辆-轨道替代系统固有频率的 $\sqrt{2}$ 倍时，轨道才起到减振作用。需要特别提醒的是，该固有频率并非实际线路中真实的轮轨一阶固有频率，而是假设替代系统的固有频率；另外，该分频插入损失的分贝值也无法与环评分贝值对标，只能用于评价不同轨道产品之间的减振效果。